全国法院第三十五届学术讨论会一等奖论文集

The Collection of First-Prize Papers of the 35th Academic Symposium of the National Court System

主编 刘贵祥

人民法院出版社

图书在版编目（CIP）数据
全国法院第三十五届学术讨论会一等奖论文集 / 刘贵祥主编. -- 北京 : 人民法院出版社, 2025. 1.
ISBN 978-7-5109-4355-3
Ⅰ. D926.22-53
中国国家版本馆CIP数据核字第20241940UC号

全国法院第三十五届学术讨论会一等奖论文集

刘贵祥　主编

责任编辑　刘晓宁　张　怡
封面设计　尹苗苗
出版发行　人民法院出版社
地　　址　北京市东城区东交民巷27号（100745）
电　　话　（010）67550572（责任编辑）　67550558（发行部查询）
　　　　　　65223677（读者服务部）
客服QQ　2092078039
网　　址　http：//www.courtbook.com.cn
E－mail　courtpress@sohu.com
印　　刷　三河市国英印务有限公司
经　　销　新华书店

开　　本　787毫米×1092毫米　1/16
字　　数　584千字
印　　张　32
版　　次　2025年1月第1版　2025年5月第3次印刷
书　　号　ISBN 978-7-5109-4355-3
定　　价　118.00元

全国法院第三十五届学术讨论组织委员会人员名单

主　任

刘贵祥

副主任

李成玉　陈志远　胡立新

全国法院第三十五届学术讨论组织委员会办公室人员名单

主　任

李晓民（兼）

成　员

黄　斌　边疆戈　原能静

前 言

由最高人民法院主办，国家法官学院、中国应用法学研究所、人民法院出版社联合承办的全国法院第三十五届学术讨论会自2023年4月28日下发征文通知后，得到全国各级人民法院广大法官和社会各界人士的积极响应。截至2023年9月22日，本届学术讨论组织委员会（以下简称组委会）办公室共收到各高级人民法院、新疆生产建设兵团分院以及解放军军事法院推荐的优秀参评论文2035篇，法院系统外的作者包括高等院校学生、教师及社会各界人士的参评论文70篇。

为了确保评审的水平和质量，组委会组成了由资深法官、法学教授等专家在内的“全国法院第三十五届学术讨论会论文评选委员会”，实行匿名评审、独立评审、同行评审、同题（类）择优选拔制度，分16个小组对参评论文进行了认真评审。同时，为了保证学术论文的评选质量，组委会办公室对每一篇推荐获奖的论文均利用专门的检测软件进行了原创性检查，从文字复制的数量和性质两个方面综合进行了甄别，对复制情节较轻的论文做降等处理，对确定为抄袭、一稿多投或重复发表的论文取消获奖资格。经过严格、细致、科学、公正的评审和原创性审查，共评选出一等奖论文23篇，二等奖论文188篇，三等奖论文215篇，优秀奖论文372篇。

受篇幅所限及规范技术等原因，我们将部分一等奖论文、二等奖部分论文摘要结集出版，定名为《全国法院第三十五届学术讨论会一等奖论文集》。本书选编的获奖论文包括习近平法治思想研究，司法裁判的政治效果、社会效果、法律效果有机统一研究，新型信息网络犯罪治理研究，优化民营经济发展法治环境研究，数字经济背景下民事权益司法保护问题研究，涉外商事海事审判促进改革开放制度研究，破产财产处置机制与行政监管机制衔接问题研究，知识产权恶意诉讼审理难点及对策研究，行政审判四级法院职能定位问题研究等内容。

论文集坚持以习近平新时代中国特色社会主义思想为指导，深入贯彻习近平法治思想，确保全国法院学术讨论会工作坚持正确的政治方向。论文集所选的文章不仅对涉及人民法院服务中国特色社会主义法治体系建设的宏观理念和制度问题进行了研究，也对民事、刑事、行政法律适用等审判实践问题进行了探讨；不仅代表了当前法院系统学术研究的水平，也反映出当前社会对法院工作涉及的热点和难点问题的关注。论文集突出强调了审判实践的特点，论文作者来自审判实践一线，他们所提出和关注的问题大都带有明显的针对性和实践性，是人民法院应用法学研究成果的重要体现，而且论文的作者大都拥有相当的法学学术背景和比较深厚的法学理论功底，因此在运用相关的法学理论和方法、分析和归纳实践中的具体问题时，得出的结论对审判实践具有较强的理论指导作用。我们相信本论文集能够对各级人民法院不断提升自身业务能力，更好地为社会、为百姓服务起到积极的助推作用。

本论文集选编的论文所提出的观点、解决问题的思路，以及司法改革方面的政策建议，具有一定的创新和独到之处，对审判实践具有一定的参考价值。我们希望论文集的出版能够满足不同人群对司法实践不同环节的需求，能够为人民法院服务中国特色社会主义法治体系和民事、刑事、行政审判工作提供更强有力的智力支持，为推进审判工作现代化服务保障中国式现代化作出理论上的贡献。我们希望借助法学理论研究工具对司法实践进行深入、有针对性地研究分析，不断发现问题，争取在司法理论上有所创新、有所发展，能够解决人民法院在国家法治建设中面临的具体问题，与时俱进，进而涌现出更多让人民满意的好法院、好法官。

全国法院学术讨论组织委员会办公室

2024 年 12 月 9 日

目　录

第一部分　一等奖论文

第二部分 二等奖论文摘要

第一部分

一等奖论文

行政案件争点的析出与展开

——实质解决行政争议的审判规范路径

高　鸿[*]　张娟娟[**]

行政争议的实质解决虽然存在多种路径和选择，但完善行政诉讼内容和程序是审判机关的根本职责所在。争点是纠纷的核心，无争点便无纠纷。诉讼程序的本质是发现争点、对抗争点、论证争点和解答争点的过程。行政案件的争点发轫于解纷逻辑本身，发展于其所扎根和适用的司法体制土壤。本文旨在通过对行政案件争点的价值、结构、析出程序以及对庭审和文书的影响进行分析，以期促进争点制度的规范运用，使行政诉讼程序更加透明、高效和公正。

一、问题的提出

行政审判过程中虽然形成了确定争点并据以展开诉讼的做法，但由于缺乏理论引导、制度规范和对争点问题的清晰认知，争点的析出与展开存在随意性和不确定性。为加强研究实证性，笔者以 2021 年以来中国裁判文书网公开的行政判决书为对象，随机抽取 300 例文书为研究样本，剖析争点在实践运用中存在的问题。主要可以归结为以下四方面。

（一）对争点的价值重视不够

2021 年以来，中国裁判文书网共公开行政判决书 21 322 件，其中提及“争议焦点”的 6775 件，占比仅为 31.8%。裁判文书制作环节对争议焦点归纳和专业性表述的忽略，反映出行政案件审理中存在争点意识淡薄的现象。争点制度的价值尚未得到应有重视，争点整理在行政诉讼中的支点作用未能得到有效发挥。

（二）对争点的来源存在认识分歧

受“当事人主义”和“职权主义”两种模式的影响，现实中存在两种

* 作者单位：江苏省南通市中级人民法院。

** 作者单位：江苏省南通市中级人民法院。

截然不同的争点确定方式。一种是遵循“不告不理”原则，完全根据当事人的主张确定争点，将当事人未主张的内容排除在争点之外。另一种是完全根据合法性审查的内容确定争点，而忽略当事人的诉辩主张。因缺乏当事人参与争点确定的程序设置，当事人对裁判过程和结果缺乏认同。以上两种对立做法都有可能使裁判浮于表面争议，游离于行政争议产生的根源问题。由于根源问题未能得到解决，原告便不断寻找新的救济路径，导致行政诉讼中“一人多诉”“一事多诉”现象频发。

（三）争点归纳技术不足

样本中，41%的判决存在归纳争点过于原则或笼统的问题。这种情形在行政处罚案件中表现得尤为突出，往往概括为“被诉行政处罚决定认定事实是否清楚，适用法律是否正确，程序是否合法”；对于不履行法定职责案件，则概括为“行政机关未履行法定职责，是否具有事实和法律依据”。此类归纳方法如蜻蜓点水，难以体现个案争议的特殊性，更无法让当事人和法官聚焦核心问题，极有可能导致审理过程和裁判结果的脱节。

（四）缺乏配套制度保障

争点的析出和展开通常受诉答意见、举证期限、庭审结构、裁判文书的影响。现行内生制度的欠缺对争点的确定与展开带来诸多问题，有损诉讼活动的权威性。样本中，12%的案件显示当事人存在延期举证问题，一定程度上造成诉讼程序的波动，也使争点的顺利析出受到掣肘。

总之，争点制度运用的失序可能会导致裁判过程的混乱无序和裁判结果的不可预测，不仅影响行政审判的公信力，也不利于行政争议的实质解决，需要我们认真思考与探讨。

二、争点何以重要——决定审判的过程、结果和质量

实质性解决行政争议主要分为两种模式：一种是实体裁判终结模式，即由争议解决机关依职权作出实体裁判；另一种是合意终结模式，主要是协调、调解等非裁判方式。[①]行政诉讼中，建立在争点规范运用基础上的依法裁判是形塑基本规则、解决实质争议的根本法治举措。具体而言，争点的实践价值主要体现在以下五方面。

① 王万华：《“实质性解决行政争议”的两种模式及其应用》，载《苏州大学学报（哲学社会科学版）》2022年第6期。

（一）规范诉讼活动

行政诉讼之所以对争议解决具有终极的法律效果，除了宪法法律赋予的地位之外，必须依靠程序的严谨以证明其值得依赖。诉讼活动的严谨不仅约束当事人，也约束法官。对于当事人而言，必须及时固化诉讼请求、诉讼理由和需提交的证据，此乃争点确定的基础。对于法官而言，需要保证诉讼程序围绕争点进行，并通过裁判对争点作出回应。偏离争点的裁判不可能实现行政争议在法律层面的实质解决，甚至可能产生新的争议。

（二）影响攻防效果

行政诉讼原告对争议的认知在诉讼前大多是直接和感性的。确立争点、分析争点的过程，可以使纠纷通过法律语言表达，将争议内容从当事人的认识点向法律的关注点转换。在争点的指引下，当事人能够围绕实质争议有针对性地开展攻防活动，避免在非争点问题上无谓纠缠。可以想象的是，倘若没有争点这条主线的指引，当事人不但可能“全线交火”，而且随着诉讼程序的推进还会引发新的“交火点”。

（三）改善裁判质效

争点对当事人公开，能够确保当事人明确争议的实质所在，知己知彼。法官以争点驾驭诉讼程序，可以避免被当事人牵着鼻子走，提高审判效率。争点制度还有利于克服“诉判分离”弊病，最大限度让诉讼过程和裁判结果可观可感。

（四）增强说服功能

实践表明，不确定争点、争点不准确、当事人对争点确定的参与度不够、不能围绕争点展开充分对抗、裁判理由对实质争议的阐述缺乏说服力等，是导致当事人对裁判结果认同度不高的主要原因。基于争点展开的公开对决可以使当事人感受到各自的优劣所在，展开理性对话，使裁判结果更容易得到理解和认可。

（五）促进争议化解

我国的行政诉讼制度设置了“起诉条件”和“合法性评判”两道门槛。随着对争点的获知，当事人可能会对争点问题作出预判，动摇甚至否定己方观点，原告可能自行撤诉、被告可能自行纠正违法行为，或者双方当事人协商和解，从而产生终结诉讼的效果。

三、争点从何而来——处分权与审判权协作的产物

争点的内在生成逻辑是什么？寻找答案的过程，实质上就是洞察行政

诉讼特点，在法官和当事人之间对程序权利和义务进行合理分配，从而准确定位诉讼模式的过程。诉讼模式的选择不仅受现有制度和资源的制约，还应体现对现实困境的反思和对理想诉讼制度的追求。

（一）争点的特定来源

民事诉讼奉行意思自治原则，争点通常源于当事人的诉辩主张。行政诉讼虽然脱胎于民事诉讼，但二者差异明显。行政诉讼兼具维护原告公法权利的主观诉讼和维护公法秩序的客观诉讼属性。以上特点要求司法审查应当将客观诉讼融入主观诉讼中，不应将二者割裂或对立。[①] 在坚持依法履职、实质解决行政争议的职能定位下，在当事人权利意识觉醒、参与诉讼需求迫切的现实面前，行政诉讼应当构建法官与当事人共同参与的纠纷解决机制。具体而言，包括以下三个方面的内涵。

1. 诉讼模式：法官主导、当事人参与

行政诉讼存在处分原则和职权原则两种不同的程序性原则。其中，处分原则强调法院应当根据当事人的请求决定行政诉讼的范围及诉讼的开始与结束；职权原则注重由法院依职权对诉讼标的作出决定，法院有义务尽可能集中并且尽快地实施程序。[②] 争点的确定是法官行使审判权的重要内容，是审判权主导的产物。受法律素养、诉讼动机、诉讼能力、代理制度缺位等因素的制约，将争点完全交由当事人确定不具有现实可行性。特别是就行政诉讼而言，还存在原被告诉讼心理迥异、起诉条件与合法性审查共存、形式争议与实质争议交织、监督与保护职责兼具的特点。因此，行政案件争点的确定一方面要确保法官在程序设置和审理思路上的主导地位，另一方面也要保障当事人的程序参与权和实体处分权。法官应当尽可能地通过释明和引导，保证当事人对所确定争点的理解和认可。[③] 在当事人拒不接受的情况下，法官应通过依法行使职权对争点予以确定。

2. 两大源泉：诉辩主张与合法性审查要素

一方面，诉讼由原告发起，原告自然会选择自己认为的合法性缺陷进行攻击，这就决定了对争点的确定不应无视原告的主张。特别是在原告放弃主张某些实体权利的情形下，本应进入争点的问题可能会“落选”，如当事人放弃赔偿的权利便不会使应否赔偿、赔偿多少的问题被纳入争点范

① 参见邓刚宏：《我国行政诉讼诉判关系的新认识》，载《中国法学》2012 年第 5 期。

② 参见［德］弗里德赫尔穆·胡芬：《行政诉讼法》，莫光华译，法律出版社 2003 年版，第 545–546 页。

③ 参见梁凤云：《行政诉讼法司法解释讲义》，人民法院出版社 2018 年版，第 188 页。

围。另一方面，基于合法性审查原则，对于关乎行政行为合法性的因素，无论原告是否发动攻击，法官均应主动审查。这就要求法官在确定争点时，将目光在二者之间来回巡视，不应顾此失彼。

3. 因案而异：结合个案作出取舍

争点的提取并非对上述两大源泉的兼收并蓄，还应结合具体情况作出选择：一是合法性审查要素是否归入争点，取决于行政行为是否可能存在缺陷，而不论原告是否提出了主张；二是原告的主张能否归入争点，取决于是否与合法性有关、是否具有审理必要、是否关系原告的合法权益；三是争点是否触及根源问题，是否有利于争议的一次性解决。由此可见，案情是确定争点的基础，具体个案不同，即使被诉行政行为属于同一种类，争点也可能完全不同。如同为"天价"行政处罚案，"某炒货店案"的争点是行政处罚是否违反了过罚相当原则，①"榆林芹菜案"还存在"农药残留含量是否超过食品安全标准限量"的事实争议，②还有的案件则可能是处罚决定是否违反法定程序，抑或兼而有之。

（二）争点的内在构成

争点如何组成？最广义的争点概念认为，争点之范围涵盖了当事人在诉讼标的、法律适用、事实与证据上的争执焦点，各争点间呈相互关联状态。③行政争议既有纯粹事实上的争议，也有纯粹法律上的争议，也有事实和法律问题交织的争议。与此同时，行政案件的审理还有着泾渭分明的受理条件和实体合法性审查的区分，④这就意味着是否符合受理条件也是行政案件的常见争议问题。⑤总体来看，行政案件的争点范围包括受理条件、事实认定、法律适用三个方面。这种概括性区分旨在保证属于自身范围内的问题不向外逃逸，通常并不适宜作为个案争点的具体表述内容。为了使争点名副其实成为通往实质正义的桥梁，需要以上述三个方面为根脉，向上延伸出不同层级的分枝，以揭示症结所在（详见下表）。

---

① 参见浙江省杭州市人民法院（2018）浙01行终511号行政判决书。

② 参见《商贩卖了20元的芹菜，被罚6.6万元！国务院督查组出手，发现类似的处罚还不少》，载光明网，https://m.gmw.cn/2022-08/28/content_1303113098.htm，最后访问日期：2023年7月3日。

③ 邱联恭：《争点整理方法论》，我国台湾地区三民书局2001年版，第79页。转引自黄湧：《民事审判争点归纳——技术分析与综合运用》，法律出版社2021年版，第6页。

④《行政诉讼法》第49条和《民事诉讼法》第120条关于起诉条件的规定基本一致，但行政案件以不符合受理条件而裁定不予受理、驳回起诉的比例远高于民事案件，这是一个值得关注和研究的问题。

⑤ 参见何海波：《行政诉讼法》（第3版），法律出版社2022年版，第44页。

1. 受理条件

受理条件是指原告发起的诉讼是否符合法定的起诉条件，主要包括受案范围、原告资格、被告资格、起诉期限、是否具有明确的诉讼请求和事实依据等。

2. 事实认定

事实和证据是围绕主要证据和据此所主张的事实是否成立而产生的争议，主要包括举证责任如何分配、主要证据是否应当被采信、事实认定是否清楚全面等。

3. 法律适用

法律适用通常涉及职权依据、行为定性、程序是否合法、适用条款是否正确、法律责任的确定是否适当等。

行政案件争点的范围和具体内容表

争点的范围	具体内容
受理条件	受案范围、原告资格、被告资格、起诉期限、是否具有明确的诉讼请求和事实依据等
事实认定	举证责任分配、证据采信规则、事实认定是否清楚全面等
法律适用	职权依据、行为定性、适用条款、法律责任、行政程序等

4. 争点层级交叉的处理

一般而言，通过上述划分便能实现争点的准确提取。特殊情形下，还应结合争议是否集中、是否存在交叉、是否有利于诉讼活动的推进、是否有利于争点分析等方面，由法官灵活掌握。比如，当同时涉及若干实际争议问题时，法官应当根据争议内容之间的相互关系，引导当事人“分而治之”，确保争点之间的独立性。有的行政案件还可能涉及多个更加具体的争议内容，由于“辈分”不同，这些层级较低的争点不适宜与上一级争点处于同一位次。对此，有两种可行的处理方法：一是将其作为上级争点之下的并列内容，如关于行政行为程序是否合法的争议，就可能具体指向行政行为是否超期作出、听证程序及送达程序是否合法等方面。二是如果争议只是涉及受理条件、事实认定、法律适用某一项下的若干方面，可以将这些具体争议作为争点直接确定。

（三）争点的规范表述

正所谓“世界上没有完全相同的两片树叶”，现实生活中亦没有完全相同的案件，这就意味着没有完全相同的争点。基于合法性审查原则、实质解决行政争议等共性因素考量，提取和确定争点时还应兼顾以下标准：

1. 针对性

争点的来源既可以是当事人争议的内容，也可以是合法性审查的内容，忽视任何一个方面都会导致争点的遗漏。由于没有回应当事人之间客观存在的争议，或者是合法性审查的必要内容，遗漏争点是审判活动不可接受的错误，可能直接导致被改判或者发回重审的后果。

2. 必要性

争点是合法性审查要素和诉辩意见的融合，而非简单叠加。对于合法性要素而言，取舍的标准在于当事人对此是否存在争议，即使在没有争议的情况下，是否可能影响被诉行政行为的合法性。对于诉辩意见而言，取舍的标准应当是与合法性评判及原告合法权益之间是否存在直接关联。

3. 逻辑性

富有逻辑是司法裁判的鲜明特征，自然也应当成为确定争点时需要遵守的规则。遵守逻辑性应注意两个方面的具体要求：一是厘清各个争点之间的关系。同一位阶的争点之间是平行关系，需要保持相应的独立性。不同位阶的争点之间是包含关系，不应越位。二是遵循“起诉条件在先、实体审查在后”的顺序。起诉条件、事实和证据、法律适用具有逻辑上的先后顺序，不可颠倒。起诉条件涉及的是能否受理的问题，不符合起诉条件则没有进行实体评判的需要，因此，起诉条件是首要争点。起诉条件各个要素之间同样具有位序性。原则上，“受案范围——原告资格——被告资格——事实和理由——起诉期限”是一个符合诉讼逻辑的排序。[①] 事实和证据是法律适用的基础，事实上的错误通常意味着正确适用法律的前提不复存在，因而事实争点应当居于法律争点之前。

四、争点如何析出——争点整理的程序构造

争点整理是一项非常重要的诉讼方法。[②] 争点的确定不仅是寻找案件答案的必要步骤，还关系着诉讼程序的重构和完善。对于事实争议容易判断、诉辩意见对抗集中且能够涵盖合法性审查要素、法律争议较为明确的案件，法官可以在正式的庭审程序中确定争点。而对于事实认定复杂、案件争议分散的案件，通常需要在庭前谈话或听证程序中，由法官梳理无争

① 参见高鸿：《行政诉讼起诉条件的制度与实践反思》，载《中国法律评论》2018 年第 1 期。

② 参见邹碧华：《要件审判九步法》，法律出版社 2015 年版，第 116 页。

议的事实和有争议的问题，在征求当事人意见的基础上确定争点。

（一）审前程序的设置

早在 20 世纪 90 年代，我国审判方式改革中便引入“审前程序”的概念。[①] 鉴于“一步到庭”的种种弊端及革除“先定后审”之需，设立审前程序的必要性已成不争之论。[②] 放眼世界，不论是英美法系还是大陆法系国家，均将审前程序的主要功能定位于帮助各方当事人掌握对方观点，以便明确争执焦点。[③] 从立法规范来看，《最高人民法院关于适用〈中华人民共和国民事诉讼法〉的解释》第 225 条[④] 对庭前会议作出了较为全面的规定，《最高人民法院关于适用〈中华人民共和国行政诉讼法〉的解释》（以下简称《行政诉讼法司法解释》）第 38 条[⑤] 对庭前证据交换予以规定，但未涉及争点归纳事项。

司法审判的社会功能要求法官必须在有限的时空内，高效和平地解决当事人之间的争端。保障诉讼程序的正当、有序、高效是设置审前程序的法理基础。这就要求争点必须尽快固定，而不应没完没了地提出新问题，将审理期限无限延长。结合行政审判的特殊性，比较可行的方式是在正式庭审开始前，在各方当事人在场的情况下，由法官根据当事人的诉讼请求、关于事实和法律依据的陈述，在充分释明和引导的基础上确定争点，并将相关内容记录在案。

具体而言，审前程序主要包括三项职能：明确诉讼主张和理由、固定证据、固化争点。为了有效实现这三项职能，需要立足于行政审判特点，对诉答制度、举证期限、争点析出等予以规范。

---

① 1998 年最高人民法院制定了《关于民事经济审判方式改革问题的若干规定》（已废止），该规定明确了开庭前应当做好的准备工作，但并未规定究竟采用什么样的组织形式实施审前准备工作。

② 段文波：《庭审中心视域下的民事审前准备程序研究》，载《中国法学》2017 年第 6 期。

③ 参见冯文生：《争点整理程序研究》，载《法律适用》2005 年第 2 期。

④《最高人民法院关于适用〈中华人民共和国民事诉讼法〉的解释》第 225 条规定：“根据案件具体情况，庭前会议可以包括下列内容：（一）明确原告的诉讼请求和被告的答辩意见；（二）审查处理当事人增加、变更诉讼请求的申请和提出的反诉，以及第三人提出的与本案有关的诉讼请求；（三）根据当事人的申请决定调查收集证据，委托鉴定，要求当事人提供证据，进行勘验，进行证据保全；（四）组织交换证据；（五）归纳争议焦点；（六）进行调解。”

⑤《行政诉讼法司法解释》第 38 条规定：“对于案情比较复杂或者证据数量较多的案件，人民法院可以组织当事人在开庭前向对方出示或者交换证据，并将交换证据清单的情况记录在卷。当事人在庭前证据交换过程中没有争议并记录在卷的证据，经审判人员在庭审中说明后，可以作为认定案件事实的依据。”

（二）诉答制度的规范

诉辩意见是争点的重要来源。当事人的起诉行为不仅触发诉讼程序，而且表明了被诉行政行为的攻击点。严格意义上讲，缺乏实质攻击内容的起诉是不成立的。答辩作为对起诉的回应，同样应有实质内容，不应空洞无物。对起诉和答辩行为缺乏强制性要求，极端情况下还会导致无理由的起诉和无防御的答辩，失去诉讼法律关系的应有样态。

1. 现状分析：诉答制度的失范

《行政诉讼法司法解释》第70条规定："起诉状副本送达被告后，原告提出新的诉讼请求的，人民法院不予准许，但有正当理由的除外。"这一规定蕴含着起诉行为具有固化争议的意义，不可变动。因此，无论是起诉还是答辩，都应围绕被诉行政行为的合法性提出各自明确的主张，承担相应的举证责任。从实践来看，当事人提出的诉讼请求和理由存在两种极端情形：一种是过于笼统抽象，难以明确原告对行政行为合法性的攻击点；另一种则烦琐无序，对行政行为的合法性发起事无巨细的攻击。答辩状亦大致如此，"事实清楚、证据充分、程序合法、适用法律正确"等程式化表述往往语焉不详，大大削弱了抗辩的力度和效果。

2. 核心要点：规范诉辩意见

诉讼请求应当根据《行政诉讼法司法解释》第68条的规定规范表达，诉讼理由应当围绕被诉行政行为合法性要素、是否侵犯原告合法权益提出。答辩意见应当立足行政行为的合法性进行全方位的立场表达，重点回应对起诉理由的态度。对于起诉状和答辩状而言，重在明确诉讼主张，而无须对事实进行面面俱到的描述。诉辩意见明确后，当事人无正当理由不得随意变更。

3. 探及根源：发现实质诉求

值得一提的是，行政案件的争点与当事人之间客观存在的实质争议并非总能画等号。囿于诉讼能力有限，行政诉讼的原告往往无法直击要义地找准争议"靶心"，而是兜转于程序的外围提起数个徒劳无益的诉讼。如某拆迁区域的父女二人，因主张进行分户安置，对尚未作出任何拆迁补偿安置行为的行政机关提起多个诉讼，且均提起上诉和申请再审，法院以起诉时机不成熟、重复起诉等为由裁定驳回起诉。实体问题未得到根本解决，却凭空衍生出十余个毫无价值的诉讼，是典型的"程序空转"。此时，围绕当事人是否符合起诉条件的争点分析对于实质争议的解决无异于隔靴搔痒。[1]当原告提起的诉讼未能触及客观存在的根源问题时，如何最大限度释放争点制度的“溢出效用”？对此，最高人民法院指出，人民法院的审判范围并不完全拘泥于原告在起诉状中对诉讼请求的描述，而是基于有效监督依法行政、实质化解纠纷、更好保护当事人合法权益等因素，结合个案案情对原告的诉讼请求作一定的穿透理解。[2]如对于“一人多诉”“一事多诉”情形，法官在必要时应当以穿透式思维，揭示掩藏于案件背后的实质争议，指引当事人围绕对其权利义务产生实质影响的行政行为提起诉讼，争取行政争议一次性全面解决。这也是争点整理的潜在价值和法官的本职所在。

（三）举证期限的限制

科学的证据规则不仅有利于恢复客观事实，也是确保程序公正的重要途径。[3]行政诉讼法及其司法解释对原、被告的举证期限均作出规定，《行政诉讼法》同时将“有新的证据，足以推翻原判决、裁定”作为再审条件。实践中，当事人逾期举证的情形并不鲜见，受实质正义理念的影响，法官往往选择被动接受。[4]

证据是确定和分析争点的重要载体。证据定则争点定，审理思路也随之确定。脱离了举证期限的约束，案件事实及争点将始终处于悬而未决的状态，致使审判程序举足不前，审判效率低位运行。需要说明的是，举证既是当事人的权利，更是一种义务，必然要受相应约束，尤其应当受到举证期限的约束。即使法律允许当事人变更诉讼请求和延期提交证据，也应符合必要的条件。对于原告而言，应当在人民法院指定的举证期限届满前提交全部证据，无正当理由逾期提交的证据存在不被接受的风险。当然，对于原告自身无法提交的证据，应当允许其向法院提出调取证据的申请。至于被告的举证期限，则应有所区分。对于已经作出的行政行为，应当严格遵守法律规定的“收到起诉状副本之日起十五日内”的期限规定；对于没有作为的情形，应当允许被告根据原告的举证进程，适时提出新的证据进行对抗。

---

① 参见江苏省南通市中级人民法院（2022）苏06行终733号行政裁定书。

② 参见最高人民法院行政审判庭编：《最高人民法院行政审判庭法官会议纪要》，人民法院出版社2022年版，第33页。

③ 江必新：《论行政诉讼法司法解释对行政诉讼制度的发展和创新》，载《法律适用》2018年第7期。

④ 参见江必新主编：《最高人民法院行政诉讼法司法解释理解与适用（上）》，人民法院出版社2018年版，第189页。

（四）争点的析出流程

在明确了各方当事人的主张和理由、固化证据后，法官可以据此提炼出无争议的事实，并确定争点。值得注意的是，考虑到行政诉讼原告对争议的认知在诉讼之前大多是直观和感性的，诉讼程序实质上是当事人的“朴素认知”向“理性认知”转换的过程。对于以法律语言描述的争点，当事人有可能存在认识不清、理解不透的问题，从而为争点的展开带来障碍。对此，法官应当充分发挥释明和引导作用，对当事人的疑问进行必要解释，指引当事人求同化异，建立统一的信息交换和沟通语境。[①]应当给予当事人参与争点协商的机会，当事人对争点有异议且理由成立的，法官可以对争点作出修改。争点固定过程中，法官发现出现重大理论、政策调整且可能对案件审理产生影响的，应及时与当事人沟通，让当事人获得法律要点的指引，避免承受过重的程序上的不利。争点析出后，法官还应对当事人就争点问题在庭审中的对抗作出必要指引和提示（详见下图）。

总之，审前程序是庭审实质化的重要实现方式，常通过书面交换意见、听证、审前会议等途径进行。对于一些疑难复杂案件，还应在审前程序中了解案发背景或开展专业咨询，为正式庭审做好充分准备。由于个案情况不尽相同，应当允许法官灵活安排。围绕诉辩主张的明确、证据的固化和争点的析出三个环节，有的案件可能通过一次特定的审前程序即可确定争点，有的案件则可能需要交叉使用不同的审前程序。除此之外，还需厘清审前程序与庭审程序的界限，审前程序不得代替庭审程序，庭审程序亦非审前程序的重复，审前程序只是一种程序性安排，是为庭审做准备。审前程序的运用应当适度，否则会让“先定后审”死灰复燃，冲击庭审的中心作用。[②]换言之，审前程序的功能仅限于固化主张、证据和争点，而不应越俎代庖地对争点加以实质上的展开，不得侵入正式的庭审活动内容。

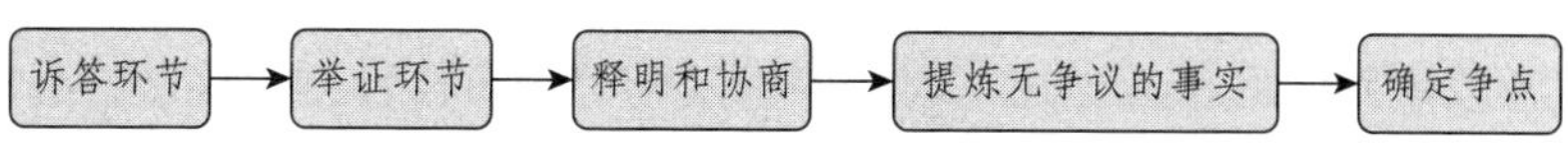

审前程序争点的析出流程示意图

① 席建林、张能：《“争点中心型”庭审方式的路径选择与制度建构》，载《中国应用法学》2018 年第 6 期。

② 李浩：《民事审前准备程序：目标、功能与模式》，载《政法论坛（中国政法大学学报）》2004 年第 4 期。

五、争点如何展开——庭审的聚焦和裁判文书的回应

如果说“争点的析出”旨在寻找解题的钥匙，“争点的展开”则是打开大门论证求索的过程。在此过程中，应重点关注庭审和文书两大核心要素。以争点为轴心开展庭审活动，既可以保障当事人的意见得到尊重，又可以兼顾合法性审查的特点；既可以发挥当事人聚焦争点展开对抗的作用，又不失法官围绕争点驾驭庭审的角色定位。

（一）重塑庭审结构

通过审前程序析出争点仅为法官提供轮廓式思路，最终裁判路径的定型则需要通过庭审程序印证或确信。庭审是审判活动的中心，主要任务是引导当事人围绕争点展开直接的言词对抗。直接言词原则呼唤一种实质化的、贯彻证据裁判精神的庭审。①传统的庭审结构主要分为陈述争议、法庭调查、法庭辩论、评议、宣判等部分。②但这种发端于民事诉讼的庭审结构并不适用于行政诉讼，主要原因在于经过行政程序、行政复议的过滤，多数行政案件的争议并不涉及单纯的事实问题。

1. 删繁就简：着眼行政诉讼的特殊性

多数情形下，行政案件的争点很难区分为纯粹的事实或法律问题。法律向下滋生进事实的根部，而事实持续不断向上延伸进法律，有时会交织融合，产生区分难题。③即使争议涉及事实方面，通常也是争执案件的事实是否满足或者溢出实体法律所规定的内容，仍然涉及的是对具体规范的理解和认识，此类争议并不适合通过法庭辩论的方式展开。如果将承载对抗功能的庭审结构机械地区分为法庭调查和法庭辩论两个阶段，势必造成两个阶段在内容上的交叉和重叠，这也是法官经常在庭审中制止当事人重复发言的原因所在。因此，以查清事实为目标的法庭调查在行政案件的审理中通常没有单独存在的必要。

2. 结构再造：围绕争点展开庭审程序

行政审判的庭审应当在审前程序的基础上作出符合行政诉讼特点的安排，可以分为陈述争议、查证辩论、评议和宣判阶段。陈述争议阶段主要

---

① 陈卫东:《直接言词原则：以审判为中心的逻辑展开与实现路径》，载《法学论坛》2022 年第 6 期。

②《民事诉讼法》第 141 条、第 144 条、第 151 条分别对法庭调查、法庭辩论、宣判作了明确规定。《行政诉讼法》对此未作规定。

③ 陈杭平:《论“事实问题”与“法律问题”的区分》，载《中外法学》2011 年第 2 期。

是由当事人陈述诉辩意见，由法官明确审前程序的成果，确认没有争议的事实，固定争点内容。查证辩论阶段，由当事人围绕争点依次展开对抗。争点涉及受理条件的，当事人应当围绕是否符合受理条件的有关争点进行对抗。当事人就受理条件的争点问题发表意见后，合议庭或者承办法官应当就此得出结论，不符合受理条件的，依法裁定驳回起诉；符合受理条件的，则继续进行实体方面争点的审理。需要强调的是，实体争点的审理应当体现合法性要素之间的逻辑关系，可以按照事实、程序和法律适用的顺序进行。在这一环节，应当允许当事人在对争点问题进行首轮对抗后，根据对方意见再次回应，并可以视情“交战”若干回合。①

3. 简易程序的庭审构造

上述庭审结构改造对于简易程序的适用和推广也大有裨益。②对于部分争议不大、争点相对清晰的案件，可以不经审前程序“一步到庭”。庭审中可以通过陈述争议阶段明确诉讼主张和理由、确认没有争议的事实，并当庭归纳出争点，经当事人认可后，再分别展开争点问题的审理。争点问题全部审理结束后，审判长或者承办法官应当对庭审活动的内容作出总结。庭审小结应当围绕争点进行，总结提炼当事人对每个争点问题的主张和理由。其目的一方面在于对当事人的观点进行梳理，使审理思路更加清晰；另一方面便于及时固化当事人的观点，为裁判理由的撰写筑好基础。在评议和定案环节，合议庭或者承办法官可以视情决定是否当庭宣判。

（二）优化文书布局

裁判文书是司法的最终载体，也是彰显司法公正的重要载体。争点是裁判文书的基石，还是提升裁判可接受度的题眼。围绕争点的论证不仅能够增强说服力，也体现了对当事人诉讼权利的尊重。从裁判技术角度，需要将争点作为谋篇布局的主线，在文书中的诉辩意见、事实认定和裁判理由三个方面贯彻争点中心意识。

---

① 在多年的行政审判实践中，我们均是将庭审活动区分为陈述争议、查证辩论两个阶段进行。在陈述争议阶段，先由当事人陈述诉辩意见，法官归纳没有争议的事实和争议焦点。在查证辩论阶段，由当事人针对争点依次进行举证并发表意见。所有争点对抗完毕后，法官进行小结后即结束庭审活动。近年来，笔者运用这种方式进行的庭审两度入选“全国法院百场优秀庭审”。

②《最高人民法院关于推进行政诉讼程序繁简分流改革的意见》（法发〔2021〕17号）第9条第1款第2项规定：“庭审直接围绕与被诉行政行为合法性相关的争议焦点展开，法庭调查、法庭辩论可以合并进行。”

1. 诉辩意见

法官对诉辩意见的归纳需要以实现争点的清晰呈现为目标，有意识地提炼和归纳各方当事人的意见，以便为后续争点的陈述和分析论证奠定基础。对诉辩意见的概括一方面要避免过于繁复，从而淹没了核心争议；另一方面要防止过于精简，让当事人产生自身诉求未得到应有关注的认知错觉。

2. 事实认定

应依争点审理之需要作出取舍。案件事实只有对解释判决确有必要时，才应被写入裁判文书。一般而言，与争点关系密切的事实应当详尽描述，与争点距离较远的事实可以略写，与争点毫无关联的事实则无须罗列。当然，正是有了一般事实的铺垫，争点事实才显得重要。[①] 因此，当背景性事实有助于更好呈现案件的来龙去脉时，亦不应忽略。

3. 裁判理由

《最高人民法院关于加强和规范裁判文书释法说理的指导意见》（法发〔2018〕10号）第3条指出，裁判文书释法说理，要针对诉讼主张和诉讼争点、结合庭审情况进行说理，做到有的放矢。就行政案件而言，通常的顺序是先阐述受理条件的争议，后阐述实体方面的争议。对于实体方面的争议，也应按照事实、程序、法律适用的次序展开分析。

总之，裁判文书的制作是法官将经审判程序所形成的内心确认通过合理布局和充分说理予以外化的过程。以争点为轴心，可以将“诉”“审”“判”有机融合，实现裁判文书的前后呼应、浑然一体。此外，行政诉讼是“民告官”的诉讼，给予处于弱势地位的当事人以更多关切，有利于缓和对立情绪，减少诉讼请求与判决结果间的疏离。[②] 对于未被争点问题所涉及的诉辩意见，裁判文书的最后还应作出是否需要回应、为何不予回应以及如何回应的交代，从而实现对当事人诉辩意见的全面关照。

（三）完善判决方式

行政判决方式类型化是我国近四十年行政诉讼理论与实践探索的重大成果之一。[③] 长期以来，司法实践中存在判决方式单一机械，一次性解决

① 周恺：《如何写好判决书——判决书的写作与实例评改》，中国政法大学出版社2010年版，第8页。

② 程琥、侯丹华：《推进行政裁判文书说理改革应坚持内外兼修》，载《人民法治》2015年第10期。

③ 赵锋：《新时代行政诉讼判决方式的创新发展》，载《法律适用》2023年第6期。

争议理念缺失的问题。基于行政诉讼法实质化解行政争议的立法目的，人民法院在对争点的后续回应环节，应当优先选择最有利于行政争议解决的判决方式。[①] 锚定实质争议这一“内核性争点”，除了要准确把握传统裁判方式的适用规则，还应最大限度地发挥实质性判决的司法效能，促进争议的高效解决。[②]

1. 给付判决

根据《行政诉讼法》第 73 条之规定，人民法院经过审理，查明被告依法负有给付义务的，判决被告履行给付义务。根据该规定，在依法查明事实的情况下，人民法院可以直接针对当事人的实质诉求作出裁判。如果人民法院对于当事人的损失能够查明，相关补偿方式和数额依据明确，应当作出契合当事人诉求的给付判决，以便尽快稳定行政法律关系，实现案结事了。

2. 履行判决

《行政诉讼法》第 72 条规定，人民法院经过审理，查明被告不履行法定职责的，判决被告在一定期限内履行。该规定表明，在行政机关负有特定作为义务的情形下，如果裁判时机已经成熟，人民法院应判决行政机关直接作出时限明确、内容具体的行政行为。

3. 变更判决

对于仅有一种解决方案而无其他选择余地的情形，人民法院可以直接对行政行为进行变更，实现争议的实质终结。如“杭州某炒货店”案中，某炒货店因使用绝对化用语进行宣传被处以 20 万元的罚款，法院围绕“被诉处罚决定是否有违过罚相当原则”问题展开了分析和论证，最终判决变更为罚款 10 万元。[③] 该判决让悬置的争点得以尽快尘埃落定，也提升了权利救济的效率及效果。

4. 重作判决

判决责令重新处理并非一项独立的判决方式，而是撤销判决的附随判决。在判决撤销行政行为后，为防止“一撤了之”，导致争议无限搁置，进而引发“一人多诉”“一事多诉”问题，人民法院应当责令行政机关重新作出新的行政行为，促进定分止争。

---

① 郭修江:《行政诉讼判决方式的适用》，载《法律适用》2023 年第 6 期。

② 参见黄志勇:《裁判引领型行政争议实质解决机制的思辨与构建》，载《法律适用》2023 年第 7 期。

③ 参见浙江省杭州市中级人民法院（2018）浙 01 行终 511 号行政判决书。

5. 补救判决

补救判决是在确认被诉行政行为违法或者无效后，责令行政机关采取补救措施，给原告造成损失的，判决被告承担赔偿责任。这类具有及时救济当事人受损权益、为当事人扶危解困的判决，能够促进行政争议的高效、实质解决。[①]如在征地拆迁、城建拆违等行政争议高发领域，人民法院在判决撤销房屋搬迁补偿安置协议后，还需判决责令行政机关在特定期限内重新就补偿安置事宜依法重新作出处理。在最高人民法院审理的“许某某诉某政府行政强制及行政赔偿案”[②]中，人民法院将“本案应通过行政赔偿还是行政补偿程序进行救济”作为争点的重要内容，突破了以往单纯通过补偿程序填补损失的裁判思路，最终判决确认被诉强制拆除行为违法，并责令行政机关对原告依法予以行政赔偿。又如“某未婚姑娘五次被登记结婚案”中，人民法院在判决确认缺乏民事法律关系基础的婚姻登记无效的同时，责令登记机关对错误的婚姻登记信息予以删除，帮助原告摆脱了违法的登记“枷锁”并顺利和男友办理了结婚登记。[③]

不难发现，以争点为中心的裁判有助于从源头上消解分歧、修复受损权益。当然，裁判文书“辨法析理，息诉服判”目标的实现，还有赖于说理过程中的寓情于理、凝聚共识，充分考虑当事人及社会公众的认知能力，彰显司法的价值导向和人文关怀。

六、结语——争点机制完善与行政争议的实质性解决

回望三十多年的行政审判与改革之路，深感当前行政审判所面临的程序空转、服判息诉率较低等问题，固然存在多种复杂因素，但内在审判技能的欠缺值得反思。从国家长远的法治战略目标来看，如何通过诉讼程序解决当事人的不满，引导当事人正确认识争议问题在法律上的出路，才是实质性解决行政争议的根本所在。[④]

---

① 参见最高人民法院行政审判庭编:《最高人民法院行政审判庭法官会议纪要》，人民法院出版社 2022 年版，第 79–80 页。

② 参见最高人民法院（2017）最高法行再 101 号行政判决书，载《最高人民法院公报》2018 年第 6 期。该案被誉为“违法强拆引发行政赔偿类案件中具有里程碑式意义的历史性案件”。

③ 参见江苏省南通经济技术开发区人民法院（2020）苏 0691 行初 325 号行政判决书。该案被评为“2020 年度人民法院十大案件”。

④ 章剑生:《行政诉讼“解决行政争议”的限定及其规则——基于〈行政诉讼法〉第 1 条展开的分析》，载《华东政法大学学报》2020 年第 4 期。

围绕争点开展诉讼活动是行政审判现代化的关键内容，有望成为推动行政审判方式改革的有力支点，对于促进行政争议实质性解决至关重要。[①]为避免当事人反复大量地提起诉讼，行政诉讼应当围绕实质争议归纳争议焦点和基于争议焦点作出实质性判决，以此为着力点深化行政审判方式改革，实现案件裁判的实体公正和程序公正。争点制度的优化势在必行，不仅需要在技术框架上寻求突破，还应在配套制度上实现合力。通过制定指南性质的司法文件进行指引和规范，不失为一项可行的选择。

① 2023 年 7 月 13 日，最高人民法院院长张军在全国大法官研讨会开幕式上强调："要把实质化解矛盾、解决问题作为司法审判的目标、导向，以'如我在诉'的意识，在每一个审判环节把服判息诉的工作做到极致。"

“小案”助推基层社会治理的内生动力与培育路径探究

董　琦*　　郭　融**

引　言

“一滴水，能折射太阳光辉；一桩案，能彰显法治道理。”2020 年以来，全国法院在媒体平台纷纷开设“小案大道理”栏目，用身边“小案”带领人们品悟“大道理”，那些对正义的肯定、对善意的褒扬、对恶行的惩治，引起强烈社会反响。“小案”为社会治理司法化开辟了新的路径，用亲民、接地气的方式，用精简的司法资源，引导社会风气、树立行为规则、宣扬公序良俗。最高人民法院工作报告中多次提及“小案”，司法实践对“小案”的重视程度达到了新的高度，“小案”已然成为“把人民群众呼声作为第一信号”的坐标。然而，“小案”内涵不清，易与“简案”混淆；“小案”资源如沧海，撷珠却难，实践审判中仍存在“小案”供给力不足、衍生效果薄弱、培育能力欠缺之困囿，成为“小案”功效发挥之掣肘。基于此，本文通过对 2020 年以来被公开报道的 171 件高阅读量“小案”进行分析，探求“小案”的内在特质与功能分类，在“小案”助推社会治理的视角下定位其价值作用，寻找如何发现“小案”、办好“小案”、讲好“小案”的培育路径。

一、“小案”的内在特质与功能分类

2020 年 2 月，最高人民法院在其官方微信公众平台开设“小案大道理 时代新风尚”栏目并发布第一起小案（“私自上树摘杨梅坠亡案”），随后，全国多家法院相继开设“小案大道理”栏目，开启了小案助推社会治理的新路径。“小案”资源丰富，但“沧海撷珠”却难。本文以 2020 年 2 月至 2023 年 5 月全国法院公开报道的阅读量万次以上的 171 件“小案”作为观

---

* 作者单位：福建省高级人民法院。

** 作者单位：北京市第二中级人民法院。

察样本，[①] 探寻小案特质。

（一）特征：“小案”不可量化却有“聚焦”

“小案”一词不是专业的法律术语，其没有严格的内涵定义与外延设计。“小案”不能简单等同于“简案”，那么，“小案”之“小”应如何理解？如以标的额作为参照值，统计可见标的额在10万元（含）以下的案件占比88%，故“小案”通常带有标的额较小的特点，但并不绝对（见表1）。那么，缘何小案不以标的进行划分，且一部分标的额较大的案件也被报道为“小案”，究其特质，可归纳为“三项聚焦”。

表1　2022年2月至2023年5月公开报道“小案”之标的额分布

标的范围	数量（件）	占比
0元标的	26	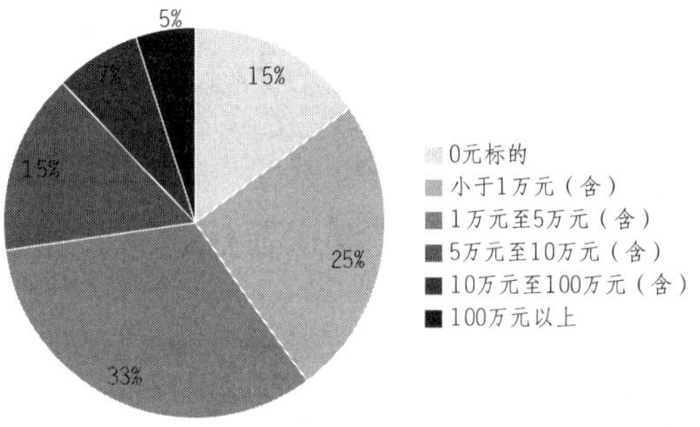
小于1万元（含）	43	
1万元至5万元（含）	56	
5万元至10万元（含）	26	
10万元至100万元（含）	12	
100万元以上	8	

一是聚焦身边之事，紧贴民生四大场景。“小案”来源于生活，其价值却高于生活。“小案”所反映的都是人们司空见惯、稀松平常的身边事，甚至为大多数人亲身经历、感同身受，这是“小案”区别于其他案件的最大特质。

从语境上分析，新闻报道中对“小案”一词的使用常见诸《小案透视大民生 治理展现“法与情”》《厚植为民情怀办好群众身边“小案”》等标题，多与“身边”“民生”等词结合使用，故小案之“小”应为“事小”，聚焦具有多发性的身边事。

如将人的社会活动划分为四大场景，生活、生产、家庭、休闲娱乐并汇总归类，亦可见“小案”所反映的均是与民生息息相关的身边之事（见

① 参见最高人民法院官方微信公众号及上海高院等各地官方微信公众号“小案大道理”栏目、微博“小案大道理”话题等平台2020年2月至2023年5月公开报道的阅读量、转载量双高的“小案”。

图 1）。故此，以“未成年人直播打赏案”为例可以解释当事人要求返还 160 万元仍为“小案”的缘由。

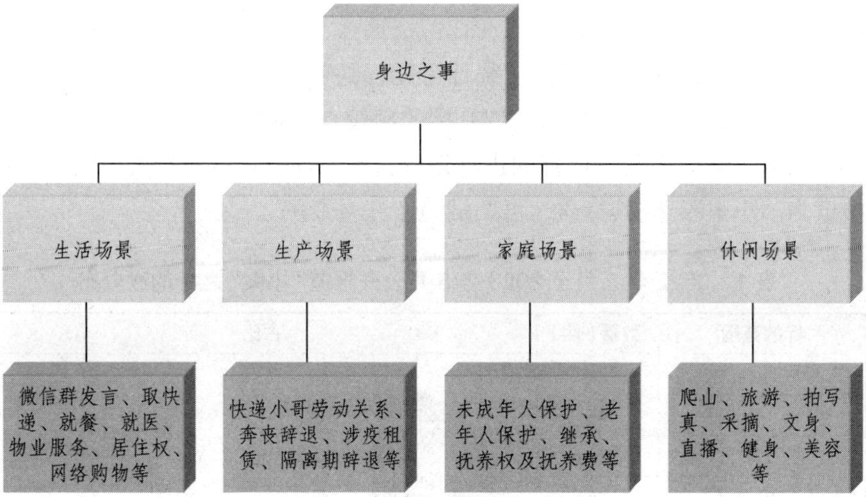

图 1　四大场景中易发生的身边之事

二是聚焦权益保障，侵权、合同纠纷居多。民生从表面上看是社会问题和经济问题，实则是权利问题。[①] 在 171 件参考样本中，除 10 件刑事“小案”外，其余 160 件均为民商事“小案”，剩余 1 件商事案件报道的是对虚假陈述的惩罚措施。在 160 件民商事“小案”中，侵权类纠纷（含人格权纠纷）共计 66 件，占比约 41%；合同纠纷 34 件，占比约 21%。故可见近年来“小案”聚焦民事，民事“小案”聚焦侵权、合同纠纷。其中涉及生命权、身体权、健康权、名誉权、个人信息保护、网络购物合同、物业服务合同纠纷案件较多，此外，劳动争议、婚姻家庭类案件也引起一定关注（见图 2）。

① 付子堂、常安:《民生法治论》，载《中国法学》2009 年第 6 期。

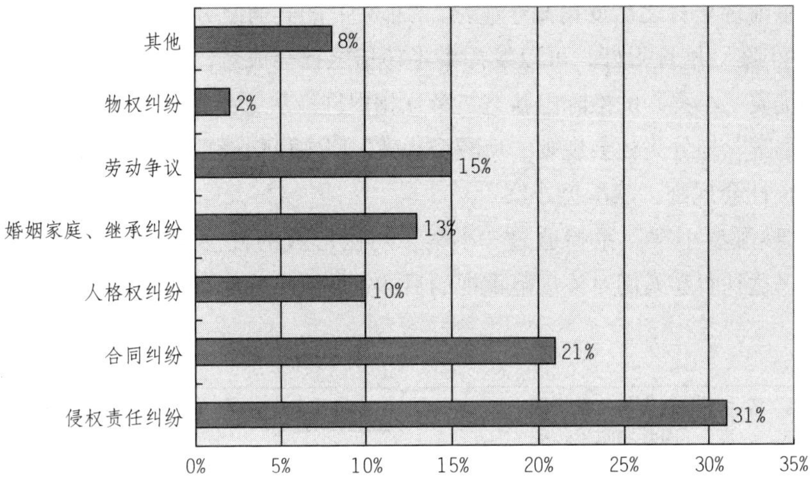

图 2　近两年公开报道"小案"之案由分布

三是聚焦特定群体，为弱者托举司法关怀。统计显示，"小案"对未成年人、老年人、消费者、从业者、业主、残疾人等特定群体给予高度关注。"小案"不仅聚焦身边事，还聚焦身边人，充分展现了司法为弱势群体托举的关怀（见图 3）。

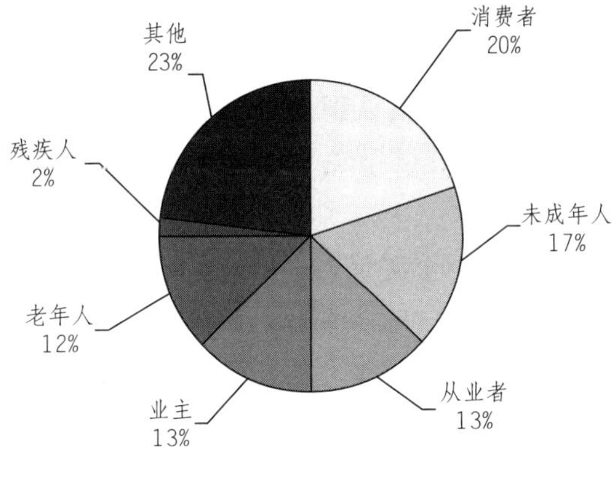

图 3　三年间公开报道"小案"之群体分布

（二）分类："小案"对社会规则的态度表达

"小案"是一种理念或是一种"态度"的表达。[①] 其来源于生活，经法

① 郑海：《论"小案管控"的整体性治理策略》，载《中国人民公安大学学报（社会科学版）》2014 年第 6 期。

官之手雕琢培育之后变得高于生活。“小案”的共通之处为皆有价值引导作用。“小案”培育得好，可以发挥事半功倍之社会成效，社会反馈好，可以促进优质“小案”的推陈出新，二者互相促进。从“小案”之功能出发，可将“小案”划分为社会规则“唤醒型小案”“重塑型小案”“创新型小案”。

1. 社会规则“唤醒型小案”

“唤醒型小案”系指通过“小案”对已形成的社会规范进行强调、重申，以达到引起人们对该规范重视的目的，起到“唤醒”作用（见表 2）。

表 2 “唤醒型小案”举例

“小案”名称	老人与儿童相撞离开遇阻猝死案	冰上遛狗溺亡案	祖母撤销孙女赠与行为案
审理法院	河南省信阳市平桥区人民法院	北京市丰台区人民法院	江苏省苏州市吴中区人民法院
发布时间	2020 年 3 月 3 日	2020 年 4 月 14 日	2022 年 3 月 3 日
案由	生命权纠纷	生命权、身体权、健康权纠纷	撤销权纠纷
社会表达	见义勇为的司法鼓励：道法交融的判决，让正义不再瞻前顾后，坚定地守护了善良	成年人自甘风险：如果受害者实施了明知会引发危险的不合理行为，却能获得无过错方赔偿，无疑将成为对效仿的引诱	百善孝为先：顺应时代要求，回应民众呼声，维护老年人合法权益

2. 社会规则“重塑型小案”

“重塑型小案”系指通过“小案”对已有的社会规则赋予新的时代内涵，引导人们对此规则有更新的认识与理解，起到重塑社会规则的作用。

案例 1：周某年逾七旬，膝下独子因交通事故过世，其与儿媳使用 75 万元赔偿款为孙女购置房屋，三人协议房屋产权归孙女，老人有权居住，后三人渐生矛盾，故周某诉至法院要求确认其在房屋中的居住权，经调解明确老人居住权，其孙女配合完成登记手续。①

如上述案例所示，“老有所养、老有所居、尊老敬老”是中华民族的传统美德，伴随着城市老龄化的到来，《民法典》实施后，合理设立居住权将成为养老新模式，为传统社会规则增添了新的时代内涵。

3. 社会规则“创新型小案”

“创新型小案”系指通过“小案”对新出现的社会现象所引发争议理顺出新的社会规则，可起到填补法律或社会规范空白的双重作用（见表 3）。

① 参见《〈民法典〉施行后，如何保障老人“老有所居”》，载上海市高级人民法院微信公众号“上海高院”2022 年 3 月 3 日发布。该案由上海市金山区人民法院审理。

表3 "创新型小案"举例

"小案"名称	微信群主踢群第一案	未成年人打赏主播案	人脸识别第一案
审理法院	山东省莱西市人民法院	天津市第三中级人民法院	浙江省杭州市中级人民法院
发布日期	2020年3月20日	2020年7月15日	2021年4月10日
案由	名誉权纠纷	合同纠纷	服务合同纠纷
创新规则	群组自治规则	未成年人直播打赏可追回	个人生物识别信息受到严格保护
社会价值	不产生民事法律关系，不属于民事受案范围，用规则为互联网划出创新与共治空间	用法律为未成年人健康成长护航	个人信息处理者要遵循收集、使用个人信息的"合法、正当、必要"原则

综上，"小案"系指聚焦身边人、身边事，与民生息息相关，反映一定社会价值，且对社会治理发挥正向引导作用的一类案件。"小案"之"小"，应为"事小"，"小案"之"大"，应为"理大"。其在价值上，具有引导行为规范的预见性，贴近百姓生活的"小案"，能让人们近距离地感受公平正义，引发社会广泛共鸣，重视"小案"、开发"小案"，亦反映了审判理念的升级和司法资源的优化。

二、"小案"培育的困境剖析

"小案"一词最早见诸刑侦领域，审判领域对小案价值的挖掘近年来才逐渐显现。三年间，最高人民法院官微发布小案仅76件，且发布时间不定，全国其他法院对小案的报道则更为滞后。横向来看，大要案自其"出生"即自带"闪光灯效应"，小案却身披"朴素"滤镜，易被忽视；纵深来看，"小案"范围广阔、基数庞大，也为其筛选、提炼与传播带来困难。现实中，"小案"的培育仍囿于困境。

（一）"小案"资源丰富但供给力不足

传统的司法实践中，在程序设计、审判理念和社会治理思维中对"小案"存在偏向性忽视，导致对"小案"资源投入的不合理匮乏。"小案"体量庞大、资源丰富，然而，其中呈现给社会并引起社会广泛关注的少之又少，可谓沧海一粟。"小案"的社会"需求"具有能动性、高效性，而现实"供给"却存在消极性、任务性。弥合司法需求与供给之差，[①] 需要平

① 胡昌明：《透视司法供给与民众需求的张力——从"政法民声热线"出发的实证分析》，载《法律适用》2013年第4期。.

衡司法资源，更新司法观念。[①]

以 B 市某基层人民法院为例，通过座谈、问卷等方式调查，该院 89% 的民事法官表示“考虑到结案压力，会根据案情复杂及难易程度分配案件审理资源，对小案的社会延伸效应挖掘欠缺”。可见，诸多“小案”被淹没在案件的洪流中，研究深度与广度欠缺，小案资源流失较为严重。

（二）“小案”意蕴深厚但衍生效果薄弱

“小案”司法供给实际产生的外部效果与应当产生的较为理想的外部效果之间的差距形成供给效应的局限。[②] 这种供给效应的局限集中体现在衍生效果[③] 薄弱。“小案”作为司法系统向社会输出的“产品供给”，在外部社会、司法系统、社会公众认同度的影响上，均未能达到理想的效果。衍生效果不足往往可以归因于“小案”积累[④] 不够。“小案”传播力度不够、传播氛围不浓，直接影响社会对“小案”的关注程度，公众未形成从小案中汲取营养的学习习惯，“小案”还停留在“单打独斗”“昙花一现”的层面，短期内能够引发大量关注，但成因深挖不足，跟踪研究不够，导致衍生效果缺乏。如“行李箱盲盒”事件在热度过去之后，关注度骤降（见图 4）。

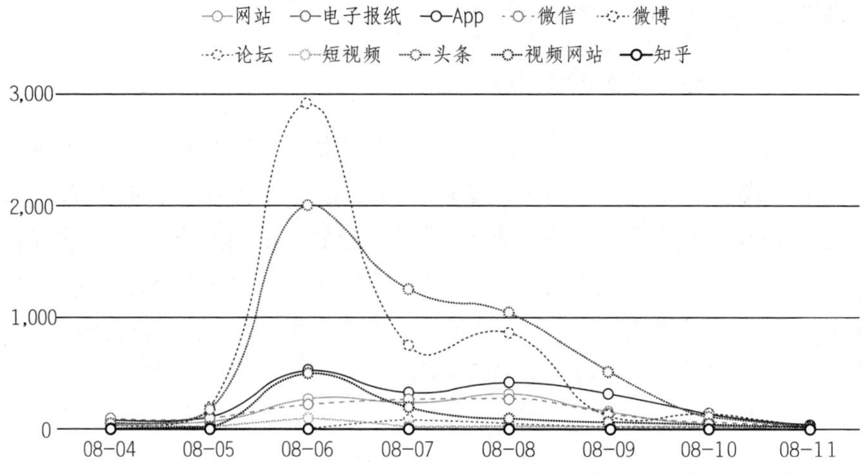

图 4　“行李箱盲盒”网络舆情监测（2023 年 8 月）[⑤]

① 王晨光：《办案效率与法院内部运行体制的改革——审判方式改革中一个不可忽视的方面》，载《法学》1998 年第 10 期。

② 申伟：《中国司法供给的效应局限——以产品性供给与符号性供给的区分为基础》，载《北方法学》2016 年第 5 期。

③ 马长山：《市民社会与政治国家：法治的基础和界限》，载《法学研究》2001 年第 3 期。

④ 苏永钦：《民法的积累、选择与创新》，载《比较法研究》2006 年第 2 期。

⑤ 数据来源：闻海数据平台，http://news.sohu.com/a/576856162_121321999。

（三）"小案"需求强烈但培育能力不足

法官的"小案"培育能力与社会对"小案"的需求不相匹配，已经成为小案制度发展的一大掣肘。"小案"培育的过程就是其"生长"的过程，需要经历筛选、提炼、传播三个环节，同时也对应法官的三种能力。现实中，这三种能力的锻造尚且不足。

1. 筛选"小案之种"："小案"判断力不足

"小案"筛选系指法官在其案件"蓄水池"中寻找带有"小案"特质，具有培育潜力的案件，通常发生于庭前准备阶段。

"小案"通常具有案情简单、标的额较小的特征，实践中易与"简案"混淆，由于"简案快审"的审判理念深入人心，法官对于"小案"如何审理尚未树立明确的认识。通过"小案"与其他类型案件的比较研究，可将"小案"定位在标的通常较小、案情相对简单，具有价值放大性的典型案例范畴（见表4）。

表4 "小案"与其他类型化案件要素对比

类型 要素	小案	简案	大要案	典型案例
标的	不定 （通常较小）	小	大	不定
案情	简单	简单	复杂	不定
社会价值	放大性	个体性	放大性	放大性

另外，由于小案在审判实践中不具有明显"成就"的视觉特征，[①] 尚未引起法官的足够重视。

2. 提炼"小案之意"："小案"领悟力不足

"小案"提炼系指法官对"小案"进行提炼与挖掘，抓住案件背后隐藏的社会价值和社会引导功能，以裁判文书或案例撰写等方式进行成果转化的能力。

"小案"来源于生活，提炼"小案"是使其高于生活的关键，需要法官用系统思维审理"小案"，将"小案"放在社会系统中理解、领悟和感受。[②] 透过现象看本质的关键是科学运用逻辑思维。然而实践中，针对社会

① 郑海：《论"小案管控"的整体性治理策略》，载《中国人民公安大学学报（社会科学版）》2014年第6期。

② 姬广勇：《审判工作领悟力的培养》，载《人民法院报》2021年5月21日，第6版。

中不断出现的新情况、新问题，法官囿于固有的审判思维，一方面缺乏“小案”识别的敏感性；另一方面缺乏培养社会意识、重塑社会规则的底气与勇气。

3. 培植“小案之苗”：“小案”传播力不足

“小案”传播系指“小案”作为信息或知识在时间和空间中的流动，并与人民群众交互沟通的过程。

“小案”作用的发挥如“蝴蝶振翅”，“小案”是一只力量微小的蝴蝶，但拥有“蝴蝶之力”的“小案”也可能引发飓风。[①]“小案”传播时间上的流动性可以保障“小案”衍生效果的发挥，空间上的流动性可以提高“小案”的受众。实践中，仍然存在“小案”的传播链条不长、受众不广、功能发挥不足的问题，该能力发挥易受到内外因素的影响，外部因素如当事人情绪、舆论导向、陈旧的社会观念，内部因素如“和稀泥”[②]的思维方式、“怜悯”之心[③]等都可能成为传播阻碍。

三、“小案”助推社会治理的系统动力解析

系统是由一群相互连接的实体构成的一个整体。[④]从宏观到微观，从无机到有机，从自然界到人类社会，各种事物无不处在相互联系、相互作用之中。[⑤]从社会治理角度而言，社会是一个动态且循环演化的系统整体，如河流一般永恒流动，社会治理的核心是基层社会治理。[⑥]“小案”生长于基层社会的泥土，其内在机理、运转逻辑和价值发挥应在社会系统视角下探寻。

（一）“小案”培育的内在机理和运转逻辑

实体、连接和目标是系统构成的三要素。社会系统中，人是一个个“实体”，人与人之间的关系构成“连接”（如社会关系或生产关系），连接将系统捏合成为一个有机整体，社会系统运转的核心是“目标”。“小案”传播直接作用于个体之间社会关系的处理，进而作用于社会目标或社会功能的实现。

---

① 王庆廷：《定分与定纷之争的蝴蝶效应》，载《人民司法》2010年第9期。

② 史洪举：《拒绝“和稀泥”让司法裁判更有公信力》，载《浙江人大》2021年第Z1期。

③ 吴昊：《孟子的恻隐心与卢梭的怜悯心：一个法文化视角的审视》，载《前沿》2012年第12期。

④ 邱昭良：《如何系统思考》，机械工业出版社2018年版，第49页。

⑤ 颜泽贤、范冬萍、张华夏：《系统科学导论——复杂性探索》，人民出版社2006年版，第24页。

⑥ 汪世荣：《“枫桥经验”视野下的基层社会治理制度供给研究》，载《中国法学》2018年第6期。

小案的运转逻辑可以概括为社会规则"均衡⟶变迁⟶均衡"的过程。可以描述为在 y_0 时点上，宏观层面上已经形成既定规则，规则意识影响了微观层面上的个体在 y_1 阶段的行为，微观行为不断累积，量变产生质变，推动整个社会在 y_2 阶段的法律、法规制定（如图 5）。由宏观到微观，再由微观到宏观，这个过程循环往复，社会治理进程得以不断推进。

从信息流动角度而言，个体冲突形成"小案"，"小案"的传播对于公众形成信息输入，信息在人脑中转换、输出，并最终反馈回社会，[①] 进而影响社会规则的塑造。

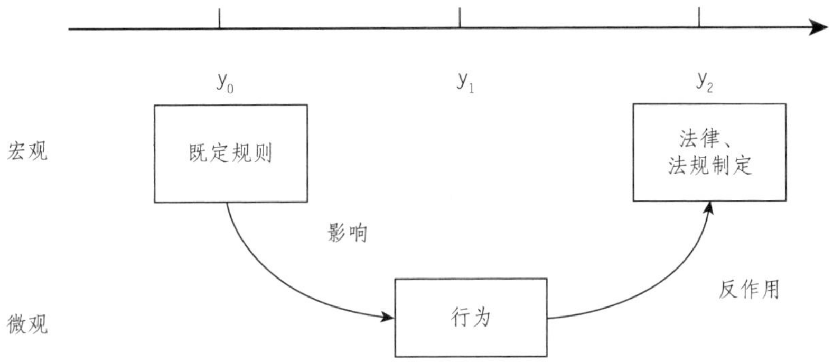

图 5　"小案"与社会规则的相互作用

1. 社会环境反馈形成"小案"信息

"小案"是社会冲突在司法审判中最直接、最快速的反映。将"小案"放诸社会系统进行分析，有助于发现社会症结所在。例如，盲盒、球鞋本应是普通商品，却在某些人手里成为逐利工具，甚至成为犯罪的诱因。这些行为最直接地表现在"小案"上，如果某一时间某类"小案"丛生，就是对社会治理释放出警示信号，需要补强或塑造新的规则。

2. "小案"信息输入形成社会感知

社会规则的形成本质上是社会意识的生成，从民族共同体角度讲，逐渐凝聚为中华民族的核心价值意识。意识不是自动生成的，而是通过特定连接感知得来。"小案"由于最贴近基层社会群体的日常生活，带来最直接的信息刺激，使社会公众的头脑中不自觉地刻画出社会规则的模型。[②]

---

① 青觉、王伟:《系统论视域下我国城市民族工作的特质、构架和方法》，载《中国行政管理》2016 年第 9 期。

② 赵超:《中华民族共同体意识的形成机理、功能与嬗变——一个系统论的分析框架》，载《民族教育研究》2018 年第 4 期。

3.“小案”信息输出更新社会规则

社会系统中最不明显的就是目标，但目标却是系统行为中最关键的因素，决定整个系统的稳定与前进。“小案”犹如一颗“种子”，其生长路径同样需要经历播种、萌芽、生长、结实的过程，这个过程不是一蹴而就的，而是可能引发巨大而长久的社会回响。“小案”不断积累促进社会规则更新。

(二)“小案”助推社会治理的价值发挥

“小案”的隐藏价值在于对社会规则的唤醒、重塑与创新，在社会治理中发挥“助推器”作用。不仅对当前的矛盾和冲突进行有针对性的“治疗”，还要强调纠纷的“预防”，即最大限度地“理顺”和“修复”纠纷中受损的社会关系，彰显其化解与预防并重的特征。① “小案”对社会治理功能的发挥不是线性、单向的，而是循环往复的，从而形成社会系统中的“增强回路”“调节回路”“反馈回路”。

1.“唤醒型小案”对社会治理的补强价值

驱动社会之“轮”不断向前的系统结构就是增强回路。增强回路开始可能增长得很缓慢，但其不是线性增长，而是呈指数增长。② 单独看“小案”似乎微不足道，但是其对社会规则的反馈价值巨大，这就是“滚雪球效应”(见图6)。

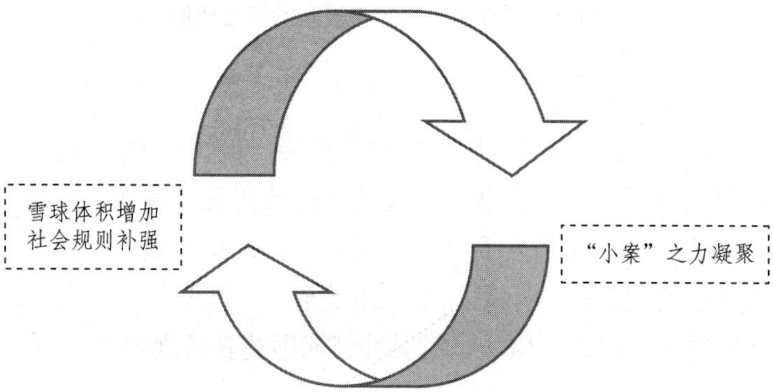

图6 “小案”补强社会规则的“滚雪球效应”

“小案”通过规则补强实现对社会主义核心价值观的巩固。“小案”是法律效果与社会效果的高度统一，“小案”有叙事性、生动性，在其传播

① 任建通、冯景:《纠纷解决与基层社会治理——以“枫桥经验”为例》,载《社会科学论坛》2016年第1期。

② [美]德内拉·梅多斯:《系统之美:决策者的系统思考》,邱昭良译,浙江人民出版社2012年版,第45页。

过程中易触发公众脑海中的“自我意识”，进而反思自身行为。勇敢、坚韧、忠诚等认知与情感受“时间延迟”影响可能成为一种“符号”，“小案”传播赋予这些精神符号丰富的内涵，唤醒社会对核心价值的再认识。如以下两个案例所示，自古以来“路见不平”“见义勇为”都是正义的代表，在此，道德之治、传统美德与法律之治殊途同归。

案例2：老人骑车与儿童相撞，儿童受伤倒地，老人欲离开遭孙某阻拦，后猝死，死者家属将热心劝阻者诉至法院索赔40余万元。法院判决驳回其诉讼请求[①]（“路见不平”）。

案例3：倪某等3人发现工地电缆被偷，追赶小偷过程中，小偷跳水溺亡。小偷家属起诉要求赔偿。法院以倪某等3人在张某逃逸时进行追赶并无不当，追赶行为未超过必要、合理的限度为由，判决驳回诉讼请求[②]（“恪尽职守”）。

2.“重塑型小案”对社会治理的更新价值

社会系统的“雪球”不会无限变大，其受阻力影响，雪会不断掉落，因此“增强回路”的前进路上必不可少“调节回路”发挥作用，使公众行为向某一个核心目标不断靠近。调节作用的发挥既体现在将过激的社会行为拉回核心价值，也体现在将陈旧的社会观念拉升至核心价值（见图7）。

（1）“小案”调节规则适应社会生活的变化。法律和社会规则的形成具有滞后性、长期性，社会迅猛发展的过程中容易产生不文明行为或过激行为，造成不良的社会影响。例如近年来直播行业中流行的“吃播”，从最开始的美食分享逐渐演变为吃生食、野生动物甚至保护动物等偏离社会主义核心价值的过激行为。通过“小案”让公众了解到购买、食用保护动物的行为可能触犯《刑法》，矫正过激的社会行为，从而实现“小案”的调节作用。

① 参见河南省信阳市平桥区人民法院（2019）豫1503民初8878号民事判决书。

② 参见《“小偷逃逸跳水溺亡”案判追赶群众无责，法不强求正义者的注意义务》，载微信公众号“最高人民法院”2020年4月11日发布。该案由江苏省苏州市吴江区人民法院审结。

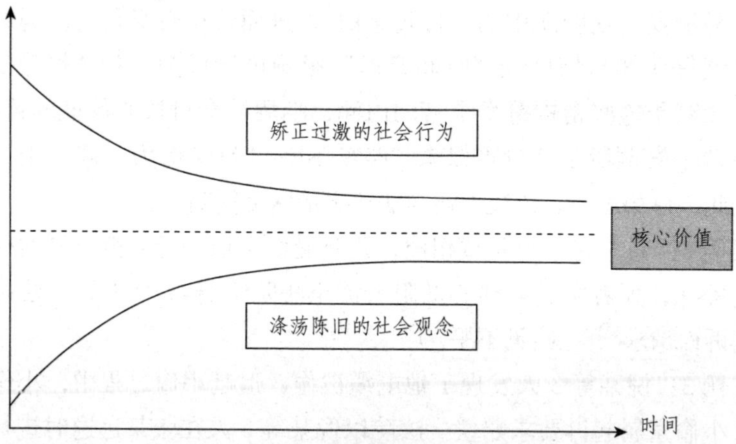

图 7　调节回路的行为特性

（2）“小案”调节规则填补社会价值的差异。法律与社会规范之间可能存在“落差”。例如，《民法典》第 1126 条规定“继承权男女平等”。然而，在相当长的一段历史时期里，部分地区的村规民约为只有儿子可以继承，女儿不继承或象征性地继承一点，长子、长孙可以多分。“小案”通过重申法律精神可以将背离核心价值的行为调节回正轨，填补差异、更新观念。

3.“创新型小案”对社会治理的开拓价值

增强与调节价值不是各自为战，可能同时存在、相互作用，在一定条件下形成新的反馈回路。个体有社会属性，在社会规范不明的情况下，我们可以将人与人之间的纷争视为“小案”。为了降低解纷成本，社会系统会将人的行动限缩在一定规则范围内，在不断解决“小案”的过程中产生新的规则。

（1）“小案”通过传递司法态度促进新规则的诞生。弗里德里希·奥古斯特·冯·哈耶克①曾以林间小径为例，阐明人际互动的特性：林间有许多路径，两村相隔，居民往来，慢慢走出一条明确可循的小径，这是“自然形成的秩序”，无须政府或外力介入。②“创新型小案”即是在路径不明情况下对未知领域的探索，通过“小案”阐发新领域、新行为的规范。以七天无理由退换规则为例阐释行为加总对规则形成进而推进法律制定的作

① 哈耶克，1974 年诺贝尔经济学奖获得者，被誉为 20 世纪最具影响力的经济学家、社会思想家之一。

② 熊秉元：《法的经济解释》，东方出版社 2018 年版，第 35–36 页。

用（见图8）。

“林间小径”日积月累而成，一旦踏入，后人经过时的步履，将会使小径更为结实深厚。由此，社会规范一旦形成，其每一次的援用与施展，都有擦拭、加固的作用，对社会秩序起到重大作用。创新型“小案”对社会治理具有开拓价值。

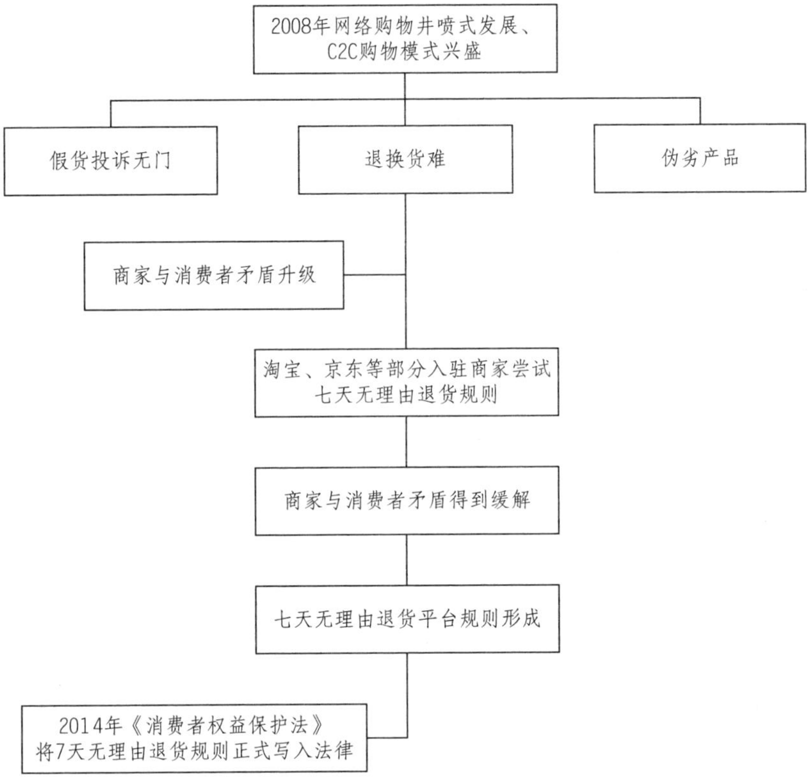

图8　七天无理由退货规则的形成

（2）“小案”通过规则擦拭保持新规则的均衡。社会规则的“林间小径”一旦形成，即会稳定、重复地出现，这就是一种均衡，具有稳定性。社会演变是一个缓慢、连续的过程，通常不是跳跃、间断式的变化，即使出现社会变革、法律更迭，社会规范也不会戛然而止，而是会延续蜕变。这种均衡的稳定性可归纳为“路径依赖”，以键盘的字母排序方式为例，字母排序方式一旦广为流传，形成路径依赖，就不容易改变，即使出现更合理更有效率的排列方式，也难以改变这种使用习惯。

（三）“小案”助推社会治理的动力来源

社会复杂系统的变化是内、外因相互作用的结果，外来冲击（external shock）与内在因素（internal factor）可能成为“小案”助推社会治理的“杠杆点”。

外来冲击，诸如新的社会现象、生活习惯、突发公共事件等。例如，非典型肺炎疫情出现之后，我国互联网购物行业骤然兴起；以法院审判方式为例，新冠肺炎疫情出现之后，云法庭、数字化法院建设得到长足发展，法官主动或被动地逐渐适应、习惯运用云庭审，甚至成为工作常态，这在疫情之前是难以想象的情景。

内在因素强调个体为满足对生活、生产更高要求的自我突破。例如人际沟通方式，在快捷性、直观性需求的驱动下不断更新，从最早的鸿雁传书、驿使往来，到信件、传呼机、手机等通信工具逐渐发展，近年来微信、抖音等逐渐成为主流沟通平台。系统思考内外因有助于帮助我们找到“小案”助推社会治理的“杠杆点”。

案例 4：某花椒平台主播自称“中国高空极限运动第一人”，其在录制视频时意外高空坠亡，其家属起诉平台对高危视频没有尽到合理审查、监管义务要求赔偿。法院以平台未对视频是否违反社会公德进行规制存在过错为由，判其承担损失。[①]

截至 2021 年 12 月，我国短视频用户规模达 9.34 亿人，使用率 90.5%，人均每天使用时长 87 分钟。[②] 短视频作为新的社会现象演变过程为“发起——→扩散——→涌现”，社会共识的形成过程为“边界模糊——→规范合法性——→认知合法性”。[③] 如上例，网络空间与物理空间存在明显差异，需要法官对法律作扩大解释，适用过错责任原则进行归责。该案例在相关法律尚未有明确规定的“缝隙”中，以“四两拨千斤”之姿确立了“网络服务提供者有义务对违反公德行为进行规制”的社会规范，及时捕捉到“变迁”的裂缝，进而推动法规建设（规范合法性）及社会共识形成（认知合法性），是典型的“小案大道理”。

---

① 参见《“挑战高空极限坠亡案”判直播平台存在过错，流量经济不能打法律擦边球》，载微信公众号“最高人民法院”2020 年 3 月 28 日发布。

② 参见第 48 次《中国互联网发展状况统计报告》、中国广视索福瑞媒介研究（CSM）《2021 年短视频用户价值研究报告》。

③ 葛安茹、唐方成：《基于合法性视角的新物种涌现机理研究：花椒直播的案例分析》，载《科研管理》2020 年第 12 期。

四、"小案"培育路径的设计

"小案"培育，是"小案"从一起普通案件转变为可以雕塑社会规则、促进社会思考的生长过程，需要法官充分发挥主观能动性，亦需要新闻传播、培训等客观支持，只有多管齐下，才能让"小案"反映"大道理"，发挥"大作用"。

（一）增强"小案"判断力："一核四维"思考模型

"小案筛选"实际是信息过滤的过程，筛选"小案"要解决降低选择成本、提高选择效率的问题。"小案"最大的特点是带有司法温度，其无法通过"算法"直接过滤，需要法官亲身感受。因此，法官需要以"人民群众根本利益"为核心，充分运用自身的知识结构，形成"小案"筛选"过滤器"。

知识结构是认知模式的基础，个体的知识结构受其教育背景、职业经历、社会地位、生活环境等因素影响，[①]包含若干维度。将法官的知识结构分为经验知识、专业知识、情感记忆、关注焦点四个维度（见图9），四个维度紧紧围绕"人民群众根本利益"的核心，[②]才能筛选出真正有价值的"小案之种"。

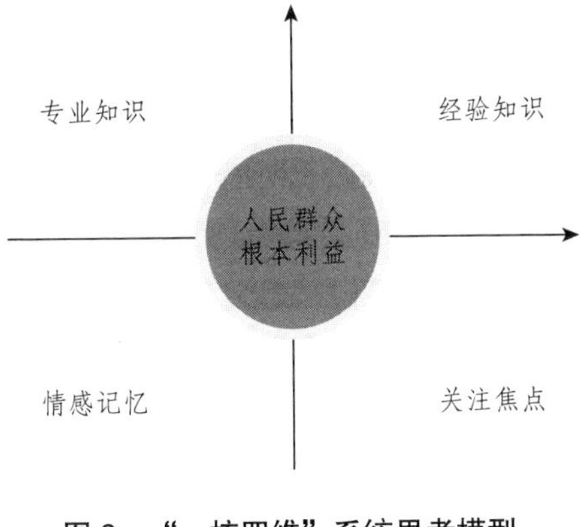

图9 "一核四维"系统思考模型

① 何一清、崔连广等：《知识架构、信息筛选与群体对立认知机制》，载《科学学研究》2015年第10期。

② 2015年3月5日，习近平参加十二届全国人大三次会议上海代表团审议时指出"创新社会治理，要以最广大人民根本利益为根本坐标，从人民群众最关心最直接最现实的利益问题入手"。

1. 从专业知识维度发现"规则——实践"间的"距离"

"小案"的发现不是"碰运气",而是有迹可循。从专业知识维度出发,法官应注意"两段距离":一是社会治理"既有规则"与社会实践涌现的"新现象"之间的"距离";二是社会治理"新规则"与社会实践现状之间的"距离"。从司法视角来看,"既有规则"可以理解为现有的法律,"新规则"可以是新颁布的法律、法规等。法官要通过筛选此类具有黏合性的"小案",不断拉近"规则——实践"间的"距离",一方面填补法律内涵的空白点;另一方面加速社会对新规则的适应、理解。

以"可视门铃侵害邻居隐私权"这件"小案"为例,可视门铃是人工智能装置的使用,属于新的社会现象,同时,《民法典》人格权编对隐私权内涵增加"个人生活安宁"亦是"新规则",当"新现象"与"新规则"同时碰撞,法院通过对权利保护序位进行探索,强调优先保护隐私权,产生了良好的示范效应。

2. 从关注焦点维度收集个体共鸣的"信息刺激"

专业知识维度强调挖掘法官"理性"的一面,关注焦点维度则是强调发挥法官"感性"的一面。法官也是社会的人,也会在"生活""生产""家庭""休闲"四个场景内遇到诸多"身边事",这些关乎法官个体的"小事"汇总成为其脑海中的"关注焦点"。法官对此类关注焦点更为熟悉、敏感,甚至感受颇深,一旦在"小案蓄水池"中遇到此类案件将触发其头脑中的"开关"。收集个体共鸣的"信息刺激"需要:一是从"在案件中发现社会问题"转变为"在社会中发现社会问题",不要忽视自己在日常生活中发现的问题;二是感同身受地思考案件,"同理心"可以帮助法官更好地感知社会需求。如果说"专业知识维度"是所有法官普适的方法,那么"关注焦点维度"就是法官个体的"眼镜"。如育有子女的法官,日常陪伴孩子学习、成长,其在审判中遇到涉未成年人案件或教育培训类案件,往往会比尚未生育子女的法官更为敏感,有更独特的视角。

3. 从经验知识维度积累"小案"素材

"小案"不等于"热点",法官不能一味地做热点的追随者。发现"小案"不是一望而知的,有的案子可能极具潜力,但法官望而不知。这就需要法官从职业素养、专业知识、审判经验、沟通感悟等方面勤于积累"小案"素材。沟通感悟方面,法官日常处理的 12368 留言、政法民声热线、要求判后答疑的申请,都是人民群众对审判的真实声音,听取这些声音并从中反思、感悟是积累的重要一环。职业素养方面,政治素质、道德品行、文化底蕴、司法形象、自律精神等都是法官在“无限的社会生活”中适用“有限法律”的必备素质。加强经验知识维度的积累是避免与小案“擦肩而过”的硬实力。

4. 从情感记忆维度感受“小案”的“司法温度”

“小案”带有“司法温度”，一种是“暖度”，即弘扬仁爱孝悌、诚信为先、热爱祖国、勇毅坚强的正能量；另一种是“冷度”，即揭露徇私枉法、见利忘义、监守自盗、过河拆桥的负能量。法官应充分调动自身情感记忆感受“小案”的司法温度。上述两种“小案”如果运用得当均会对社会起到启迪作用，这就需要法官：一是细心发现隐藏在案件之中的善行或恶意；二是思考如果向社会河流投入这颗“小案之石”，会泛起何种“涟漪”；三是将带有温度的“小案”与社会主义核心价值观的弘扬进行连接性思考。

综上，“小案”所反映的“大道理”既不是艰涩难懂的理论难题，也不是惊世骇俗的道德符号，而是那些耳熟能详的道理，这些道理可能由于社会变迁而变得模糊不清或被世人淡忘，而“小案”正是擦亮这些“道理”，并让它们重新焕发光彩的“清流”。

（二）提升“小案”领悟力：树立“小案透审”的审判理念

“小案不小看，小案不小办。”实践决定认识，科学的认识可以指导实践。树立“小案透审”理念首先要理解“小”与“大”的相对性。“小案”之“小”是法院从审判管理的宏观角度定义，对个体而言，遛狗溺亡、上树摘杨梅坠亡是家庭成员不幸逝去的“大事”，为父奔丧被辞退、老旧小区加装电梯，是关乎生计、生活的“大事”。法官只有理解“小案”的“大”，才能领悟“小案”的精髓。“小案透审”的审判理念主要体现在“系统性”“济民性”① 两个方面。

1. 通过“系统性”审判理念提炼社会治理规则

“徒法不能以自行”，“小案”的筛选固然重要，但更为重要的是提炼，也就是提炼案件背后蕴含的“道理”，深挖案件精髓是“小案”培育路径中的难点。在此，提供一种解题思路，即法官在审判实践中分两条线思考问题，一条线思考法律适用，另一条线思考社会效果。这里所说的社会效果不是指法官要受诸如“人命比天大”的舆论所左右，而是考虑案件审结

① 薛剑祥：《中国特色社会主义法律体系的形成与审判理念的多维度展开》，载《法律适用》2012 年第 4 期。

之后对这一类社会问题所带来的示范效应。例如“冰上遛狗坠亡案”，如果法官出于自身同情或死者家属压力，判决河道管理部门进行赔偿，这“无疑将成为对效仿的引诱”。因此，法官适当运用系统性审判理念，可在关键时刻不受他人左右，坚持法律、坚守规则，探寻到案件内在的精髓。

2. 通过“济民性”审判理念增强司法认同感

“小案”关注身边人、身边事的特点决定了其是与基层社会“距离感”最弱的一类案件，极易找到撬动司法认同感的“杠杆点”。增强“小案”的“济民性”审判理念从三个方面出发：一是体恤人民群众的司法认知缺陷，让司法裁判以友好、易懂的姿态获得更大范围的社会认同，跳出解决个案的视角，延伸司法功能，拉近社会与法律之间的距离；二是建立便民利民的诉讼机制，充分发挥多元调解、释明、文书改革、人民法庭建设等举措，让民众对诉讼行为的畏惧、紧张情绪降低；三是尊重人民群众的民意表达，让司法结果与社会效果满足人们对美好生活的向往。

（三）优化“小案”传播力：建构“小案”传播的保障体系

优化“小案”传播力可以实现“小案”在社会系统中传递信息、预警风险、协调关系、传承文化等功能。建构传播保障体系可从时间、空间两方面入手。

1.“新闻要素分析”扩大“小案”的受众范围

“小案”在传播过程中通常以新闻的形式出现在大众视野里，只有提高“小案”的新闻性、可读性，才能吸引更多的“读者”，增加关注度。借鉴传播学中新闻价值要素①的内涵，可以从以下角度思考：一是越是与受众利益相关，特别是身边事，新闻价值越高；二是与接受者的心理距离越近（兴趣、性别、年龄、教育程度等），新闻性越高；三是越能表现人的情感（悲欢离合），越能引起共鸣；四是不确定性、争议越大的选题，能够起到减少不确定性的信息更有价值。上述选择的标准并非唯一，可综合分析，酌情运用。

2.“定向传播”延长“小案”的衍生链条

延长衍生链条要从两个角度入手，其一是推动“小案”从人际传播向大众传播延伸；其二是促进“小案”文化传承功能的发挥。社会主义核心价值观作为民族精神的内核是通过传播实现代际传承。“小案”应针对不同的受众群体定向传播，对青少年群体，注重文化、礼仪、道德规范方面

① 陈力丹、闫伊默：《传播学纲要》，中国人民大学出版社2007年版，第118页。

的传播；对职业群体，注重权益保障、专业知识的传播；对老年人，加强风险预警提示。有的放矢释放传播信号，能够在特定群体中延长“小案”的衍生链条。

结　语

“小案”是与身边人、身边事息息相关且对社会发展具有正向引导价值的案件，其对社会治理具有补强价值、更新价值和开拓价值。提升“小案”培育能力是解决小案供给力不足、衍生效果薄弱的基础。提高“小案”判断力筛选“小案之种”，提升“小案”领悟力提炼“小案之意”，优化“小案”传播力培植“小案之苗”，只有这样小案才能在社会的土壤中扎根生长，充分发挥“以小见大”的作用，推动社会治理之轮滚滚向前。

“查”与“明”之间：域外法法律意见书适用检视与功能修正

张 玮*

引 言

目前，对于域外法查明问题的研究重点，已从其事实问题抑或法律问题的符号之争，转向在域外法查明及适用过程中，以何种查明手段为途径，以准确适用为目标的具体制度的功能性考量。“妥善”衡量案件要件事实与域外法律规范的涵摄关系，“寻法”兼顾法律查明程序与实质正义，是目前域外法查明制度中的关切重点。

在涉外审判实践中，遇有域外法查明问题时也多由中外法律专家通过查明机构或其个人撰写法律查明意见书的形式提供法律适用上的意见。① 如果将“域外法查明”程序一分为二：“查”是法院通过特定途径获取域外法，“明”是法院将域外法适用于当前的案件，那么法律意见书② 应当视为“查”与“明”之间的桥梁——查明人将其逻辑层面或分析层面的域外法适用智识成果用一种没有内在矛盾和冲突的语言文字表述出来，并可以为裁判者提供最佳的法律规范的选择。当下，法律意见书的提供缺少规范化的制度支撑，显露出的法律适用思维与司法技术的缺陷较为突出。域外法查明中的专家意见如同一只“看不见的手”暗自伸向裁判者手中的法槌，可能会左右裁判者对于域外法适用问题的判断，为将这只被忽略的手显现出来，回归其“帮手”本色，需要进一步为其梳理论证逻辑，匡正功能定位。

---

* 作者单位：北京市第四中级人民法院。

①《最高人民法院关于全面推进涉外商事海事审判精品战略为构建开放型经济体制和建设海洋强国提供有力司法保障的意见》（法〔2015〕205 号）等多部司法文件中提到，要着力打造域外法查明平台，进一步重视发挥“由中外法律专家提供”这一查明域外法途径的作用，加强与国内外法学科研机构的联系，开辟挑选中外法律专家的渠道。

② 本文所指法律意见书为法律查明报告、域外法查明专家意见书、法律查明意见书、域外法查明答复函等统称，法律意见书的出具人称为查明人。研究领域设定在涉外民商事审判领域。

一、实证考察：域外法查明法律意见书适用现状梳理

（一）法律意见书使用率占比高

笔者在北大法宝“法律法规”模块中搜索《涉外民事关系法律适用法》，在第10条域外法查明条款的“法宝联想”中显示司法案例共426篇，去掉无关数据，涉及域外法查明及适用的样本数为354篇。①354件样本涉及23个省份，其中直接适用国内法或无法查明而间接适用国内法案件数为206件，通过提供法律意见书的形式进行查明的为14件。域外法成功查明并适用的案件数为148件，其中已知通过提供法律意见书的形式进行查明的为125件，占最终适用域外法案件总数的84.5%。可知，在适用域外法进行裁判的案件中，法律意见书使用比重很大。法院与当事人对中外法律专家查明域外法具有明显的路径依赖。

（二）法律意见书内容左支右绌

通过2021年至2023年某省市国际商事法庭31起涉外商事案件中当事人提交的法律意见书进行考察、分析及汇总后发现，宏观来看，法律意见书内容及形式并不统一。31份案件法律意见书的提供主体包括境内外律师、境外律师事务所及境内法律查明服务机构。根据粗略统计，31份样本中缺少独立性说明的占比为64.5%，没有相关案例作为佐证材料的占比32.2%，没有撰写者个人简介的占比为41.9%，没有对审阅材料进行梳理列明的占比为35.5%。笔者从中摘取4份法律意见书文本内容元素列表详述（见表1）。

表1　不同法律意见书的内容要素列举

提供主体 意见书内容要素	A大学外国法查明机构	B大学外国法查明机构	某域外律师事务所	域外某律师
撰写者个人简介或律所说明	有机构声明，无撰写人的介绍	无，仅有机构名称	无，仅有机构名称	有详细个人简历作为附件
案件基本情况	有	无	无	无
需查明问题	有	有	有	有
审阅案件资料	无	无	有，列举阐明	有，列举阐明

① 样本总量多于在中国裁判文书网中搜索《涉外民事关系法律适用法》第10条以及《最高人民法院关于适用〈中华人民共和国涉外民事关系法律适用法〉若干问题的解释（一）》第17条获取的裁判文书数量。

续表

提供主体 意见书内容要求	A 大学外国法查明机构	B 大学外国法查明机构	某域外律师事务所	域外某律师
准据法	有，需要查明英属维尔京群岛法律	有，需要查明澳大利亚法律	有，需要查明我国香港特别行政区法律	有，需要查明我国香港特别行政区法律
法条理解	有，形式为每个条文节选后附解释	无	有，按照查明的问题＋法条＋解释＋判例的形式	有，按照查明的问题＋法条＋解释＋判例的形式
相关判例	无	无	无	有
但书条款	有，未表述具体适用情形	有，未表述具体适用情形	有，且说明理据（可采）	有，表明不适用本案
具体适用意见	有，未说明理据（因查明事项为先决问题，较为简单，故可采）	有（不可采，未说明理据，且与本案案情不符）	有，相关法律典据节选	有，且说明理据（可采）
附件	有，列举相关法律条文	无	有	有，包括(1)个人简历；(2)《专家证人的行为守则》；(3)法律典据
独立性说明	有，表明查明结果客观中立	无		有，说明按照我国香港特别行政区《专家证人的行为守则》履行查明义务

（三）内容及形式瑕疵较多

微观来看，对上述31份法律意见书文本内容进行考察，发现大部分法律意见书在文字表述、论证说理、形式要件方面存在一定瑕疵。具体瑕疵类型可分为要素欠缺、论证不全、适用错误、繁简不当、逻辑不清、语义不明六种。

1. 要素欠缺型

法律意见书内容及形式要件欠缺影响查明结果真实性和中立性之表征。比如内容上，所附案例未有出处，未有援引法条的具体内容及规范依据，仅表述具体规范未有解读；形式上，无附相应专家资质证明、无与案件当事人无利害关系声明、未履行公证认证手续、外文资料没有有资质的机构出具翻译件等。

2. 论证不全型

陈述的法律规范无法涵摄全部案件要件事实或者论证过于简单。此为法律意见书出现最多的问题，也是补充查明较为多见的原因。例如，在某“内保外贷”案件中，法律意见书中仅论述案涉合同贷款利息总计不超过本金的 60% 因此不违反我国香港特别行政区《放债人条例》，但没有针对案情进一步论述对逾期利息计收复利的规范依据。又如，在法人注销后权利义务继受人的查明中，查明意见书中虽列明了“但书条款”，说明了例外情况为恢复公司注册，但未陈述具体恢复程序以及是否对本案主体适格问题产生影响。

3. 适用错误型

因假定事实错误或法律认识错误导致法律规范选取及适用错误。例如，某保证合同纠纷案[①]中对域外公司担保的效力问题进行法律查明，被告公司在委托域外专家进行查明时未向专家提供其自身、董事与关联公司之间控股关系情况的文件，因当事人选择性提供案件材料导致关键性信息欠缺，查明人错误认识该案事实从而论证基础不实，据此选法错误。

4. 繁简不当型

法律意见书着墨重点应该与案件的审查重点难点问题相对应。有些问题上域外法仅仅为待证事实，简单论述即可。但是在某些边缘概念的解析与重点条款的释明应当详述。表述法律论证和推演的过程尽量逻辑清晰、抓住关键。论述偏重失衡也从侧面反映了查明人对案涉法律适用焦点问题把握不足。

5. 语义不明、逻辑不清型

有的法律意见书出现了论证过程与结论相矛盾、引用案例不够具有针对性等问题。有的意见书用词模糊、含义不明，“基本符合”“一般情况下适用”等用词使阅读者产生是否存在“例外条件”的疑问。有的意见书乱用加粗字体，无法起到提示注意的目的。使阅读该法律意见书时仿佛置身云雾，读后仍然无法判断查明的法律规范能否在案件中具体适用。

（四）适法裁判向法律查明“逃逸”

冲突规范的适用使大多数裁判者需直面陌生的法律体系进行法的解释适用，甚至面临多元的法秩序可能导致的合法性冲突。通过对第一部分所述 354 件裁判文书样本进行梳理后发现，裁判者在认定法律意见书的适用

① 参见北京市第四中级人民法院（2019）京 04 民初 627 号民事判决书。

效力时呈现出“过于依赖”与“过于保守”两极分化的适用态度。一种现象是，法官很容易直接信赖甚至照搬专家意见内容进行裁判，并未论述该法律意见书内容是否契合本案案情实际或解释其规范依据，仅以“根据某机构查明的某国法可知”而一笔带过，有“以查代审”的嫌疑。另一种现象是，在双方当事人对查明意见书内容存在争议时，面对语言文化障碍、法律体系陌生、查明渠道不畅等现实问题，倾向于秉持保守和谨慎态度，不敢不愿适用意见书意见，陷入“司法规避”的窘境。不采纳意见书内容的裁判理由也主要在于以下方面：（1）缺失形式要件（包括未在规定期限内提交、未办理公证及认证手续、外文资料没有有资质的机构出具翻译件等）；（2）未提供相关法律规范仅陈述意见；（3）仅提供法律规范没有具体分析适用条件；（4）部分案件中有法律规范，也有具体适用意见时，法官认为不应具有结论性意见或者直接否定法律意见书的证明效力而不予适用。

以上可得，如果域外法查明结果以法律意见书的形式呈现，法官在裁量适用时很少从外部进行域外法信息内容的评价，而转为对法律意见书内部一致性的考察。制约法律意见书的适用效果，导致消极审判、机械判断法律意见书采纳与否的原因之一也在于法律意见书制作质量不尽如人意，无法辅助裁判者对所需准据法的适用形成确信。

二、原因分析：内、外双重原因导致法律查明意见书适用受限

（一）外部原因：制度供给不足导致查明途径受阻

1. 规范供给上

法律规定与司法解释在法律意见书的制作及采纳方面，从其内涵确定和程序安排上暂付阙如。地方经验探索层面就此作出的具体细化规定也不足以指引法律意见书的撰写和程序操作。对法律意见书内容格式的要求、产生歧义后的解释规则以及相关程序要求的缺失导致对法律查明程序及实质正义的要求不被满足。

2. 程序衔接上

“查”与“明”之间缺少应有的程序设置，使查明过程与裁量结果“脱节”。目前法律查明的工作特征为“单向流动”。法院对于法律查明程序指导不足，查明问题查前未作确认，查明需求查中未作调整，查明结果查后缺乏容错机制。一方面，无法保障整个查明过程中对方当事人的知情权；另一方面，“后置审查”的程序设置也导致补充查明频次较高，严重

制约案件审理效率。

3. 查明标准上

专家查明的内容标准及边界缺乏明确指引，查什么以及查到什么程度均没有明确的操作规范。查明人提供的查明意见应当是中立的，不能"越俎代庖"代替法院得出结论。但从办案实际角度，为使查明的域外法与案件事实"适配"，法律查明的意见也需清晰且有针对性，避免语义或意见模糊，造成裁判者无所适从。

4. 裁量适用上

缺乏法律意见书具体的认定标准。从检索结果上来看，实务界对于域外法查明有"强依赖"与"弱信心"。左右摇摆的适用态度也使域外法查明结果很大程度上限制了域外法适用。① 理论界缺乏对域外法查明法律意见书审查适用问题的单独探讨。

5. 行业监督上

域外法查明的辅助机构配套机制不健全。近十年各地法律查明机构纷纷建起，但相应配套机制并不健全。拿酬劳定价举例，法律意见书作为知识产品并非无偿换取。部分法律意见书出自高校查明中心，由于高校的经费管理机制，一定程度上影响了专家参与的积极性。部分法律意见书为境外律师提供，报酬畸高，并无市场监管定价。此外，法律查明机构的人员管理、档案管理等均未建立，现有的法律查明服务机构的机制建设不够成熟。

（二）内部原因：查明工作本身的难度导致域外法适用受限

1. 发现及选取层面

（1）"文义"会发生流变。根据冲突规范的选择，法官必须将外国法"安插"到个案中进行适用。然而语言的意义会在不同地域不同时间内发生流变。任何法律概念都是从其本国法律制度中提炼，其内涵和外延由其产生的法律规范或司法判例所定义，该理论概念能否一般性地解释其他国家的法律制度，需要考量分析。

（2）需在法律体系内找法。法律规范适用于个案的标准也不是唯一的具体规范，而是众多的关联规范，甚至是作为评价统一体的法律制度。譬

① 关于裁量适用方面的学术文章有：管俊兵：《论法院查证外域法的现实困境与解决》，载《时代法学》2015年第6期；管俊兵：《外域法查"明"的失范与规制路径探究》，载《河北法学》2018年第7期；宋晓：《最高法院对域外法适用的上诉审查》，载《法律科学》2013年第3期等。

如，"但书"这一立法技术导致法律渊源的分散化、增加了找法的困难。我国制定法中对"法律另有规定"的规定分散在法律体系中，①法律解释者需要明确具体法条的援引法律，并剖析其规范意旨，从而准确分析法条的适用例外情况。

（3）需寻求立法者原意。当试图发现立法意旨时，除了诉诸法律文本自身外，通常还需要诉诸大量的立法资料或其他学者的解释，考虑所在国社会背景、生活常识、交易常规、行业规范。必要情况下，查明人需要将所查明法律的立法背景资料或著作典籍提交法院，以便探知法律规范在今日法秩序中的标准意义。②

2. 适用与证成层面

（1）归纳要件事实可能错误。其一，法官在个案中的裁判逻辑链条可以大致概括为：证据评价——具体事实查明——要件事实认定——法律适用——裁判结论，③法律查明意见书主要作用于要件事实认定与法律适用这两个环节。但此前环节的判断和结论都影响最终法律查明的结果，如裁判者在归纳要件事实及认定主要证据时发生错误，也将造成法律适用错误。其二，通常情况下，查明人仅仅根据本案递交的材料，并没有亲历现实的诉讼场景。通过分析审判事例，来揭示审判的依据，往往更依赖于直觉和经验，如错误理解案件要件事实则可能导致法律选择上的错误判断。

（2）对适用结论心存疑虑。其一，理论的概念化和定性研究并不能促成系统科学的裁判思路训练从而以此为基础形成法律共同体，④审判人员与查明人之间并不具有职业性的默契和信任，以译者为媒介的翻译角度的差异性同样会造成理解上的差异。其二，不同查明人查明手段和查明经验不同，实践中有的查明人仅运用高校图书馆翻阅相关书籍或法典或者互联网搜索截取法条的形式进行查明，未能做到细致剖析规范意旨，详细列举相似案例。裁判者无从确认可适用、可检验的规范依据。其三，域外法查明的最终目的，不仅是国外规则文字的"地方性阅读"，而是"本土化"适用。在《涉外民事法律关系适用法》第4条与第5条也规定了公共秩序保

① 马新彦、吴晓晨：《〈民法总则〉"法律除外条款"的考察与论证》，载《法学论坛》2018年第3期。

② 参见向明华：《关于法律解释学若干问题的哲学思考》，载《求索》2004年第11期。

③ 傅郁林：《民事裁判思维与方法——一宗涉及外国法查明的判决解析》，载《政法论坛》2017年第5期。

④ 傅郁林：《民事裁判思维与方法——一宗涉及外国法查明的判决解析》，载《政法论坛》2017年第5期。

留制度，要从法律与民生的相关程度来探索该域外法适用的可能。我国审判人员适用域外法的最终目标也在于追求本国的法律正义，而非外国的法律正义，最终也将汇入本国法律正义之洪流。[①]

三、功能检视：域外法查明法律意见书的论证逻辑与功能定位

（一）"四"个基本原则

1. 成本合理性原则

在对域外法的查明方法或途径的评价中，专家证言或专家意见等方式的成本费用相对于其被设计所要达到的目的来说是否是合理的，是我们无法忽视的考虑因素。[②]经济和效率的价值目标在域外法的查明问题中应该占有相对重要的地位，域外法查明的途径实质上无法穷尽，需要在综合成本的考量下为查明的内容和程度设置虚拟边界，避免查明过度，合理配置其资源。

2. 结论适配性原则

适配性是指法律意见书中的域外法信息已经达到了域外法得到查明的标准，则域外法的查明工作结束，法律意见书可以作为域外法适用的参照。查明程序应尽量避免以"获取"为导向，必须在了解立法原意的基础上分析与案件本身的"适配"性。其基础性要件包括形式上符合法律规定的要件，比如满足履行公证认证手续、中英文对照文本相符等。内容上保持中立客观，陈述的法律规范需要涵摄全部要件事实，内容要素齐备，真实性无误。

3. 内容适读性原则

适读性原则是指行文按照一定的逻辑及解释规则进行表述。选取的域外法律规范要与查明事项相对应，查明事项要与归纳的要件事实相对应。论证过程需繁简适当，主次分明，逻辑清晰，文辞通畅。如论证基础不牢固就容易产生规范解释不清晰、归纳论证不周延、释法说理不严谨的问题。

4. 程序正当性原则

失去了程序理性很难保障查明结果正当性。在违背或者没有严格遵循

---

① 参见宋晓：《最高法院对域外法适用的上诉审查》，载《法律科学》2013年第3期。

② See Richard Fentiman, Foreign Law in English Courts: Pleading, Proof and Choice of Law, Oxford, 1998, p.298. 转引自肖芳：《论外国法的查明——中国法视角下的比较法研究》，北京大学出版社2010年版，第31页。

法定程序的情况下进行法律适用将结“毒树之果”。法律适用的过程是一个在规范与事实间往返的思维过程和对向交流的过程，由此来缓和规范的普遍性与个案的特殊性之间的距离。这个过程需要裁判者和查明人进行反复沟通，因此，查明程序所作安排需保障裁判者与查明人沟通之顺畅。

（二）“四”步论证逻辑

1. 论证起点——法律事实的确定

在涉外案件中因涉及冲突规范的选择，使个案适用法律的逻辑链条更为复杂。裁判者首先在法律推理的过程中根据双方诉讼主张及提交证据指向具体的生活事件，确认该事实确实发生。其次提炼法律关系要素和法律事实要素，涵摄于冲突规范的“范围”内或者根据最密切联系原则或意思自治原则确定需要适用的准据法国。有的案件需要查明人对惯例型商业习惯进行确认或提供其他经验事实。法官根据之前梳理出的法律事实要素及查明人提供的经验事实再次抽象出法律事实，法律事实的出现导致法律关系的演变从而影响冲突规范中系属的最终确定。有的案件冲突规范的识别问题较为复杂，[①]需要查明人帮助裁判者结合个案情况判断冲突规范的“范围”。有的案件需援引选择性冲突规范，比如结婚手续问题，需要查明人先查明婚姻缔结地、一方居所地、国籍国法律何者可确认其有效。域外法查明可以在确定准据法国家的阶段为裁判者合理校准最密切联系原则和其他系属公式的适用。这是法律意见书在裁判者进行事实判断及系属判断问题上的“第一只手”（见图 1）。

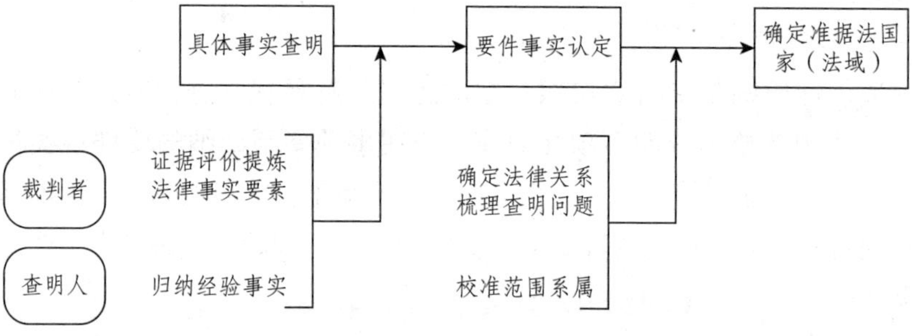

图 1　各主体在确定准据法国家（法域）阶段中的作用

① “识别自体法”认为，对冲突规范的识别依冲突规范所属的法律体系。但是，如果依上述标准不能恰当地解决识别问题，则依与案件最密切联系的法律制度来识别。实践中，例如对于双方财产的归属划分是依据夫妻共同财产关系还是法定继承关系，需要综合考察准据法所在国以及法院地国的做法。

案例1：在某侵害作品信息网络传播权案件①中，法院认为虽然该案不存在直接适用域外法的情形，但法律意见书中有关日本动漫摄影作品的制作方式、作品署名、权益分配、作品授权等行业惯例的介绍，具有客观反映一定法律事实的功能，可以作为认定涉案作品权属的参考。解读：该案例表明法律意见书具有将经验事实及案件背景材料提交给裁判者以协助梳理出法律事实的作用。此案考验查明人对于商事领域内惯例的了解和认定。

2. 论证基石——域外法定位的准确

翻译与定位是法律意见书在裁判者进行域外法适用时的“第二只手”。裁判者根据查明人辅助概括出居于事实层面的法律事实、法律关系。查明人在法律事实基础上将查明问题译成查明地国语言，从法律规范的“数据库”中寻找最合适的法律规范并将法律术语译回法院地国语言，为一次双重翻译过程。作为法律体系框架内的跨文化交流活动，翻译的标准相当严格。首要要求为忠实原文，需要查明人对域外法法律体系及法律价值有深入了解，在译文中需确认法律事实及法律概念在准据法国的意义。法律概念有边缘含义和中心含义之分。在阅读和理解法律文本时，会面临接受法律概念哪一种含义的问题。常规案件法律概念容易对号入座，无须复杂的法律推理，要件事实很容易涵摄在法律概念的中心含义之中。另一种较为复杂，处在边缘含义里，到底属于此概念还是彼概念有争议，适用具有不确定性，需要进行进一步论证分析。

案例2：在某保证合同纠纷中，②该案需查明的问题是“案涉《承诺函》关于‘连带责任’的表述在百慕大地区是否构成‘保证’”。查明意见书首先解释了普通法系通行的“guarantee（保证）”的概念；其次从体系解释角度，分析普通法的成文法未对“guarantee（保证）”作出系统规定；最后，认为对于某合同是否构成保证，应当根据案涉合同文义通过解释规则认定。解读：该案例提供了对法律概念进行解释的一种方法。因为概念的模糊性和语词的多义性对法律推理的小前提的解释具有开放性，查明人可为小前提作出法律评价与确认。

法律定位尝试可以描述为“法律事实——大类法律规范对比分析——规范确定——小类法律规范对比分析——规范确定”。比如在案例2中首先分析该案事实是否在域外法（大类法律规范）中符合保证的构成要件，需

① 参见《上海法院域外法查明典型案例（附中英文版全文）》，载微信公众号“上海高院”2022年9月13日发布。

② 参见北京市第四中级人民法院（2020）京04民初327号民事判决书。

要寻找相应的请求权基础，分析构成要件，将构成要件中要素进行演绎，最终涵摄案件事实。如构成保证则进一步分析保证的效力及期间等事实与规范（小类法律规范）的特征对比并得出结论。如准据法为判例法，还需要在此过程前从法律报告中搜集相关案例群，并通过类比分析抽象出法律规范，从而完成从类比到演绎的跨越。在法律定位过程中，查明人可能需要与裁判者沟通重新来认定事实或者补充新的事实。在事实与规范之间来回穿梭。最后将法律规范的抽象形式化要素运用于具体案件之中。如查明人无法确认本案事实是否符合法律规范的前件，需要以在法律意见书中用“假定条件”予以代替，并作相应解释说明。如查明人发现规范竞合或冲突时，须详细阐明选择原因，避免适用错误。

案例 3：江苏轻工诉江苏环球、美国博联公司无单放货案①中，由于当事人约定适用的 1936 年《美国海上货物运输法》就争议事项没有约定，法官依据最密切联系原则根据《美国统一商法典》有关规定作出了判决。解读：该案例表明如未查询到具体的域外法依据，不能无端进行法律续造，常规做法虽然为适用法院地法进行裁判，但是查明人也可以将最密切联系国家的法律规范提交法院进行参考。

3. 论证核心——规范释明的适当

解释规范含义是法律意见书在论证实体法基础时的“第三只手”。在解释规则方面，就域外法的解释而言，各国普遍认为应依其查明地国（法域）的法律及其解释规则进行。域外法解释的目的一般被确定为获取该域外法在其所属国的意义，以确定域外法在法院地国与其所属国的适用效果一致。如缺少必要的解释说明，法官则只能按照法院地成文法规则进行解释，有可能导致理解偏差。

在解释方法方面，解释方法需要使用查明地国惯常应用的解释方法进行，一般情况下文义解释具有优先性，只要法律措辞语义清晰，应首先解释其文义。

在解释内容方面，包括法律原则、法律概念与法律规范。法律规范按照行为模式（权利、义务的规定）、法律后果的归结两个构成因素进行规范解释说明。必要情况下将规则内部前件与后件语义学上的句法勾连的用法予以强调。查明问题的解决如适用多个法条，可在列明法条基础上进一步归纳出适用条件。

① 参见《中国涉外审判案例》专栏，载《人民日报》2002 年 3 月 2 日。

在解释程度方面，法律问题是无限追问的问题，但查明程序却不可无限进行。查明程度要契合案件实际，结合案件价值以及查明重要性等因素确立不同标准。查得的域外法规范如与我国法内涵无本质差异则可以简要解释，如存在较大差异需进一步分析其规范缝隙，如在我国法律体系中没有对应的同类规则，则必须重点分析其立法宗旨与目的。在撰写意见书收尾时需回顾某一查明问题的论证是否融贯以及查明问题之间的论证是否融贯。

在行文规范方面，法律意见书需要针对全部案件要件事实引发的查明问题分项进行论述。注重行文的逻辑和递进关系，需使用法言法语，尽量避免使用“基本符合条件”“一般情况下适用”等模糊词汇。如重要之处确需提示阅读者注意，可予以标注。

案例 4：在一次关于税费约定的效力问题的泰国法查明中，查明意见书首先分析泰国民商法典中的意思自治原则的基本内涵（后附具体条文），其次分析了意思自治的瑕疵（后附具体条文），再次分析民商法典的总则合同法部分是否出现涉及税费负担问题相关禁止性规定，然后查询《泰国国际航空运输法》的相关条款也并无禁止性的规定，结论为合同当事人可以依据泰国法，约定税费由乙方当事人承担。解读：该案例表明查明人需在遵从实定法基础上，选择合适的解释规则，解释规范具体含义。比如在该案例中阐释逻辑为：意思自治的内涵界定（阐释法律原则）——列明具体条文（选取法律规范）——但书条款解释（解释例外情形）——特别法规定（最密切联系法的规定）——结论。

4. 论证归结——价值判断的妥当

法律推理是由事实判断向规范判断、由规范判断向价值判断转换的逻辑机制。剖析法律价值体系的基本原理，遵循包括正义、衡平及比例等自然法法理，本是审判者之职能，但在案件需要适用域外法进行审理时，却不得不部分让位于查明人。这对查明人提出更高层次的要求。但并不意味着在域外法查明阶段即坚持结果导向的法律解释，也不意味着在具体案件或假定情况下，根据解释的后果来修正解释。查明人可以运用法社会学等解释方法，当一个法律条文有复数解释，或者当一个法律事实对应法条冲突或竞合时，在解释全部法条的文义涵摄范围的基础上适当为裁判者进行价值判断提供参考，这也是法律意见书在证成法律裁判时的“第四只手”。尤其在《阻断外国法律与措施不当域外适用办法》亟须完善配套执法和司法规则，《关税法》《对外贸易法》等涵盖贸易反制措施和国家安全例外条款的法律亟须制定或修改完善的现实背景下，如适用该规范可能“水土不服”，可以在意见书中做到应有的提示。

案例5：在某跨境融资租赁合同案件[①]审理中，为慎重适用，法院致函国家外汇管理局深圳分局就内保外贷合同是否违反国家外汇管制等金融安全的强制性规定以及调解协议改为人民币结算有无违反人民币跨境支付方面的相关规定进行咨询，确定不违反法律强制性规定才最终采纳了我国香港特别行政区律师的法律意见书。解读：该案例表明在域外法的选取时，也要考虑我国国情对该条款的包容度，查明人可以为裁判者根据国家政策或社会预期对域外法进行裁量适用提供参考。

（三）“四”项功能要素

对域外法查明法律意见书功能性的评价也应首先讨论域外法性质问题。如果视域外法为法律，那么法律意见书应从法律是否真实存在、是否适用于本案事实进行逻辑构建。如果视其为事实，那么对于域外法查明中的法律意见书的性质就可归类为证据，在现有程序机制内进行整合，将其纳入专家证言的制度框架内。[②]后者从操作层面上讲较为可行，域外法查明专家应依据《最高人民法院关于民事诉讼证据的若干规定》第83条规定，以专家证人身份参与诉讼。这也在2022年《全国法院涉外商事海事审判工作座谈会会议纪要》第23条得到印证。那么对于法律意见书就应当尝试从证据资格和证明力的角度分析法律意见书的客观性、合法性、关联性。从客观性上讲，选取的成文法及案例应客观真实、内容完整、效力无误；从合法性上讲，符合公认证等形式要件且内容与公共利益或基本国策不悖；从关联性上讲，域外法查明的结果指向具体案件中的法律适用，需强化其与案件本身的适配度。通过为其梳理论证逻辑可知，域外法查明法律意见书的功能定位应在确定法律事实基础上进行规范选择并揭示其法律意义——通过对整个法律体系的掌握并从法律体系中发现适用于个案的具体规则，并基于规范文义在整个法律体系的脉络中去寻找该规则的合理解释。法律意见书的制作应当具有的功能为“经验事实准确，法律选取无误，规范释明妥当，价值判断合理”，作为域外法查明、理解与适用时的四只手，分别考察查明人客土经验、归入能力、语义解释力、价值判断力。四者融合为裁判者处理法律适用问题提供指引和预测，使法官在适用

---

① 参见广东省深圳前海合作区人民法院（2016）粤0391民初713号民事判决书。

② 也有学者认为可以按照委托人的不同将法院委托下的法律意见视为鉴定意见，当事人委托视为专家证言进行区分。参见王葆莳：《论我国涉外审判中“专家意见”制度的完善》，载《法学评论》2009年第6期。

该域外法时能够形成确信。

四、规则续造：法律意见书“辅助”法律适用过程的规范进路

从域外法查明效果的制约因素出发，遵从主体的权限与义务相匹配的基本理念和制度逻辑，对法官主导权以及查明人的义务进行同步调整。强化意见书撰写标准，规范诉讼程序，把握审查适用尺度，辅之以配套机制保障，切实发挥其“帮手”作用。

（一）规范以“功能四要素”为目标的程式标准

阅读法律意见书不是审判者的个体活动，而在于撰写者与阅读者的双向互通。撰写者需要了解审判者需要什么，并为其提供最佳的法律产品。首先强调法律意见书文本形式及内容的规范性，这一点是正确理解和适用法律的重中之重。法律意见书基本内容详见表2。

表2　域外法查明法律意见书必要元素

序号	要素	具体说明
1	撰写者个人简介	说明承担查明工作的指定人员的情况，其个人经历、专长领域、相关工作经验等，以便法院对查明人的查明资质有初步的把握
2	已审阅内容及资料	查明人需要审阅必要的案件资料，包括双方证据、必要的笔录以确定法律适用的焦点问题。查明人需对所有审阅文件进行仔细阅读，并对承办人梳理出的要件事实进行确认
3	需查明的法律问题	一般查明的法律问题需法院在梳理案件事实的基础上先行提取，并经双方当事人及法院共同确认后提供给查明人，法官可在查明过程中根据案件需要（或查明人根据法律规范定位后提示法官）进行补充，补充查明事项需告知双方当事人
4	法律规范具体内容	选取的成文法应包括具体的法律名称、颁行时间、具体条文相关的上位和下位法规定、一般法和特别法的规定、新旧法条的对比。判例法要说明域外法院说理方式以及法律渊源效力，提供相关裁判要旨的现行规定、判例历史、具体案件的案号及相关索引
5	规范释明	解释法条中的具体法律概念及法律原则，在域外可能存在与法院地法不同含义的特定法律用语并解释法律意义，分析法律规范的行为模式与法律后果，如不确定行为模式与本案事实是否相符合，要用假定条件代替，如适用有例外情形，需要进一步解释说明。判例法需对判例中抽象出的判例规则在域外适用的情况进行说明
[3、4、5项格式一般为：查明问题＋法律规范＋假定条件（如有）＋解释（法律概念／行为模式／法律后果／除外情形）＋判例佐证……此外也可以按照个案情况以法律关系或法律事实作为分项依据进行撰写]		
6	相关背景以及学术理论	其他与案件有关的背景资料，包括权威法律评论、法学教科书以及立法文件，确定法律规范的目的和意旨，一方面印证对域外法理解，另一方面辅助法官判断是否合乎我国利益与社会普遍价值观念来校准域外法的适用

续表

序号	要素	具体说明
7	明确的结论意见	查明人可以给出明确的法律适用结论性意见，表明法律问题域外法院可能会作出何种认定及法律适用。如已尽勤勉尽责仍不能对需要阐述的法律问题作出适用上的确认的，不发表结论意见
8	独立性说明	查明人需说明按照行业公认的业务标准、道德规范和勤勉尽责精神，已对所要阐明的法律问题发表法律意见，不存在虚假、严重误导性陈述及重大遗漏
9	落款	明确制作主体，机构加盖公章，查明人签字或加盖个人章，必要时留有联系方式，并注明成文日期
10	附件（如有）	必要时将专家资质证明、法律典据、立法资料、学说等作为附件提交，以辅助法院进行适用参考

（二）构建裁判者主导下的域外法查明程序

审判人员根据初步查得的域外法规范不断修正要件事实的认定为域外法适用过程之常态，审判人员需要将目光流转于要件事实与法律规范之间，调整需要查明的法律问题，及时补充或重新查明。因此查明程序并非“一气呵成”，很大可能存在流程的回转。我国的民事诉讼法目前尚未超越职权主义模式，在查明程序中需要强化法院的主体责任，对提交法律意见书的程序进行预先系统安排。

1. 筛选查明人

根据案件具体情况审查查明人资质，可以结合其教育背景、执业地域、知识专长、执业经验、专业技能进行认定。比如在德国联邦最高法院审理的 BGH 21.1.1991–II ZR 49/90 一案[①]中，就该案涉及的 20 世纪 80 年代初委内瑞拉船舶优先权在实践中是否需要登记、在何种条件下被承认的问题，法官认为只有具备当时法律实践经验的专家或专业机构的意见才能被采纳以查明域外法。

2. 指引程序进行

在查明程序启动阶段，需要在梳理案件要件事实的基础上确定查明事项。明确查明人后，需要向查明人明确查明义务、查明事项、合理期限、法律后果并提供给查明人所需材料。在查明人撰写法律意见书阶段，需要在合理期限内适时提醒、催促查明人进行查明并建立实时沟通的工作

① MünchKomm–ZPO/Prütting § 293 ZPO no. 30, also on the “Prendas Navales” case cited in Treatment of Foreign Law–Dynamics Towards Convergence?. Y. Nishitani (Ed.). Springer International Publishing. p 202. Also see “Prendas Navales” Case, available at https: //research.wolterskluwer-online.de/document/02ca3283-2688-4f23-9628-77d13378047d.

机制。查明人需定期向主审法官反馈工作进展，提交工作日志并入卷。法官根据其提交的工作日志反映的初步查明意见不断修正要件事实，及时调整需要查明的法律问题，从而减少退回重做、补充报告和查明不能的适用频次。

3. 规范查明流程

改变现有的查明工作"法官或当事人委托（要求）——查明人提交查明意见书（回应）——法院审查认定（妥协或否认）"的"后置审查"及"单向流动"方式，需化被动为主动，切实保障裁判者主导权与对方当事人的知情权，使风险可视化（见图2）。

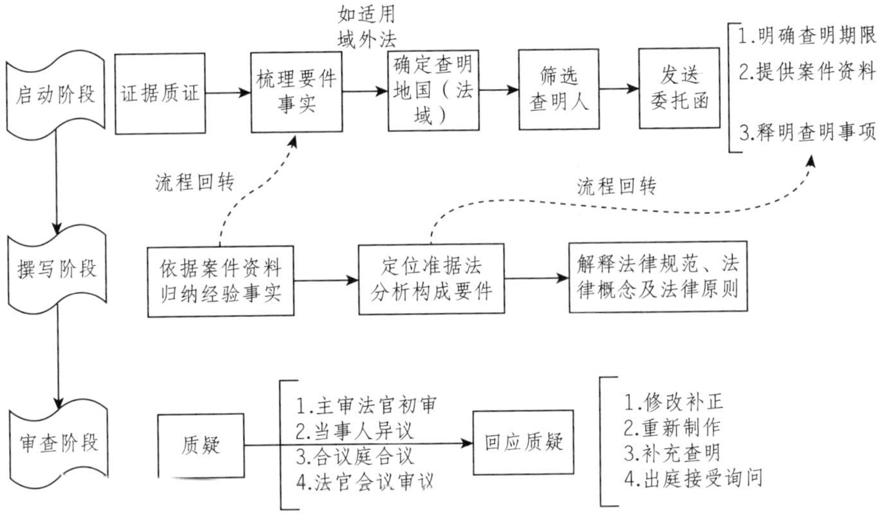

图2　法律查明工作流程

（三）把握以"参照适用"为取向的审慎审查原则

涉外案件审判人员适用域外法时的理想状态为"不单要了解外国的成文法律规则，还须调查了解该域外法在其来源国的真正适用情况，做到如同域外法官那样适用域外法以作出裁决"①。实践中，如要求审判人员对法律意见书内容进行实质验证相当于重新查明，损及诉讼成本及效率。但如按照大多数学者所述仅对意见书进行形式上的确认或者按照法院聘请优于当事人聘请、出庭接受质询优于未出庭进行效力优先性排序，将很可能造

① 徐鹏：《外国法查明：规则借鉴中的思考——以德国外国法查明制度为参照》，载《比较法研究》2007年第2期。

成域外法的错误适用，也在实质上让渡审判权。笔者认为，审判人员需遵循“参照”适用而非“依照”适用的原则，在形式审查的基础上，对于专家提供的法律意见书进行内容的审慎审查，通过四步确认法律意见书的证明效力。

第一步：初步识别。将查明意见书与元素表（见表2）进行比对识别：（1）如发现形式瑕疵或要素不全问题，比如无附相应专家资质证明、无与案件当事人无利害关系声明等可以通过瑕疵补正或更正程序予以消除，并要求其说明遗漏或错误原因，限定新的提交日期。（2）如发现审阅材料遗漏或待查明事项错误问题，如必要的证据材料未审阅和列明，需及时释明查明人，告知其正确的查明事项和必要的审阅材料并要求其重新制作意见书或修正相关内容。（3）如出现论证不全或语义不明问题，需进一步求证查明人语义含糊之处的正确含义，纠正其用语。如系论证逻辑问题需告知查明人尽量填补其逻辑漏洞，强化论证过程的融贯性。

第二步：强化辩论。将法律意见书递交对方当事人，允许对方当事人对形式内容及结论提出疑问：（1）对方当事人如认为意见书结论错误或论证错误应提出反证，或说明足以影响意见书证明力的理据。（2）可要求查明人参加庭审当面陈述意见，接受质询，或邀请相关领域的专家到场旁听。（3）如法律意见书未得出查明意见或未得成功查找规范依据，该案准据法适用又系当事人选择而定，可征询双方意见，是否更换适用我国法律。

第三步：他方求证。通过职业群体智慧进一步理顺适用逻辑。如经过辩论机制仍然存在无法弥合之处，可以通过互联网、书籍等自行进行查找确认，或者向法律查明机构询问既往经验，检索既往相关查明案例，向资质更高的查明专家进行咨询等方式进行进一步求证。

第四步：审查认定。如法律意见书“三性”无误，可予以适用。如质疑不能得到合理解释说明或者逻辑漏洞不能得到有效填补，导致无法对域外法适用形成确信，需经过合议确定其可否进行部分适用或需全部否定其效力。如不能适用则有三种解决路径：（1）可及时更换其他查明人进行重新查明或者更换其他查明途径。（2）如经过综合判断（已穷尽方式或成本过高）不宜再更换查明途径可视情况认定为查明不能。（3）如适用法律意见书结论将可能违反我国国家政策或违背社会公序良俗，需通过法官会议审议及请示程序作出适用与否的决断。

（四）健全以“查明专家”为依托的法律服务行业配套机制

《最高人民法院关于设立国际商事法庭若干问题的规定》第8条，将由中外法律专家提供与法律查明服务机构提供作为并行查明的途径。我国已以中立研究机构为依托，在中外法学教授、律师队伍中吸收精通某一特定国家法律的人员撰写法律意见书。[①]笔者认为需要将中外法律专家吸纳入查明机构进行监管，从而更好地为法院及其他个体提供域外法查明服务。这样设置的原因有：

首先，方便法院与查明人进行联络，加强法院的主导权。一方面，部分当事人提交的查明意见书出自境外律所律师，不便诉中联络，导致结果准确度不高或补充查明次数过多。收拢于查明机构后有利于降低信息不对称概率。另一方面，当事人单方委托境外律师进行查明常常薪酬不菲，其盈利性和契约性容易招致对方当事人怀疑。由法院出具委托函，将当事人提供的域外法专家意见视为法庭指定专家出具的法律意见加以采信，从而弱化私人域外法意见的契约性，强化专家意见对法院的义务。

其次，有利于构建法律专家执业行为的自律机制，锻炼专业查明队伍。一方面，通过统一专家准入资格，建立查明机构的日常监督、专业培训、档案管理等机制，使专家因真正从事法律查明工作，从属于专家系统并得到专业机构背书而被信赖。防止因专家意见侵权导致再生案件。[②]另一方面，在一定程度上也可以在域外法适用中防止单边主义和霸权思维的侵蚀，对域外规范进行恰当扬弃。

最后，为境内与境外专家拓宽恒常沟通机制和渠道。法律推理是逻辑推导和经验论证相结合的过程。域外律师或者法学家虽通晓本国法律，但是常常不能真正理解内国法院的需求，国内专家可以较多地从比较法的角度出发，更好地提炼和理解法律问题，但在客土经验和司法技术方面可能略有不足。更优的选择是相互配合，取长补短，共同进行域外法的查明，合作撰写法律意见书，共同推进法律适用的统一化、标准化。

---

① 主要的查明机构有五家，分别为西南政法大学中国—东盟法律研究中心、中国政法大学域外法查明研究中心、武汉大学域外法查明研究中心、华东政法大学域外法查明研究中心和蓝海法律查明和商事调解中心。

② 参见王葆莳：《外国法查明中的专家侵权责任研究》，载《时代法学》2011年第5期。

结　语

“最好的专家会给出最正确的答案”，[①]它必须是法官的“帮手”而非他人之“枪手”。适用域外法是凝聚国际共同的司法理念与司法共识的重要载体。法律意见书的提供可以改变法律适用“回家去的趋势”，为其注入新的活力。笔者希望通过法律意见书的制作和提供程序的进一步规范，发挥专家查明域外法途径的应有价值，从而满足法院对域外法查明的深层次需要，使域外法之“正义”更好地融入我国司法“正义”之洪流。

① See John G.Sprankling and George R.Lanyi, Pleading and Proof of Foreign Law in American Courts, Stan J.Int' l L., Vol.19, 1983, p.83.

互联互通视角下互联网平台"围墙花园"行为的认定与裁判路径

杨　帆[*]　王　昕[**]

引　言

随着互联网行业的不断发展，大型互联网平台在逐利本能的驱使下，以平台生态建设之名，行构建"围墙花园"之实。所谓"围墙花园"（Walled Garden），即平台创造一个控制用户对应用、网页和服务进行访问的环境，把用户限制在一个特定范围内，只允许用户访问或享受指定的内容、应用或服务，禁止或限制用户访问或享受其他未被允许的内容。[①]由于"围墙花园"的特性与平台发展的商业逻辑相契合，平台致力于通过构建种种合理性，使其不同于简单的"封闭"，而更具有欺骗性。在互联网、移动智能设备、"应用经济"（App Economy）均蓬勃发展的今天，互联网面临着"信息茧房""链接孤岛""围墙花园"的危险，它们也成为掣肘互联网平台经济发展、转型的因素。

在现有平台经济发展情况下，平台封禁、链接屏蔽、系统不兼容、数据垄断等事件屡屡发生，平台之间的竞争愈发激烈。中国互联网"围墙花园"问题最早由2008年阿里巴巴封禁百度事件拉开序幕。此后"3Q大战""3B大战"逐渐将"围墙花园"愈演愈烈。[②]针对这些现象，2021年7月开始，国家工业和信息化部着手开展互联网行业专项整治行动，聚焦扰乱市场秩序、侵害用户权益、威胁数据安全、违反资源和资质管理规定

* 作者单位：福建省厦门市思明区人民法院。

** 作者单位：福建省厦门市思明区人民法院。

① 方兴东：《"互联互通"解析与治理——从历史维度与全球视野透视中国互联网深层次问题与对策》，载《湖南师范大学社会科学学报》2021年第5期。

② 参见钟祥铭、方兴东：《"围墙花园"破拆：互联网平台治理的一个关键问题》，载《现代出版》2021年第5期。

等四方面八类问题，其中包含重点整治恶意屏蔽网址链接等。[①]此后在工信部召开的“屏蔽网址链接问题行政指导会”上，亦提出要求各平台限期内按标准解除屏蔽，推动形成互通开放、规范有序、保障安全的互联网发展良好环境。互联互通也由此成为互联网高质量发展的必然选择。在2022年11月公布的《反不正当竞争法（修订草案征求意见稿）》中，新增了屏蔽行为等互联网不正当竞争类型，[②]可见规制互联网屏蔽，推动平台互联互通之紧迫性和必要性。

在互联互通以及全国统一大市场政策精神的背景下，应如何应对层出不穷的新型不正当竞争行为成为日前理论和实务界的热点探讨问题。因此，本文欲从当前司法实践对“围墙花园”行为裁判规则的塑造以及裁判思路的耙梳切入，分析当前司法实践中的困境，结合互联网平台经济特点，提出反不正当竞争法规制“围墙花园”行为的考量因素并完善裁判路径。

一、“围墙花园”案件的实证透视

互联网行业是建立在庞大的流量之上的经济行为，根据著名的梅特卡夫定律，网络的价值等于网络节点数的平方，网络的价值与联网的用户数的平方成正比。[③]数据也被称为互联网时代的“石油”，因此，数据和流量成为平台竞相争取的资源。互联网平台采取的如链接屏蔽、插入链接、强制跳转、恶意不兼容、数据抓取等各类行为，其最终的目的是获取流量或数据。因此，本文对案件的分类是以互联网不正当竞争行为造成的法律后果为标准进行的划分。本文在中国裁判文书网，通过对“不正当竞争”“流量”“数据”“抓取”“爬虫协议”“屏蔽”等关键词检索了裁判日期在2013年1月1日至2023年6月1日的民事判决书，通过对内容的甄别和匹配后整理出10件有效案例（见下表）。

① 参见工业和信息化部：《工业和信息化部启动互联网行业专项整治行动》，载工业和信息化部网站，https：//www.miit.gov.cn/xwdt/gxdt/ldhd/art/2021/art_942c35d37345442eb10cbce9852dddad.html，最后访问时间：2023年5月21日。

② 参见国家市场监督管理总局：《市场监管总局关于公开征求〈中华人民共和国反不正当竞争法（修订草案征求意见稿）〉意见的公告》，载国家市场监督管理总局网，https：//www.samr.gov.cn/hd/zjdc/art/2023/art_53f286b0f8a64545a52f92db0aeb8162.html，最后访问时间：2023年5月27日。

③ 马晓明、翟静芳：《网络不正当竞争损害赔偿研究——以流量、数据为视角》，载《电子知识产权》2019年第12期。

“围墙花园”案件裁判表

序号	案号	行为类型	适用法条	认定结果	认定逻辑
1	(2015)杨民三(知)初字第1号、(2015)沪知民终字第728号	通过技术手段屏蔽视频前广告	《反不正当竞争法》第2条	构成不正当竞争	确认存在竞争关系——原告享有应受保护的利益——正当性分析:依据行为导致原告商业利益损失,且具有主观故意,违背诚信原则和商业道德
2	(2015)浦民三(知)初字第528号、(2016)沪73民终242号	抓取信息	《反不正当竞争法》第2条	构成不正当竞争	确认存在竞争关系——正当性分析:原告受到损害——被告行为超出必要限度、破坏公平竞争的市场秩序
3	(2015)海民(知)初字第12602号	抓取信息	《反不正当竞争法》第2条	构成不正当竞争	确认竞争关系——被诉行为不具有合法性、正当性,且存在主观故意。违反诚实信用原则、违背商业道德、危害平台用户信息安全、损害原告合法竞争权益
4	(2016)沪0115民初5555号、(2018)沪73民终5号	利用技术手段劫持浏览器	《反不正当竞争法》第2条、第12条第2款第2项	构成不正当竞争	确认竞争关系——超出合理限度对经营者造成损害——侵害网络用户知情权和选择权——违背诚实信用原则和商业道德
5	(2017)沪0110民初12555号、(2018)沪73民终429号	提供“搜索候选”引导用户点击后跳转	《反不正当竞争法》第2条、第12条	不构成不正当竞争	认为适用《反不正当竞争法》不要求具有严格的竞争关系——原告主张不构成不正当的并非法定权利——被诉行为未造成实质性破坏和妨碍——未造成消费者群体利益的损失——被诉行为是技术上的创新,未扰乱市场竞争秩序
6	(2017)京0108民初24512号	抓取数据	《反不正当竞争法》第12条第2款第4项	构成不正当竞争	区分公开数据与非公开数据——公开数据应遵循互联互通一般性原则但有例外抓取非公开数据不具有正当性——原告享有数据权益、被诉行为造成原告损害
7	(2018)京0108民初42023号	拦截网址并强制跳转	《反不正当竞争法》第12条第1款、第2款第1项	构成不正当竞争	确认存在竞争关系——正当性分析:被告实施被诉行为不具有合理性和必要性、具有主观故意、采取不正当手段影响了用户的选择,损害了原告的市场份额、不具有正当性

续表

序号	案号	行为类型	适用法条	认定结果	认定逻辑
8	(2018)浙01民终7312号	抓取数据	《反不正当竞争法》第2条	构成不正当竞争	原告享有数据权益——确认双方存在竞争关系行为正当性分析：违背商业道德、属于不劳而获“搭便车”行为、阻碍互联网产业的发展、影响消费者福祉的改善、原告对涉案数据享有竞争性权益——被诉行为妨碍了原告平台的运营和正常运行机制、产生实质性替代效果损害原告的商业利益——被诉行为违背诚信原则——不属于技术创新的公平竞争——不符合“不受扭曲的竞争标准”
9	(2021)浙8601民初309号	抓取平台信息内容及数据	《反不正当竞争法》第2条、第12条第2款第4项	构成不正当竞争	将《互联网搜索引擎服务自律公约》作为本案商业道德参考——roborts协议以文字宣示方式单方限制被告网络机器人，降低了原告平台的竞争优势，损害了原告的合法权益，影响了网络用户的选择、增加用户选择成本，损害用户的合法权益——违背公平竞争原则，与互联互通基本价值不符——损害了网络竞争秩序
10	一审：(2017)京73民初2020号	抓取网页内容	《反不正当竞争法》(1993年)第1条、第2条第1款、第2款	构成不正当竞争	否认《互联网搜索引擎服务自律公约》作为本案商业道德参考，允许网站经营者通过roborts协议限制其他网络机器人的抓取(经营自主权)——不违背互联网行业的商业道德，未损害消费者利益——原告并未受到实际损害
	二审：(2021)京民终281号		《反不正当竞争法》(2019年)第2条	不构成不正当竞争	

（一）案件类型化分析：流量损失与数据损害

通过对案件的梳理，上述案件中的行为类型可以归纳为流量损失型和数据损害型两类。

1. 流量损失型

此类案件系行为人通过采取某种技术手段拦截他人流量或引流至自身服务上，如案例1、4、5、7的广告屏蔽、链接屏蔽、网址拦截、浏览器劫持等均属于行为实施者通过采取不当拦截的方式将流量引导至自身的平台、应用或服务上，从而获取利益。

2. 数据损害型

数据损害型案件主要表现为抓取、使用他人平台的用户数据或内容信息，如案例 2、3、6、8、9、10 的抓取信息、数据行为则是行为实施者通过技术手段防止他人抓取数据或从其他平台进行抓取数据，损害一方数据权利的行为。

不论属于哪种行为类型，可以看出裁判者适用的法律大多为《反不正当竞争法》第 2 条一般条款或第 12 条兜底条款。在认定行为具有不正当性的过程中，形成了“是否具有竞争关系—行为正当性分析—是否造成损害后果”的路径，正当性分析中较多的考量因素是“行为是否超过必要限度”“是否违背诚实信用原则”“是否违背商业道德”“是否具有主观故意”，在损害后果方面，判决书中在“对原告的商业利益、竞争权益造成损害”方面着墨较多，对于消费者利益以及市场竞争秩序、行业发展、技术创新大多未进行深入分析论证。

（二）裁判现状：“围墙花园”案件的审理

司法实践中，裁判者对“围墙花园”行为的认定尽管存在不同的裁判规则进路，如直接适用《反不正当竞争法》一般条款、适用“非公益必要不干扰”原则[①]、适用互联网专条中的具体行为条款、适用互联网专条的兜底条款等，但在进行行为正当性分析过程中呈现两种模式。

1. 错位的权利侵害式行为认定

从上述表 1 中的案件认定逻辑可以看出，裁判者在处理互联网“围墙花园”案件时，倾向于以原告的权益是否受到侵害为出发点和落脚点。基于原告享有相应的权益基础，行为本身具有不正当性，该不正当行为损害了原告的权益。对于行为本身的正当性分析，则属于套路式、格式化的论述。把原告享有的权益受到损害作为论述的“重头戏”，而其他诸如消费者的选择、社会公共利益等作为附带因素加以阐述。裁判者的该种认定方式相当于将竞争利益上升为权利进行保护。然而，《反不正当竞争法》保护的利益不是专有权，即不是确立一个像商标、专利之类的专有权，而是因制止行为而受到保护的利益。这些利益通常具有非公示性、不确定性和非典型性（需个别确定）。并且权利侵害式侵权认定方式以原告竞争利益为重点的保护方式，形成的是“保护静态法益”模式，对于动态市场竞争秩序、行业生态影响等方面的考量较为欠缺。

① 参见北京市高级人民法院（2013）高民终字第 2352 号民事判决书。

2. 空泛的道德评价式行为认定

正如上表中案件认定逻辑所呈现，诚信原则及商业道德评价在“围墙花园”行为案件的裁判中被作为判断行为正当与否的一项标准。在这些案件的裁判文书中不难发现“食人而肥”“不劳而获”“搭便车”等道德评价词汇。由于对一些显而易见违背市场运作机制的行为而言，用“看得见”和“摸得着”的道德标准进行评判既符合我国司法从业人员的习惯，又能快速地解决问题，[①]这使诚信原则与商业道德评价在司法实践中被广泛运用。但是，在裁判说理中对于违背诚信原则以及违背商业道德等的表述较为空泛，且道德评价是一种主观感受，不同裁判者在理解、学识等方面的不同会形成不同的主观判断，因此将道德评价作为行为正当性认定的一项标准，具有很大的不确定性。这种以主观的道德判断替代客观的竞争效果评价，弱化了竞争法的特质。[②]

二、“围墙花园”案件裁判困境之原因分析

（一）行为正当性认定不易

一方面，随着互联网技术的发展，发生在互联网行业的不正当竞争行为更加多样化且往往充满技术性。进入诉讼程序的“围墙花园”案件，即便行为模式底层逻辑是一致的，但其表现形式也是多样的，需要裁判者进行抽丝剥茧地分析，技术的复杂性更是加大了对行为正当性认定的难度。另一方面，在互联网市场竞争过程中，有竞争就会存在损害，何种损害是需要被规制的，需要裁判者在个案当中进行综合判断。裁判者对竞争的边界存在不同的认识，则对行为正当性的判断就会出现不同的结果。产生行为正当性认定较难的原因有以下几点：

1. 基础权益系统解析不足

如前文所述，《反不正当竞争法》所保护的利益是需要个别确定的。由于没有可以依据的标准和路径，裁判者在对基础权益进行解释分析过程中可能存在分歧。如在某科技有限公司诉某网络技术有限公司不正当竞争纠纷案[③]中，对于平台经营自主经营权的认定，一审与二审之间存在认识分歧。一审法院认为某网络技术公司通过设置 robots 协议单方限制某科技

---

① 蒋舸：《关于竞争行为正当性评判泛道德化之反思》，载《现代法学》2013 年第 6 期。

② 张占江：《反不正当竞争法属性的新定位——一个结构性的视角》，载《中外法学》2020 年第 1 期。

③ 参见北京市高级人民法院（2021）京民终 281 号民事判决书。

公司的网络机器人对某网络技术公司公开网页内容进行抓取，该种歧视性设置 robots 协议的行为对某科技公司、对用户以及对行业发展都是有所损害的，构成不正当竞争。而二审法院则认为，某网络技术公司设置 robots 协议对某科技公司的限制行为是某网络技术公司行使企业自主经营权的表现，不构成不正当竞争。一、二审法院对于企业自主经营权的界限有着不同的认识，导致裁判结果不同。经营者通过采取某种措施保护自身花费财力、物力形成的竞争优势，难谓存在不正当性。经营自主权的边界的认定在法律没有进行明文规定的情况下，存在较大的弹性，其认定受限于裁判者的智识水平、互联网行业发展以及互联网用户的习惯培塑等因素，导致裁判结果难以预期。

2. 价值选择冲突

法的价值具有双重性质。它一方面体现了作为主体的人和作为客体的法之间需要和满足的对应关系，即法律价值关系；另一方面它又体现出法所具有的，对主体有意义的、可以满足主体需要的功能和属性。[①]《反不正当竞争法》的法律价值在于通过制止不正当竞争行为，保护经营者竞争法上的利益、消费者利益、公平竞争的市场秩序，实现竞争的公平公正，其最终目标是保护“不受扭曲的竞争”。而不同裁判者在裁判过程中，对于价值选择的排序是不同的，大多数裁判者偏向于以保护经营者利益为中心，有的裁判者将鼓励创新、市场竞争秩序作为中心，有的裁判者将竞争者、消费者、竞争秩序三元利益的平衡作为判断基础。如某科技公司诉某信息服务公司等不正当竞争纠纷案[②]中，某科技公司认为某信息服务公司设置的“搜索候选”功能对某科技公司、消费者造成不利，构成不正当竞争行为，法院认为被控行为可能会造成部分交易机会或搜索流量的流失，但市场竞争的主要表现即对交易机会的争夺，只有被控行为违反商业道德，该行为才具有可责性。某信息服务公司的行为是否违反商业道德，应综合考虑被控行为对某科技公司的经营、消费者权益保护和市场竞争秩序的影响。首先，被控行为能导致某科技公司网站的流量或交易机会减少，但其正常运营并没有受到实质性的妨碍和破坏。其次，被控行为未能完全避免用户产生混淆，但也会在一定程度上增加消费者的福利，提供更多的搜索结果供用户选择，市场选择功能并没有被真正破坏。最后，某输入法

① 张文显：《法哲学范畴研究》（修订版），中国政法大学出版社 2001 年版，第 192 页。
② 参见上海知识产权法院（2018）沪 73 民终 420 号民事判决书。

的功能是技术上的创新，虽然被控行为介入了某科技公司网站产品的运行，但创新往往正是来自经营者技术或商业模式之间的激烈撞击。被控行为并未过度妨碍某科技公司网站的正常运营，尚未达到扰乱竞争秩序的程度，总体上仍然是一种效能竞争。该案例可以看出裁判者在三元利益中的平衡，并且在单个利益当中也会进行利益的平衡，将平衡价值贯穿始终。

（二）向一般条款“逃逸”

人类远见的局限，语言的模棱两可以及立法研究的高成本相结合，使大部分立法只能以一种极度不完备的形式加以颁布，而许多不确定的领域则留给了法庭解决。[①] 由于现行“互联网专条”类型化不足，而“围墙花园”行为属于新型互联网不正当竞争，裁判者在适用法律时容易向一般条款或兜底条款“逃逸”。究其原因在于：

1.“围墙花园”行为变化不断

相较于传统不正当竞争行为，互联网新型不正当竞争行为在行为逻辑、模式以及形态等方面都发生了改变，并对现行的法律适用产生巨大冲击。“围墙花园”行为所呈现出的“流量劫持”“数据抓取”等具体表现形态与《反不正当竞争法》中“互联网专条”规定的链接跳转、软件妨碍以及恶意不兼容三种类型化行为不能完全一一对应，无法通过简单适用“互联网专条”这三项类型化条款对行为予以评价。同时，由于互联网技术的创新和发展，“围墙花园”行为充满技术复杂性，其以新出现的规制对象和不断更新的技术描述出现在司法实践中，很难简单超越规制对象和技术表象来归纳、抽象出类型化的竞争规则，导致“围墙花园”行为的实施方式以及实施效果等都发生了实质性变化，因此实践中难以寻找到明确的法律依据对行为的合法性作出合理判断。

2. 法律文本的类型化不足

随着社会新业态的出现，互联网行业的迅猛发展，1993 年的《反不正当竞争法》已经无法满足司法实践的需要。经过 2017 年的修订，《反不正当竞争法》在法律条文中增加了“互联网专条”。互联网专条通过案例群类型化方式对网络不正当竞争行为作出了积极回应。该条以“概括 + 列举 + 兜底”的形式呈现，类型化条款列举上的有限性、兜底条款表达上的模糊性以及立法本身的滞后性，使《反不正当竞争法》受到不完备法律理论的

① See William M · Landes, Richard A · Posner, The Independent Judiciary in an Interest-Group Perspective, Journal of Law and Economics, 1975, P.879.

约束，这种不完备性给裁判者留下了较大的自由裁量空间，裁判者在“剩余司法权”范围中选择了较为一致的裁判进路，即多以互联网专条的兜底条款或《反不正当竞争法》第2条原则性条款或二者相结合的方式对行为进行评价，出现“向一般条款‘逃逸’”的现象。

三、“围墙花园”案件裁判路径的逻辑回归

“围墙花园”案件关键在于对发生在互联网平台领域的市场竞争行为进行正当性分析，并通过《反不正当竞争法》对不正当的市场竞争行为进行规制，促进形成公平公正的竞争秩序，践行互联网强调的共享、共治、开放、包容的精神，最终实现互联网互联互通。

（一）裁判的目的：保护市场竞争秩序，促进互联网互联互通

在重构“围墙花园”案件的裁判路径时，首先需要明确的是裁判的最终目的。《反不正当竞争法》是一部行为规制法，其追求的即是公平竞争价值，规制过度、不正当的竞争，只有公平、有序的竞争秩序才能促进互联网经济创新、发展。司法实践中的裁判路径应当与《反不正当竞争法》追求的价值和立法目的相一致。而在互联网领域下，除公平竞争价值外，互联互通强调的共享、共治、开放和包容亦是互联网发展所追求的基本价值。互联网平台的互联互通包括外链的可展示和可访问、API接口的开放、数据的开放和共享等内容，广义上的互联互通还包括应用程序和App的互操作。[①] 互联网以互联互通为基础，在不违背市场商业道德的前提下，实现互联网平台的互联互通不仅有利于增进平台之间的协调性和交互性，实现用户、流量和数据的有序流动，进而提高互联网行业的资源配置效率，促进互联网行业的长远发展。相反，如果经营者采取技术措施阻碍互联互通，则会强化互联网市场的网络效应、锁定效应和马太效应等竞争效应，扭曲互联网市场的竞争秩序，反而不利于互联网市场的竞争。[②] 司法裁判是社会治理的重要手段。由于互联网新型不正当竞争行为区别于传统的不正当竞争行为，其场域的特殊性，决定了司法裁判所要达到的社会效果和目的，即既要保护市场竞争秩序，也要促进互联互通。

---

① 殷继国、唐渊明:《论互联网平台互联互通的法治保障》，载《竞争政策研究》2022年第4期。

② 殷继国、唐渊明:《论互联网平台互联互通的法治保障》，载《竞争政策研究》2022年第4期。

（二）裁判的制约：恪守《反不正当竞争法》立法目的

竞争具有选择功能和激励功能，市场竞争也遵循优胜劣汰的丛林法则。《反不正当竞争法》是在市场失灵或进入无序状态时进行干预，从而限制竞争，恢复市场竞争秩序的立法。《反不正当竞争法》对竞争的干预，不能随意介入、过早介入或介入门槛过低，否则将弱化或破坏市场竞争的功能。司法实践中，裁判者在对互联网不正当竞争行为进行认定时，不宜遵循“有损害必有救济”的信条，也不能奉行绝对权的保护思路，因此，不能简单以原告享有的权益或形成的商业模式受到损害，就判定行为具有不正当性。相反，裁判者恪守以保护竞争秩序为中心的立法目的，并在司法裁判中将该种立法目的贯穿始终。因为，通过正常的经营活动去破坏其他经营者的经营，从而在竞争中胜利，才是市场竞争机制的应有之义，而保护市场竞争秩序才是《反不正当竞争法》要实现的价值。

（三）裁判的路径：利益平衡论

《反不正当竞争法》在立法层面，经营者利益是直接利益，而消费者利益和竞争秩序的公共利益是通过保护经营者利益反射出来的间接利益。司法裁判之所以要做到多元利益平衡，不仅基于《反不正当竞争法》的立法目的，而且其也符合市场竞争的经济学逻辑。多元利益平衡即是衡量采取干预措施所导致经营者利益、消费者利益、公平竞争秩序之间的各项利益与成本之间的关系，当采取某项举措的社会总产值大于付出的成本时，该举措即是符合市场经济发展逻辑的。成本收益分析考量的是在做每一项决策时成本和收益的变化情况。裁判者在进行司法裁判时，事实上也是一个个案的决策，个案裁判结果在社会治理方面也会产生一定的社会效果。在“围墙花园”案件审判中，裁判者如何做好决策，从成本收益分析方法出发，应当衡量好各项利益之间的平衡，当收益大于成本（被放弃的收益）时，则法律应当对竞争行为保持谦抑，以最大程度发挥竞争行为的激励、创新作用，以促进行业的发展和市场竞争的良性循环。

四、“围墙花园”案件裁判路径的归纳与完善

（一）归纳：“围墙花园”行为的边界

如前所述，审理“围墙花园”案件就是对“围墙花园”行为进行辨析和评价。因此要确定“围墙花园”案件的裁判路径，就应对实施“围墙花园”行为的互联网平台的自由和边界进行清晰地归纳和总结。

1. 平台经营自主权的边界

在互联网经济发展过程中，平台往往具有双重身份，其一方面是网络平台的经营者；另一方面也是平台经营的管理者。在平台经济发展过程中，平台本身需要制定一些规则，以规范发生在平台范围内的经营活动。司法实践中，当互联网平台因采取某种措施被诉构成不正当竞争时，互联网平台大多会以采取涉案措施是其经营自主权的体现来抗辩。也有法院对经营自主权观点予以肯定，如“对于任何网络平台经营者而言，合理规制平台使用者的行为，防止个别使用者对平台整体具有负外部性的不当行为发生和蔓延，有利于提升平台经营者的利益和平台用户的长远利益。因此，平台经营者有权设定合理的平台管理和惩戒规则，以实现良好的平台管理”。① 但并非平台所有的行为都构成经营自主权，其经营自主权存在一定的边界。平台采取的如关闭 API 接口、设置 robots 协议等措施，应当具有合理的理由，如关涉平台的生存需求或平台为保护数据安全等，并且采取该措施应具有必要性。

2. 手段正当性的边界

“围墙花园”行为的实施者在司法实践的抗辩中，时常使用“技术中立”作为抗辩理由，以此证明其实施行为的正当性。技术中立原则，又称为“实质性非侵权用途规则”，其借鉴了专利法中的“通用商品规则”，主要理念为一项技术只要符合“实质性非侵权使用”标准，经营者可免除侵权责任。② 该原则从知识产权法引入反不正当竞争法中，成为司法实践中被告据以抗辩的手段具有正当性的理由。司法实践中，法官对此也存在不同的观点。如在北京某科技公司诉上海某公司不正当竞争纠纷案 ③ 中，法官认为技术本身并无善恶之分，但技术体现了开发者或者提供者的意图，技术的非中立性使用同样构成侵权。而在杭州某科技公司诉北京某科技公司不正当竞争纠纷案 ④ 中，法官则认为应从效率角度出发，法律对技术应当保持谦抑，《反不正当竞争法》追求的公平也是效率基础上的公平，对于通过技术手段实现控制的行为，法律不宜随意干涉，也不违反公平原则。技术中立对于手段正当性的判断在司法实践中尚未形成统一的观点和做法。因此，在个案当中应当掌握好手段正当性的边界，即应着重关

① 参见最高人民法院（2017）最高法民申 4955 号民事裁定书。

② 参见陈兵：《互联网屏蔽行为的反不正当竞争法规制》，载《法学》2021 年第 6 期。

③ 参见上海市闵行区人民法院（2015）闵民三（知）初字第 271 号民事判决书。

④ 参见浙江省杭州市中级人民法院（2018）浙 01 民初 3166 号民事判决书。

注该技术行为有无实质性扭曲市场竞争秩序，包括扭曲消费者的自由选择权等。

（二）重构："围墙花园"案件裁判认定路径的完善

如前所述，当前司法实践中对"围墙花园"行为的法律适用主要依据为一般条款与互联网专条，其中对"诚实信用"和"商业道德"的适用更为突出，这极易导致对新型不正当竞争定性上的偏差或错误。故此，需要对适用标准进行具体化和规范化。

1. 行为的正当性认定

（1）淡化竞争关系。当前司法实践中裁判者在分析行为是否具有正当性的时候，通常以双方具有竞争关系作为论述的前提条件。然而，互联网经济是一种以平台搭建作为入口，吸引流量和用户注意力的新的经济模式，其与传统经济下竞争形态的不同表现在：一是平台运营下跨界竞争成为主要竞争模式；二是"以用户为中心"使企业盈利方式由"经营产品"转变为追逐"连接红利"。[①] 并且由于互联网经济的去结构化和去中心化，市场竞争模式和行为呈现为跨界竞争与多维竞争下的流量争夺和数据占有。互联网平台经营者实施竞争行为的目的在于吸引用户、争夺流量和数据资源，至于对方经营者是否与自身属于同一行业并非影响竞争行为的关键。因此在司法实践中，裁判者在判断竞争行为是否正当时，应淡化对竞争关系的考察，双方经营者是否属于同一行业不应成为法官关注的重点，而应将关注的重点放在行为所导致的后果上进行综合判断。

（2）强化竞争效果。网络外部性或网络效应是互联网领域的市场竞争特性。当用户规模越大，某一产品的协同、配合、辅助产品越多，协同越通畅，互补性越强，该产品的价值越大。正是基于这样的网络外部性，导致竞争行为所产生的竞争效果也会呈现出外部性效果。只是这样的外部性效果有正负之分，当竞争行为产生正外部效应时，比如能给消费者带来更大自由选择空间、更多操作便利性、激励创新、促进信息的互联互通，形成经营者之间、经营者与消费者之间的良性互动时，此时难谓行为具有不正当性。反之，当竞争行为带来负外部性效果时，如扰乱市场竞争秩序、妨碍、破坏市场经营者的正常运行、给消费者带来不利益等，均可以成为认定行为具有不正当性的判断依据。

---

① 陈兵：《互联网经济下重读"竞争关系"在反不正当竞争法上的意义——以京、沪、粤法院 2000~2018 年的相关案件为引证》，载《法学》2019 年第 7 期。

（3）考量行为动机。实施“围墙花园”行为的平台经营者兼具经营者和管理者双重身份，因此其实施“围墙花园”行为的原因很可能是基于两方面：一是基于对自身生态环境的维护，即对平台内的经营行为进行管理，对不符合平台规则的行为进行限制等；二是基于商业经营目的而实施的竞争行为。针对第一种情形，需要考量的是：第一，平台的管理行为是否违背法律法规及行政规章的规定，违反强制性规定必然导致行为的不正当性。第二，在不违反强制性规定的情况下，平台的管理行为是否遵循比例原则。“比例原则的基本理念是，只有符合以下情况，才能对个人自由及私法自治进行干预：此种干预相对于一个更高的利益而言是必要的；干预必须适合于达成所欲求之目的；而且要采用最和缓的手段来实现此目的。”[①] 也即是说，比例原则的核心为“禁止过度”。平台作为管理者在基于平台生态发展目的而实施的“围墙花园”行为不能超出必要限度。第三，平台的管理行为是否遵循必要性原则。必要性原则即平台实施的行为具有明确、合理、具体的目的，且限于实施目的的最小范围内，对权益采取影响最小的方式等。针对第二种情形，即平台出于商业经营目的实施的行为，则将其作为互联网不正当竞争行为进行考量。

（4）考察行为方式。平台实施“围墙花园”的方式包括实施行为针对的对象、实施手段以及行为的实施时间。首先，“围墙花园”行为的针对对象，倘若“一视同仁”地针对其他经营者，未进行歧视性对待，则平台的行为在不构成垄断的情况下，往往不具有可责性。其次，实施手段包括API接口的关闭、robots协议约定，以此来限制其他经营者，需要具体情况具体分析。比如，在搜索引擎领域，通过robots协议阻止他人爬取数据，是符合公认商业道德的方式，难以认定具有不正当性。行为实施时间包括临时的和无期限的，平台可能基于平台管理对一些经营者采取临时性措施或一些无期限的措施，比如平台对部分敏感信息的过滤、屏蔽和删除，电商平台对危及消费者的产品下架等往往不会被认定为不正当竞争行为。

2. 价值的多维度平衡

保护竞争秩序的关键在于保护所有竞争参与者的决策自由。[②] 互联网平台经济发展过程中，平台经营者、消费者、互联网行业均受到竞争行为的影响，2017年修订的《反不正当竞争法》的一般条款亦将其他经营者合

① 参见郑晓剑：《比例原则在民法上的适用及展开》，载《中国法学》2016年第2期。

② See Tim W. Dornis, Trademark and Unfair Competition Conflicts: Historical-Comparative, Doctrinal, and Economic Perspectives, Cambridge: Cambridge University Press, 2017, P.275.

法权益、消费者合法权益、市场竞争秩序作为评价要素列入法条当中。而司法对于竞争行为正当性与否的判断和评价最终也要回归到《反不正当竞争法》的立法中去。

（1）平台竞争利益。互联网平台在争夺用户与流量的竞争过程中，不可避免存在损害，但并非所有的损害都会构成不正当竞争。当前司法裁判中，如果因原告受到损害而认定被告实施不正当竞争行为，把原告的权益上升为权利进行绝对化保护，无疑会限缩自由竞争的空间，也不利于互联网平台之间的互动流通。在考量平台竞争利益时，应从平台属性、平台规模出发。互联网市场及其市场竞争，突出地存在双边市场、用户黏性和锁定效应等特性，并使互联网表现出极强的“强者恒强”“赢者通吃”的竞争范式。大型平台因为虹吸效应更容易吸引更多用户的注意力。此时，平台除了作为经营者可以对平台实施管理行为，其作为市场经济活动中的一分子，也应当承担相应的社会责任。以腾讯运营的微信平台为例，微信作为国内即时通信领域的头部平台，其除了具有私人属性外，还具有一定的公共属性。当微信平台采取技术措施限制其他平台外链的打开，无疑会带来负外部性效应，不仅对其他经营者的经营产生不利影响，对于消费者而言也会增加消费者操作的复杂性和不便利。因此，平台的属性和规模会影响竞争行为的竞争效果，应成为竞争行为正当性与否的判断因素。

（2）消费者合法权益。在2017年修订《反不正当竞争法》以前，裁判者在认定行为不正当性时，考虑的大多是经营者的合法权益，鲜少提及消费者的合法权益。然而，一方面，互联网时代消费者在数字产品或服务获得方面，经营者可能会因不正当竞争行为而损害消费者对自身数据的控制和处分权利，或者损害消费者获得相应商品或服务的便利性等。另一方面，消费者作为互联网平台经营者争取的目标对象，经营者能够采取提升自我服务或阻碍其他竞争者提供服务等正当或不正当方式影响消费者的自由决策，从而改变平台经营者的竞争利益。由于平台的存在，消费者的权益往往被忽视。但其实对消费者权益的保护与鼓励和保护公平竞争在实质上是目标一致的，公平竞争秩序的塑造离不开对消费者权益的保护。因此，消费者的合法权益应当在司法裁判中受到重视。鉴于此，消费者的自主选择权是否受到竞争行为的影响可以作为判断竞争行为是否正当的考量因素。

（3）公共利益和行业生态影响。公共利益的概念是语境化的构造，作为《反不正当竞争法》所保护的法益，它是指超越个体竞争自由的不被扭曲（扰乱）的竞争秩序所产生的一般利益，诸如市场透明、信息传播和促进创新。[①] 构成公共利益的因素有很多，互联网行业的技术创新、互联互通均是社会公共利益的一种体现。《反不正当竞争法》通过规制不正当竞争行为以保护竞争秩序，由此促进行业健康发展，形成社会公共利益这一反射利益的保护。而互联网行业生态的健康发展离不开秩序，以及因竞争带来的技术创新和商业模式的激励。因此，裁判者在进行利益平衡时，应该衡量该种竞争行为对行业生态的影响是正外部效应还是负外部效应，当竞争行为对行业的正面影响超出该行为对经营者的损害时，该竞争行为事实上属于一种效能竞争，难谓不正当。

（4）利益衡量方法。对于裁判者而言，司法语境下的利益衡量，应当是运用正确的思维方式求解利益衡量的最佳值，而非简单地将案件涵摄于制定法之下进行最单一和最确定的逻辑推论。[②] 在法律规定并不完备的情况下，法院的最后判决依据的不是法律条文，而是利益衡量初步结论加上找到的经过解释的法律条文，所以这种思考方法与概念法学的思考方法正好相反。[③] 通过利益衡量方法可以解决因法律缺漏导致无法适用三段论进行推理的法律适用问题。这也意味着裁判者在运用利益衡量方法时，拥有较大的自由裁量权。因此，运用利益衡量方法进行裁判需要防止因自由裁量权过大而导致的恣意。在利益衡量过程中如何防止自由裁量过当问题，首先从裁判者个人角度，需要提高裁判者个体的法学素质，只有裁判者个体普遍提高其运用利益衡量方法的逻辑思维能力，才能保持裁判结果的相对稳定；其次从制度角度出发，通过制度来制约个体的恣意，以保证“类案同判”的客观性。

结　语

2021 年是我国开启互联互通的元年，自行政指导层面提出互联网互联互通要求后，理论界与实务界对互联互通精神进行了深入探讨和践行。在互联网平台经济高速发展背景下，平台经营者为建立自身的平台生态系

① 张占江：《反不正当竞争法属性的新定位——一个结构性的视角》，载《中外法学》2020 年第 1 期。

② 卜洪元等：《案外人执行异议权与优先受偿权之诉讼救济路径识别——以〈民事诉讼法〉第 227 条实践适用为视角》，载马世忠主编：《司法体制综合配套改革中重大风险防范与化解——全国法院第 31 届学术讨论会获奖论文集（下）》，人民法院出版 2020 年版，第 612-611 页。

③ 梁上上：《利益衡量论》，法律出版社 2016 年版，第 47 页。

统，实施的一系列封禁链接、数据和信息的“围墙花园”行为，如何以《反不正当竞争法》予以规制，仍是现阶段需要聚焦的热点问题。在目前《反不正当竞争法》“互联网专条”无法涵盖所有行为类型的情况下，本文认为规制“围墙花园”行为的裁判路径应系以保护竞争秩序为中心，而摒弃侵权认定范式，以多元利益动态平衡为判断基础，在保证互联互通价值优位性的同时，有效规制不正当竞争行为，并扩大自由竞争空间。互联网的互联互通作为一项系统工程，如何将互联互通纳入法治轨道仍需理论与实践的不断完善。

家事裁判文书中的情理判词辨析与规范

刘　娇*

引　言

为公正、妥善解决家事案件，最高人民法院先后印发关于推进家事审判方式和工作机制改革的司法文件，强调家事裁判文书的说理应当实现情理法相结合的效果。此后，为规范和加强各级法院裁判文书的释法说理工作，提升法院裁判文书的质量，最高人民法院先后印发《关于加强和规范裁判文书释法说理的指导意见》(以下简称《指导意见》)、《关于深入推进社会主义核心价值观融入裁判文书释法说理的指导意见》，在家事审判改革和裁判文书释法说理改革的共同作用下，家事裁判文书说理对实现社会公平正义具有深远意义，因家事案件具有特殊性，承载了复杂的人伦情感，与情理具有天然的契合度，这决定了家事裁判文书的说理内容、技巧和侧重点与一般民事裁判文书说理不同，尤其是情理元素在家事裁判文书中的运用。然而，从现在的司法实践看，情理在家事裁判文书说理中的运用处于较为混乱的状态，我国缺乏对情理的权威规定，如情理的定义、类型、认定标准以及在司法裁判中运用的程序等皆是缺位的，加上不同法官对情理的理解不一，情理成为一个包罗万象的概念，从而造成情理在运用过程中出现内容泛化严重、缺乏指向性，限度模糊、说理不当的问题。因此本文试从实证角度深入探析情理，为情理“瘦身”，在坚持法律优先、说理必要性、适当性原则的前提下，明确情理在家事裁判文书说理中的内容边界，从启动、证成、检验机制构筑情理判词运用的实现进路，充分发挥实现情理在家事裁判文书说理中产生的效果。

一、家事裁判文书中情理判词的样态

在生活语境中，情理的意涵是人的常情和事情的一般道理，但对情理

* 作者单位：江西省宁都县人民法院。

一词进行追本溯源会发现其内在意蕴丰富且广泛。本文以“情理”为关键词，以婚姻家庭、继承纠纷为范围，在中国裁判文书网选取了66篇家事裁判文书为样本。

二、家事裁判文书中情理判词的内容

经过对文书样本的分析，本文将家事裁判文书情理判词的内容分为三种类型：一是常识、常理、常情；二是道德话语；三是民俗习惯。本文就上述三种情理类型的使用频率进行整理（见下图）。

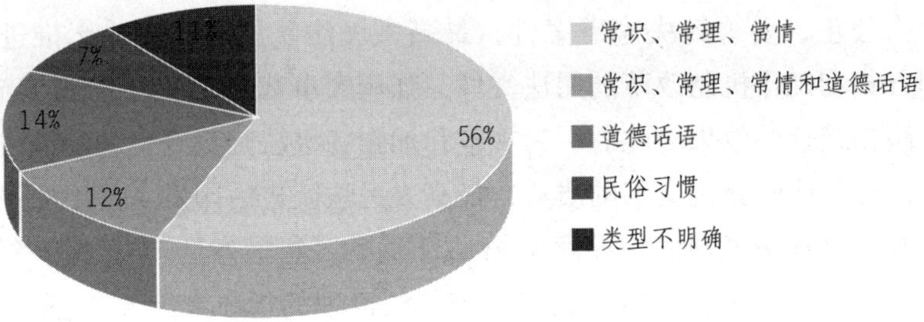

情理判词类型占比情况图

（一）常识、常理、常情

学者对常识、常理、常情的研究主要集中于刑事领域，但从司法实践看，它在家事领域也具有极大的研究空间，尤其是在家事裁判文书说理中。陈忠林教授指出，常识、常理、常情可以说是不需要证明就明了的准则。[①] 从这一点看来，常识、常理、常情和情理有异曲同工之处。

从某种程度上说，常识、常理、常情发轫于情理，是情理的经验法则在当代法运行中的价值体现。通常对情理的理解可以从“情”和“理”两个层面入手。“理”可以理解为原理、定理、公理和道理，“原理”是伦理纲常，“定理”是本国法的来源和本国本土实践经验，常以“常理”的面目出现；“公理”即公共意识，常以“常识”的面目出现，与“常理”互通。“情”则可以理解为公众意志和公众情感，公众意志就是我们经常用到的“常情”，它与“常识”互通。[②] 可以说常识、常理、常情发轫于情理，是情理的经验法则在当代法运行中的价值体现。

---

① 陈忠林:《“恶法”非法——对传统法学理论的反思》，载《社会科学家》2009年第2期。
② 汪习根、王康敏:《论情理法关系的理性定位》，载《河南社会科学》2012第2期。

在本文的家事裁判文书样本中以常识、常理、常情为说理内容的占比较大，为68%，本文选取了部分家事裁判文书的具体说理表述（见表1）。

表1　情理判词运用实例：常识、常理、常情

黄某3、黄某1分家析产纠纷二审民事判决书	原告黄某1与被告黄某3虽然已离婚，但感情是两个人的事，而永不磨灭的是两人为孩子所留下的那份骨肉亲情，在今后的生产生活中，望原、被告双方都能以血脉亲情以及孩子和老人的健康生活为重，为孩子的将来多一份关心和考虑，和睦相处、包容以待，为自己曾经的姻缘、为自己为人父母尽一份应有的责任
武某1、武某2与武某3等继承纠纷一审民事判决书	父母养育子女，舐犊情深，对每个子女都关爱至深，同时也殷切希望子女们能够互相爱护、手足情深。原、被告更要感恩父母的抚育。若原、被告因分割遗产而伤害手足亲情，则违背了父母对子女团结友爱的初衷。希望原、被告能够相亲相爱，互帮互助，在分割遗产上适当照顾弱势的兄弟姊妹，一家人和好如初
杨某与吴某1、吴某2赡养纠纷一审民事判决书	原告和被告吴某1常为琐事发生纠纷，双方是母子，亲情应是世间最温馨、最珍贵的感情。小时候，父母用最坚实的臂膀为儿女撑起天空，老时，儿女也应用最温暖的双手搀扶父母。双方应常做到互相关心、互相关爱、互相帮助。在遇到矛盾时应理性沟通，为对方考虑，为对方减轻负担，而不应该故意挑衅或是因为琐事频繁发生争执，进而互相攻击。法律保护的是真正需要帮助的弱者，而不应当成为互相攻击的武器
张某某与周某1、周某2赡养费纠纷一审民事判决书	本案中，两被告先前积极承担家庭责任、照顾赡养父母的行为值得肯定，可惜近年来因琐事矛盾而影响了母子亲情，原告年逾八旬、收入较少，有现实的养老、就医需求，两被告亦均已年逾六旬，各自有其负担，本院希望两被告作为子女应常思父母养育之恩，妥善安排好父母的养老等事宜，也希望原告能体谅子女的付出与不易，顾念血脉亲情、少置琐事口角之气
贺某与乔某某离婚纠纷一审民事判决书	对于幼年孩子而言，情感需求要大于物质需求，孩子不仅对父母存在强烈的情感需求，兄弟姐妹之间也手足情深。原、被告的二婚生子，从小一起长大，有着自然而然的兄弟感情，若有任何一方突然离开，都会给他们带来离别之苦，造成新的情感伤害，这是无辜的孩子所不应承受的，对他们来说也显然是不公正的
俞某甲、俞某乙等与俞某丁法定继承纠纷一审民事判决书	本院认为，继承权受法律保护，各子女之间享有平等的继承遗产的权利。原、被告双方为同胞兄妹，具有血缘、亲情等特殊关系，本应公平协商分配苏某某生前所留财产，维护兄妹和睦、手足情深的传统，即使双方在苏某某遗留的财产分配金额上有些许争议也应相互理解与包容，珍惜相互之间的亲缘关系，不宜因此致亲情受损、关系疏远

常识、常理、常情适用的案件范围较为广泛，在继承、赡养、离婚、分家析产纠纷中均能看见其运用。例如俞某甲、俞某乙等与俞某丁法定继承纠纷一案，法官首先从法律层面肯定了双方当事人的继承权，随即以“同胞兄妹”“手足之情”劝导其包容与理解遗产分配金额的差异，珍惜亲情。[①] 再如张某某与张某1、张某2赡养费纠纷一案，法官以感念养育之恩

① 参见江苏省无锡市北塘区人民法院（2013）北民初字第1276号判决书。

的常理、常情给当事人进行说理，积极履行赡养老人的义务。① 在这些案件中，法官都有从常识、常理、常情的角度进行说理的表述，既是司法人文关怀的体现，又加强了家事裁判文书的说理，提高当事人对裁判结果的可接受性。

（二）道德话语

道德话语是指公众采取公共的视角，在相互承认的基础上以话语为基本方式形成的具有普遍有效性的公共规范。② 在我国的文化背景下，道德话语是以儒家思想的“礼”为中心而构建，而情理也是由儒家的“礼”延续而来，二者具有共同的思想渊源。在本文的家事裁判文书样本中，有17份裁判文书用了道德话语进行说理，以下选取了部分判决书实例（见表2）。

表2　情理判词运用实例：道德话语

顾某甲、盛某与顾某乙、俞某分家析产纠纷二审民事判决书	尊老爱幼是中华民族的传统美德，也是维系家庭和睦的基本要求。双方系父母与子女的关系，生活中发生矛盾，也在所难免。各方当事人作为家庭成员，应相互尊重与宽容，倍加珍惜血脉亲情，尽心维护家庭和睦。希望双方在法院判决后，能定分止争，走出过去的阴霾，家庭重新归于和睦
霍某1、张某等与霍某2赡养纠纷一审民事判决书	赡养父母是中华民族的传统美德。父母对子女有抚养教育的义务，子女对父母有赡养扶助的义务。本案当事人双方应当珍惜血浓于水的母子亲情，反思自己在处理家庭纠纷时存在的问题，被告应当感念二原告生养之恩，理解包容二原告言行，勤加看望问候，主动为年事已高的父母提供精神慰藉。原告亦应体谅子女沉重的生活负担，宽容子女缺点，共同努力建立起和谐、融洽的亲子关系，以期从根本上解决双方的赡养纠纷
刘某1等与王某赡养费纠纷二审民事判决书	子女赡养父母是法律规定的义务，且是中华民族的传统美德。俗语道，家和万事兴。望本案各方当事人摒弃过去家庭矛盾引起纷争导致的不愉快，相互包容、相互体谅、相互尊重，营造融洽相处、尊老爱幼的和谐家庭氛围
马某1、马某2等与马某3、马某4等赡养纠纷二审民事判决书	养老敬老是中华民族的传统美德，被上诉人翟某在1943年至1956年某物质极端匮乏的年代生育了六名子女，其为养育子女付出的艰辛可想而知，现六名子女均已年过花甲，也曾体会过为人父母的艰辛，也应有老有所养、老有所依的美好生活憧憬，身为父母，更应从满足老人的生活所需、精神所需出发，率先垂范，让老人安享晚年
陈某与李某1等赡养费纠纷一审民事判决书	我国古语有云：父母乃人之本，人乃以孝为先，孝为德行之门，德为成事之本。百善孝为先，以孝行天下。可谓人之正道也！希望被告在母亲有生之年，恪守孝道，为后代作出表率

在家事裁判文书中使用道德话语的文书类型主要集中在赡养纠纷。主要是表达尊老爱幼这一类简单的道德教育，道德话语所适用的案件类型较为单一。另外，虽然法官所引用的道德话语相较于传统的简单说教内容更

① 参见江苏省太仓市人民法院（2020）苏0585民初4384号判决书。

② 杨礼银、朱松峰：《论哈贝马斯的“实践话语”理论》，载《国外社会科学》2008年第3期。

具多样化，常常引用古代诗词、成语典故、古文典籍等，但是要防止法官对道德话语的使用变得模板化。例如，顾某甲、盛某与顾某乙、俞某分家析产纠纷一案与霍某1、张某等与霍某2赡养纠纷一案，都有“珍惜亲情”“血浓于水”等话语。在其他的家事裁判文书样本中，“相互包容、相互体谅、相互尊重”这类字眼也比比皆是。

（三）民俗习惯

民俗习惯是由“民俗”和“习惯”组成，叶涛教授对“民俗”有以下理解：“一是民俗为已经发展到较高文化阶段的民族中所残存的原始观念与习俗的遗留物；二认为民俗是精神文化；三认为民俗是民间文学；四认为民俗就是传统文化。”① 对于“习惯”，高其才教授认为：“习惯是人们在长期的生产、生活中俗成或约定所形成的一种行为规范。”② 笔者在整理家事裁判文书样本时发现，有少数法官将民俗习惯运用于家事裁判文书中说理，但只是蜻蜓点水、浅尝辄止式地阐述，一句“结合当地民俗习惯”就草草结束了这部分的说理（见表3）。

表3　情理判词实例：民俗习惯

顾某、刘某甲与刘某丁、刘某乙等继承纠纷一审民事判决书	根据本案实际情况，结合当地的风俗习惯，考虑丧葬实际办理情况，法院认定支出的相对合理的丧葬费用等计70 000元。
杨某1与杨某2等继承纠纷二审民事判决书	根据子女意见，并结合民俗习惯，可以认定该分家系当事人真实意思表示，合法有效
曹某与赵某婚约财产纠纷二审民事判决书	经双方当事人确认，赵某给付曹某90 600元其余为举行结婚仪式过程中按民俗给的礼金
谢某与王某1婚约财产纠纷再审判决书	根据王某1和谢某的辩诉意见可知，××省××县客观存在迎亲嫁娶前给付彩礼的习俗，王某1给谢某198 000元是以缔结婚姻为目的，顺应当地习俗而实施的支付彩礼行为
李某与欧谋1、欧某2、黄某婚约财产纠纷一审民事判决书	综合考虑双方在订婚过程中的过错、已经同居的事实，以及给予亲戚的红包、物品的折价金按习俗不予退还等情况，平衡原、被告之间的利益，认定被告方在核减“回萝”的现金和红包“回萝”后，将剩余的90 900元返还给原告

对于民俗习惯的适用，我国应立足于本国的国情特点，而不是追随他国亦步亦趋。因为我国和其他国家在国情上比如社会和文化方面有着明显区别，因此当他国的法治理念和制度被引入国内时，容易产生“水土不

① 叶涛：《中国民俗》，中国社会科学出版社2006年版，第6页。

② 高其才：《法理学》，清华大学出版社2011年版，第90页。

服”的现象，尤其容易发生在发展缓慢和封闭的农村地区。对于他国的法治模式，如果适用原封不动的拿来主义，在重亲情、重人伦的农村社会中反而会产生消极作用。

三、家事裁判文书中情理判词的说理形式

（一）用于事实认定的理由

情理作为案件事实认定的理由，主要发生在案件的关键事实、争议焦点上。同时由于“谁主张，谁举证”的举证规则，当事人诉求能否得到法院支持的关键就是其能否提供真实合理的证据证明诉求的正当性。然而在家事案件中，当事人往往没有保存证据的意识，在这种情况下，司法审判人员无法根据不明晰的证据作出符合公平正义的判决，因而需要根据合乎公众一般认知的情理开展事实推定，尽可能还原案件真相。例如，温某1诉温某2法定继承纠纷一案，涉案房屋是一家人于20世纪80年代共同建造，权属争议较大。法院在审理该案时从情理出发进行事实认定：“建房对于普通人而言是人生大事，特别是人生第一次建房时间通常是印象深刻、清晰，被告对自己第一次建房时间记忆如此模糊、混乱是不符合常理的……从常理来看原告与四位第三人所陈述的相应房屋是父母所建分给被告的可能性更大……地基作为大宗财产……也明显不符合常理，况被告自认父母有出力帮忙，亲戚朋友帮忙挑土填起来（从情理上讲，当时原、被告父母尚在，亲友基本是冲着原、被告父母的情面去帮忙，不大可能为年仅20岁的被告帮忙）……实在有悖于本地习俗与人情常理……”①

该案中，法官首先从常理的角度对被告不记得建房时间的陈述进行否定，后又以常理如父母的经济能力、亲友帮忙的缘由等认定涉案房屋系分家所得，进而否定了被告所称“分家不分产”的事实，由此说明原告的主张有足够的事实和情理支撑。在该案中，法官根据已知的事实，通过情理推定或论证待证事实，进而依据推定结果认定案件事实，而这样的推理事实上最可能与实际生活事实一致。

（二）用于裁判理由的论证依据

裁判结果的得出是以裁判依据和裁判理由为支撑，情理在其中显然不可能是裁判依据。因为法院在审理案件时，是严格遵循“以事实为依据，

① 参见浙江省温州市龙湾区人民法院（2019）浙0303民初4787号民事判决书。

以法律为准绳”原则的。当代社会法律的权威不容挑战，情理是无法成为法院审理案件的裁判依据，它只能成为法院论证裁判理由的依据，这得到了官方的明确肯定。根据《指导意见》第13条的规定，法官可以运用公理、情理、经验法则、交易惯例、民间规约、职业伦理等与法律、司法解释等规范性法律文件不相冲突的其他论据论证裁判理由，以提高裁判结论的正当性和可接受性。同时在司法实践中也不乏将情理作为裁判理由的论证依据的案例，例如上诉人高某1、高某2、高某3与被上诉人高某4、高某5继承纠纷一案。上诉人高某4是被继承人的孙子女，以遗嘱继承的方式取得了被继承人的财产，一审法院和二审法院都支持了高某4的主张。其中一点裁判理由这样写道：“……‘乌鸦有反哺之义，羊有跪乳之恩’，禽兽尚且如此，作为人类更应该能感恩图报，善待父母，这是人之所以为人的基本伦理。孝敬父母、赡养老人是中华民族传统美德，是当今社会普遍提倡并应着力弘扬的家庭伦理道德，也是人民法院继承案件遗产分割比例的重要考量因素，这不仅是源于法律的具体规定，也是弘扬民族精神和时代精神，促进形成良好的社会道德风尚的司法价值的应有之义。本案中，高某4虽没有赡养祖父母的法定义务，但其能专职侍奉生病的祖父母多年直至老人病故，使得高某某、李某得以安享晚年，这正是良好社会道德风尚的具体体现，并足以让社会、家庭给与褒奖……”①虽然我国现行法律对孝敬父母、赡养老人都有明确的规定，但就该案来说，高某4与被继承人为祖孙关系，其并无对祖父母的法定赡养义务，而仅仅依据原《继承法》第14条规定而作出裁判使该裁判结果略显单薄，缺乏说服力。故而法官在该裁判文书中，以情理为铺垫，孝道为支撑，对其依据继承法规定作出的裁判予以论证，使裁判文书的说理更加饱满丰富，使裁判文书的说理更加充分。

（三）用于辅助说理的修辞论证

在家事裁判文书中，情理以修辞论证的方式出现非常多见，在笔者收集的裁判文书样本中，有60%以上的裁判文书都用情理进行修辞论证。裁判文书说理论证主要有逻辑论证、修辞论证和对话论证。逻辑论证是以三段论为中心的论证，有很强的逻辑性，与情理没有相容空间，而修辞论证的方式就能很好地解决这一点。因为情理不同于法律规范，它具有天然的主观性和不确定性，没有条件、行为模式、行为后果这些构成要件，其更多的是起到一个黏合剂的作用，填充法律规范和案件事实之间的缝隙。例

① 辽宁省鞍山市中级人民法院（2019）辽03民终1345号民事判决书。

如闻某1、闻某2等与闻某4、闻某5继承纠纷一案，法官在裁判文书中写道："本案原、被告作为一母同胞的五个兄弟姐妹，本应亲密无间、和睦团结，希望双方从维系亲情角度出发，本着互谅互让的精神，妥善处理本案继承问题。"[①] 法官在说理时以情理内容开头，为后续说理展开作情感铺垫，辅助说理。在该判决书中，情理判词位置处于依据法条作出判决的前面且单独为一段，笔者认为法官在说理论证完成的情况下加入这样一段情理的话语，其主要是作为一种修辞手段，辅助说理。

四、家事裁判文书中情理判词运用的不足及成因

家事裁判文书中情理判词的运用是对我国本土法治资源的充分利用，以实现司法的法律和社会价值。但是由于相关规范和程序的缺失等原因，司法实践中情理判词的运用存在一些不足。

（一）家事裁判文书中情理判词运用的不足

1. 情理判词的内容指向不明、泛化明显

在对家事裁判文书中用情理说理的部分进行研究时，笔者发现一些法官在用及情理时并没有对情理进行具体阐述，说明何为情理，此案情又可匹配何种情理，而是以"情理"一词直接作为认定案件事实的标准，其表述如表4所示。

表4　家事裁判文书中的情理表述

序号	情理的肯定式表述	序号	情理的否定式表述	序号	情理的中性化表述
1	是人之常情	8	不合情理	15	从情理上看
2	符合基本的生活常理	9	不符合社会情理价值观	16	从情理上讲
3	更符合法律规定和人情常理	10	做法不符人情	17	从法律或情理考虑，
4	符合情理	11	不符合人情常理	18	不管从法律还是人情常理出发
5	属人之常情	12	有违常情	19	于情……于理……
6	有足够的事实与情理支撑	13	不符合人情常理		
7	符合人之常情	14	有悖于人情常理		

法官在家事裁判文书中笼统地运用情理，动辄在文书中写上"符合情理""有悖情理""从法律和情理讲"，不能使情理成为家事裁判说理中"万金油"式的存在。事实上，在裁判文书中仅仅是加上几个情理的字眼，是

① 参见江苏省连云港市中级人民法院（2020）苏07民终3252号民事判决书。

否能真正发挥情理在释法说理中的作用，这显然是存在疑问的。此外，在部分裁判文书中除了情理的说理外还堆砌道德、地方民俗等多种表达以增强说服力。然而，法官在运用这些说理元素时，是否真的清楚这些说理元素的内涵？道德和地方民俗能否等同于情理？当对这些问题无法准确地回答而盲目地运用各种说理元素或者社会规范时，容易适得其反，并不能实现增强文书说理性的目的。对于情理本身来说也是一个极大的破坏，情理本就是一个非实定的概念，有很多概念和它具有较高的相似性，例如道德、民俗习惯等，在用情理说理的过程中不明确区分这些概念和内涵的差异则容易产生“一切皆属情理”的错觉，最终造成情理的内容不断泛化，任何社会规范都可放入情理这个“无底洞”。

2. 情理说理详略不当、限度模糊

在家事裁判文书中运用情理在很大程度上体现了司法对民情的尊重，缩短了民众与法律之间的距离感。然而，在很长时间内情理的重要性并未充分被认识到，因此对情理在裁判文书中的运用并未进行具体规制，在家事裁判文书中运用情理的限度难以把握的情况时有发生，具体表现为两个方面：

一方面是重法律而轻情理，情理话语寥寥无几。笔者在对家事裁判文书样本进行阅读和研究过程中发现，家事裁判文书中或多或少都进行了情理说理，但只是用寥寥数语说理的裁判文书占比较大。比如，刘某诉韩某离婚纠纷一案的判决书中写道：“双方应珍惜相互之间建立的感情，共同维护家庭生活的稳定……依据《中华人民共和国婚姻法》第三十二条之规定，判决如下……”又如，谢某、曹某1诉吴某2、陈某、吴某1婚约财产纠纷一案的判决书，一句“原告要求举行婚礼的开支由被告返还不符合人情常理”，紧接着便是根据原婚姻法司法解释的规定进行裁判。这些家事裁判文书都体现了在家事裁判文书中对情理的作用较为轻视，情理在家事裁判文书中的适用较为简单、生硬的问题。

另一方面是情理喧宾夺主，在裁判文书中大篇幅运用。在家事裁判文书中适当运用情理判词固然可以增强文书的说理性，体现司法的温情，但对于情理判词的运用，必须保持必要的克制，过于情感化的文字有可能损害司法尊严。[1]比如，张某某诉赵某1、赵某2赡养费纠纷一案中写道：“扶幼养老应是做人的本性和起码的道德，中华民族自古以来就有‘孝道’的

① 武飞：《论修辞论证的适用场景》，载《法律方法》2011年第1期。

传统美德。乌鸦尚有反哺之孝，羊亦知有跪乳之恩，更何况作为人呢？试想，父母既有养育之恩，更有数十年如一日的教诲，为人子女的，能不无条件地予以回报吗？尤其当父母处于垂老之年、生活不能自理之际，不尽子女的孝道，能说得过去吗？因此，孝敬父母，爱护、照顾、赡养老人，使老人们颐养天年，享受天伦之乐，是为人子女应尽的道德责任……母子三人均应当反思各自的行为，当思父母养育之恩；当思自己也已为人父母，自己也会步入老年；当思父母亲现如今仅有老母亲一人在世，不要再后悔'子欲养而亲不待'……"在该篇裁判文书说理部分，法官用了大量篇幅的情理判词，然后再根据原婚姻法规定判决。裁判文书中情理判词的运用是柔性司法理念的体现，实现情理规劝和法律规制的统一，但若是用力过度，喧宾夺主，则会动摇了法律的主体地位。

（二）家事裁判文书中情理判词运用不足的成因

1. 现实成因

其一，我国司法实践长期以来受到强职权主义诉讼制度的影响。裁判文书写作主要是以三段论模式展开，法官说理时以法律性说理为重。在裁判文书说理时以法律说理为主无可非议，并且作为司法审判活动的产物，裁判文书也应首要考虑合法性问题。但是，这种长期形成的司法习惯加上缺乏具体的规范指引，在当下法官运用情理判词时可能使法官无所适从，造成情理判词的运用时而过度、时而不足。

其二，法院存在人案矛盾。近年来民事案件数量增长迅速，法官队伍人员数量紧缺的问题日渐突出，基层法院民商事法官每年人均办案数百件，形成案多人少的困局。同时，法官不仅要面对法院结案率、调撤率等考核指标的压力，还有各级机关的监督、社会舆论等多方面的压力。为及时审结案件、避免出现各种问题，法官可能出现无暇进行充分说理、尽可能快地审结案件，忽视了对案件裁判和文书说理质量要求的情况。

2. 制度成因

相关的程序规定粗糙。在当前，我国对家事裁判文书应该如何说理，缺乏程序性规定。最高人民法院《指导意见》也主要是从宏观上把控裁判文书说理应当遵循的规范，没有具体的操作程序，其中第 13 条提出法官在对裁判理由进行说理时可以运用公理、情理、经验法则等广泛的论据，由此充分论证裁判结果的正当性，提高当事人对裁判文书的可接受性。但从法院的裁判文书看，大多数法官其实还是使用法律进行说理论证，即使有用到情理也是浅尝辄止式地运用。

3. 主体成因

其一，法官保守的说理观念限制了家事裁判文书中情理的运用。在当前的诉讼机制下，法官的说理观念是带有保守性的。判决书中隐藏的潜在风险通常会通过文字显现，法官在家事裁判文书中常常是谨慎说理，不轻易在裁判文书中运用情理说理。即使有必要用时，也是采用形式化的语言一带而过。再者，由于裁判文书实行上网公开制度，民众可以随时审视和监督公开的裁判文书，这无疑给法官增加了很大的压力。

其二，法官队伍年轻化，缺乏司法经验。家事案件是涉及社会学、伦理学、民风民俗等多方面知识的案件类型，这意味着家事案件的审理法官不仅要具备扎实的法律专业知识，还需要具备丰富的社会经验。例如离婚案件中，对于婚姻关系的解除、亲子关系的确认、子女的认领等问题，法官除运用法律知识进行处理外，还需综合考虑各种因素，如当事人过错、未成年子女意愿等，并据此展开充分的说理来实现情感治愈。显然，相比于普通民事案件的法官，这对审理家事案件的法官提出了更高的要求。而现阶段基层法院的法官呈现年轻化趋势，缺乏丰富的审判阅历、说理经验。

五、家事裁判文书中情理判词存在的正当性证成

随着司法改革的开展，加强裁判文书的说理性成为近些年来我国司法改革的重点内容。而家事审判因其独有的特点，以及家事关系在群众中至关重要的地位，使家事裁判文书的说理性成为司法改革中必须加以重视的内容。近年来，家事裁判文书说理中情理的运用越来越普遍，深究其背后有诸多原因支撑。

（一）与社会主义核心价值观的内在一致性

近年来，最高人民法院积极践行和大力弘扬社会主义核心价值观，推动社会主义核心价值观与公正司法理念相结合，先后印发推动社会主义核心价值观融入裁判文书说理的规范性文件，发挥司法裁判的价值引领作用。这与在家事裁判文书中运用情理说理的价值追求不谋而合。无论是情理还是社会主义核心价值观，将其融入裁判文书说理，一方面是向社会大众提供善与恶、是与非的评价标准，从而引领社会风尚。[①] 另一方面是用人民群众能够接受的方式释法说理，增进人民群众对司法裁判的法律和情

① 刘峥、邓宇、金晓丹：《〈关于深入推进社会主义核心价值观融入裁判文书释法说理的指导意见〉重点问题解读》，载《人民司法·应用》2022 年第 16 期。

感认同。此外，情理与社会主义核心价值观在价值追求层面具有一样的目标和共同的文化渊源。社会主义核心价值观和情理都是根植于我国优秀传统文化，凝聚了全社会的价值共识。[①]

（二）传统司法文化的辐射

1. 礼法结合的历史渊源

礼法结合是我国古代法律文化的重要特征。礼是一种封建等级制度，属于伦理道德的范畴，礼重视宗族亲情，讲求人伦，强调教化。法则是国家的产物，它强调的是“不别亲疏，不殊贵贱，一断于法”。春秋时代礼崩乐坏，礼治式微，法家的法治思想因更具操作性、实用性，为各国君主所接受并用于国家统治。然而，法的内容太过于激进，虽然它得到了统治阶级的支持，但仍不被社会各阶层所接受。由此儒家将法家思想的合理内容进行吸收消化，把两种思想进行融合，推行礼法结合的国家统治。和礼的结合使刚性的法更加注意人伦关系，重视道德伦常与法律的关系。

2. 发挥司法审判的“教化”功能

“教化”是中国传统司法文化的一项重要功能，它强调通过道德精神的启迪使犯罪人受到感化，贯穿于刑事和民事领域。在刑事领域中，给犯罪人施以刑罚，教育、感化他们，使其产生自责和悔罪的心理，达到让其主动消灭犯罪意识的目标。在民事领域通过“寓教于审”或是“寓教于判”的形式来教化当事人。在我国古代，大家对理想社会有一个共同的认识，即理想的社会是百姓不争的社会。为做到这一点，最重要的就是教化，无论是政府还是法律皆承担了教化的使命。[②]其结果是司法官吏将法庭变成教化之所，司法活动成为宣教活动。随着社会的变革和发展，重视教化的传统司法文化留给我们一些有益的启示，好的法官应做到“寓教于判”，将情理法融于司法裁判文书中，使判决合情合理合法，从而发挥司法审判的教育感化作用，这有利于社会的和谐稳定。

（三）家事裁判文书中情理判词的价值

1. 合法性和合理性的统一，提升司法公信力

司法公正的实现离不开实体公正和程序公正，而裁判文书是从实体和程序角度体现司法公正最好的见证。提高裁判文书的说理性对提升司法公正具有不可忽视的作用，尤其是家事裁判文书的说理。确保裁判文书具有

---

① 杨建文：《推进社会主义核心价值观融入裁判文书释法说理的时代要求和养成之道》，载《法律适用》2022年第10期。

② 梁治平：《寻求自然秩序中的和谐》，中国政法大学出版社1997年版，第217页。

公正性应当满足两个标准：一是合法性；二是合理性。

合法性是保证裁判过程及结果公平公正的前提，其标准简单来说就是“以法律为准绳”。法官作出符合法律规范的裁判结果，裁判文书才具有了基本的正当性。相对于合法性从法律规范内部证成的角度说理，合理性着重从法律规范之外的社会规范等角度说理。① 大多数当事人或者其他公众不具备专业的法律知识，他们对裁判文书的评价通常是用朴素的道德观、正义观和风俗习惯等来对裁判文书是否合情合理进行判断，而“合情合理”又是一种感性的主观判断，代表一般人对案件的理解与评价。在家事裁判文书说理中加强情理论证，可使裁判结果契合社会大众的情理正义观念，得到社会大众真正的认识、理解和接受，从而提升司法的公信力。

2. 司法效果和社会效果的统一，彰显司法的教育功能

对于社会效果的实现不仅要通过静态的法律条文进行规定，更要通过动态的司法过程得到展现。② 司法活动追求的是法律效果和社会效果的和谐，而情理判词的运用对于司法效果和社会效果的统一具有突出作用。

裁判结果要符合社会公众的一般情理观念，注重社会效果。家事裁判文书天然具有实现司法效果和社会效果的需要。因为家事裁判文书的一大功能是调整、修复和疗愈家庭关系。家事纠纷中待解决的问题不仅仅是法律上的纠纷，其实质是日常生活中的矛盾和身心健康所系之内容，仅注重家事案件的法律效果，忽视其社会效果，家庭的不稳定、不和谐因素依然存在。因此，法官在制作家事裁判文书时也要充分考虑到其所带来的社会效果。要充分实现家事裁判文书的多重效果，关键就在于将情理的运用融入家事裁判文书之中，调动社会大众普遍的情感认同从而实现判决书的教育作用，彰显司法的教育功能。

六、家事裁判文书中情理判词运用的规范

目前家事裁判文书中情理判词运用存在的问题，与家事审判改革的价值期许是相悖的，基于我国现有的裁判文书释法说理的规范和既有经验，本文将提出几点建议，以构建家事裁判文书中情理判词运用的规范路径。

① 曹磊、陈凯莉：《“情理”如何融入裁判说理》，载《山东法官培训学院学报》2019 年第 6 期。

② 李帅、黄颖：《情理在法律裁判中的运用——以家事裁判为例》，载《法律方法》2017 年第 2 期。

（一）明确情理判词运用前提

1. 法律优先原则

在裁判文书说理过程中，法律规范应当优先于其他任何的社会规范，这是一个法治国家的应有之义，故在家事裁判文书说理过程中，也应以法律说理为优先。无论是对具体案件证据的采信、事实的评价，还是推理依据的寻求，法律规则或者原则都要优先于情理。[①]主要表现为：第一，对审查判断证据的说理应严格遵守《民事诉讼法》中的相关证据规则。第二，对认定案件事实的说理应在审查判断证据的基础上，结合庭审的情况，严格遵守《民事诉讼法》的规定认定案件事实。第三，对适用法律的说理应当严格遵守《立法法》《民法典》以及相关法律文件的规定。第四，对行使自由裁量权的说理应当遵守相关法律规定。[②]法官只有在具体的法律规范缺失、冲突等情况下，才可以运用非成文、非实定的情理。[③]

2. 说理必要性原则

虽然家事纠纷具有使用情理说理的天然优势，但并不意味着凡家事裁判文书皆可用情理说理，只有当存在以情理说理的必要性时方可运用情理。那么如何判断是否存在以情理说理的必要性，可从以下两个视角考虑：一是家事纠纷的争议点是否涉及身份关系。虽然家事纠纷具有鲜明的人身属性，但是在家事纠纷中也存在一些财产性纠纷，如离婚后的财产纠纷、同居关系的析产纠纷等，在这类家事纠纷中，若当事人只是对财产关系存在争议，则不必运用情理说理。二是裁判文书的法律论证是否足以让当事人理解和接受裁判结果。[④]家事纠纷通常是涉及人身和财产关系，如离婚纠纷中子女的抚养问题，若是当事人拒绝承担抚养义务，法官认为在判决中仅进行法律论证不足以使其深刻认识其法律义务的来源，并有可能因此影响对法律义务的履行时，情理的运用才是有必要的。[⑤]

---

① 刘树德：《裁判文书说理原论》，法律出版社 2023 年版，第 172 页。

② 胡仕浩、刘树德：《裁判文书释法说理：原则、目的与价值——〈关于加强和规范裁判文书释法说理的指导意见〉的理解与适用（上）》，载《人民司法》2018 年第 25 期。

③ 谢新竹、赵凌峰：《社会主义核心价值观融入裁判文书说理的程式结构与养成机制》，载《山东法官培训学院学报》2023 年第 3 期。

④ 杜健荣：《论司法判决中道德话语的运用偏差及其校正》，载《理论导刊》2017 年第 10 期。

⑤ 杜健荣：《论司法判决中道德话语的运用偏差及其校正》，载《理论导刊》2017 年第 10 期。

3. 说理适当性原则

在裁判文书中情理入法运用得当可以有效提升文书的说理性，反之则会带来一定的风险。大量运用情理判词削弱裁判文书的法律论证，容易造成裁判文书陷入情理过度而法据不足的结构失衡中。[①] 尤其是在家事裁判文书中，情理具有天然优势，应在坚持法律论证优先的前提下，遵循以情助理的适当性原则，把握好情理在家事裁判文书中的说理限度。一方面，情理在家事裁判文书说理过程中不能随意扩张或限缩，应当完整地体现证据评断、事实认证、法官内心确信等裁判过程，并由此得出明晰的裁判结果。[②] 当情理对法律论证起到肯定、支持的作用时，才能实现情理对法律论证说理的补强、说明、解释的证成效果。[③] 另一方面，在裁判文书说理过程中，情理和法律论证应当有主次之分，不能用情理论证替代法律论证。例如，在离婚纠纷中，一些裁判文书并未对夫妻感情是否破裂进行详细的法律论证，反而是洋洋洒洒一段文字劝导夫妻互相包容、珍惜等，这在一定程度上会影响法律论证的主体性地位，与运用情理以增强文书说理性的初衷背道而驰。

（二）厘定情理判词的内容边界

“情理”依字面意思可理解为人的常情和事情的一般道理，其内涵和范围具有极大的不确定性。学者们也表达了自己对情理的理解并提出相应的定义，但这些解释也只能作为学理解释，起到提供参考的作用。在司法实践中，因法官的个体差异，其对情理的理解是不一样的，这就导致了情理可能成为一个无所不包、无所不容的“黑洞”。[④] 正如前述实证分析所展示的，家事裁判文书中的情理论证中还经常能看到道德、民俗习惯的身影，情理承载的内涵过多，范围也在不断扩大。因此有必要厘清情理和相似概念的关系，以确定哪些内容属于情理。

情理不同于民俗习惯、公共道德。情理、民俗习惯、公共道德三者在内涵上有交叉重叠之处，以此区分三者较为困难。因此本文从三者的法律

---

① 袁丁：《宪法学视野中的胚胎权属纷争——以“无锡冷冻胚胎监管与处置权纠纷案”为例》，载《河南大学学报（哲学社会科学版）》2015 年第 4 期。

② 谢新竹、赵凌峰：《社会主义核心价值观融入裁判文书说理的程式结构与养成机制》，载《山东法官培训学院学报》2023 年第 3 期。

③ 李祖军、王娱瑷：《社会主义核心价值观在裁判文书说理中的运用与规制》，载《江西师范大学学报（哲学社会科学版）》2020 年第 4 期。

④ 李岩：《公序良俗原则的司法乱象与本相——兼论公序良俗原则适用的类型化》，载《法学》2015 年第 11 期。

性质和地位予以区分。截至目前，我国并没有法律条文对情理的定义、法律性质和效力进行规定，[①] 只是在《指导意见》中提到过，法官释法说理时可引用情理作为论据以充分论证裁判结果的正当性。由此可知，情理在我国的法律体系中并没有明确的法律地位，至多是作为裁判文书说理的辅助元素。民俗习惯包括民俗和习惯，根据《民法典》第 10 条规定，在法律条文缺位的情况下可以引用习惯作为裁判依据，并且将公序良俗即公共秩序和善良风俗作为评价法律行为的标准。公共道德则是属于非正式法源，在特定情况下甚至可以作为民事裁判的依据。综上，无论是公共道德还是民俗习惯，它们都是具有独立的法源地位的，不宜将其划归情理的范围。

情理不同于经验法则。所谓经验法则，是指人们从生活经验中归纳获得的关于事物因果关系或属性状态的法则或知识，既包括一般性的常识，也包括专门性的知识。[②] 经验法则是人们对事物客观状态、性质存在的归纳。[③] 而情理不仅指客观事物的应然性、规范性，还包含了社会大众对事物的价值判断，这是经验法则所没有的。[④] 在认识情理时应当避免将其与经验法则混同。

（三）构筑情理判词的实现进路

1. 启动机制

在家事裁判文书中以情理说理，其最主要的决定权在于法官，法官结合具体案情，综合考量是否进行情理说理。然而，笔者认为不能忽视当事人作为启动主体的情形。在对家事裁判文书的整理过程中，笔者发现有些当事人在答辩过程中也会援引情理以支持自己的主张，例如在游某与蔡某甲离婚纠纷一案[⑤] 中，被告在子女的抚养问题上提出了情理上的依据。当事人在诉讼过程中提及情理支持诉请的案件，法官应当在裁判文书中进行相应的情理说理。一方面，是对当事人的回应；另一方面，当事人既引用了情理，这在一定程度上又表明在当事人对于情理的内心认可度比较高，情理的运用更能增强当事人对裁判结果的接受度。

---

① 董淳锷：《民商事审判中“常理”的运用——法理阐释、案例考察与规则设定》，载《政治与法律》2022 年第 2 期。

② [日] 新堂幸司：《新民事诉讼法》，林剑锋译，法律出版社 2008 年版，第 375 页。

③ 张卫平：《认识经验法则》，载《清华法学》2008 年第 6 期。

④ 董淳锷：《民商事审判中“常理”的运用——法理阐释、案例考察与规则设定》，载《政治与法律》2022 年第 2 期。

⑤ 参见福建省平和县人民法院（2015）平民初字第 1700 号民事判决书。

2. 证成机制

情理的证成可从两个方面进行：一是内部证成。法官考虑在释法说理时运用情理说理应当对情理本身进行审视，看其是否具备以下要素：其一，公众认知性，即为相关领域不特定多数公众所知晓和认可；其二，合理应然性，即客观上必须符合事物的一般规律，符合普通人的基本理性和价值评价标准；其三，高度盖然性，即有较高概率重复出现的可能性。[①]二是外部证成。情理具有极强的非实定性，极厚重的历史性，除了对情理本身进行检视，还应当判断其是否与现行的规范相符合，即对其进行外部证成，从法律的强制性规定、公序良俗、党和国家政策以及社会公共利益等方面对情理进行判断，如果情理与以上四个外部规范相冲突或者损害，则应当将其排除。[②]

七、检验机制

法官在家事裁判文书中进行情理说理时，如何判断其所用情理是否适当，这需要通过一些方法进行检验。笔者认为可以通过以下两种方法进行：一是类案检索，对比确证。法官可以检索已有案例，考察现有生效判决中是否有引用类似情理情况，将案件进行比照确证，[③]同时还可分析类案中引用情理的案件比例，帮助判断所用情理适当与否。二是利用后果评价的方法。传统的法律适用过程一般是选择裁判依据，作出裁判结果，最后衡量裁判后果。而后果评价方法，是传统法律适用过程的逆向运用，它要求司法者在作出裁判时考量裁判结果所能够带来的后果，并基于该后果来选择裁判依据和路径。后果评价的方法强调法律适用中的社会价值考量，有机结合法律效果和社会效果，[④]因此家事裁判文书中用情理来说理也不妨利用后果评价的方法予以检视，法官在家事裁判文书中用情理说理时，可以权衡由此可能带来的后果，并确定情理的运用是否恰当。

① 董淳锷：《民商事审判中“常理”的运用——法理阐释、案例考察与规则设定》，载《政治与法律》2022年第2期。

② 广东省高级人民法院民一庭、中山大学法学院：《民俗习惯在我国审判中运用的调查报告》，载《法律适用》2008年第5期。

③ 董淳锷：《民商事审判中“常理”的运用——法理阐释、案例考察与规则设定》，载《政治与法律》2022年第2期。

④ 杨知文：《基于后果评价的法律适用方法》，载《现代法学》2014年第4期。

八、结语

司法的价值不是它表面所展示的，简单处理人与人之间的是非对错问题，在很多情况下需要综合考虑多重社会利益。在家事裁判文书说理中，情理判词的运用固然存在内容泛化、指向不明以及限度模糊的问题，但是这并不意味着可以轻视其对于家事裁判文书说理的意义。宏观上，确立情理在家事裁判文书释法说理中应遵循的基本原则；微观上，厘清情理的内容边界，对其范围进行限缩，将公共道德、民俗习惯、经验法则等划出情理的范围。同时从启动、证成、检验机制构筑情理在释法说理中的实现进路，以实现家事裁判文书法律效果和社会效果的统一。

殊途何以同归：非典型扰乱诉讼秩序行为的认定及规制

吴　丹[*]　兰　垒[**]

扰乱诉讼秩序的行为不仅不利于保护当事人的诉讼权利、维护正常的诉讼秩序，甚至对司法权威和司法公信都会造成极大的冲击。因此，对于扰乱诉讼秩序的行为应当予以规制。《民事诉讼法》中采用列举式规定，对扰乱诉讼秩序的行为作了专章规定。然而，实践中通过滥用回避、管辖，虚构管辖连接点、虚构回避事由等方式严重扰乱诉讼秩序的行为均客观存在，《民事诉讼法》中规定的几种情形不足以涵括上述扰乱诉讼秩序的行为，此类行为也具有危害性，应当予以规制。我们将上述《民事诉讼法》规定以外的情形称之为非典型扰乱诉讼秩序行为。那么，对于实践中非典型扰乱诉讼秩序行为具体是何表现形式，目前有无规制，为何对其行为规制会产生困境；应该以何种标准予以甄别，采取何种手段予以规制以及应当承担何种责任，都是值得深入分析和探讨的问题。

一、图景：非典型扰乱诉讼秩序行为的表现形式

本文对J省、Z省、S省中、基层两级法院中的100名员额法官及法官助理进行访谈和问卷，搜索了全网关于扰乱诉讼秩序的案例及宣传报道70余篇，[①] 以此梳理非典型扰乱诉讼秩序的实践样态。通过梳理发现实践中非典型扰乱诉讼秩序行为主要表现为合法权利滥用、行为虚假、隐瞒事实及其他。需要说明的是，考虑到各种行为特征具有多样化，非典型扰乱诉讼秩序行为

---

* 作者单位：江苏省靖江市人民法院。

** 作者单位：江苏省靖江市人民法院。

① 通过对J省、Z省、S省中、基层两级法院的100名员额法官及法官助理进行访谈和问卷，各位法官表明在案件办理过程中或多或少都会碰到当事人扰乱诉讼秩序的行为，本文选取了其中具有代表性的访谈资料作为样本进行分析。

从裁判文书网、《人民法院报》、各地法院微信公众号中检索出的相关案例，其中属于《民事诉讼法》及其他司法解释中有相应规定类型的行为大约34篇，主要表现为虚假诉讼、在庭审中录音录像、伪造证据等；而不属于《民事诉讼法》第114条规定的情形，也未有其他相关司法解释予以规定的行为约36篇，其中主要集中在滥用管辖权、隐瞒重要事实等情形。

的表现形式可能存在一定交叉，但本文主要从各行为的核心特征来阐述。

（一）合法权利滥用

合法权利滥用是指当事人行为表象具有合法性特征，比如管辖、回避、上诉等权利均是当事人在诉讼活动中应当被充分保护的诉讼权利，然而当事人以合法形式达到其恶意拖延诉讼进程、扰乱诉讼秩序、侵害他人合法权利的目的，其行为看似是行使诉讼权利，实则本质上是扰乱诉讼秩序。主要表现为当事人滥用管辖权、回避、技术性上诉等情形（见表1）。

表1　合法权利滥用的典型案例

表现形式	案情特征	是否处罚	处罚依据	来源
滥用管辖权	某公司无事实理由提出管辖权异议申请，受诉法院明确告知该公司有管辖权，该公司坚持管辖权异议并上诉	罚款	《民事诉讼法》第114条第1款第1项	（2020）黔0222民初1593号
滥用回避	被告周某在第一次庭审中认为法官助理不具备审理此案的条件，申请其回避；法院作出决定后，周某又提出该案审判长不适合审理此案，要求回避；接着又提出受诉法院受理该破产案件，该法院应当整体回避	训诫	《民事诉讼法》第113条	法官的访谈材料
技术性上诉	在某抚养权纠纷中，被告女儿等着医疗费看病，被告虽对案件判决无异议，也无任何要求，但为拖延履行义务的时间而提出上诉	无	无	法官的访谈材料

1. 滥用管辖权

申请人明知受诉法院有管辖权，其提出管辖权异议没有事实依据或法律依据，属于滥用管辖权的情形。值得注意的是，对于滥用的界定应当是相对严苛的，只有当事人提出的管辖权无事实依据或法律依据，法院向其释明后果后，其为了追求该后果仍然坚持管辖权异议及上诉。这种情形下，当事人显然以扰乱诉讼秩序为目的，其行为明显超过诉权边界，符合非典型扰乱诉讼秩序的特征。比如，表1中某公司提出管辖异议的案例。[①] 该案中，受诉法院已经明确告知该公司具有管辖权，该公司对其自身行为后果明知，其坚持该行为无任何依据，主观上具有恶意，诉讼行为超过诉权行使边界，客观上拖延了诉讼活动的进程、增加了对方的诉讼成本，该行为显然属于扰乱诉讼秩序的行为。

2. 滥用回避权

诉讼法中规定了回避的法定事由，回避虽然是当事人正当的程序性权利，但实践中存在申请人明知审判组成人员无回避事由，但却坚持提出，

① 参见贵州省盘州市人民法院（2020）黔0222民初1593号民事判决书。

甚至多次无事由提出回避申请，显然当事人系利用回避制度，在诉讼中为扭转对其不利的局面，以此干扰诉讼活动的正常进行，属于滥用回避的情形。比如，表1中周某提出回避申请的案例。该案中，周某的行为即通过多次无事由提出回避的情形，以达到其拖延诉讼的目的，主观恶意明显；多次无事由提出回避的行为，明显超过其享有回避权利的边界；客观上造成了诉讼秩序无序的损害后果。

3. 技术性上诉

当事人对于判决结果无实质性诉求，但为拖延执行进程，提起上诉的情形在实践中较为常见。上诉权是当事人的重要程序性权利，但在涉民生类案件中，对方因生存需要，亟须获得裁判文书的给付内容，而个别当事人虽然对于案件无实质性诉求，主观上具有恶意，为拖延进程而提出上诉，具有现实危险性。该情形与《民事诉讼法》中规定的拒不履行生效裁判文书的情形相类似，但这里所指的文书尚未生效，故应当与《民事诉讼法》中该条规定予以区别，要视情况分析。只有在具有紧迫性的前提下，才能构成非典型扰乱诉讼秩序的行为。比如，表1中关于抚养纠纷的案例。该案中，被告显然对于案件结果无任何实质性要求，但为了拖延履行义务的时间，从而提出上诉。显然其行为与诉讼的目的和价值相违背，主观上具有拒绝履行生效法律文书的故意，且被告不及时履行判决内容具有危险性。

（二）行为虚假

行为虚假是指当事人在诉讼活动中故意作出不真实的行为，目的是拖延诉讼或获取非法利益，造成了严重的后果，如侵害了对方的程序及实体利益。主要表现为虚构管辖连接点、提供虚假身份、虚假陈述等情形（见表2）。

表2　行为虚假的典型案例

表现形式	案情特征	是否处罚	处罚依据	来源
虚构管辖连接点	梁某为民间借贷纠纷起诉韩某，王某作为梁某的代理人提供虚假的居住证明，以此制造管辖连接点	罚款	《民事诉讼法》第118条	郑州市二七区人民法院于2020年7月20日发布的宣传案例
提供虚假身份	李某民间借贷纠纷起诉黄某，李某提供虚假身份证	罚款	《民事诉讼法》第13条、第113条	（2020）皖04司惩复2号
虚假陈述	郑某在诉讼活动中，其陈述与对方当事人及证人陈述不一致，该陈述对于案件事实具有重要影响，经法院多次释明后并要求其签署保证书后仍未悔改	罚款	《民事诉讼法》第118条	（2018）云04司惩复1号

1. 虚构管辖连接点

当事人在向受诉法院提出诉讼，存在虚构与该地法院存在实际关联的事实，以此达到在该法院审理案件的目的。从该行为的表现特征来看，当事人的行为显然扰乱了诉讼管辖的公法秩序，属于非典型扰乱诉讼秩序的情形之一。比如，表 2 中梁某与韩某民间借贷纠纷一案。[①] 王某提供他人的虚假居住证明，显然主观上具有恶意，且行为违法，不仅侵害了对方的程序性权利，而且破坏了诉讼管辖的公法秩序，属于非典型扰乱诉讼秩序的行为。

2. 提供虚假身份

该情形表现为当事人在诉讼活动中提供的身份信息不真实，影响了诉讼活动的进程。虽然《最高人民法院关于适用〈中华人民共和国民事诉讼法〉的解释》中规定了冒充他人参与诉讼，可以参照《民事诉讼法》第 114 条的规定予以处罚。但提供虚假身份的行为与冒充他人诉讼的行为特征不一样，被冒充的人的身份是真实的，而虚假身份，是捏造的或虚构的身份，二者导致的行为结果是相同的。该行为与典型扰乱诉讼秩序的行为既有联系又有区别，属于非典型扰乱诉讼秩序情形。比如，表 2 中李某诉黄某民间借贷纠纷一案。[②] 李某提供虚假的身份证，主观上有扰乱诉讼秩序的故意，行为具有违法性，客观上亦具有妨碍诉讼秩序正常进行的后果。

3. 虚假陈述

当事人在诉讼活动中一般是作利己陈述，势必会造成原、被告双方的陈述不一致，显然这不属于扰乱诉讼秩序的行为。本文所指的虚假陈述，应当以行为人造成的后果以及主观故意程度为导向，即当事人主观恶意明显，其行为造成了诉讼秩序混乱或无序的后果，或者给诉讼程序造成了其他严重影响。该行为与《民事诉讼法》中规定的伪造证据情形既有联系，又有区别，当虚假陈述的行为主观恶意明显，且有严重后果时，与伪造证据的后果具有同一性，应当予以规制。如表 2 中郑某虚假陈述一案，[③] 该案中，法院已对其进行释明，且其签署保证书后仍作虚假陈述，主观故意明显，行为具有违法性，又阻碍了法院推进诉讼的进程，具有扰乱诉讼秩序的后果，符合非典型扰乱诉讼秩序的特征。

---

① 河南省郑州市二七区人民法院集中发布的关于涉嫌虚假诉讼的九个典型案例，载微信公众号“豫法阳光”2020 年 7 月 20 日发布。

② 参见安徽省淮南市中级人民法院（2020）皖 04 司惩复 2 号复议决定书。

③ 参见云南省玉溪市中级人民法院（2018）云 04 司惩复 1 号复议决定书。

（三）隐瞒事实

隐瞒事实是指当事人在诉讼活动中负有履行相应义务的责任，但故意不履行其在诉讼活动中应当履行的义务，造成了程序上或实体上的严重后果。以后果为导向，主要表现为导致程序错误或者影响实体权利的情形（见表3）。

表3　隐瞒事实的典型案例

表现形式	案情特征	是否处罚	处罚依据	来源
导致程序错误	黄某因病死亡后，黄某的代理律师故意教唆其近亲属隐瞒该事实，与保险公司调解，最终检察院对该案提起民事监督程序	无	无	（2022）苏1282民再8号
影响实体权利	袁某为民间借贷起诉陆某，案件进入执行程序后，袁某隐瞒陆某已经履行完毕的事实	罚款	《民事诉讼法》第114条第1款第1项	（2020）浙1021司惩3号

1. 导致程序错误

该情形表现为当事人在诉讼活动中隐瞒了与诉讼活动相关的程序性义务，对诉讼程序造成了严重的影响。需要说明的是，并非所有隐瞒程序性义务的行为，均属于该情形。在该种情形下，只有当事人在明知其行为具有严重后果，并造成了该后果，才是非典型扰乱诉讼秩序的表现形式。比如，在表3中的交通事故案件[①]中，从黄某委托代理人的行为表现来看，其作为律师，明知隐瞒黄某死亡会导致程序错误，主观恶意明显；客观上其隐瞒行为造成了程序错误的严重后果，即通过审判监督程序予以纠正，显然属于通过隐瞒事实扰乱诉讼秩序的情形。

2. 影响实体权利

该情形表现为当事人在诉讼活动中隐瞒涉及当事人实体权利的义务，对于当事人的实体权利造成重要影响。比如，表3中袁某诉陆某民间借贷纠纷一案。[②]该案中，袁某隐瞒陆某已经履行完毕的事实。显然，袁某隐瞒该事实，主观上具有恶意，客观上造成陆某实体权利的侵害，同时也破坏了诉讼秩序。需要注意的是，该情形和虚假陈述是有内在联系的，两种情形就像一枚硬币的两个面，就如该案中袁某的行为，从履行义务的角度，其隐瞒了该债务已经还清的事实，但从其提起诉讼的行为来看，在陆某已经还清债务的情形下，其要求陆某归还借款也是虚假陈述的一种表现

① 参见江苏省靖江市人民法院（2022）苏1282民再8号民事判决书。
② 参见浙江省玉环市人民法院（2020）浙1021司惩3号民事判决书。

形式。

（四）其他

实践中还存在行为看似与民事诉讼活动毫无关联，但是其行为本质上与扰乱诉讼秩序有内在联系，且行为违法程度更高，也属于扰乱诉讼秩序的行为（见表4）。

表4　其他类型的典型案例

表现形式	案情特征	是否处罚	处罚依据	来源
披露案件误导舆论	某物业合同纠纷尚未审结，张某在多个网络平台发布该案的不实信息，误导舆论	罚款	《民事诉讼法》第113条第2款	（2023）津0115司惩1号
发表不当言论	在案件审理中，会碰到“死磕派”律师，他们经常在庭审中发表一些反面言论	无	无	法官的访谈材料

在庭审中发表负面的言论，或者通过在网络上披露的案件不完整或虚假的案情，以此误导舆论的情形也属于扰乱诉讼秩序的情形。比如，表4中法官提出的“死磕派”律师在庭审中发表一些反面言论、不当言论，性质较为恶劣；还有表4中有关误导舆论的行为，当事人在案件未决情形下，误导舆论引发舆情，会造成司法公信力的降低，甚至违反了治安管理处罚法的相关规定，显然上述情形也属于非典型扰乱诉讼秩序的一种表现形式。

二、殊途：非典型扰乱诉讼秩序行为的惩戒困境

对非典型扰乱诉讼秩序的表现形式类型化分析后，发现此类行为后果严重，应当予以规制。但从目前的司法实践来看，对于非典型扰乱诉讼秩序行为的制裁存在法官顾虑较多、惩戒效果不佳、惩戒措施偏轻等问题。

（一）法官对实施惩戒顾虑较多

此类情形表现为法院对于非典型扰乱诉讼秩序行为予以放任，不予制裁。如在某执行案件中，申请人隐瞒被申请人债务已经履行完毕的事实，一审法院对其处罚，但二审法院撤销一审法院的处罚决定，该行为应当予以制裁，但最终未予制裁。而且在访谈资料中，法官认为属于合法权利滥用情形的，其中近75%的法官未予制裁；认为存在行为虚假情形的，其中近45%的法官未予制裁；认为存在隐瞒事实的，其中近65%的法官未予制裁；其他类型中，82%的法官都未予制裁。可见实践中对于此类行为不予制裁较多。

为何不予制裁，根据访谈可知，法官也知道当事人的行为恶劣，妨碍了诉讼秩序，但最终未予制裁，掣肘因素较多。比如，上文中提到的滥用管辖或回避等，这类情形很少制裁，一方面，由于当事人具有该程序性权利，虽然明知存在滥用的情形，但是无法找到依据；另一方面，制裁可能引发矛盾，致使案件效果不佳，甚至导致信访、缠访等现象发生。对于隐瞒事实类型，实践中对于这类司法制裁较少，大多是怕引起麻烦而未予理睬。其他类型的不予规制，一方面容易忽视这类行为对诉讼秩序的影响，另一方面也不知如何去规制。

（二）多数惩戒效果不尽如人意

实践中，很多非典型扰乱诉讼秩序的行为很恶劣，但是对其制裁大都是高高举起，轻轻放下，不能达到应有的效果。比如，上文中提到的在庭审中发表不当言论，实践中法官仅对其进行训诫，记入笔录，该情形显然较为恶劣，训诫无法达到制裁效果；又如，访谈资料中，也有35%左右的法官反映，对于上文中提到的恶意申请回避、作虚假陈述等情形的，仅口头予以训诫，不作其他的处罚。究其原因，他们认为虽然当事人的行为恶劣，应当对其予以制裁，但是对于制裁的后果及依据无从把握，因此采取训诫对当事人予以警告，不会对当事人造成实质性影响。

（三）采取的惩戒措施明显偏轻

对于非典型扰乱诉讼秩序行为的司法制裁主要通过罚款的方式。从访谈材料可知，当提到如何对扰乱诉讼秩序行为进行规制时，75%左右的法官会选择罚款的方式进行制裁。从检索的案例可知，其中有36篇关于非典型扰乱诉讼秩序的行为，比如上文提到的滥用管辖、虚构回避、提供虚假身份等类型，法院审查后均以罚款的方式对当事人予以处罚。可见，实践中对于非典型扰乱诉讼秩序的行为制裁手段以罚款为主，但是显然仅通过罚款的手段予以制裁，不足以对当事人形成有效规制。例如，在当事人误导舆论，引发重大舆情的情况下，也仅对其进行罚款，显然无法达到制裁的效果；又如上文中提到的隐瞒当事人死亡的，该代理人的行为恶劣，即便通过罚款的方式，对于代理人的行为也不能更好地规制。

三、溯源：规制非典型扰乱诉讼秩序困境的症结所在

非典型扰乱诉讼秩序行为频发并非偶然现象，此类行为对 诉讼秩序造成了严重的影响，但实践中对其规制存在困境。究其原因，从规范性方面

来说，是由于认定的依据不足，导致此类行为无法规制；从实践性层面来说，由于认定的标准不一，导致实践中对此类行为的认定存在困境。除此以外，此类行为的惩戒机制尚不健全。

（一）规范性层面：非典型扰乱诉讼秩序的认定依据不足

非典型扰乱诉讼秩序认定依据不足，主要体现在民事诉讼法中缺乏兜底条款、无相应的规范性文件作为依据、缺乏典型案例作为指导三方面。

1.《民事诉讼法》中缺乏兜底条款

《民事诉讼法》从1991年出台至今，我国的民事诉讼制度在规范形式和规范内容上日趋合理。[①] 先后经历过五次修正，对于扰乱诉讼秩序的规定均是一脉相承，内容均未有较大变化，均是对扰乱诉讼秩序的典型行为列举式规定。2023年《民事诉讼法》又进行了修改，本轮修改对于第115条规定的恶意诉讼增加了第2款，规定单方捏造事实企图侵害国家利益、社会公共利益或者他人合法权益的，应当予以规制。可见，随着公民法治意识的不断提高，民事诉讼参与主体的程序意识越来越强，民事诉讼程序法律规则在司法实践中日趋受到重视。然而，从本次修改可以看出，《民事诉讼法》规定虽然日趋完善，但关于扰乱诉讼秩序的条文缺乏兜底性条款，使审判人员在实践中对于非典型扰乱行为的界定难以作出判断，缺乏认定的具体依据，导致司法实践中对于该行为认定的标准不统一，不利于规范实践中各种扰乱诉讼秩序的行为，一定程度上浪费了司法资源，甚至损害了司法公信。

2. 其他规范性文件中亦无认定依据

对近两年出台的规范性文件中涉及扰乱诉讼秩序的行为进行检索，发现规范性文件中也并非只有《民事诉讼法》中列明的几种典型扰乱诉讼秩序行为，实践中存在《民事诉讼法》规定以外的其他情形，已在相关的规范性文件中予以列明，可以参照《民事诉讼法》的规定对其予以处罚（见表5）。

---

① 参见唐力：《对话与沟通：民事诉讼构造之法理分析》，载《法学研究》2005年第1期。

表 5　规范性文件中有关扰乱诉讼秩序行为

规范性文件	条文	内容	与《民事诉讼法》第 114 条的关系
《民事诉讼法》(2021 年)	第 13 条	民事诉讼活动遵守诚实信用原则	第 114 条规定的行为违反了该原则
《最高人民法院关于适用〈中华人民共和国民事诉讼法〉的解释》(2022 年修正)	第 189 条	(1)冒充他人诉讼; (2)证人签署保证书后作虚假陈述; (3)拒绝提供重要证据,妨碍人民法院查明被执行人财产状况; (4)擅自解冻被冻结的财产; (5)给当事人通风报信,协助其转移财产	对第 114 条的补充与扩大解释
《最高人民法院、最高人民检察院、公安部、司法部关于进一步加强虚假诉讼犯罪惩治工作的意见》(2021 年修正)	第 20 条	不配合检察院核实情况,妨碍民事诉讼	
《最高人民法院关于审理民间借贷案件适用法律若干问题的规定》(2020 年修正)	第 19 条	恶意制造诉讼或虚假诉讼	
《最高人民法院关于审理票据纠纷案件若干问题的规定》(2020 年修正)	第 38 条	伪报票据丧失	
《最高人民法院关于适用〈中华人民共和国民法典〉婚姻家庭编的解释(一)》(2020 年修正)	第 61 条	拒不履行或妨碍他人履行生效文书中有关子女抚养义务的	

根据上文分析，可知本文讨论的合法权利滥用、行为虚假、隐瞒事实等扰乱诉讼秩序的行为在现行的司法文件中仍无法找到相应的认定依据。由于缺乏认定依据，使实践中法院在认定其行为是否构成扰乱诉讼秩序时无法作出准确的判断，在一定程度上使当事人抱有侥幸心理，对于某些打“擦边球”的行为，断定法院不会据此认定，并对其进行处罚，这在一定程度上滋长了各种非典型扰乱诉讼秩序行为的发生。

3. 缺乏权威案例作为指导

最高人民法院发布的指导案例在全国各地均有一定的参照价值，若针对扰乱诉讼秩序行为有相应的指导案例，也可以为认定非典型扰乱诉讼秩序行为提供依据。但由于各地法院对类似案例发掘不够，就目前的司法实践而言，对于扰乱诉讼秩序的典型或指导案例仍然缺乏，无法形成相应的参考依据。

（二）实践性层面：非典型扰乱诉讼秩序的认定标准不一

各地法院对于非典型扰乱诉讼秩序的认定重结果轻理由，标准并不统一，有损司法惩戒的权威性。主要体现在认定时回避法律依据、仅凭诚信原则、硬套现行规定。

1. 认定时回避法律依据

此种认定方式体现为法院对当事人的行为具体违反的规定不作任何评价，通过分析该行为的特点，直接根据《民事诉讼法》第 118 的规定，对当事人的行为予以罚款。可见，实践中确实存在无法找到其行为的认定依据，但又应当对当事人的行为予以制裁的情形，从而导致了无依据认定的情形发生。

2. 认定时仅凭诚信原则

诚信原则作为《民事诉讼法》的一项基本原则，当事人参与诉讼活动均应遵守。非典型扰乱诉讼秩序的行为，一般都属于违反诚信原则的行为。因此，在民事诉讼法中无其他规定可适用的情形下，以诚信原则作为认定标准进行认定。此种认定方式在实践中较为常见，也是法院认定非典型扰乱诉讼秩序行为的认定方式之一。

3. 认定时硬套现行规定

此种认定标准是表现为直接将行为解释到《民事诉讼法》第 114 条规定的情形中，从而对当事人的行为进行认定。实践中，法院在认定非典型扰乱诉讼秩序行为时，存在没有对行为进行分析认定，而仅将其直接套用到《民事诉讼法》规定的典型扰乱诉讼秩序行为中的情形。

（三）缺乏完善的惩戒机制

缺乏完善的惩戒机制，也是造成非典型扰乱诉讼秩序惩戒困境的重要因素之一。主要表现为法官缺乏主动性、诚信诉讼的预警机制尚未建立、惩戒体系内外贯通渠道尚未完全畅通。

1. 对规制上述行为法官的主动性不足

对于非典型扰乱诉讼秩序行为的规制，需要法官发挥主观能动性，主动对当事人的行为特征予以甄别和审查。但目前司法实践中，由于法官对于审查认定当事人的扰乱行为主动性不足。

2. 诚信诉讼的预警机制尚未完全建立

目前，诚信诉讼的预警机制并不健全，致使当事人在诉讼活动中存在很多不诚信的行为，对于诉讼活动的进行造成了严重的影响。由于非典型的行为与典型行为存在区别，对于非典型扰乱诉讼秩序的甄别与规制，需要把握当事人行为的边界，衡量是否越界。因此，诚信诉讼的预警机制有助于帮助法官识别非典型扰乱诉讼秩序行为。

3. 惩戒体系内外贯通渠道尚未完全畅通

既有样本表明，对于非典型扰乱诉讼秩序行为的规制主要集中在司法惩戒上，多以口头训诫和罚款为主，与司法行政等职能部门的规制措施缺乏联动，存在信息不畅、协同不足等问题，难以从社会治理的层面，系统地对上述行为进行规制，难以达到有效的规制效果。

四、同归：非典型扰乱诉讼秩序行为的认定审查

《民事诉讼法》规定的扰乱诉讼秩序行为脱胎于刑法中的伪证罪、妨害作证罪等罪名，可借鉴刑法中对于各罪名的认定，即从主观故意、违法行为、因果关系、损害后果四个方面来认定审查扰乱诉讼秩序的行为。比如拒不履行生效文书，主观上具有拖延诉讼进程的故意，客观上表现为拒不履行裁判文书，具有扰乱诉讼秩序的后果。而非典型扰乱诉讼秩序的行为也应当在上述四要件的理论框架下进行认定，但是与典型扰乱诉讼秩序行为有所区别，应从以下三个方面来把握非典型扰乱诉讼秩序行为的认定。

（一）扰乱诉讼秩序恶意的证明标准更高

恶意是一种主观状态，表现为行为人主观上对结果的追求和放任。对于非典型扰乱诉讼秩序行为的认定，其恶意的程度显然比典型行为更高，可通过以下两个方面判断：（1）以法官释明判断当事人是否具有恶意的可能性；（2）结合当事人的外在行为，判断当事人是否具有直接故意。

1. 恶意的判断依据

法官在诉讼活动中对当事人的诉讼请求或诉讼行为不明确的，予以释明；对当事人的诉讼请求或诉讼行为明显不当的，督促当事人予以变更或撤销；对证据材料不充分时，及时阐明并要求其补充；对当事人存在误解的法律予以释明。[①] 法官对当事人的行为释明后，当事人对其自身的行为及行为后果有明确的认知，对于其行为产生的后果亦有一定的认知。在当事人对其行为有明确认知的情形下，结合当事人作出该行为的客观原因，可判断出当事人是否具有恶意的可能性。

① 参见蔡泳曦：《论民事诉讼中的诚实信用原则》，西南政法大学2009年博士学位论文，第56页。

2. 恶意的表现为直接故意

恶意包含当事人认识到其行为会对诉讼秩序或诉讼程序造成严重影响，对其造成的非法后果也应当作为主观恶意的内容，即可以将该恶意理解为类似于刑法上的直接故意。[①]但恶意归根结底仍然通过外在行为表现出来，因此可以从当事人的行为方式出发，以普通人的认知水平为标准，判断当事人的主观心理状态。

比如当事人滥用回避，对于该行为的认定，就必须对当事人的主观过错进行评价。保障当事人的诉权是民事诉讼的应有之义，在诉讼秩序中应充分考虑当事人的诉讼权利。[②]需要注意的是，法律规定的诉权保护是基于当事人行为的正当性，即行为的善意。若当事人行为不具有正当性，其主观上即不具有善意。那是否只要当事人的行为不具有善意，即能评价为恶意呢？显然也不能。上文提到的案例中，当事人每次开庭前，均申请回避，达到3次及以上，每次申请回避的人员均不一样，每次也没有正当的事实理由，显然当事人追求的结果即是拖延诉讼活动的进程，虽然当事人具有申请回避的权利，但是其使诉讼活动无法正常进行，此时当事人的行为便可以评价为恶意。

（二）扰乱诉讼秩序行为的违法性程度更深

违法行为一般是指实施了法律规定的禁止性行为，或者没有按照法律规定或者命令为应当实施的行为，或者是未按照正确的程序实施法律许可的行为。[③]在非典型扰乱诉讼秩序中行为违法性程度更深，主要表现为超越诉权边界及违反较大的诉讼义务。

1. 超越诉权边界

在扰乱诉讼秩序中，能够确定当事人滥用诉讼权利，其行为一般具有违法性。但是如何确定当事人的诉讼权利已经超过边界，主要考虑两个层次：一是当事人行为是否具有合理性；二是在当事人的行为不具有合理性的情形下，判断当事人的行为是否超过诉权边界。

审查当事人的行为是否具有合理性，根据当事人提出的事由进行判断，主要是审查有无事实依据或法律依据，如无事实依据或法律依据，显

① 参见陈桂明、刘萍：《民事诉讼中的程序滥用及其法律规制》，载《法学》2007年第10期。

② 参见于鹏：《民事诉讼证明妨碍救济与制裁比较研究》，载《法律适用》2013年第12期。

③ 参见徐德臣：《民事诉讼程序性制裁机制研究》，西南政法大学2015年博士学位论文，第115页。

然不具有合理性。若当事人提出的事实存在争议，虽然通过审查，以定其行为没有依据，但不能径行认定其行为不具有合理性，此时当事人的行为仍是正常行使诉权的表现。

若认定当事人的行为不具有合理性，则审查当事人的行为是否超过诉权边界。是否超过诉权边界，可以结合当事人行为的后果来分析。民事诉讼的秩序价值贯穿整个诉讼活动，比如上文中的滥用管辖权，当事人明知法院有管辖权的前提下，不仅提出管辖权异议，甚至提出上诉，客观上其行为增加了对方的诉讼成本，也严重拖延了诉讼活动的进程，诉讼秩序价值无法实现，显然该情形下当事人的行为已经超过诉权边界，具有违法性。

2. 违反较大的诉讼义务

诉讼义务主要来源于三个方面：第一，法律中明确规定的；第二，法官依其自由裁量权赋予当事人的；第三，当事人依据法律规定而自行约定的。[①] 在民事诉讼活动中，判断当事人的行为是否构成违反民事诉讼义务，一方面是判断该义务是否为程序性促进义务；另一方面应结合该义务的大小来确定。

一是违反程序性促进义务。在民事诉讼活动中，当事人必须积极、善意地作出诉讼行为，以推动程序的便捷及顺利进行。这样，诉讼促进就成了当事人必须履行的诉讼义务。[②] 而这里的诉讼促进义务不应当作扩大解释，应理解为程序性促进义务。比如，当事人虽然不负有举证责任，但是对于其持有的证据拒绝披露，该证据甚至会影响案件走向的，若当事人拒不提供，则违反了程序性促进义务。

二是结合该义务是否必须及义务的大小。当事人违反的民事诉讼义务应当是民事诉讼程序中特定的义务，而且该义务必须以当事人知晓为前提，并结合该义务是否为必须，以及该义务的大小。违反了该义务对程序或事实有重要影响的，即属于较大的义务。比如，隐瞒对己不利的事实，显然该行为不具有违法性，但是在诉讼过程中，对于当事人是否死亡等该类涉及程序性信息或者债务有无清偿等涉及实体权利的信息，当事人有义务及时向法庭披露，这类事实会对诉讼产生实质性影响，违反了此类义务，显然具有违法性。

---

① 参见徐德臣：《民事诉讼程序性制裁机制研究》，西南政法大学 2015 年博士学位论文，123 页。

② 参见哈书菊：《民事诉讼的价值定位》，载《学术交流》2006 年第 9 期。

需要注意的是，在当事人违反诉讼义务的情形下，还要结合当事人的诉讼能力及主观过错进行考量。若当事人的诉讼能力较弱，其对于不履行该义务或违反该义务的后果不知晓的，即便其违反了该义务，亦不能据此而认定其行为构成扰乱诉讼秩序。

（三）扰乱诉讼秩序行为的后果更为严重

非典型扰乱诉讼秩序行为的后果更为严重，既包含实体性利益，又包含程序性利益，还包含公共利益，而且行为导向的后果并非单一的，可能是多个后果。需要注意的是，在非典型扰乱诉讼秩序中，存在行为具有危险性或履行了该行为后无论结果有无发生即可认定。

1. 侵害实体性利益

就目前的司法实践而言，大家显然更关注实体性利益。实体性利益，主要体现为相对方的财产性权利、人身权利等，相比而言，比较直观。对于当事人的行为侵害了其他人的实体性权利时，显然应当认定其行为存在损害后果。比如在技术性上诉中，一方对于判决结果的内容具有现实紧迫性，另一方拖延诉讼的行为对对方的生命健康等造成影响，显然该行为即具有侵害对方生命健康权的实体利益的后果。

2. 侵害程序性利益

程序性利益相对隐蔽，在诉讼活动中容易被忽视。程序性利益意味着当事人对时间、金钱、效率的节省，对尊严、平等和自由的维护。① 判断当事人的行为是否侵犯程序性利益，可以通过对当事人诉讼行为的诉讼效益价值来评价。虽然诉讼权利与诉讼效益是一对矛盾体，但是如果程序性利益受到侵害，有可能造成相对方的时间、金钱，甚至精神方面均受到损害。② 比如，在上述交通事故的案件中，代理人隐瞒的行为，使对方当事人因同一个案件重新进入诉讼，对其时间、精力等均存在实质性影响，具有侵害对方当事人的程序性利益的后果。

3. 侵害公共利益

由于民事诉讼法是程序法，程序法具有一定的公法属性，因此，非典型扰乱诉讼秩序行为表现的损害后果不仅表现为损害相对方的程序性利益，更为重要的是损害公共利益，即诉讼秩序的破坏及司法权威的失落

---

① 参见胡肖华、谢忠华：《诉讼程序中的正义维度思考》，载《南华大学学报》2010 年第 11 卷第 2 期。

② 参见张卫平：《双向审视：民事诉讼制度建构的实体和程序之维》，载《法制与社会发展》2021 年第 2 期。

等。[①] 诉讼秩序的破坏表现在诉讼程序错误、诉讼效率不高等，司法权威的失落主要表现为司法公信破坏，公共利益被侵害的特征明显。如上文中提到的虚假身份，身份错误意味着存在当事人错误的可能性，一旦形成文书，对司法公信和诉讼程序均有实质性影响，可见该行为具有侵害公共利益的后果。

需要说明的是，一般情形下，应当根据当事人是否具有扰乱诉讼秩序的主观恶意、诉讼行为的程序性违法、具有损害后果，以及行为与结果的因果关系四个方面作出认定，但存在例外情形。比如，上文中提到的技术性上诉，当事人的行为具有危险性，损害后果虽然尚未发生，但是也应当认定为非典型扰乱诉讼秩序的行为。又如，律师在网络上散播虚假案情误导舆论，扰乱了社会治安，违反了社会治安管理的相关规定，其行为已违反其他相关法律，当事人实施了该行为即可认定为非典型扰乱诉讼秩序的行为。

五、求解：非典型扰乱诉讼秩序行为的规制措施

非典型扰乱诉讼秩序行为在司法实践中一直客观存在，因此，对于非典型扰乱诉讼秩序行为的规制，除了对其行为定性作实质评价外，还应在源头预防、强化说理、完善机制等方面入手，以提升规制的准确性、必要性、有效性。

（一）强化诚信诉讼预警提示，避免不教而诛

非典型扰乱诉讼秩序行为具有一定的迷惑性，为确保诉讼活动的顺利进行，在诉讼活动开始前，应充分释明，释明包括当事人的诉讼权利及义务，以及妨碍诉讼秩序的后果等内容，并要求诉讼参与人签署诚信诉讼保证书，以此建立提前告知和预警制度；在诉讼活动中注意留意当事人的行为，对于当事人的行为应提高敏锐性，在当事人的行为不合理时，可再次释明或予以制止，经过法官释明或制止后，当事人依然坚持，则应对当事人的行为保持警惕，可综合分析考虑当事人的行为特征、行为后果等要素，一旦当事人的行为构成上述认定的要件时，应当及时记录在案，并对其予以规制。

---

① 王德新:《民事诉讼法律制裁初论》, 载《法学论坛》2011 年第 4 期。

（二）妥善运用法律解释方法，确保惩戒有据

法律适用的目的最终是实现正义这样的道德价值。[①] 民事诉讼法中的规定未囊括所有扰乱诉讼秩序的行为，法官可以依法履职，依托诚实信用原则，类推适用《民事诉讼法》中关于扰乱诉讼秩序的规定，对相应行为进行规制。

1. 运用目的解释方法追寻立法原意

诚信原则是实现民事诉讼价值功能的重要因素之一，不仅在《民事诉讼法》中有原则性条文体现，在民事诉讼中规定的扰乱诉讼秩序条款中也有相应的体现。[②] 显然，诚实信用原则在民事诉讼活动中尤为重要。因此，对于当事人扰乱诉讼秩序行为，可以依托诚信原则进行规制。比如，上述交通事故中，代理人隐瞒的行为显然是违反诚实信用原则的，在当事人隐瞒事实符合非典型扰乱诉讼秩序的认定标准时，此时，可依托通过《民事诉讼法》中规定的诚实信用原则进行规制，结合《民事诉讼法》第 118 条的规定对其进行处罚。

2. 运用类推解释方法举轻以明重

《民事诉讼法》中专章规定了扰乱诉讼秩序的行为，第 113 条规定扰乱法庭秩序的行为，第 114 条规定扰乱诉讼秩序的行为，第 115 条规定恶意诉讼的行为。显然上述条文针对行为特点不同，对不同的扰乱诉讼秩序行为予以列明。本文讨论的非典型扰乱诉讼秩序行为虽然无法与典型的扰乱诉讼秩序行为相对应，但是从上文中分析的主观故意、行为违法、损害后果等要件来看，非典型扰乱诉讼秩序的行为后果与典型行为存在同一性。因此，在不与法律原则、法律规定冲突的前提下，法官通过正确行使自由裁量权、合理解释法律规则、灵活采取司法措施等方式，将非典型扰乱诉讼秩序的行为类推适用到上述法律规定中，体现司法的公正性。比如，上文中提到的滥用回避权，其行为显然违反了法庭规则，显然可以解释到严重扰乱法庭秩序的行为中，即根据《民事诉讼法》第 13 条诚实信用原则及第 113 条扰乱法庭秩序的条款对其进行规制。

（三）构建多元司法惩戒体系，做到罚当其过

非典型扰乱诉讼秩序行为一定程度上导致了诉讼成本的增加，对于

---

① 参见于登辉：《民事诉讼目的之反思与司法保护说之倡导》，载《现代法学》2014 年第 12 期。

② 参见蔡泳曦：《论民事诉讼中的诚实信用原则》，西南政法大学 2009 年博士学位论文，第 78 页。

其行为的规制，首先，可要求其承担额外的诉讼成本；其次，根据当事人的行为轻重，准确适用惩戒措施；最后，及时通报职能部门，实现综合治理。

1. 承担额外诉讼成本

司法实践中，非典型扰乱诉讼秩序行为的发生，一般都会伴随着额外的经济损失，比如差旅费、律师费等其他合理开支。在对当事人释明时，可将如对对方造成经济损失，要求其一并赔偿的内容一并释明。因此，当事人不顾法官的释明，坚持作出扰乱诉讼秩序的行为，可在处理案件时考虑对方当事人的额外诉讼成本酌情要求该当事人补偿，以此形成制约。[①]如上文提到的滥用管辖权情形，由于管辖权异议是当事人的正当程序性权利，若当事人坚持无事实理由或法律依据提出管辖权，在保障当事人程序性权利的前提下，可告知当事人若管辖权异议被上诉驳回后，应承担对方当事人额外的诉讼成本，待案件进入实体审理时，应当将该部分额外的成本一并考虑，最终由该当事人承担。

2. 准确适用惩戒措施

《民事诉讼法》中规定的强制措施有训诫、罚款、拘留等。对强制措施的适用要进行区分并细化，一方面要考量强制措施能否达到威慑或震慑当事人的效果；另一方面要考量是否做到“过罚相当”，避免出现类案不同罚的现象。[②]

一是训诫的适用。训诫属于较轻的强制措施，一般适用于比较轻的扰乱行为。为避免训诫流于形式，对相关人员进行训诫，要对其行为进行具体记录，形成正式材料后记录在案。同时，有条件的可以设置专门的训诫场所，以此提高对当事人的威慑力。而对当事人训诫后，若此当事人以后再出现此类情况，此前的强制措施可作为是否应当加重对其的惩罚措施的依据。比如，在合法权利滥用的情形下，因当事人行使诉权本身具有合法性，因此不适宜对当事人采取过重的处罚，但若当事人的行为特别恶劣时，或者已对其有过训诫，可考虑将强制措施上升至罚款的措施。

二是罚款的适用。强制措施中适用较为普遍的是罚款，罚款金额应根据当事人行为的危害程度以及当事人主观过错程度，并结合案件的诉讼标的等予以综合确定。此金额不宜过高，但也不宜过低，一般不超过诉讼标

① 参见商建刚：《诚实信用原则在诉讼中的适用》，载《人民司法》2020 年第 11 期。

② 参见王猛：《民事诉讼程序滥用规制研究》，上海交通大学 2016 年博士学位论文，第 115 页。

的的 5%。比如，上文中提到的提供虚假身份、虚构管辖连接点等，此类行为相对比较恶劣，可对当事人的行为予以罚款，具体罚款的金额可根据当事人的行为及损害后果等予以综合考虑。

三是拘留的适用。拘留，一般适用比较严重的扰乱诉讼秩序行为，在其行为极其恶劣的情形下，通过训诫及罚款均不能达到效果，可对当事人进行拘留。比如，对于上文中提到的发布虚假案情误导舆论等行为，此类行为恶劣，可对其采取拘留措施，以增加威慑效果。

3. 及时通报职能部门

一方面，律师作为诉讼活动的一个重要群体，对于律师参与的诉讼符合扰乱诉讼秩序的，形成书面材料后，可抄送司法局，要求司法局对律师的行为进一步采取措施。例如，上文提到的交通事故案件，代理人的行为相对恶劣，可将该律师的行为记录在案后报送司法局，由司法局对其采取相应的制裁措施，以对其形成规制。另一方面，可以将采取强制措施当事人的相关材料抄送当事人所在单位或者社区，增加对其的威慑力，以此来规制该类行为的发生。行为恶劣的，比如误导舆论的，若违反了治安管理处罚相关规定，可将其行为记录在案后抄送公安机关，同步予以处理。

结　语

诉讼活动的过程是权利与秩序动态平衡的过程。在当下我国推进法治建设的进程中，要实现司法的公平与效率，离不开和谐有序诉讼秩序的构建。因此，在司法实践中，对于非典型扰乱诉讼秩序行为应当予以甄别，并对其进行规制，使混乱无序的诉讼秩序得以恢复成理性、有序的状态，最大限度地发挥司法的功能与价值。

耦合与解耦：审判质量评估与审判业绩考核的双向互动与层次化应用

——以S市法院新指标体系的衔接和适配为研究对象

胡静静 [*] 王月青 [**]

引 言

习近平总书记强调“要建立科学规范的干部考核评价体系，形成激励干部求真务实的有效机制”。[①]党的十九大报告提出“完善干部考核评价机制”，党的二十大报告进一步提出“完善干部考核评价体系，引导干部树立和践行正确政绩观，推动干部能上能下、能进能出，形成能者上、优者奖、庸者下、劣者汰的良好局面”。如何把审判质量评估与审判业绩考核贯通起来，有效调动法院干警积极性、提升审判工作公正和效率水平，不能仅靠教育、仅凭觉悟，必须要发挥好考核评价“指挥棒”“风向标”的作用。2023年6月20日，最高人民法院审议通过《人民法院审判质量管理指标体系》，7月1日开始在河北、辽宁、吉林等11个省（直辖市）进行试点工作。全国大法官研讨班进一步明确了“推进审判管理现代化，科学的考核评价体系是重要抓手”“要做实全员绩效考核，把评案与考人贯通起来”。[②]

审判质量评估与审判业绩考核何以贯通？在新旧指标体系衔接并向新指标体系过渡的过程中，如何实现“评案”和“考人”的衔接、适配和应用？这是实现审判管理现代化，以高质量干部考核推动审判工作现代化工作中面临的现实难题，值得研究探讨。

---

* 作者单位：上海市奉贤区人民法院。

** 作者单位：上海市奉贤区人民法院。

① 《力戒形式主义官僚主义，为决胜全面建成小康社会提供坚强作风保证——〈学习习近平关于力戒形式主义官僚主义重要论述选编〉》，载《人民日报》2020年6月3日，第6版。

②《努力以审判工作现代化服务保障中国式现代化——来自全国大法官研讨班开幕式上的声音》，载《人民法院报》2023年7月14日，第4版。

一、问题缘起：审判质量评估与审判业绩考核的关系

案件质量评估指标体系是指“根据综合评估的目的和要求，将有内在联系、并具代表性的审判管理指标，通过一定的方法建立起来的、能够反映人民法院审判执行工作总体情况的指标群组”。[①]案件质量评估指标体系是能够在一定程度上科学合理评价案件公正、效率、效果的“体检表”，也是法院审判管理工作的“风向标”。审判业绩考核主要是指对司法人员个体，包括德、能、勤、绩、廉等全面情况的考察。两项工作目标导向总体都是为了激励先进、鞭策落后，促进审判质效水平不断提升，但两者一个是“评案”，一个是“考人”，通常情况下具体负责部门也不同，案件质量评估相关工作一般由审判管理办公室负责，而司法人员的个人考评一般由法院政治部负责，有必要进一步厘清二者关系。

（一）问题的提出：讨论两者关系的必要

法官个人执法办案情况的构成影响部门及法院整体的办案成效，某一法院整体的办案情况也构成影响整个地区的案件质量评价。反而言之，案件质量评估指标所体现的是一定时间范围内高度去个人化的司法审判情况，而通过指标体系的相互关联，能够综合全面反映该范围内各个层级法院及司法人员集体的办案成效。虽然两者关系密切，却在工作中难以精准量化并靶向应用。以S市具体司法审判数据为例，区分不同法院、部门与个人予以说明。

示例一：S市P区法院共20个审判业务庭，2022年受理各类案件15.79万件，结案15.76万件，一审服判息诉率92.67%，法官人均结案353.24件，12个月以上长期未结案193件。

S市J区法院共9个审判业务庭，2022年受理各类案件6.36万件，结案6.36万件，一审服判息诉率95.75%，法官人均结案381.10件，12个月以上长期未结案52件。

S市F区法院共10个审判业务庭，2022年受理各类案件3.61万件，结案3.61万件，一审服判息诉率94.47%，法官人均结案372.7件，12个月以上长期未结案7件。[②]

示例二：S市F区法院内设10个审判业务庭，分别为立案庭、刑事

① 张军主编：《人民法院案件质量评估体系理解与适用》，人民法院出版社2011年版，第1页。

② 相关数据来自各法院2022度工作报告及S市法院审判执行质量效率评估数据。

庭、民事庭、商事庭、执行局、审监庭、执裁庭以及三个派出法庭。以其中刑事庭、商事庭和 A 派出法庭为例，选取三项指标统计见表 1。

表 1　S 市 F 区法院部门质效示例

部门	法官人数	法官人均结案数（件 / 人）	一审服判息诉率（%）	平均审理天数（天 / 件）
刑事庭	9	100.22	88.99	66.04
商事庭	16	244.12	82.98	88.22
A 派出法庭	7	278.57	93.31	61.71

示例三：在上述三个部门中，随机抽取三名法官，对其相关案件司法数据情况统计见表 2。

表 2　S 市 F 区法院法官办案质效示例

部门	人员	主审结案数（件）	工作量	二审改判发回率（%）	被追责案件数（件）	调解撤诉率（%）	庭审记录改革适用率（%）
刑事庭	甲	80	158.43	0	0	0	62.39
	乙	68	136.95	0	0	0	73.97
	丙	52	90.86	0	0	0	83.58
商事庭	丁	143	368.5	18.52	1	62.17	64.41
	戊	107	366.91	0	0	47.69	74.86
	己	112	254.21	5	0	53.38	55.40
A 人民法庭	庚	137	330.68	3.7	0	54.31	100.00
	辛	104	279.13	2.7	0	52.47	99.68
	壬	92	192.75	25	0	62.67	96.94

示例一中，尽管三家法院同属 S 市辖区级法院，但案件量、部门数、法官人均结案数等基础条件均存在差异，也可能存在专业化、特色化审判工作，案件类型和审判工作虽有很多共性，但也存在鲜明的特色和个性，例如，P 区和 J 区法院有行政及执行裁判庭，但 F 区法院则没有行政审判庭，仅有执行裁判庭。示例二中，刑事、商事和集中办理机动车案件的法庭，案件类型完全不同，在某些数据的具体呈现上会出现较大差异，如根据案件类型不同，刑事庭的法官人均结案数 100.22 件 / 人，商事庭则为 244.12 件 / 人，即使同一法院，不同业务条线之间也缺乏同一层面上的可比性。示例三中，即使同一部门的法官，也可能办理不同类型的案件，比如商事庭中可能存在传统商事、公司、知产等案件类型的划分；即使办理

同一类型的案件，根据难易程度的不同，折算工作量会与办案量也会不同。并且，单一某项指标可能考察的仅是审判工作中的一个侧面，这些不同的侧面会出现高低参差的轮转，就衡量一家法院、一个部门或一位法官而言，可能也会出现“横看成岭侧成峰”的局面。

从最高人民法院考察各地高院，各地高院考察本辖区内中、基层法院角度，或是各法院考察本院各部门及具体每一位司法人员，亦是在共性和差异性之间，寻找合理化可比性的过程。制定一套完美契合抑或放诸四海而皆准的指标体系不可能实现，只能制定相对符合司法运行规律和价值导向的指标，突出审判工作重点，提炼出具有共性的抽象化指标予以考察。基于此，案件质量评估指标体系作为蕴含审判运行规律和管理价值导向的要求，必然会体现出客观性和导向性，其合理设置是有测评和指引作用的。而进行审判质量评估的重要作用，就在于了解该被评估的主体审判质量的效率和效果究竟如何，恰如其分地奖优罚劣，才能正向引导审判质效不断向好。

（二）问题的展开：何以可能将两个体系一并讨论

1. 案件质量评估体系：客观性与外部性

最高人民法院 2008 年制定下发了《关于开展案件质量评估工作的指导意见（试行）》，开始试行全国法院案件质量评估体系，具体评估指标、指标权数、同度量化法和合成方法四个子体系组成。2011 年最高人民法院发布了《关于开展案件质量评估工作的指导意见》，共 31 项指标，是人民法院第一次全面、系统地对案件质效建立科学、规范、可量化的指标评价体系，对于人民法院审判管理工作发挥了重要作用。案件质量评估指标体系由 1 个一级指标、3 个二级指标、31 个三级指标构成，公正指标 11 个、效率指标 10 个、效果指标 10 个。

该案件质量评估体系具有如下特征：第一，从评估目标上看，案件质量评估制度的主要目标在于提高案件质量，具体是追求案件解决的公正、效率和效果。第二，这种评估制度主要以指标分析为评估标准，以数量分析为方法。第三，这种评估制度的评估对象范围较宽泛，既包括法院整体，也包括业务部门和法官个人。[①] 侧重于从外部对某一法院的工作质效进行整体评估，强调客观性，以数理逻辑作为支撑，体现事实判断。科学有效的审判质量管理指标体系，是各级法院提升审判质效、开展审判管

① 孙晓东：《中国司法评估制度完善研究》，载《广东社会科学》2018 年第 6 期。

理、优化审判资源的重要手段。

2. 审判绩效考评体系：主观性与内部性

1995 年实施的《法官法》确立了法官绩效考核制度，近年来《人民法院五年改革纲要》中也将审判绩效考核作为司法改革的目标之一。下表列举了《法官法》和《人民法院五年改革纲要》的具体规定，从中可以看出法官考评制度的框架结构（见表 3）。

表 3　我国法官绩效考核制度结构概要

相关规定	具体内容	规制方向
《法官法》	对法官的考核，应当客观公正，实行领导与群众相结合，平时考核与年度考核相结合	原则方式
	审判工作实绩、思想品德、审判业务与法学理论水平、工作态度和审判作风，重点考核审判工作实绩	考核内容
	考核结果作为对法官奖惩、培训、辞退以及调整等级和工资的依据	结果运用
《人民法院五年改革纲要》	强化合议庭和法官职责，建立审判长、独任审判员的审查、考核、选任制度	目的说明
《人民法院第二个五年改革纲要（2004—2008）》	改革法官考评制度，发挥法官考评委员会的作用，完善考评方法	指导方针
	根据法官职业特点和不同审判业务岗位的具体要求，科学设计考评项目，统一法官绩效考评的标准和程序	指标设计
	对法官考评结果进行合理利用	结果运用
《人民法院第三个五年改革纲要（2009—2013）》	建立健全以法官等人员绩效和分类管理为主要内容的岗位目标考核管理体系	目的重申
《最高人民法院关于全面深化人民法院改革的意见——人民法院第四个五年改革纲要（2014—2018）》	建立法官业绩评价体系和业绩档案	目的重申
	业绩档案应当以法官个人日常履职情况、办案数量、审判质量、司法技能、廉洁自律、外部评价等为主要内容	指标设计
	法官业绩评价应当作为法官任职、评先评优和晋职晋级的重要依据	结果利用
《最高人民法院关于深化人民法院司法体制综合配套改革的意见——人民法院第五个五年改革纲要（2019—2023）》	确保各类人员职能分工明晰、职业保障到位，构建中国特色社会主义法院人员分类管理和职业保障制度体系	目的重审

在法律政策和实践不断发展和相互作用下，我国的法官审判绩效考核制度逐步形成并不断完善并体现下列一般性特征：一是法官的考核主要

由其所在法院进行，属于内部考核，考核的主体一般包括：院党组、分管院领导、庭领导、政治部、监察室、审管办、研究室等机构。二是对法官考核的标准一般在“德、能、勤、绩、廉”等几个方面。三是中国法官考核制度的目的主要在于对法官的管理。法官考核的结果作为对法官奖惩、培训、免职、辞退以及调整等级和工资的依据。[①]对其考评主要以主观感受为特质，多以形式逻辑为支撑，作出价值判断，往往带有一定的主观色彩。

因此，案件质量评估与审判绩效考核两大体系都旨在激励先进、鞭策落后，促进审判质效综合提升，案件质量评估体系更多体现的是客观性与外部性的维度，审判绩效考评体则倾向于主观性与内部性的维度，法院在进行管理时体现的不同维度，二者在目标、作用及导向和内在要求方面总体上呈现趋势的高度一致性。

二、实践的探寻：审判质量评估体系的分别尝试与统一化发展

审判质量评估体系是法院审判绩效考核的“风向标”，具有基础性的作用。最高人民法院31项案件质量评估体系是人民法院第一次全面、系统地对案件质效建立科学、规范、可量化的指标评价体系，对于人民法院审判管理工作发挥了重要作用。但随着客观情况已经发生变化，部分指标项目已经无法适应人民群众对法院提高审判质量效率和司法公信力的期待和要求。因此各地为了适应评价要求的发展，形成各具特色的指标。而差异化和个性化的过多发展，会使各地法院之间进一步丧失可比性，对于特色指标是否权威和合理也会存在一定的疑虑，所以亟待建立具有科学性、权威性的统一案件质量评估体系。

（一）近年来各地特色审判质量评估指标的探索

2011年最高人民法院《关于开展案件质量评估工作的指导意见（试行）》明确相关质量评估工作指标体系包括二级指标三个，分别为公正指标（40%）、效率指标（30%）、效果指标（30%）；三级指标31个，其中公正指标11个、效率指标10个、效果指标10个。在指标项目方面，部分指标不再适应人民法院审判工作高质量发展的需要。

1. 个别指标不符合发展要求

（1）在数量考核维度，仅以人均结案数量作为唯一标准，对案件之间

① 孙晓东：《论我国法官考评制度的完善》，载《广东社会科学》2022年第5期。

的客观差异考虑不足，对不同专业、不同岗位法官的劳动付出缺乏客观公平的衡量办法，对当事人一方相同、案由相同的批量类型案件缺乏明确的折算规则。

（2）在效率考核维度，司法实践中，扣除审限、中止审理不规范现象尚未杜绝，导致法定（正常）审限内结案率指标值在一定程度上偏离真实水平，考核意义受到局限，需结合案件自然审理用时、扣除审限天数与次数等情况进行综合评价。

（3）在效果考核维度，大力开展“多元调解 + 速裁”和矛盾纠纷源头预防化解工作后，正式进入诉讼程序的案件纠纷系前端过滤后的疑难复杂案件，如果调解、撤诉率过高，一定程度上说明案件繁简分流效果不佳，不宜再对调解、撤诉率作出过高要求。

2. 各地具有特色的探索实践

近年来，为了适应不同情况，各地法院在实践基础上进行了各具特色的探索。在体现办案效率、办案质量、办案效果、存案清理、均衡结案、执行质效、结构调整、“数据掺水”现象负面评价、在线诉讼、司法公开、多元解纷等效能及综合性指标等方面进行了探索（见表 4）。

表 4　全国各地特色指标实践梳理①

特色指标类别	所属地区	具体指标
办案效率指标	北京高院	上诉案件移送周期
	河南高院	发回重审案件平均扣除审限天数、指令再审案件平均移转天数
	北京高院	平均扣除审限天数
	天津高院	审限扣除案 – 件比
	内蒙古高院	延扣审率
	吉林高院	超自然审限案 – 件占比
	福建高院	审限变更率
	四川高院	审限变更率
	北京高院	最后一次开庭至结案平均天数、对外委托鉴定评估天数
	安徽高院	30 天内一审结案占比、目标期限内结案比例
	注：较多法院都增设了小额诉讼程序适用率	
办案质量指标	北京高院	双向评查机制案件适用情况
	天津高院	案件质量、裁判文书、庭审质量评查结果

① 参考各地审判质量评估指标等相关材料。

续表

特色指标类别	所属地区	具体指标
办案效果指标	天津高院	判决不可执行案件数
	辽宁高院	判后答疑率
	浙江高院	律师评法官综合评分
	福建高院	案件风险发生指数
存案清理情况指标	上海高院	月均存案工作量
	北京高院	上一年度未结案件清理率
		两年至三年长期未结诉讼案件
		三年以上长期未结诉讼案件清理指标
	天津高院	一年半以上未结案件比
	内蒙古高院	清积率
均衡结案、良性运转指标	安徽高院	收结案波动指数
	福建高院	梯次结案目标指数
	河南高院	各月平均结案率
	四川高院	年底收案率
	陕西高院	收案偏离度
	北京高院	季度结收比、当年立案案件结案比例
执行质效指标	上海高院	执行标的清偿率
	北京高院	执行案件撤改发令率
		执行信访案件办理及时度
		执行案款收发平均用时
		首执案件人均结案数、案拍比
	浙江高院	执行案件制裁违法率
		执行行为异议成立率
		执行行为纠正率
		执行复议撤销、改正率
案件类型、结构调整指标	北京高院	类型案件占比
		破产案件审判效率
		知产法院个性化指标
		金融法院个性化指标
		互联网法院个性化指标
	河南高院	批量案件含金融案件综合质效
“数据掺水”现象负面评价	福建高院	撤诉案件恢复率
		重点诉源案件下降比

续表

特色指标类别	所属地区	具体指标
在线诉讼、司法公开、多元解纷等效能	北京高院	万人起诉率
		司法确认案件比
		程序性文书自动生成率
		裁判文书自动生成率
	上海高院、天津高院	裁判文书上网率
	内蒙古高院	诉服中心实质化解纠纷率
综合性指标	辽宁高院	初始案件质效指数
		中级法院定分止争指数
	河南高院	案件质量、效率一致性指标
		审判指导指标
	贵州高院	诉讼平台工作指标

（二）建立统一的人民法院审判质量管理指标体系

指标式评价是司法规律发展的刚需，脱离指标式评价谈公正审判、科学管理，就失去了依托载体。科学有效的审判质效管理指标体系，是各级法院提升审判质效、开展审判管理、优化审判资源的重要手段。而各地个性化指标虽然能够凸显符合本地区特色的管理重点，但是对于其科学性、权威性和可比性，往往会存在疑虑，统一的、具有引领意义的人民法院审判质量管理指标体系应运而生。

1. 新质量管理指标体系基本设置

最高人民法院研究建立了《人民法院审判质量管理指标体系》，2023年7月1日开始在有代表性的11个省（直辖市）进行试点。本次修订以2011年指标为基础蓝本，积极适应新形势新任务新要求，紧密结合各地司法审判工作实际，对审判质效指标进行补充、完善、优化、调整，考虑到各地人口、经济、案件体量等差异较大，力求找到能适用于全国法院的最大公约数。新修订的指标共设置29个，从指标类型看，质量指标12个、效率指标8个、效果指标9个；从指标性质看，评价指标11个、参考指标18个；从与2011年指标体系比较看，对其中14项指标进行了保留，其中5项完整保留和9项有优化；整合吸收了诉讼服务质效评估体系和执行考核指标体系的核心性指标5项；充分借鉴、吸收各高院的现行管理指标，新增设指标10项。其中，正向指标12项，负向指标10项，中性指标6项。

2. 新质量管理指标体系的变化

（1）区分指标性质对指标进行分类。2011年的31项指标未根据指标性质对指标进行区分，导致指标功能定位不清。新设置的指标体系，根据指标的特性，区分为评价指标和参考指标。评价指标是核心指标，通过对审判执行工作进行多维度评价，发挥“体检表”功能。参考指标是指围绕评价指标设置的辅助指标，用于补充和扩展运用评价指标时的观察视角，但不用于评价办案质效。在正向指标和负向指标的基础上增加了中性指标，对于二审改判发回重审比、申诉申请再审提指比等不追求越高越好，不搞排名，更不作为核心指标，可以与其他指标组合使用，如裁定再审率与申诉申请再审提指比组合运用，能够综合客观进行评价。

（2）设置合理区间、数据展示不同的使用方式。为防止某些法院不顾司法规律、唯数据论，在质效指标已经取得较好的成绩上，不断优化指标数值。新修订后的指标体系不对具体指标赋权打分。根据指标分类采用不同的使用方式：对于评价指标设定指标数值合理区间，劣于合理区间的，进行通报；达到或高于合理区间的，进行排列展示；参考指标仅对数值进行不排序的数据展示，所设定指标数值合理区间为参考使用，不作为是否通报的标准。新修订的指标体系由最高人民法院适用于全国各高院辖区，用作各省（自治区、直辖市）之间的横向宏观对比研究及审判运行态势分析。各高院在该指标体系基础上，结合辖区法院特点，可以适度增设个性指标、科学划定目标区间、合理配置权重系数，对各自辖区内中、基层法院进行评价。

三、体系的互动：审判质量评估与审判业绩考核的耦合与解耦

新指标体系延续旧指标体系体现质量、效率、效果三方面的视角，评价与参考指标相互配合，涵盖立审执三个阶段，充分考虑刑民行赔四类案件，整体更为协调，注重指标之间的配合和导向一致性，但是29项指标无法涵盖和解决所有审判业务问题。这也正是如前所述，实践中审判质量评估与审判业绩考核作为两大独立又具有密切关联的体系，呈现交融与互斥的关系，直接套用在所有层级的管理和考核，或者完全割裂都不可行，在实践中呈现一种耦合效应与解耦趋向。

（一）审判质量评估与审判业绩考核为独立体系

2012年，全国法院审判管理工作座谈会上确定的七项审判管理基本职能中，同时包含了审判绩效考核与案件质量评估，说明二者之间存在明

显区别。审判质量评估与审判业绩考核两大体系明确分属于两个不同体系，形象地说，案件质量评估的结果是“体检表”，而审判绩效考核结果是“成绩单”。[①]案件质量评估的目的在于发现各地法院审判执行工作中出现的新情况新问题，从而针对问题调整工作重心，而审判绩效考核则关注于相互比较，选择出审判执行工作实绩更加突出的法院和法官，是明显具有区别的、两个分别独立的体系。

（二）审判质量评估与审判业绩考核的耦合关系

最高人民法院在发布案件质量评估体系时专门强调，案件质量评估体系，在强调对案件质量评估功能的同时，必然直接涉及对个案承办法官的工作业绩评价。要充分发挥案件质量评估体系对审判绩效考核的指导作用，并把两者有机地结合起来，实现对案件管理和对人员管理的有机结合。从而通过指标的导向和激励机制，充分调动法官的积极性，增强法官的认同感和参与度，使质量评估逐步转化为广大法官追求公正效率、践行司法为民的内在动力。但必须注意的是，既不能直接用案件质量评估指标体系代替审判绩效考核指标体系，也不应撇开案件质量评估指标体系的要求就事论事，要把案件质量评估和审判绩效考核紧密配合，使二者相互促进。在应用方面，两个体系存在相互作用彼此联合的耦合效应，[②]需要形成沟通的媒介或者搭建实现连接的桥梁。

1. 扩展外延形成关联指标库

当前我们提及新指标体系，会想到最高人民法院出台的《人民法院审判质量管理指标体系》的 29 项指标，但实际上，如前表 5 所述，各地形成了很多富有成效的指标探索，在司法实践中也有很多司法审判数据，可以用于对审判执行工作的评价，涵盖审判业务的方方面面。如果将 29 项指标作为引领审判工作发展方向的核心指标，每一指标都可能会延伸出相关的“指标群”。扩展其相应的外延和关联指标，则会形成一个更为全面和庞大的“指标库”。

（1）以案件办理全周期为索引。以调解类指标为例，根据诉讼阶段，诉前可能涉及的指标为诉前调解成功分流率（质量指标、评价指标）、诉中为调解率（效果指标、参考值指标）、诉后为调解案件申请执行率（司

---

① 张曦：《审判绩效考核的困境、缘由与脱困路径》，载《上海交通大学学报（哲学社会科学版）》2019 年 12 月第 27 卷。

② “耦合”是指物理学上两个或两个以上的体系或两种运动形式间通过相互作用而彼此影响以至联合起来的现象。

法审判数据)。诉前调解成功分流率为诉前调解成功案件，其成效在于减少一审民事新收案件数，因此对结收比等指标可能会产生影响；调解率可能涉及的关联指标包括调撤率（司法审判数据）和撤诉率（效果指标、参考指标)；调解案件申请执行率又可归属于民事裁判申请执行率的一个子指标，是民事裁判中单独把调解案件申请执行情况分别考量（见图 1)。

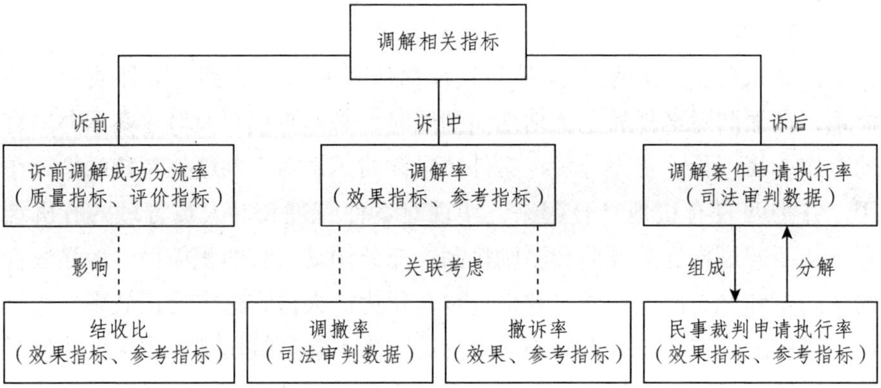

图 1　调解相关指标情况示意

（2）以相互制约关系为索引。为了防止单向性指标的人为操作进行“数据注水”导致指标失实，设置指标时，在考虑相互配合、防止矛盾导向的基础上，还要设置制约指标，从不同维度同时评估，方能得到较为客观真实的情况。以效率指标为例，审限内结案率（正向指标、评价指标)、审限变更率（负向指标、评价指标）和平均结案时间（负向指标、评价指标）就存在一定的关联性和制约关系。同时以该三项指标为核心，可以再次进行分解（以民事案件为例)(见表 5)。

表 5　效率相关指标关联与制约关系分解表

核心指标	审限内结案率（正向）	审限变更率（负向）	平均结案时间（负向）
关联司法审判数据	小额程序适用率； 简易程序适用率； 普通程序（独任制）适用率； 普通程序（合议制）适用率； 法定事由类案件适用情况（公告、审计、鉴定、评估等）	小额转简易程序变更率； 小额转普通程序变更率； 简易转普通程序变更率； 延长审限未结率	小额诉讼案件审理时长； 简易程序案件审理时长； 普通程序案件审理时长； 含法定事由类案件审理时长（公告、审计、鉴定、评估等）

（3）以法律规范要求为索引。司法实践中也有很多情况是法律已有明确规定，但在操作过程中出现种种不规范情况，应该加以规范。例如，

《民事诉讼法》第151条第2款规定："当庭宣判的，应当在十日内发送判决书；定期宣判的，宣判后立即发给判决书。"民事判决书的送达时间可能影响案件生效、当事人上诉等，如果遗漏、超时送达，会损害当事人诉讼权利，影响法院的司法公信力，对于严重超出相关时限的送达情况予以监管和提示，可以根据实际情况将其作为指标库的组成部分。

2. 对指标库指标进行靶向分层

如前所述，最高人民法院29项质量评估体系是一个整体质量评估体系，很多指标甚至不宜适用于某一具体法院，遑论到部门、到人员的评估。该指标体系更多的是全国各法院导向指引，各法院如果需要应用，则需要在关联指标库中进行层次化、针对性的设计，才能更具有实用性和有效性。例如，核心指标A，具有关联指标A1、A2、A3以及a1、a2、a3等指标，可根据其适用的层次进行划分。最高人民法院对高院、高院对中院、高中院对基层院、各法院内设机构、司法人员个人更应在核心指标导向指导下，对指标进行具体划分。每家法院的实际情况各有不同，有的办案效率高，但整体质量不足，有些总体效率较好，个别情况较差。在同一层面上考核的导向和要求需一致，但是结合内部管理的考核则可以通过层次的划分更具特色，并以符合实际需求的指标作为业绩考核的量化参考。

3. 引入排名折算分值计算进行综合考核

即便对指标进行分层处理后，该系列指标确实符合该层次应用需求和具体实际需要，但是单一指标所能反映的只是审判运行中的某一方面，很难反映法院、部门或者个人办案整体全貌。如需要综合反映办案业绩，则必须通过一系列综合指标体现。审判质量评估和审判业绩考核的共通部分，都有规范和竞争的引导作用。上海法院对基层法院的考核创新性地引入排名折算分值计算法，按照排名降一位减一分的方式汇总各条线得分，再根据排名分值折算权重，排名越靠前得分越高。法院考核总分=审判质效综合评估得分+条线工作考核得分+队伍建设情况考核得分+高院重点工作考核得分+创新工作考核得分。单项得分折算公式如下：

$$\text{折算公式}=\text{权重分值}\times 60\%+(\text{法院总数}-\text{名次}+1)\times\frac{\text{权重分值}\times 40\%}{\text{法院总数}}$$

通过指标分解赋予权重值和加入排名系数的方式，兼顾了综合性和竞争性的要求。S市F区法院在设置法院人员考核时，也尝试运用排名系数和综合系数的方法进行考核。选取适宜考察到个人的数个指标赋予不同权重，在部门内进行排名并计算排名系数。排名系数 = 倒序赋分值 / 部门法官总人数（例如，部门有法官 10 人，排名为 1~10，第 1 名排名系数为 10/10，第 2 名排名系数为 9/10……第 10 名排名系数为 1/10）。排名则可以采用排名公式 rank=（数值，引用，排位方式）计算。通过 excel 设置公式后，只需填写需要期间内的指标值，即可得到各位法官综合业绩情况，并以此作为考核依据。部门考核的配置则可根据实际需求，结合条线要求设置介于法院和个人之间的考核体系，对于法院内部缺乏可比性的指标，可根据条线考核排名设置系数（见表 6）。如后续可通过系统自动分层推送相关实时数据，形成精准的个人业务画像，部门质效概况和法院审判质效预警，无异于在两条腿走路的同时增加了一双数字化翅膀，大大提升了管理现代化水平。

表 6　S 市 F 区法院法官综合指标测算（部分）

部门	人员	A 指标（30%）			B 指标（20%）			合计指标得分
		A 指标	部门排名	结案数权重赋值	B 指标	部门排名	工作量权重赋值	
刑事庭	××	19	9	3.33	56.64	9	2.22	5.56
	××	52	8	6.67	90.86	8	4.44	11.11
	××	69	3	23.33	155.21	3	15.56	38.89
	××	61	7	10.00	125.03	6	8.89	18.89
	××	62	6	13.33	108.99	7	6.67	20.00
	××	72	2	26.67	193.41	1	20.00	46.67
	××	64	5	16.67	134.74	5	11.11	27.78
	××	80	1	30.00	158.43	2	17.78	47.78
	××	68	4	20.00	136.95	4	13.33	33.33
商事庭	××	93	16	1.88	256.42	8	11.25	13.13
	××	107	7	18.75	263.24	7	12.50	31.25
	××	100	13	7.50	212.45	14	3.75	11.25
	××	101	12	9.38	235.42	11	7.50	16.88
	××	108	6	20.63	229.16	12	6.25	26.88
	××	97	15	3.75	202.23	15	2.50	6.25
	××	109	5	22.50	202.23	15	2.50	25.00
	×	104	9	15.00	228.47	13	5.00	20.00

续表

部门	人员	A 指标（30%）			B 指标（20%）			合计指标得分
		A 指标	部门排名	结案数权重赋值	B 指标	部门排名	工作量权重赋值	
商事庭	××	98	14	5.63	412.13	1	20.00	25.63
	××	104	9	15.00	316.9	4	16.25	31.25
	××	102	11	11.25	293	5	15.00	26.25
	××	107	7	18.75	366.91	3	17.50	36.25
	××	143	1	30.00	368.5	2	18.75	48.75
	××	112	4	24.38	254.21	9	10.00	34.38
	××	115	2	28.13	285.73	6	13.75	41.88
	××	114	3	26.25	236.95	10	8.75	35.00
A 法庭	××	76	7	4.29	198.3	6	5.71	10.00
	××	123	2	25.71	310.64	2	17.14	42.86
	××	79	6	8.57	213.54	5	8.57	17.14
	×	137	1	30.00	330.68	1	20.00	50.00
	××	92	5	12.86	192.75	7	2.86	15.71
	××	102	4	17.14	281.76	3	14.29	31.43
	××	104	3	21.43	279.13	4	11.43	32.86

（三）审判质量评估与审判业绩考核的解耦趋向

审判质量评估与审判绩效考核两大体系存在显著的耦合关系，这种关系应当加以利用，但同时还要注意，因毕竟分别为“评案”和“考人”的不同体系，应当区分应用方式。

1. 避免应用目标混同

把案件质量评估工作片面地等同于审判绩效考核工作，从而导致了案件质量评估工作的目标错位以及由此带来的运行、运用等一系列变形。具体体现在粗放化管理模式下，对于部分指标数据盲目攀高，片面考评导致过分关注效率指标而忽略了案件质量，从众效仿导致部分指标数据失真、异化，甚至违背审判规律。过于追求快速审理可能会影响案件质量，实践中出现通过批量案件的大量受理提高结案数、压缩时间指数进行“数据美容”的现象。

2. 避免应用方式单一

案件质量评估指标更强调客观性、事实判断，而对办案质量的评估涉及法官的专业能力、判决的合理性和公正性等方面，同时也要考虑案件的难易程度，多以主观感受为特质，难以通过简单的数据指标来衡量。审判业绩考核则主观性较强，对于法官能力、办案质量的考核，很难直接以单一数据进行衡量。并且，社会公众和第三方组织鲜有参与，在此基础上开展的案件质量评估工作难以摆脱“自说自话”的嫌疑，评估结论往往也难以取得广泛的社会认同。

3. 互动应用的层次差异

案件质量评估指标或各地特色的指标，具有一定的层次性，有的指标只有放在一个相对宏大的视角下才有意义。有的指标则可适用于中观乃至微观的评估。而审判绩效考核则范围和层次相对明确。此外，有些案件质量评估指标之间存在此消彼长的情况，在考核中选择何种指标作为参考也存有疑惑。

四、应用与优化：审判质量评估与审判业绩考核的层次化应用

根据 2023 年 7 月 13 日全国大法官研讨班关于共同推进审判工作现代化的相关要求，明确科学的考核评价体系是重要抓手，要建立科学的、符合司法规律的审判质量管理指标体系，要求要做实全员绩效考核，把评案与考人贯通起来。充分利用好两大体系的耦合关系，充分解析两大系统的独立价值，才能够实现审判质量评估与审判业绩考核体系的良性互动和效用最大化。

（一）夯实案件数据的像素化处理基础

在信息化潮流之下，全流程网上办案已经成为大势所趋，无论对于案件审判指标还是审判绩效，所赖以评价的基础来自系统，以全方位、多维度的数据信息进行描摹，而呈现其形象。而对于案件的数据化，也如同图片的像素一样，缺乏体系化视角和架构的点，很难识别该图像所要表达或展示的内容，更缺乏与其他画作进行对比的基础。但如果已经具体到每一个色块，具体到像素，那么画作可以精准与其他画作进行比较，其本身展示的内容，与其他图片的相同点、差异性均可一目了然。案件数据信息也与此相类似，如果数据标注颗粒度过粗，仅仅勾勒出作为一个案件的最基本特征，无法从细节上进行类案比对。

而司法审判中恰恰需要的是具有精度的高度相似性和细枝末节、微小差异的区分，客观反映案件之间的异同。从零星数点或者粗线条的匹配，到精确像素化的匹配，是案件信息数据化的必然要求，也是实现数据分析可能性的基础，让案件质量评估和审判绩效考核更加科学、全面、精准。

通过对区域司法大数据资源进行汇聚、清洗、加工、应用和增值等管理，加强数据共享交换，推动各级法院数据资源共享和有效利用，并进一步提高从数据到知识的自动生成能力，为业务应用提供精准知识服务。甚至还可以统一集成管理人工智能通用能力资源，实现能力动态扩容、应用按需赋能、资源调度可视。在技术深化的基础上，深入挖掘司法大数据规律，为构建科学的司法质效评估体系和司法人员能力成长体系打好基础。

（二）搭建考核评估评价的层次框架

1. 充分体现案件质量评估的三重维度

案件质量评估宏观上综合反映审判态势，应当具有客观性和不可篡改性；中观上审判管理的规范性目标和竞争性目标，应当具有主观能动性和提升性；微观上及时反映有效的引导和落实，应当具有成长性和激励性。

在方法上要统筹各级法院以及院党组、审委会、院庭长、审管办、法官等各类管理主体；统筹立审执各个阶段和一审、二审、再审各个诉讼层级；统筹流程管理、态势分析、绩效考评、质量评查等措施，实现质效指标多层级管理和审判运行态势全过程管理，让审判管理动态化、可视化、精准化。

2. 全面涵盖案件生命周期的三个阶段

树立“大审管”理念，将前端的矛盾纠纷源头预防化解与后端的社会治理一并纳入管理视野，从个案管理向系统管理转变。建立前端矛盾纠纷源头预防化解、中间案源治理、后端社会治理的“三纵”体系，形成差异化管理视角。将前端多元解纷工作做优做实，把中端审判执行工作做精做细，后端社会治理做稳做固，促使大量矛盾消化在萌芽状态，多数纠纷通过非诉方式及时就地解决，案件繁简分流、轻重分离、快慢分道，以有效司法公开助推司法质效和司法公信力明显提升，做好矛盾纠纷系统性治理。

3. 科学反映司法办案核心的三项要素

审判执行工作总是紧紧围绕案件、人员和人案关系进行，这也是核心的三个要素。一是强化对于案件的质量评价，避免片面考评导致过分关注效率指标而忽略了案件质量，从众效仿导致部分指标数据失真、异化，甚至违背审判规律。二是关注司法人员分类评价，根据法官及审判辅助人员岗位职责不同，对法官、法官助理、书记员及司法行政人员进行分类考核管理，确定独立考核标准内容，确保考核结果与工作职责、工作实绩相对应。分级化调整，赋予内部管理空间。审判团队可根据具体案件办理实际，调整对应贡献度比；赋予审执部门主要负责人同序列人员业绩调整可能。三是关注人案关系的动态合理评价，体现员额法官的工作数量、质量，反映各部门业务难度、工作强度和人力需求；同时可对审判工作薄弱环节发出预警，对有限的司法资源进行及时有效的优化和调整，实现科学定岗定编、匹配人员。

（三）综合做好系统互动与应用

1. 强化系统集成，将案件质量指标体系与审判绩效评估工作适应性融合

目标责任制考核是一项系统性工程，考核指标体系由各考核成员单位一个个具体的指标共同组成，各项指标之间并不是完全孤立的，而是存在相互制约、相互补充、相互监督的关系。坚持一体统筹、全盘调度，注意指标之间的正逆、互补等逻辑关系，实现整个指标体系内部的良性互动与制衡，牵动内部与外部、上级法院与下级法院、党建与审判执行业务、案件管理与人事管理、立案与审判与执行、前端与后端、矛盾纠纷源头预防化解与多元调解 + 速裁等各项工作的联动和统筹。

2. 坚持减负增效，构建考核指标和评估指标并行的审判质效指标体系

在指标分类上采用“考核性指标”+“评估性指标”的分类方法，精简优化考核指标项目，合理设置评估指标项目，切实为基层减负，以点带面引领审判执行工作。其中，考核性指标为刚性指标，有明确的分值和赋分方式，与目标责任制考核直接挂钩；评估性指标具有日常管理的体检特性，无须设置分值和赋分方式，仅对指标无正当理由极度异常，或对全市法院整体工作造成不利影响，或经过督办后在合理期限内仍未明显改善等情形扣分。通过两类指标的合理定位和区分，将管理导向由硬性控制向弹性控制转变，并实现激励监督机制与自我调控机制的融合，进一步发挥审判管理规范、保障、促进和服务审判工作的职能。进一步限制容易人为异化或者数据失真的指标的使用，确保指标数据做到客观真实。例如，为了拉高“二审开庭率”进行“数据注水”，故该指标不宜用于评价而只能作为参考。科学的评估不搞恶性竞争、不强人所难、不引发盲目攀比，让一线法官真正将精力专注于执法办案，而不是疲于优化数据。

3. 优化分类考核，推动审判工作共性和个性特点协调发展

采用“共性指标”+“个性指标”相结合的方式明确审判质效考核内容指标，共性指标基于共同的审判规律和司法价值设置，体现普遍性要求，增强评价结果的可比性，实现同比看进步、横比找差距；个性指标按照不同类型案件、不同层级、不同案件体量的法院作出区别安排，体现差异化要求，既考特色强项，又考短板弱项，防止“上下一般粗”“左右一个样”。不同类型案件方面，按照前端与后端案件、审判与执行案件、批量

与非批量案件分别设置考核指标或者计分规则。不同层级法院方面，根据四级法院审级职能定位改革的要求，对基层法院、中级法院和高级法院各部门分别设置个性化考核项目，引导三级法院有效发挥审级职能作用，并针对知产、金融、互联网等专门法院个性化特点，设置符合其审判实际和案件特点的重点类型案件质效指标，对规则创设、案件培育等情况个性化赋分。不同案件体量法院方面，根据各法院案件体量和案件类型特点，区别设置符合各法院实际的考核目标和计分标准，平衡各法院完成工作任务的难易程度，增强考核的公平性和导向性。

4. 建立科学考核，形成符合实际、有效管用的审判绩效考核指标

指标在分值设置上突出目标导向和问题导向，根据案件质量评估指标，形成相对应的层次化审判绩效考核指标。对审限指标、旧存和长期未结案件清理、案件评查等重点指标赋予更大分值，并对考核标准、考核方式进行严格把关，引导劲往一处使，集中力量提升案件办理“三个效果”。指标在评分标准上体现区分度，采用“合理区间”+“效果分值”的结合方法，引导法官“跳起来摘桃子”。只要完成基础工作，工作成效未影响法院整体工作大局，可得到基础分值；合理选择竞争排名赋分与合理区间赋分，以及定性赋分与定量赋分等评价方法相结合的方式，具体设置效果分值，对于难以设置达标值、合理区间，或者考核导向需求、激励需求较强的指标，在各法院中进行竞争排名，促进形成浓厚争先氛围；对于最高人民法院有明确目标要求的指标，可以在保障基础分值的基础上，结合各法院情况设置分档达标值；对于其他考核指标，可采取合理区间的赋分方法，即根据工作规律及历史值，合理确定指标区间及计分方法。同时，尽可能回避统计专业性过强的评价计算方式（如功效系数、方差、标准差等），增强考核操作性和接受度。

结　语

案件质量评估体系作用的发挥要靠法官审判绩效考核体系的实施，同时法官审判绩效考核中对于审判业绩的判断标准也来自案件质量评估体系。两个体系各自独立又密切关联。做好新的案件质量指标体系试点工作，构建科学的考核评价体系，将法官审判绩效考核体系的实施与案件质量评估体系有机结合，切实发挥评估的导向作用，不能将案件质量评估变成“狼牙棒”或“稻草人”，要将评案和考人贯通起来，向全员考核要质效，以审判管理现代化服务保障审判执行工作的现代化。

从失范到纾解：法益重释视域下网络数据犯罪的规制路径研究[①]

——以近三年相关判决为研究样本

白旭春[*] 段明苒[**]

引 言

伴随着互联网技术的迭代式发展，数据在网络空间快速流转，以大数据、“互联网 +”为首的数字经济成为驱动发展改革的新引擎，数据作为信息化领域和数字化经济发展的关键性生产要素，其价值得到从“量”到“质”的根本性释放，但同时，在高额数字经济利益的驱使下数据风险不断攀升，数据垄断主体不惜触碰法律底线抑或游走于犯罪边缘，现实中由网络数据获取、利用、泄露、买卖产生的数据犯罪案件只增不减，如“流量劫持案”[②]“爬虫入刑案”[③]“撞库打码案”[④]等犯罪案件相继发生，非法获取、使用、泄露、买卖等网络数据犯罪的出现为数据法律秩序和数字社会治理带来难题和挑战，此外，刑事法规范的不足一定程度上弱化了数字经济运行态势下的网络数据犯罪治理力度，造成网络数据的极致利用与传统规制范式发展不均衡之间的矛盾。目前，随着《数据安全法》的落地施行，数据作为数字社会基础的战略性资源，成为发展新动力的同时也衍生出许多问题，数据安全已然上升至国家安全的战略高度，[⑤]网络数据犯罪的

* 作者单位：河南省三门峡市中级人民法院。

** 作者单位：河南省三门峡市中级人民法院。

① 文章以《刑法》第 285 条第 2 款非法获取计算机信息系统数据罪为研究的逻辑原点，网络数据犯罪在实务中呈现外延泛化且现有刑事法规范与数字技术发展治理需求的不平衡以及网络数据犯罪类型与传统犯罪交织等困惑，因而提出在网络数据安全法益保护导向下，重释网络数据相关罪名的修正和设定，附随罪量的补足以及关联罪名的界分的网络数据犯罪行为的规制进路。

② 参见上海市浦东区人民法院（2015）浦刑初第 1460 号刑事判决书。

③ 参见北京市海淀区人民法院（2017）京 0108 刑初 2384 号刑事判决书。

④ 参见浙江省杭州市余杭区人民法院（2017）浙 0110 刑初 664 号刑事判决书。

⑤ 参见韩婧颖：《数据犯罪的司法困境及治理进路》，载《上海法学研究》2022 年第 17 卷。

规制成为数字时代背景下刑事治理亟须关注的重要议题。

一、现实图景：网络数据犯罪风险的透视

信息网络技术的迭代发展无限拉近数据与经济发展的距离，数据渗透至生产生活的方方面面，数据运用随着网络空间的扩张而在横向和纵向上得以延伸，使数据的价值属性得以凸显，数据带来无限价值的同时成为利益侵害的标靶，当前传统犯罪类型裹挟着互联网外衣不断异变，加之新型信息网络犯罪的蔓延滋生，从而加剧了数据安全风险，规制网络数据犯罪成为必要之举，然而网络数据犯罪的多重转变，增加了对传统法律规制的冲击，规范的演变无法及时跟进，加之网络数据犯罪的司法适用陷入误区，规制网络数据犯罪的现实难题逐渐凸显，网络数据刑事治理效果不佳。[①]

（一）风险诱因：网络数据犯罪的时代嬗变

互联网、大数据、云技术、人工智能等新型技术的飞速发展让网络从虚拟走向现实，将网络数据处理的经济价值与现实利益紧密联结，实现从信息媒介到生活平台的跨越，在数据的交互与利用中，释放出极大的能量价值，现实的犯罪形态也逐渐延伸辐射至网络空间，又从虚拟空间走向数据权利主体身边。随着数据背后的经济利益的凸显，在无序和风险发展趋势下，利用数据侵害法益的犯罪行为层出不穷，相对应的犯罪模式从计算机犯罪转向与传统犯罪相交织的犯罪发展方向，逐步发展到侵犯财产、人身类等犯罪领域，引发各种新型法益侵害，网络数据犯罪成为数字化时代的新型犯罪，形成以计算机网络为起点，数据为侵害对象，造成数据安全风险，妨害个体安全、经济秩序以及国家安全和秩序的独立犯罪类别。

网络信息技术的迭代与数据赋能的升级引发网络数据犯罪由零星化、个体化特点转向复杂化、多元化。其一，网络数据犯罪类型更加多元化。数据的价值随着数据应用和需求的多样得到释放，数据成为重要的经济资源，因本身的易攻击性、抽象性与无形性的特性，在以网络为工具的犯罪出现井喷式增长的现实境况下，作为在流通共享的虚拟网络中的数据，随着犯罪手段的加速升级换代，其面临的安全风险更加严峻，危害数据安全的犯罪类型也会愈加复杂多样。其二，网络数据犯罪的法益侵害复杂化。

① 参见刘双阳：《数据法益的类型化及其刑法保护体系建构》，载《中国刑事法杂志》2022年第6期。

伴随对数据动态使用、流转的频率加剧，侵犯数据行为呈现犯罪所表征的传统法益与新型法益交织共存的状态，一些法益包含刑法所涵盖的财产法益、个人信息法益等，一些不为刑法所涵盖的数据安全法益愈发凸显，同时也存在同一行为产生的多种法益的交叉重合情形。其三，网络数据犯罪危害后果多重性。网络数据犯罪的滋生和蔓延不仅对个人隐私造成困扰，还会对社会秩序、公共秩序甚至国家安全等造成威胁，所造成的隐患和后果随着数据价值的挖掘与应用的深入而呈现复杂性、无尺度的趋势，给予传统刑法以巨大冲击。

（二）风险基础：网络数据犯罪的范式演进

信息技术的高速发展促使网络数据犯罪行为、主体及结果发生变化，面临不断更新变换的网络数据犯罪形态，当前我国刑事立法和司法都作出了积极回应，着力围绕计算机犯罪不断完善展开立法，以计算机信息系统犯罪规制和治理回应网络数据犯罪的异变。

从纵向发展线条来看，在不同网络代际发展驱导下，刑事法对数据的保护经历了三个阶段的动态的建立健全的发展历程（见图 1），网络数据犯罪的刑法规制呈现出其所处时代特有的发展性和局限性。在计算机技术发展的初期，表现出保护计算机系统数据和计算机管理秩序的治理思路，可以概括为“针对危害计算机信息交流安全的行为”和“针对利用计算机技术的危害行为”两大类型。[①] 该规制将数据界定在计算机信息系统运行中的数据资料，处于数据保护的雏形规范阶段，规制的范围具有封闭性、狭隘性。在信息网络交互时代背景下，《刑法修正案（七）》的修改丰富了网络信息的规范，从源头规制侵犯公民个人信息违法行为，并为后期关联犯罪套上法律枷锁，从罪名设置上规制对计算机信息系统的前期控制行为，力争从源头阻却网络数据犯罪的滋生和蔓延，显示出网络数据刑事法规范的发展与更新，规制的角度和力度趋向信息系统数据保护的延展趋势，但表现出重信息系统、弱数据保护的理念，无法跟进大数据时代的网络数据安全保护需求。

在数字化时代背景下，网络数据成为核心生产要素，数据保护的规范供给呈现多元交叉保护的趋势。《最高人民法院、最高人民检察院关于办理危害计算机信息系统安全刑事案件应用法律若干问题的解释》《最高人民法院、最高人民检察院关于办理利用信息网络实施诽谤等刑事案件适用法

① 参见赵廷光、皮勇：《论我国刑法中的计算机犯罪》，载《现代法学》1999 年第 4 期。

律若干问题的解释》等相关司法解释的内容进一步细化适用数据保护的边界，重点界定了刑事责任和量刑标准以及疑难问题，确立了网络空间保护的独立地位，《刑法修正案（九）》修正了网络犯罪和相关联的犯罪，促使信息网络数据安全的保护力度得以提升，但同时网络数据具备超越信息网络的技术优势和代际基础，亟待正式、独立、专门予以保护。[①]

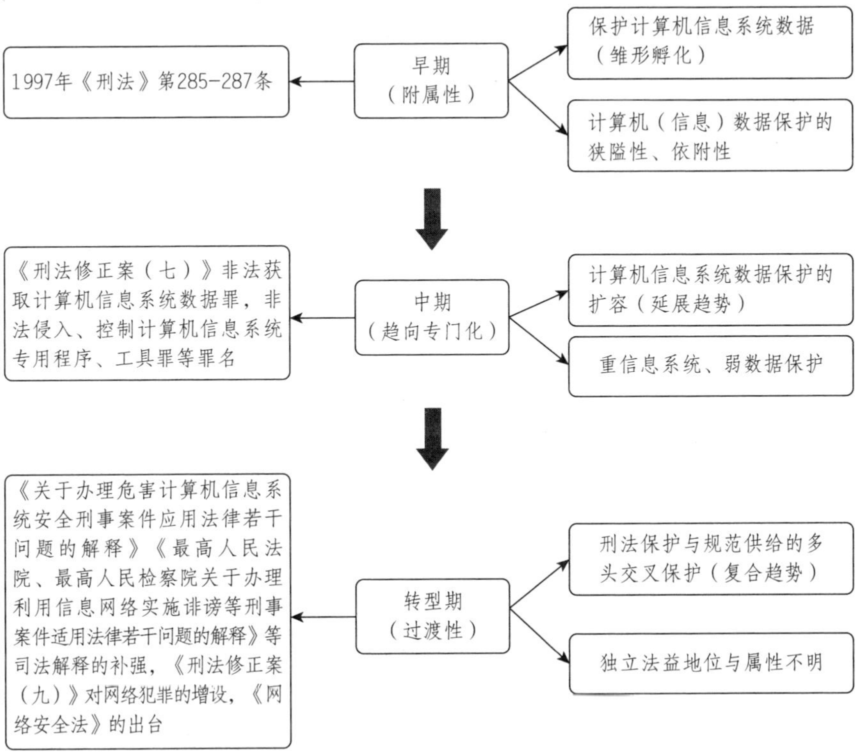

图 1　网络数据犯罪规制的三阶段

从横向发展线条来讲，网络数据的罪名规制经历了多次补充修正，根据数据所承载的性质可以进行技术属性和社会属性两个层面的划分（见下表）。就数据的技术属性角度，1997 年《刑法》设立计算机信息系统相关罪名，但因适用范围较窄，无法全面评价计算机信息系统安全领域的犯罪。2009 年《刑法修正案（七）》在适用范围上，一定程度上扩大了对非法侵入计算机信息系统犯罪的规制范围，对除关键领域以外的计算机信息

① 参见孙道萃：《大数据法益刑法保护的检视与展望》，载《中南大学学报（社会科学版）》2017 年第 1 期。

系统的犯罪进行打击；在涉网络数据犯罪罪名方面，体现对计算机信息系统内处理或者传输数据行为的规制。2015 年《刑法修正案（九）》增加了单位犯罪的规定。《刑法》对计算机系统罪名历次梯度式的调适，侧重对计算机技术行为的打击，具有密集法网的兜底性功能以及立法前瞻性特征。[①]

从数据的社会属性角度来看，即数据所承载的信息内容，侵害行为所造成的社会危害性一定程度上取决于数据所承载信息的性质，其会影响侵害数据安全行为的定性，根据内容的不同属性，会涉及个人隐私、商业秘密、国家秘密等权益，会关联侵犯公民个人信息、商业秘密、国家秘密、军事秘密等相关罪名。综上，刑事法范式体系主要就网络数据犯罪所依托的计算机平台及其所承载的信息属性实现对网络数据犯罪的规范和治理，建立对数据安全科学周延的刑法保护。

网络数据犯罪主要规范条文表

属性	法条	罪名
技术属性	《刑法》第 285 条	非法获取计算机信息系统数据、非法控制计算机信息系统罪
	《刑法》第 286 条	破坏计算机信息系统罪
社会属性	《刑法》第 111 条	为境外窃取、刺探、收买、非法提供国家秘密、情报罪
	《刑法》第 177 条之一	窃取、收买、非法提供信用卡信息罪
	《刑法》第 219 条	侵犯商业秘密罪
	《刑法》第 219 条之一	为境外窃取、刺探、收买、非法提供商业秘密罪
	《刑法》第 253 条之一	侵犯公民个人信息罪
	《刑法》第 282 条	非法获取国家秘密罪
	《刑法》第 398 条	故意泄露国家秘密罪、过失泄露国家秘密罪
	《刑法》第 431 条	非法获取军事秘密罪、为境外窃取、刺探、收买、非法提供军事秘密罪
	《刑法》第 432 条	故意泄露军事秘密罪、过失泄露军事秘密罪

（三）风险直视：网络数据犯罪的司法适用样态

在网络信息化数据高速流通的背景下，司法实务中对不同数据种类的网络数据犯罪认定涉及罪名繁杂、认定复杂、新型犯罪类型多样等问题。笔者在中国裁判文书网上以“刑事案由”“数据”等为关键词进行搜索，对近三年涉及网络数据犯罪的一审裁判文书进行筛选，全面了解我国网络数据犯罪的真实态势，在对所收集的数据犯罪刑事判决书进行系统梳理后，

① 参见李晓明：《论人工智能刑法规制中的技术规范》，载《东方法学》2021 年第 2 期。

对主要罪名进行总结归纳，从中筛选出1657件相关有效的刑事裁判文书，其中非法获取计算机信息系统数据罪案件53件，破坏计算机信息系统罪案件43件，侵犯商业秘密罪案件4件，侵犯公民个人信息罪案件1557件。就总体而言，在样本析出的案例中显示目前司法实践中关涉网络数据犯罪的相关罪名不仅局限于《刑法》第285条非法获取计算机信息系统数据罪，以数据为载体的犯罪罪名因属性不同而辐射至分则的各个章节，主要分布在妨害社会管理秩序罪，侵犯知识产权罪，侵犯公民人身、民主权利罪等分则部分。就案件数量而言，侵犯公民个人信息罪所占比例远远多于其他罪名，各罪名出现分布零碎化、侵害对象多样化、社会危害复杂化等特征，不同罪名所涉及的法益不尽相同但又紧密相连，包括国家安全、公民人身财产安全、公共秩序等，罪名均具有公共安全的共同属性，共筑现有数据犯罪的罪名体系（见图2）。

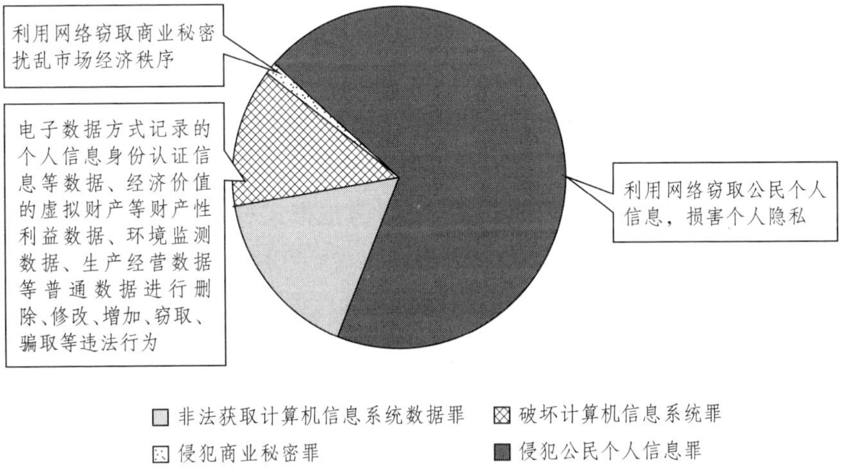

图2　涉网络数据犯罪主要罪名案件分布及表现形式

通过对司法实务的分析，网络数据犯罪在目前存在以下特征：其一，司法解释从回应现实的角度激活计算机犯罪的关联罪名，且有由计算机犯罪规制向网络犯罪规制的趋向，并体现出网络数据犯罪的独立价值趋势。其二，司法机关承办人员对数据的认定和理解不仅限于将其认定为计算机信息系统的管理对象，而是基于现实或者生活经验对涉案数据性质进行理解分析，故与传统罪名出现重合现象。其三，对网络数据犯罪的回应不够深入，针对数据的认定，实践中出现两种操作，将其作为计算机犯罪认定或者利用常用罪名保守认定。

二、困境溯源：网络数据犯罪的规制壁垒

随着数据技术的发展与革新，承载着复杂利益的网络数据在得到量级飞跃的同时也成为违法犯罪的觊觎对象，网络数据犯罪演变成智能化、隐蔽性、对象精准化、结果多元化的新型犯罪形态，现行刑事法规范对网络数据犯罪的规制呈现静态化、滞后性，且在司法实践中对其处理也不尽相同，争议颇多，追根溯源，对网络数据犯罪的基础要素认定、保护法益识别、规范制定以及界分运行等方面发力较弱，成为新时期网络数据犯罪治理的掣肘。

（一）基础维度：概念认定混乱

司法裁判往往要求裁判者的目光在规范与事实之间穿梭往返，构成网络数据犯罪的基本要素的概念目前尚未达成统一认知。从技术角度而言，数据是流通在计算机或网络中的，以“0，1”二进制代码表现出来的比特形式。[①] 从规范的层面而言，2017 年《网络安全法》定义网络数据是“通过网络收集、存储、传输、处理和产生的各种电子数据”。[②]2021 年《数据安全法》中界定数据为“任何以电子或者其他方式对信息的记录”，[③] 从前置法的规范中看，网络数据犯罪的客体包含了在网络中流通的电子记录，但刑事法规范中仍未明确数据的内涵与外延，司法实践中未完全界分数据与信息两者的联系，实务中对网络数据犯罪中数据定义不清、数据范围模糊的问题造成网络数据犯罪口袋化抑或限缩适用，引发相关罪名认定及罪名适用的争议。

一方面，在案例检索中，该类犯罪的犯罪对象事实上既包含以电子数据记载的识别公民身份信息、登录账户信息、会员登记信息等排他性专属的信息，也包含网络虚拟货币、专属知识产权、网络著作权、商业机密等虚拟财产性利益，还包含环境检测数据、生产经营数据等普通数据类型，在数据与信息的不断融合流通中，致使数据的外延不断扩大，对数据的广义适用，扩张了网络数据犯罪的适用空间，衍生出罪名的多样性，也造成

① 参见［英］维克托·迈尔－舍恩伯格、肯尼思·库克耶：《大数据时代：生活、工作与思维的大变革》，盛杨燕、周涛译，浙江人民出版社 2013 年版，第 104 页。

② 详见《网络安全法》第 76 条。

③ 详见《数据安全法》第 3 条。

网络数据犯罪与传统犯罪的界限模糊化。另一方面，司法实务中对数据的不同理解，造成了对数据的限缩适用，对数据的性质不作限定，泛指一切计算机系统中电子数据的删除、修改、增加行为，[①]或是将数据限定为有价值性的数据范围，将对删除、修改、增加数据造成系统功能的实质性破坏或数据价值破坏作为构罪条件，[②]因而出现对数据的限缩理解现象。

（二）本质维度：保护法益失焦

在数据时代，网络数据作为流通介质，其承载的内容包含身份信息、财产权属、商业秘密、国家机密等多种元素，网络数据所表征的权利属性逐渐多元复杂，网络数据风险随之不断异变，且现行规范体系对网络数据犯罪的罪名设置出现多样和碎片态势，散布在分则各章节，网络数据侵害为传统刑法罪名评价体系带来法益冲击。

网络数据带来的动态转变和复杂内涵，促使单一化和附属化的刑法评价未能全面规制网络数据法益侵害。一方面，网络数据的刑法规制未能全面包含数据的动态生命周期各环节风险，且作为犯罪对象的网络数据所辐射的罪名多达十余个，所涉及的法益包含个人信息权、财产权、知识产权、国家安全等，还涉及数据安全的独立法益保护需求，是与数据保密性、完整性和可用性相关的新利益。[③]网络数据犯罪涉及内容已由私人领域扩展至公共安全领域，从横向数据处理的各环节到纵向数据犯罪牵涉的各领域都对刑法保护提出更高的挑战和要求。另一方面，数据对信息系统的附属化，以计算机信息系统犯罪为中心的逻辑体系，呈现网络数据犯罪保护法益在独立性上的先天不足，其罪名设置和保护法益都依附于计算机信息系统，但智能化技术的迭代发展，信息系统不仅限于机体本身而外延至网络设备、自动化设备等载体，而网络虚拟空间的拓展和云技术等的提升使数据的存储、传输与计算机载体逐渐分离，未实现数据自身内容的独立保护价值。

（三）规则维度：规制供给不足

在数据网络技术的发展运行下，数据利益催生了一系列数据产业链，带来多种新类型技术犯罪和数据犯罪，不仅有针对数据安全本身的侵害，在经济利益的驱使下，其也可能会被作为犯罪工具，逐渐成为电信诈骗、

① 参见 2017 年 10 月最高人民检察院发布的指导性案例第 34 号。

② 参见 2020 年 12 月最高人民法院发布的指导性案例第 145 号。

③ 参见［德］乌尔里希·齐白：《全球风险社会与信息社会中的刑法》，周遵友、江溯等译，中国法制出版社 2012 年版，第 308 页。

金融犯罪、信息网络犯罪等侵犯财产类罪名犯罪预备阶段的犯罪助力，加之在网络高速扩散效应下，数据安全潜在风险随之增加，数据犯罪的危害不断加剧，在此背景下，以事后惩罚的传统刑法规制在治理网络数据犯罪问题上稍显不足。

作为后置法的刑事规范存在相对滞后性，刑事法虽以修正案的形式对网络数据犯罪规制进行不同程度的调适，但在体系上仍出现规范不足的现象，体现在重信息保护非数据保护，重静态安全轻动态安全、重系统安全轻数据安全的逻辑体系特征。与此同时，在司法实践信息保护逻辑体系下，尚未有独立的罪名，罪名主要包括“计算机与网络的数据”与“公民个人信息”两类。[①] 网络数据的内涵已经发生本质的变化和扩展，以个人信息的公民人身权利保护无法对接数据安全使用的治理目的，以计算机系统存储的数据犯罪也无法囊括互联网、云技术支持下的数据类型。刑法规制的不足不利于网络数据犯罪冲突和矛盾的缓解，出现数据滥用以及罪名适用口袋化的非理性扩张等问题。网络数据犯罪实质是数据的失序，因数字化时代，不同场景中的数据是高速流转而非静态的，而目前对于数据的规制设置呈现静态性、附属性，无法适应当前数据内涵多样化、技术复杂化、流转动态化、数据安全独立化的要求。

（四）功能维度：界分功能缺位

网络数据表征的权利客体的多样性使犯罪行为在形式上往往符合多个罪名，侦查机关、检察机关、辩护人和审判机关在罪名的认定上可能存在分歧，且存在此罪与彼罪，计算机罪名之间的竞合，计算机罪名与传统罪名的竞合等情况。[②] 例如，公安机关以涉嫌犯破坏计算机信息系统罪立案侦查，检察机关和审判机关以提供侵入、非法控制计算机信息系统程序罪起诉和定罪。公安机关以涉嫌犯破坏计算机信息系统罪立案侦查，检察机关和审判机关以非法获取计算机信息系统数据罪起诉和定罪。检察机关以破坏计算机信息系统罪起诉，辩护人以涉嫌非法获取计算机信息系统数据罪抗辩，审判机关以非法获取计算机信息系统数据罪定罪。在梳理案件时，司法机关在选择罪名时产生争议，包括单纯数据犯罪罪名与传统犯罪、与侵犯公民个人信息罪的罪名适用争议，与侵犯商业秘密罪的争议分歧以及与其他计算机信息系统犯罪之间的适用争议。

① 高铭暄等：《中国刑法立法之演进》，法律出版社 2007 年版，第 35 页。

② 参见米铁男：《网络犯罪的形式评价问题研究》，载《东方法学》2017 年第 5 期。

网络数据犯罪界分的弱化，究其根源，是因其所涉规范缺乏独立性无法适应犯罪的发展趋势，无法解决一些交叉与共性的潜在问题而致使网络数据犯罪成为其他相关罪名异化的兜底条款。此外，数字技术本身的识别障碍，为司法机关对其属性的判定带来挑战，从而使网络数据犯罪已跳脱计算机信息系统，但其规范体系和法益定位仍依附于计算机犯罪体系。

三、破壁设想：网络数据犯罪的规制选择

数字化时代下，数据作为信息化建设中的战略资源和经济要素，数据保护经历了从计算机信息系统维护和个人信息安全保护到数字化时代网络数据整体保障的时代转变，刑事法针对新兴事物作出积极回应和修正探索，既有依据数据的技术属性以计算机信息系统的组成部分间接保护，也有依托数据的表征内容以具体信息分类保护，[①] 但都在一定程度上存在网络数据犯罪的规制空白区间，无法全面评价网络数据犯罪行为。作为保障数据使用与安全的部门法，《数据安全法》的颁布实施是对数字经济时代数字资源运用与发展的法律回应。基于现实，新兴网络数据犯罪的规制应在充分识别判断数据犯罪行为及多元法益侵害的情形下，依据《数据安全法》厘定网络数据犯罪治理的价值立场，厘清保护的法益类别，设定网络数据全周期保护与分级分类规制机制。

（一）尺度选择：谦抑性原则秉持与延展

伴随着数字化产业的极速发展以及网络智能的指数级革新，网络数据已经成为现代化社会不可或缺的战略要素，在较高的经济利益驱使下，加之互联网技术隐蔽性的遮蔽下，近年来侵犯网络数据犯罪案件层出不穷，显现出民事、行政法律规范在规制行为方面力有不逮，因而刑事法的调整在预防和治理该类犯罪有现实必要性，但是刑法的介入仅在穷尽民事、行政手段而无法有效治理犯罪时才具有正当性和可行性。作为前置法的《数据安全法》确立了既要数据发展又要保障安全的价值定位，因此网络数据犯罪的刑事规制是法律的最后一道防线，刑事法对新型网络数据犯罪的规制需要重新定位，厘定网络数据犯罪规制的一般价值原理和规则，确保刑法规范对网络数据犯罪规制的界限性和可持续性发展。

《数据安全法》中数条规定明确了数据安全和发展的两个方面，奠定

① 参见马微：《理念转向与规范调整：网络有组织犯罪之数据犯罪的刑法规制路径》，载《学术探索》2016 年第 11 期。

了数据处理的基本价值定位，因而刑法在规制网络数据犯罪时也会面临发展与安全的价值冲突，以开放包容的数据发展与严格审慎的数据安全所表现的价值对立统一，在刑法规范发挥积极预防和救济功能时，兼顾发展和安全，使价值得以相互融合。具体来讲，一则坚持发展适度优先，安全防护底线的价值原则，数据作为未来重要的生产经济要素和资源，确保数据在提速发展时所引发的法律风险、刑事法律风险处在社会经济发展所能承受和社会大众所能接受的可控范围内。将严重背离法律的行为进行处理，消除破坏数据安全的风险因素。二则善用数据安全的规制功能，在安全价值理念不断深化下，对于刑法的干预和介入做好调适，在一般法律规范无法有效规制该类行为时，在刑法谦抑性原则的指引下，针对不同的涉数据行为，在范围、标准、制裁程度等方面加以细化，防止数据安全的滥用，达到刑法的适时更新和良性调整，以刑法的基本原则和合理的冲突规则不断消解安全与发展的价值摩擦。

（二）价值选择：网络数据犯罪的法益独立化

互联网时代，数据已从传统的静态化、封闭性、结构性的内涵集合转变为具有动态化、碎片化、非结构性的特点，其内涵和规范性价值附着于数字化的时代表征，超越了计算机系统时代的限制，而依附于计算机的传统网络数据犯罪对于数据内涵的认知已经落后于其内涵扩大带来的变化，数据已然脱离于计算机系统而成为独立的犯罪侵害对象。网络数据犯罪行为侵犯的数据对象已经从侵害计算机系统内部的一切文字、符号、声音、图像等内容的组合[①]这一传统的内部静态数据集合发展转变为互联网运行空间下依托网络、云计算及智能技术对社会的客观记录载体。随之而变化的是网络数据犯罪衍化为围绕网络数据记载，依托数字化的技术处理方式，采取侵害公民个人、社会秩序以及国家安全的新型犯罪类别。网络数据犯罪客体内涵的变化和扩展使数据安全的风险从静态的计算机安全扩散到动态的网络运行安全中，已经衍变至数据本身，发生了质的转化。

从刑事法的发展来看，数据安全的保障同样历经从单一的早期保护到依托载体的附属保护，再趋于独立保护的发展和蜕变过程。[②]但是，目前涉及数据安全的法律规范分散，缺乏系统性、体系性，且缺少对数据安全法益的确认和界定。“数据安全”旨在保护数据利用的三个面向，即“数

① 参见陈兴良：《规范刑法学》，中国人民大学出版社2023年版，第814页。

② 参见张勇：《数据安全法益的参照系与刑法保护模式》，载《河南社会科学》2021年第5期。

据安全”三要素，包括数据的保密性、完整性和可用性。网络数据犯罪保护的法益随着数据技术的爆炸式增长、数据内涵的复杂多样、数据风险的急剧增加而应作为独立保护价值进行评价，关于网络数据犯罪的刑事法律规范也应对数据内容带来的现实风险所反映的法益需求进行回应与关切。

在数字化时代背景下，数据安全法益呈现出安全、秩序和自由的价值属性，基于数据法益的多元价值内涵，法律的设定应在不同的价值目标间平衡兼顾，以数据安全相关立法为依据，对各类涉网络数据犯罪行为侵犯的法益进行识别，基于罪质和罪量的综合评价，在民事、行政法等前置法参照下，妥当适用网络数据犯罪的罪名，完善对数据安全法益的体系化保护。

（三）运行选择：网络数据犯罪的全周期与分级分类规制

目前，数据的刑法保护一方面是以计算机信息系统为主的间接保护，另一方面是以数据所表征的内容为规范的信息类保护，因而刑法对网络数据犯罪的规制应是在新型犯罪出现后对现有规范体系不断探索完善更新的过程。

《数据安全法》作为数据安全领域的基础性法律，其为网络数据犯罪规制体系建构提供一些理念与依据。《数据安全法》将数据安全状态界定为“确保数据处于有效保护和合法利用的状态，以及具备保障持续安全状态”，因而对数据的安全保护包含了数据流动的全生命周期保护。结合《信息技术安全数据安全能力成熟度模型》与《数据安全法》，数据的动态流动过程中将数据的全生命周期阶段划分为数据的采集、存储、传输、提供、使用、销毁六个阶段。[①]数据采集、存储、销毁阶段对数据保密性侵害，主要是对数据的非法知悉与持有，对数据应销毁而未销毁的行为表征，对该环节可以设立非法获取、持有网络数据罪，规范无权主体非法持有数据，有权主体超越权限留存数据等，应注意的是，为防止阻碍数据的发展与流通，对该环节应秉持谦抑性审慎认定，针对未对数据保密性造成侵害的行为，不具备科处刑罚的必要。在数据传输、提供环节，表现在出售提供数据等违法行为，可以增设非法提供数据罪加以规制。最后在数据使用阶段，针对数据的犯罪通常与传统犯罪相关联，需要综合考虑数据所承载的信息内容，行为人利用手段以及在下游犯罪中的作用，侵害的法益

① 参见刘宪权、石雄：《网络数据犯罪刑法规制体系的构建》，载《法治研究》2021年第6期。

类型，同时增加刑法解释对犯罪行为进行罪名认定（见图 3）。

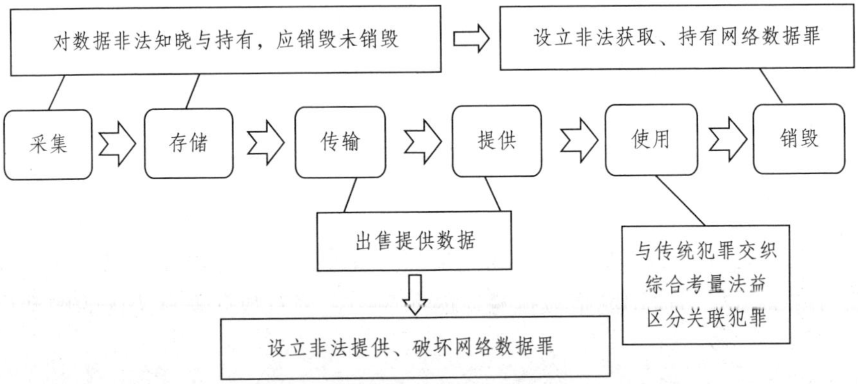

图 3　数据流动全周期规制

网络数据犯罪的规制对数据分类分级治理应与其前置法《数据安全法》中界定的分类分级保护制度保持一致。结合《网络安全标准实践指南——网络数据分类分级指引》，常见的数据分类可以划分为公共数据、个人信息数据、企业数据等类别，在判定数据违法行为时，应依据数据的属性及分类，精准认定侵害的法益类型，从而确定具体的罪名。就数据的分级来看，针对数据的危害程度可以分为公开级、内部级、敏感级、重要级、核心级五个级别，[①] 对数据的分级识别有利于对网络数据犯罪的危害程度进行认定，从而确定入罪门槛和采用何种手段予以纠正或惩治。

四、路径求解：法益重释视域下网络数据犯罪的规制进路

网络数据犯罪的规制应是在数据安全法益指引下实现范式补充和技术规则的有力融合，对数据安全法益解释下的数据犯罪构成要素解构析出，并以独立的网络数据犯罪视角，提出网络数据犯罪的罪名修补以及罪责标准的调整思路，应对新型数据犯罪的治理需求。

（一）要素厘清：法益解释下网络数据析出

网络数据本体的内容明晰奠定了网络数据犯罪规制的基础，成为网络数据犯罪入罪的先决条件，前置法从不同的部门立法视角确定了数据的概念，然而伴随着新技术的广泛运用与更新，网络数据犯罪的时代特性凸

① 参见顾伟、孙伟、陈朝铭：《数字化时代数据犯罪的刑法回应》，载《〈上海法学研究〉集刊 2022 年第 1 卷——智慧法治学术共同体文集》。

显，对网络数据犯罪中的数据更加注重脱离计算机信息系统等载体设备的附随性而关注数据本体，包含对数据结构、类型、动态流转周期中分类别的侵害行为的规制保护。从当前实务中透视，从保护网络数据的保密、完整和可用性属性角度出发，我国网络数据犯罪的数据类型涵摄未处理和处理加工的数据种类。其一，未经处理的网络数据集合。该集合数据具有量和质的差别，通常是大量但未经加工分析的网络数据集合体，例如实践中在获取类数据犯罪中大量个体的身份属性信息被技术人员通过软件或搜集爬取程序技术收集，在获取大量数据后转售或成为新型网络犯罪的工具。该类网络数据的收集一定意义上损害了数据用户自身对所持有的数据安全的保密性需求，虽然未经加工处理，但获取行为依然损害个体的网络数据权益。其二，经过加工处理的数据集合。该类网络数据是数据处理主体通过对数据的收集加工分析等价值赋能行为生成的具有商业可用性的数据类型。数据处理主体通过数据的加工分析提升数据价值，对数据产品具有应然的法律权属，享有受到法益保护的正当性。例如，某App技术人员运用网络数据爬取技术大量搜取同类公交公司软件的后台数据，并用于自身运营。法院最终以非法获取计算机信息系统数据罪认定被告人侵害被害公司后台服务器并获取数据的违法行为。[①] 因而对网络数据持有者特别是网络数据经营主体对数据获取、加工、分析、利用等具有价值属性的数据权属的侵害行为规制，符合数据可用、保密以及完整性的法益保护回应。

（二）行为修补：罪名的修正与增设

针对网络数据安全不同侧面从法益解释视角进行网络数据犯罪行为的定性与阐释，在技术和规则融合中明确网络数据犯罪行为的侵害行为，从而锚定数据安全法益下数据获取、利用、破坏等行为的合理入罪路径。

修正非法获取数据罪名，对网络数据的获取行为因其本身的虚拟属性，并不以其移转占有为是否获取的区分，而是是否对数据享有知悉、控制等排他性权利。“非法获取”行为是行为人非法改变数据不被知悉的权属，包括对未被授权或超越授权的网络数据获取，侵害数据专属保密性的行为类别，因而对非法获取应紧密围绕保密性权益修正非法获取数据罪名的限定入罪和处罚。现行刑事法中非法获取计算机信息系统数据罪在司法实践中存在适用率较低以及扩张解释的口袋化趋势，现有罪名的依附性和扩张化无法适应新型技术发展下的网络数据犯罪治理需求，应在现有计算

① 参见广东省深圳市南山区人民法院（2017）粤0305刑初153号刑事判决书。

机信息系统数据罪的基础上进行调整，取消侵入和利用其他手段获取类型的非法获取数据行为的限定条件，修改为非法获取、持有数据罪，以数据安全法益的独立化保护，分别针对违法主体在数据采集流程中对数据的非法收集行为，在数据存储、销毁流程对网络数据的非法持有行为，对三个环节的数据法益侵害行为进行评价。

增设非法提供、破坏网络数据罪，在技术运行中，多数情形下网络数据的非法获取与非法提供是并行的，因非法提供数据的牟利属性，司法实务在现行刑事法体系下通常将非法提供的行为与获取数据行为合并评价为非法获取计算机信息系统数据罪。然而非法提供网络数据的行为有单独进行评价的现实必要性，事实上来源合法数据的非法提供行为有构成犯罪的可能，且非法获取数据罪的刑法评价不包含数据提供行为，无法周延法益保护，因此应将非法提供数据列入刑法规制，且参考侵犯公民个人信息罪相关司法解释将在网络中非法公开发布数据的行为列入其中。破坏网络数据罪的设立，是将影响数据正常运行功能的删除、增加、修改等违法行为列入规制对象。对网络数据在数量上进行增减或对数据内容的修改会影响数据正常使用效用的发挥，应保护网络数据的完整性和可用性权属。在案例实践中也存在未损害计算机信息系统但破坏数据的情形，人工智能时代在数据存储过程中对数据的破坏行为侵害的法益不仅仅是计算机信息系统的安全性能。①因而在数据安全法益下，破坏网络数据行为应被独立列入刑法规制。

（三）罪量补齐：数额和情节标准的补足

信息化和数字化技术的应用促使数据安全法益下的网络数据犯罪在传统的定罪标准方面发生转变，发展成为数额与情节并重的评价模式。《最高人民法院、最高人民检察院关于办理危害计算机信息系统安全刑事案件应用法律若干问题的解释》对计算机信息系统数据罪的罪责标准进行了列举式的规定，包含经济损失、违法所得的数额标准和计算机台数、身份认证信息组数的物数标准。②但第 4 条中所涉数量标准在应对脱离计算机系统载体的网络数据犯罪时缺失适用情形，引发司法判断疑惑，故在现有情形下对数额、数量标准的设定和补足可以以《最高人民法院、最高人民检察院关于办理侵犯公民个人信息刑事案件适用法律若干问题的解释》中对个人信息中数额和数量的规定为参考依据，在数据安全法益被侵害前提

① 参见刘宪权：《人工智能时代数据犯罪的刑法规制》，载《人民检察》2019 年第 13 期。
② 参见张勇：《数据安全分类分级的刑法保护》，载《法治研究》2021 年第 3 期。

下，对网络数据的非法获取、提供、破坏等行为的数量标准予以明确，从而改变实务中仅能选择适用“造成其他严重后果”的兜底条款情形。

对网络数据犯罪情节标准的认定是在涉案违法所得、经济损失以及数据数量等数额标准外，结合数据的性质和危害程度等综合情形评判行为对公民个人、社会和国家秩序的影响程度和造成恶劣社会影响，[①]对秩序影响的程度和危害越大，其罪量因素在定罪量刑中的影响也越大。值得注意的是，因数据安全法益的概括抽象性，对罪量评价的补充在数据类型能够定量确定时，可以通过颁布司法解释得以明确具体的数据数量标准，在罪量因子较为抽象时，则不能细化具体的标准，可以通过设定“情节严重”等柔性条款综合评判，能够实现罪责刑相统一的实质公正。

（四）功能弥补：与关联犯罪的边界厘定

随着数字经济的迅速发展，司法实务中常出现以数据的侵害实现对公民人身、财产、商业秘密的损害，往往因一个或多个行为触发多项罪名，因而可依据数据在法益侵害中的不同作用去区分定罪。

以数据本体为对象的侵害行为应构成网络数据犯罪。一般表现为以侵害数据安全为目的，对数据进行收集、篡改、破坏等非法行为。值得注意的是，认定对计算机信息系统的数据增加、修改行为的罪名时，应区分的关键在于其行为所侵害的客体是数据安全还是计算机信息系统，通过修改、增加计算机信息系统数据，对该计算机信息系统实施非法控制，但未造成系统功能实质性破坏或者不能正常运行的，不应当认定为破坏计算机信息系统罪，应当认定为非法控制计算机信息系统罪，前者侵害的法益是计算机信息系统的安全运行，后者侵害的是计算机信息系统的保密性。[②]

以数据为工具侵害其他法益的行为应认定传为统犯罪。其一，在违法行为侵犯个人数据时一般应构成侵犯公民个人信息罪。目前，大量的个人数据在计算机载体、网络、云端被记录或留痕，信息电子化带来了便利也同时引发风险，具有可识别性的特定个人信息因其本身的价值属性而成为犯罪的侵害对象，因而对可识别的个人电子数据的侵害行为损害了其隐私权和信息自决权而构成侵犯公民个人信息罪。其二，对具有财产属性的数据的损害行为一般应构成财产性犯罪。具有财产属性的数据的显著特征是

① 参见杨志琼：《我国数据犯罪的司法困境与出路：以数据安全法益为中心》，载《环球法律评论》2019 年第 6 期。

② 参见张勇：《数据安全分类分级的刑法保护》，载《法治研究》2021 年第 3 期。

具有经济价值和权利可转移性。[①] 即便是网络虚拟财产或储存在计算机系统中的财产性利益，也应对其进行保护。其三，侵犯具有独创性的数据以及秘密性和价值属性的数据的行为分别构成知识产权犯罪和侵犯商业秘密罪。需要注意的是，侵犯数据安全法益和传统法益是非此即彼的关系，一个侵犯数据的行为只能评价为一罪，其或者侵犯数据所表征的数据安全法益构成网络数据犯罪或者侵犯传统法益构成传统犯罪。

结　语

数字社会生活下，伴随着互联网的升级运用与数据处理技术的发展进步，数据处理活动更加活跃，依托虚拟网络运行的数据蔓延至各行各业，各领域的利益趋向数据化，传统的刑法法益向数据化形式转变，涉网络数据犯罪滋生和异化，犯罪对象和行为逐渐复杂多变，数据风险急剧增加，对刑事法规范提出现实挑战，现有的传统依附于计算机信息系统规则已经无法满足信息数据安全法益的独立保护需求，在此情形下，需要围绕数据安全的法益保护，对数据保密性、完整性、可用性的全流程动态环节进行区分，以数据的分级分类属性为判别依据，完善对网络数据犯罪的规制路径，试图通过基础要素的厘清、罪名的修正、罪量标准的补充、罪名的界分厘定等方式为数据安全建构体系化的保护，实现网络数据犯罪规制的法治秩序和治理效能，以良法善治推进数据刑事治理现代化。

① 参见李爱君:《数据权利属性与法律特征》, 载《东方法学》2018 年第 3 期。

走出“布雷斯悖论”：多元解纷工作站运行形式化现象的反思与矫正

吴　欣[*]　文　兰[**]　周嘉欣[***]

习近平总书记关于“坚持和发展新时代‘枫桥经验’，完善社会矛盾纠纷多元预防调处化解综合机制”[①]的论述，为纠纷化解从“诉讼中心主义”转向“诉讼与非诉并行主义”提供了指引。最高人民法院多次强调，要做实矛盾纠纷源头化解，坚持把诉调对接的“调”再向前延伸，促进实现抓前端、治未病。法院提出并开始探索的多元解纷成为新时代“枫桥经验”的重要举措，通过诉非衔接等使之成为重塑非诉讼纠纷解决格局的有力依托。越来越多法院在村镇、街道、生产经营企业和行业领域等解纷“源头”设立多元解纷工作站，[②]以实现纠纷的就地化解，这一模式也成为基层多元解纷的重要载体。但由于多元解纷在实践中逐渐演绎为法院主导和推动，多元解纷工作站也随之陷入“任务——资源”失衡的困局，存在诸多需要破解的难题。本文以多元解纷工作站为研究对象，深入分析其建设、运行情况及面临的困境，并从如何实现工作站对纠纷的直接解纷、解

---

* 作者单位：湖南省长沙市开福区人民法院。

** 作者单位：湖南省长沙市开福区人民法院。

*** 作者单位：湖南省长沙市中级人民法院。

① 习近平：《坚定不移走中国特色社会主义法治道路为全面建设社会主义现代化国家提供有力法治保障》，载《求是》2021年2月28日。

② 例如，H省高院2020年发布《关于全面建设多元解纷工作站的实施方案》，要求全省各基层法院在矛盾纠纷多发易发的乡镇、街道挂牌设立多元解纷工作站，于9月底前全部挂牌成立多元解纷工作站并投入运行。截至2023年6月，该省共设立1636个多元解纷工作站。此后，多元解纷工作站模式在全国推广，如云南省法院设立多元解纷工作站，采用“法庭＋司法所＋N”等模式推进多元解纷。其中昆明市崇明法院建立法官网格化多元解纷工作站8个、工作点77个。四川、广东、内蒙古、河北、山西、重庆等多地除了设立基层多元解纷工作站以外，针对多发纠纷在银行、信用卡中心等设立“金融多元解纷工作站”“物业纠纷多元解纷工作站”等，北京昌平在企业设立“融资租赁纠纷治理工作站”。《人民法院报》刊载的《做实做好主题教育与工作的“融合”》明确提出加大多元解纷工作站的建设力度，全面凝聚多元解纷合力（上述素材均来自各院及人民法院报官微）。《最高人民法院关于全面深化现代化诉讼服务中心建设的意见（征求意见稿）》中也在“加强基层诉讼服务场所建设”中明确了“多元解纷工作站”这一实践形式。

纷流程及工作站如何具备相应的解纷能力等方面进行矫正，从而厘清法院在多元解纷中的履责边界和角色，构建起主体多元、结构合理、衔接流畅、解纷高效的“精准化”解纷体系。

一、概览：多元解纷工作站运行情况初探

各地围绕多元解纷所开展的各异实践可归纳为三种模式：调解员或调解组织在法院驻点、诉讼服务中心搬迁至矛调中心的一站式解纷、在基层及纠纷多发地设置多元解纷工作站。目前工作站模式正被广泛适用，本文选取H省C市这一区域为样本进行深入分析，[①] 以反映当前工作站运行情况。

（一）多元解纷工作站建设情况分析

1. 工作站普遍设置在纠纷“源头”地

H省C市挂牌成立的“多元解纷工作站”共有248家，站点位置分布在法院或人民法庭、街道、社区、乡镇、村委会或相关职能部门、企业等，法院人员配置有法官驻点、法官及助理或书记员联点，调解员配置有法院特邀调解员、人民调解委员会调解员及相关职能部门的工作人员兼任。具体如下：199家站点位于街道办事处或乡镇、社区或村委会，调解员为司法所调解员，法官进行联点。另有17家站点位于市场监督管理局（消费者权益纠纷调解工作站）、交警大队（道交纠纷调解）、人社局（劳动争议调解）、银行信用卡中心（金融案件调解）等，其调解员一般由相应职能部门工作人员担任，联点法官进行指导。22家站点与诉前调解模式一致，设置在法院内，均为家事纠纷、物业纠纷、医疗纠纷、商事调解、公证辅助等特殊类型的多元解纷工作站，调解员系法院特邀调解员，并有法官或者法官助理协助。10家站点位于派出法庭，其中特殊功能的如道路交通庭中调解员为交警队工作人员担任，而其他人民法庭的调解员多为法院特邀调解员，均有法官或法官助理进行协助（如图1）。

① H省C市系中部地区省会城市，该市经济结构包括夜间商业经济、新型娱乐产业、先进制造行业、传统农业等，产业多元，城区人口流入大，同时也有两个区域距离主城区较远，人口流动较小，故该市多元解纷样本具有较强的代表性。相关数据由该市中级人民法院立案庭收集并核实。

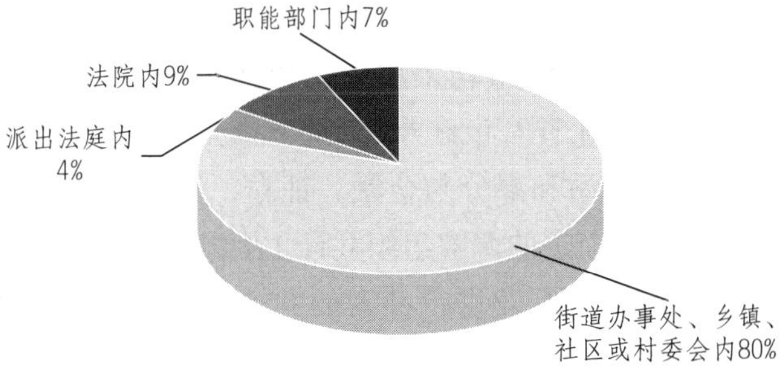

图 1　多元解纷工作站站点位置分布

2. 设站与建设单位主要为法院

248 家工作站中，有法院单独设站、法院及其他职能部门共同设站、区政府或者其他行业组织单独设站三种方式，其中设站单位为法院的共计 182 家，法院与其他区政府、街道、司法局、公证处、工商联共同设置的共 52 家，单独由区政府、街道、工商联、司法局、住房和城乡建设局等相关单位或部门设立的共 14 家（如图 2）。

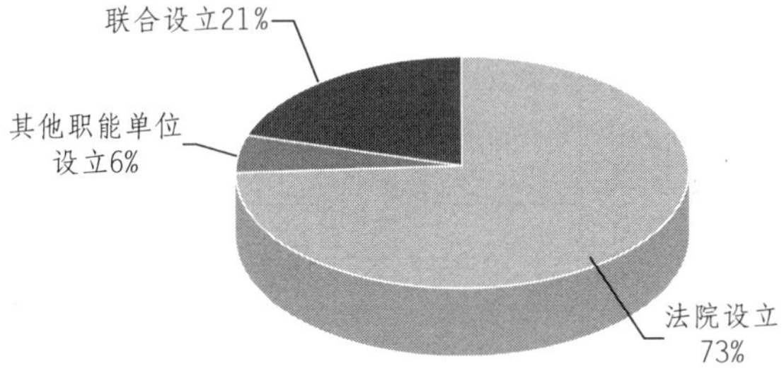

图 2　多元解纷工作站设站单位

而相对应的建设工作站的主体并不与设站单位必然一致，按照建设类型可分为法院自建、政府及其职能部门自建、行业自建、法院及其他主体共建等四种模式，其中法院自建为 11 家，法院与其他主体共建 175 家，行业自建 10 家，政府自建 52 家。

3. 调解补助标准及来源存在差异

多元解纷工作的经费保障除了建立工作站、配备音视频调解设备等设施和日常维护外，同时部分工作站采用向调解员发放调解补助来激励调解的主动性、积极性，发放补助有两种模式：一是按照调解成功的案件数量发放补助，未调解成功的无补助；二是分类发放，对未调解成功但是实际开展了调解工作的案件进行审查后发放补助，该类别低于调解成功的发放标准，如H省C市K区及L市均采用第二种方式发放补助，也有部分工作站未发放补助。目前H省C市涉及经费状况统计为特邀调解组织情况统计，其中包括部分工作站和部分与金融、证券、知识产权、物业、交通、医疗、家事等领域对接引进的调解组织共计178家，法院进行补助的为62家，由司法局、工商联和行业进行补助的共计11家，无补助的共计103家，正在申请补助的2家。

补助经费来源主要有几种：一是政府拨付专项补贴给法院，由法院审核发放，此种方式为大部分法院的操作方式，但部分法院只发放给在法院驻点的特邀调解员，对其他多元解纷工作站的调解员并不发放相应的补助，H省C市共有9家基层法院，仅有一家基层法院除了向驻点特邀调解员发放补助外，也向法院指派到其他多元解纷工作站（含行业调解中心、街道等地的工作站）调解成功的案件发放补助。二是司法局、工商联等职能部门拨付，但均存在经费困难的情况。三是金融消费纠纷、银行保险等行业自行负担，两个工作站采用这种模式（如图3）。

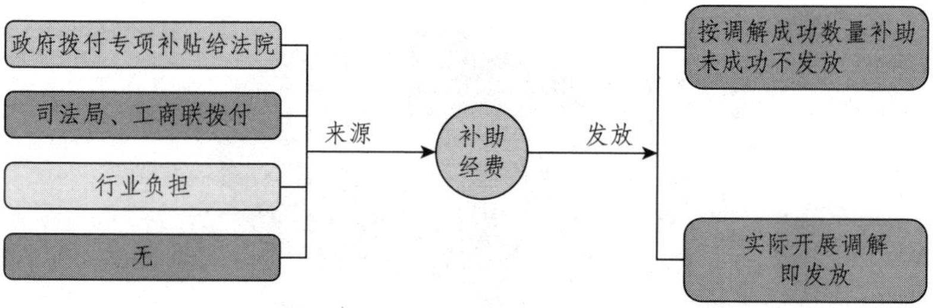

图3　补助经费来源及发放的形式

（二）多元解纷工作站解纷优势分析

笔者对在工作站解纷的当事人进行访谈时，87%的受访对象均认为工作站就在家门口，解决纠纷更便利，能在工作站直接解决纠纷最好。部分工作站解纷效果好，提升了纠纷化解效率，得到群众认可。如C市在某街道设立的工作站服务群众达万余人次，调解成功率超过80%，该街道民事案件受案量同比下降37.9%。

与其他多元解纷模式相比，工作站模式的解纷优势主要体现在以下几方面：一是从横向覆盖面来说，其分散化的解纷模式效果更佳。多元解纷的其他实践模式实质上是一种中心化治理模式，驻点法院、一站式解纷分别系围绕法院、矛调中心而运行，而工作站是一种去中心化的解纷方式，即设立在乡镇、街道等基层自治组织及纠纷多发的行业、企业内[①]（如图4）。工作站的设置数量远远超过了在法院驻点及一站式矛调中心这两种中心化模式，其分散化的优势可破除其他模式范围过于集中的局限，其实质化运行可拓宽解纷广度。二是从纵向解纷度来说，社会矛盾纠纷大多产生于群众在生产、生活中的需求无法得到及时且有效地满足，而工作站因其根植于基层或纠纷多发地，对群众需求具有深入了解，因此相较于在法院驻点和一站式解纷更能发现问题，细致把握纠纷主体的需求和对处理结果的期待，在矛盾摸排、纠纷化解上具备独特优势。三是从解纷精准度来说，设置工作站具有灵活性，可在纠纷多发领域、行政职能部门等针对性设立工作站，实现“精准化”匹配，并不需要像其他模式一样需集中在某一中心点周围（见图4）。

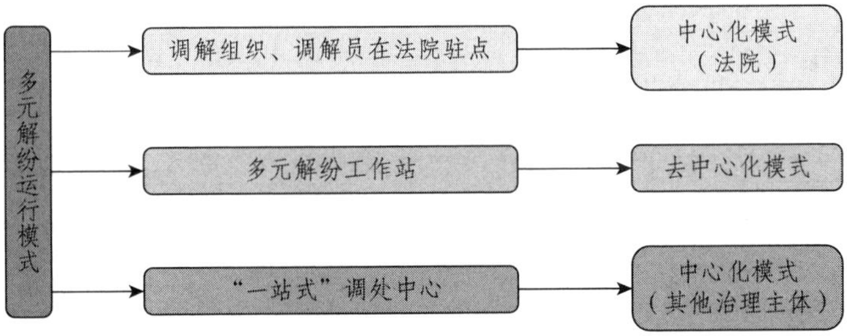

图4　多元解纷三种实践模式

（三）多元解纷工作站存在运行形式化的问题

虽然工作站模式运行具备独特优势，但在运行过程中仍存在问题，使得多元解纷工作站的实践运行与应释放的解纷效能存在偏差，陷入形式化运行困境，而多元解纷也面临未真正起到向非诉渠道分流案件的作用等诸多质疑。[②]

1.驱动主体单一化，部分工作站未运行

设站单位上法院占比远远超过其他主体、法院特邀调解员驻点法院的调解效能远远超过其他调解组织等都凸显了法院的主导地位。目前的工作

① 姜郑勇、张玉琳:《纠纷化解迈上高速路》，载《人民法院报》2020年7月17日，第1版。

② 顾培东:《国家治理视野下多元解纷机制的调整与重塑》，载《法学研究》2023年第3期。

站调解案件仍然依靠法院分流和委派，甚至部分工作站站长也由法院工作人员担任。而法院工作人员未完全入驻或联点的工作站则陷入了未运行状态，如C市K区共挂牌16个工作站，部分工作站未与法院联通，调解成功率极低，而当前阶段该院收案同比上升至32.49%（如下表）。

H省C市K区2022年度街道多元解纷工作站调解案件情况表

工作站名称	委派数	调解成功数
A多元解纷工作站	18	1
B多元解纷工作站	73	4
C多元解纷工作站	53	3
D多元解纷工作站	11	1
E多元解纷工作站	53	1
F多元解纷工作站	13	0
G多元解纷工作站	9	2
H多元解纷工作站	137	1
I多元解纷工作站	54	0
J多元解纷工作站	38	4
K多元解纷工作站	54	0
L多元解纷工作站	87	3
M多元解纷工作站	93	7
N多元解纷工作站	172	72
O多元解纷工作站	10	1
P多元解纷工作站	33	0
总计	918	100

2. 工作站配置无差异化，未实现分区域差异解纷

在同等经费激励和人员配置下，各基层多元解纷工作站解纷效果呈现较大区域化差异，甚至出现两极分化，如属于主城区的K区婚姻家事、相邻关系等民事纠纷调解率仅为16%，而距离主城区较远的L市（属于C市的县级市）在补助及调解人员与K区基本一致的情况下多数工作站均开展调解，其中J、L街道多元解纷工作站调解成功案件116件，成功率超过90%，类型包括婚姻家事、相邻关系、侵权责任等。而K区在工作站调解金融消费纠纷案件成功率为38.7%，信用卡案件同比下降61.94%，而L市此类纠纷调解成功率仅为5.3%。由此可见工作站解纷效果呈现较大区域化

差异，流动人口多、经济发展多元的主城区依靠基层自治力量处理家事纠纷、相邻纠纷等存在较大困难，非主城区由于流动人口少、经济发展相对传统等使得工作站在行业调解上较为吃力，但是工作站设置中并未将此纳入考量而进行差异化配置。

3. 行业及行政解纷主体虚置化，未发挥职能优势

设立在纠纷多发的行业及行政职能部门的多元解纷工作站解纷效能存在较大差异。通过行业协会或行政职能部门调解案件整体不高，如H省C市调解平台调解的案件达286 529件，但是通过设立在行业协会或行政职能部门内的工作站主持调解的案件仅为18 286件，占所有调解案件的6.38%。在178家行业协会及相关部门设立的多元解纷工作站中，有61家工作站未参与调解案件，占全部工作站的34.26%，其中调解成功率低于10%的有97家，占全部调解工作站的54.49%，调解案件数量及成功率都极低。同时，笔者对多元解纷工作站及相关职能部门的工作人员、调解员150名进行了问卷调查、深度访谈，其中超过75%的调查对象认为纠纷化解本是法院职责，目前委派调解任务均来自法院，仅2%的多元解纷站工作人员表示会主动在纠纷未到法院时进行干预，且该调查对象均为道路交通多元解纷工作站的调解员。由此可见，行政和行业对纠纷的化解呈现出一种乏力状态，未发挥其专业或行政职能优势。

二、解读：多元解纷工作站运行中的“布雷斯悖论”倾向

工作站在运行中呈现出的形式化问题，在一定程度上加剧了司法负载压力且挤压了原本已拥堵的纠纷化解通道，反而增长了化解时间，致使各方体验感不佳，即存在陷入“布雷斯悖论”（见图5）的倾向。该悖论是由德国数学家布雷斯提出的，原指在一个交通网络上增设一条线路，这一附加线路不但没有减缓交通压力，反而增加了出行者的行驶时间，甚至降低了交通网络的服务水准，这种“出力不讨好”且与人们直观感受相悖的交通网络现象主要源于纳什均衡点并不一定是社会最优化，这一理论也能广泛地适用到其他方面。[①] 而工作站运行过程的形式化导致其产生陷入该悖论的后果，即原本纠纷到化解的路径是“纠纷⟶法院⟶化解”或“纠纷⟶其他解纷参与者⟶化解”，而工作站是开辟了“法院⟶其他治

① 王爱虎、唐远华：《交通路网中的布雷斯悖论及其无秩序代价研究》，载《工业工程》2022年第4期。

理参与者”这一新道路以实现纠纷快速化解，但工作站的形式化运行使得纠纷化解路径变为“法院收案、分流——法院引导其他解纷参与者诉前调解——回流至法院（司法确认或诉讼）”（如图 6）。法院在此呈现出“过密化”[①]趋势，从而陷入内卷与低效中，工作站运行产生陷入“布雷斯悖论”的倾向。

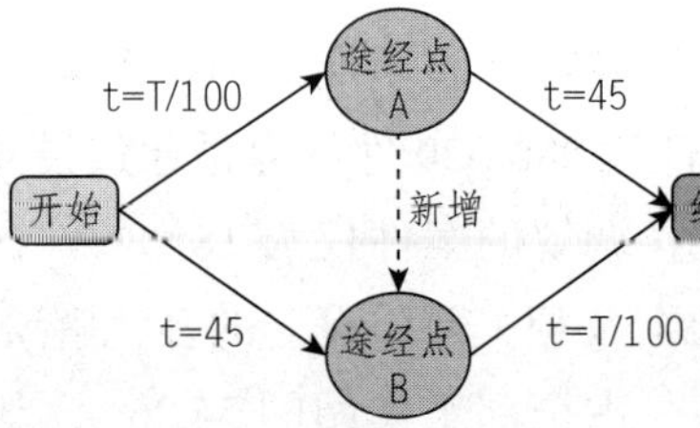

图 5 “布雷斯悖论”理论

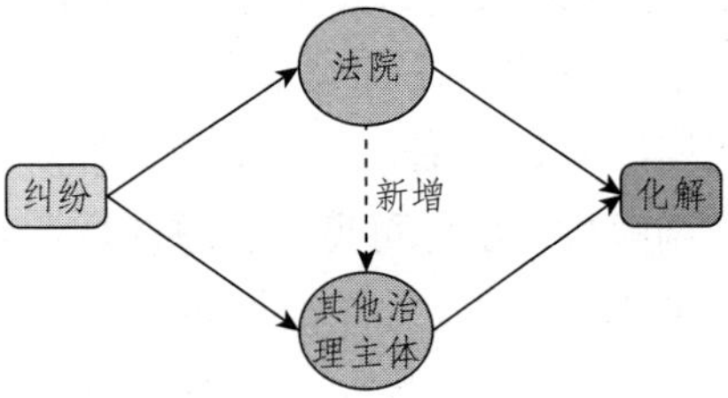

图 6 工作站运行的“布雷斯悖论”倾向

（一）延长纠纷处理时间，增加化解成本

在推进多元解纷之初即出现了利用该方式延缓立案的现象，因推进多元解纷工作对应的法院业务部门为立案庭，部分法院立案庭采用对所有或部分案件利用诉前调解而暂不予立案，以满足收结案等指标的考核，并制造实现民商事案件增幅下降这一解纷效果好的“假象”。而工作站为此提供了更大容量，立案庭可通过人民调解平台向工作站委派案件，而这一平台的操作规程也为立案庭的这种操作预留了缺口，虽然操作规程规定进入平台的案件需 30 天内办理完毕，但从当事人提交资料到录入平台的时间并无具体要求，故实践中，部分法院采用指派到工作站实质调解在前，初

① “过密化”原本是用于描述农业生产中劳动力投入“有增长无发展”的现象，后被应用到基层治理领域，意为投入大量的治理资源，但未真正提高治理效果，最终陷入“高投入、低效率”的治理模式。

步调解意向达成后再录入平台的方式来规避平台的操作规程。以工作站为代表的多元解纷在一定程度上成为部分法院缓解立案的工具，"立案难"以另一种方式继续存在，当事人纠纷化解期限也变为了不限期状态。

（二）投入与效能未匹配，导致内部减负感不强

司法资源的有限性是客观存在的，[①] 然而目前工作站运行中的驱动主体仅为法院，加大了司法资源的负荷，甚至其投入因缺少协同力量而未能激发出最大的解纷效能。具体而言，工作站解纷要求法院立案庭在立案接收材料时进行审查，从原来的形式审查变为对材料内容进行详细审查寻求纠纷化解突破口，将有调解可能的案件委派至工作站，极大地降低了工作效率，而反观案件增幅并未出现明显下降，如H省C市9家基层法院，仅1家法院出现了民商事案件增幅下降。为实现矛盾纠纷的"源头预防"，工作站不仅需要法官联点或驻点，也推行法官高频率地进行"巡回审理""法治宣讲"，对调解补助进行审核并提交至政府部门报账等，非审判业务量变重，且无法量化为法官工作绩效，因法院非司法职能而形成的"功能增加型负担"挑战了有限的司法资源，未为法官带来可感知的有效减负。

三、反思：多元解纷工作站运行从形式化到"布雷斯悖论"的生成机理

（一）解纷过度依赖造成纠纷"被动分流"

完备的解纷机制可以使较多主体力量均可转化为解纷资源，包括党政组织的协调力、行业管理的规制力、市场评价的约束力、社会舆论的影响力。[②] 解纷机制也应当由国家动员、整合并利用全社会解纷资源，这就要求党政主导统筹是前提，其他主体积极参与，这也是当前的共识。然而现实中仍然存在诉讼偏向，基于当前的解纷机制存在系统性故障，非诉与诉讼衔接不畅，部分多元解纷工作站调解员接收案件后，即便用心努力调解，但若调解失败当事人并无法立刻实现立案，调解员将面临当事人的催促却无法解决，故后续不愿再接受法院的委派调解案件。同时，囿于法院长期以来承担纠纷化解"主力军"的固有路径，部分地方党委、行政机关等承担社会治理职能的机构未破除"单线作战"的机制藩篱和"有纠纷找法院"的思维定式，陷入矛盾纠纷源头化解功能弱化和主动性式微的桎梏

① 江必新：《辩证司法观及其应用》，中国法制出版社2014年版，第75页。

② 顾培东：《国家治理视野下多元解纷机制的调整与重塑》，载《法学研究》2023年第3期。

之中，地方治理大力推行的“枫桥经验”与工作站运行未实现有效结合，致使我国矛盾纠纷化解机制最大的问题是前端不强，后端越做越大，呈现出“倒金字塔”型的失衡样式。

（二）忽略非制度化因素影响致使解纷难度加大

一定要在社会格局和政治体系中了解和理解法院适合以及能够接受和处理什么样的纠纷。[①] 从内在视角来看，纠纷能否化解受制于纠纷的性质与形态，法院在处理纠纷时是围绕事实认定和法律适用两个核心要素进行的，而在纠纷处理过程中，当事人对事实发生的亲历性使当事人与法官进行对话的领域围绕“事实”问题展开，而法官在事实的构建和阐释上也同样拥有一定自由，故当事人会在事实认定上与法官角力，在角力过程中甚至裹挟着沉淀成本和不断累积的情绪表达，这些非制度性事实信息会被当事人添附进对事实的塑造中，从而主观认为可以影响法律适用，然而在法官认定的制度性事实中会将此部分因素部分或全部剔除，导致当事人诉求与法律权益供给的偏离程度加大。由此可见，法院的制度化运行需要给非制度化的实践预留必要的空间，并非所有纠纷都是可以通过法治思维和法治方式化解的，甚至并非所有纠纷都可以通过制度化、机制化的方式化解。[②]

四、矫正：多元解纷工作站运行路径的重塑

破除“布雷斯悖论”的最有效方式是畅通信息披露与沟通来完成各主体的自觉协调，通过个体和整体最优化解拥堵。[③] 具体到工作站运行中，应当实现法院功能回归，赋权增能其他解纷主体，从而畅通纠纷分流和化解渠道，使工作站运行实质化，从而走出“布雷斯悖论”。

（一）以“双向分流”破除纠纷的“被动分流”

1. 给予工作站收案权限，畅通“工作站——法院”流通渠道

由工作站解纷的主要系“被动分流”至此的纠纷，而纠纷主体不愿主动选择工作站的主要原因在于无法满足期限利益，而基层解纷主体不愿接受委派在于调解不成难以立案，调解员需面对因纠纷主体相关纠纷未化解

---

① 苏力：《司法改革的知识需求》，载《法治现代化研究》2017 年第 1 期。

② 方乐：《非制度化因素对法院就地化解纠纷的影响及其意涵——内在视角的考察》，载《法律科学（西北政法大学学报）》2019 年第 5 期。

③ 王爱虎、唐远华：《交通路网中的布雷斯悖论及其无秩序代价研究》，载《工业工程》2022 年第 4 期。

而远超其调解职能的压力。故赋予工作站收案权限可有效缓解纠纷和解纷主体这一顾虑，恢复“家门口”解纷本应具备的吸引力。工作站的收案权限并非立案权限，而是一种立案服务和指导，既对化解不成的纠纷予以指引，指导其按照立案的要求提供相关资料、准备证据等，并将相关申请立案信息通过平台推送或直接报送至法院立案庭。此权限的畅通可使多元解纷工作站成为纠纷化解的第一道防线，且纠纷主体基于便利性等因素更愿在纠纷发展的各阶段选择通过工作站来化解。

2. 完善法院端程序分流，畅通“法院——工作站”流通渠道

诉讼依赖暂时并不能完全解决，在此情形下法院应实现高质分流，压缩流转环节。对此可以合并立案与分流职能，纠纷到达法院后委派到多元解纷工作站或分流给驻点法院调解组织或调解员，或直接立案需要充分考虑对纠纷的甄别能力。部分法院采用立案庭副庭长对所有案件进行筛选分流的方式，但是这一方式对于案件数量较多的法院无法适用，且无法在第一时间引导当事人选择其他纠纷化解模式，影响了分流的效率。提高立案窗口人员专业化程度，可采用由法官及法官助理等团队化方式，在立案时充分考虑当事人意见、纠纷类型及复杂程度等从而进行分流的方式，实现两个职能的合并。

3. 规范内容告知程序，引导“法院——工作站”流通选择

告知主要体现在告知时间、内容、方式和对象上，故可从以下几方面着手：一是法院及工作站在纠纷化解及立案前将纠纷方式及优势、适用范围、后续保障等主动告知当事人，并针对不同类型与发生领域的纠纷采取不同导向的纠纷处理策略，如对涉及某类专业知识和技术的部分引导当事人选择行业调解，而对邻里、家事、侵权等涉及情理因素的纠纷时可引导当事人选择人民调解，对某些职能部门可以充分发挥其职能作用化解的（如住建类纠纷等）可引导选择行政调解，工作站告知其纠纷化解流程及后续保障。二是告知对象应进一步拓宽选择主体，除了主动寻求化解一方外，还应包括纠纷相对方，赋予双方其他纠纷化解方式的选择权。三是告知方式除了口头告知外，还可送达纠纷化解程序告知书，将每一种纠纷化解方式的程序、优势、适用纠纷类型及化解结果的保障、监督救济方式等制作成书面告知书，在纠纷主体至工作站或法院时进行送达，并通过“闪信”等电子送达方式送达给对方，确保其对每一种纠纷化解方式了解更为透彻，从而做出最优选择。

（二）以“具体流程设置”破除相关解纷主体“功能缺位或越位”

1. 纠纷主体选择工作站化解的处理流程

工作站受理纠纷时应在相应期限内根据当事人提交的资料或主张的情况，进行初步评判，分配调解员，此期限可在立案审查期的标准上予以缩减，定为 3 个工作日。调解员接受该纠纷后应录入调解平台，调解期限仍为 1 个月，在此期间纠纷当事人可向法院申请诉前保全等，并不影响调解程序的进行。调解期间，调解员可根据纠纷类型等进行纠纷难易程度及纠纷等级分析评估，对于法律专业性极强或者涉及潜在纠纷较多的，可以向法院申请介入，法院对此类纠纷负责调解，调解员协助及学习；对专业性次之且化解较为简易的纠纷，法院在前期进行指导后调解员可自行调解。调解成功后调解员可将调解笔录和协议发送至联点法官进行审核，并推送至法院进行司法确认。调解不成的案件若属于法院立案范围，则对纠纷当事人进行指导，将立案信息推送至法院，并将相应笔录、地址确认书等在调解过程中形成的资料一并移送至法院（如图 7）。

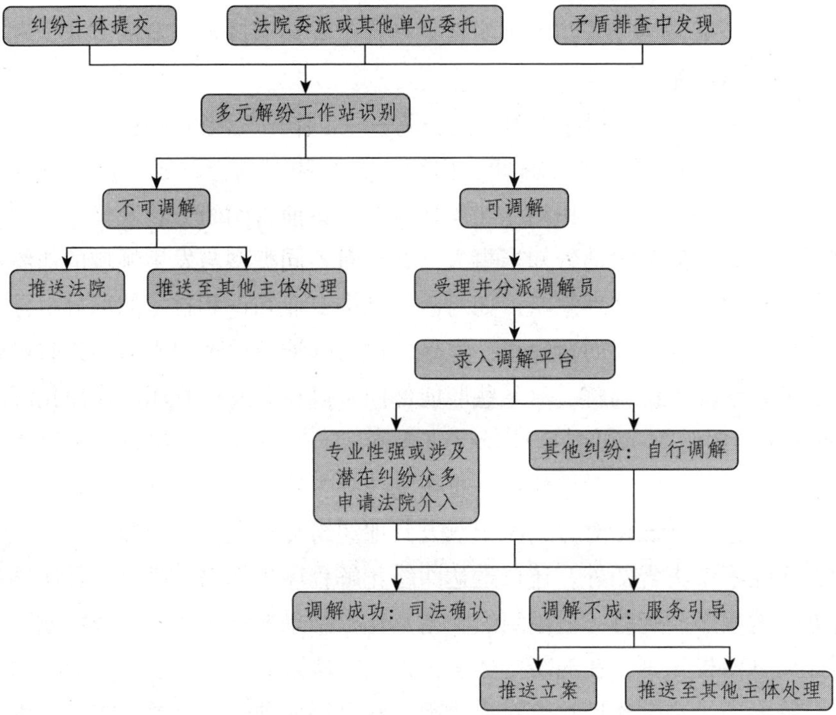

图 7　工作站运行流程

2. 纠纷主体选择法院化解的处理流程

法院应在 3 个工作日内对该纠纷进行分析和委派，委派时应充分考虑纠纷类型，如婚姻家庭、邻里纠纷、侵权纠纷等，可委派至纠纷主体所在地、侵权行为发生地的工作站，以便发挥社区“和事佬”式的讲情理方式作用，若为金融借款合同纠纷、知识产权类等专业领域，则委派至行业调解组织所在的工作站，发挥行业组织优势，若为物业服务合同纠纷、机动车交通事故责任纠纷、医疗纠纷等，则委派至行政机关派驻或行政机关本身所在的工作站，发挥行政调解优势。委派后法院应当进行相应的指导和关注，对调解员申请介入的及时协助甚至主导调解。对即将超期限的案件进行督促，超过 1 个月未调解成功的案件及时进行立案登记（如图 8）。

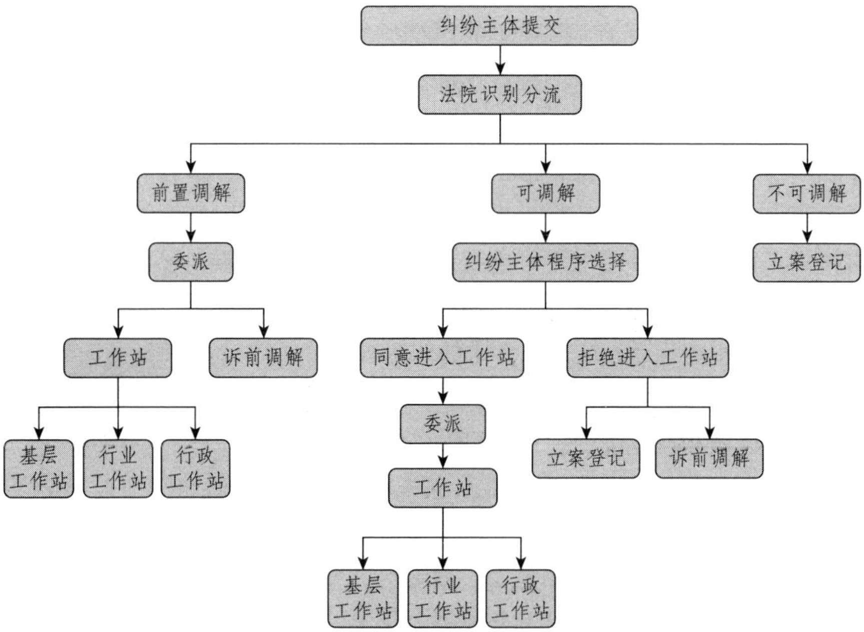

图 8　“法院——工作站”运行流程

3. 明确应先进入及不能进入工作站调解的范围

对某类纠纷案件主动进行调解或者强制调解，并不必然构成对当事人调解自愿原则的悖论。[①] 反之，实践中出现的无限期调解或反复调解，才

① 左卫民：《通过诉前调解控制“诉讼爆炸”——区域经验的实证研究》，载《清华法学》2020 年第 4 期。

是对纠纷主体诉权的侵害。在当前多元解纷机制知晓度相对不高的前提下，当事人有权利意识而权利救济能力不足的现实背景下，引导当事人选择多元解纷工作站，参加非诉调解，有助于促进他们形成对各种解纷方式优劣性的认识，提高解纷效率。从现实需求来看，对调解结果的接受自然应当尊重当事人的意愿，在调解方式的选择上，则不应完全取决于当事人的主观意志。在某些情况下，应当将调解作为诉讼的一种前置性程序。进一步地，在某些特定类型纠纷的处置中，工作站解纷亦应当作为前置性程序运用，发挥其作为纠纷解决“外围防线”的作用，以形成纠纷化解分层过滤、分层递进的格局。这一制度的核心在于明确下列三个事项：一是强制前置的纠纷范围，这一范围的确定不应对纠纷主体的诉权行使造成较大冲击。可以纠纷类型化为基础提升化解精准性，将前置分为三类，并设立相应的纠纷清单：（1）强制前置的纠纷类型，包括物业服务合同纠纷、金融借款合同纠纷及其他标的额在小额诉讼程序适用之上限额以下的、义务人能有效送达的财产权益纠纷。①（2）可前置的纠纷类型，健康权纠纷，相邻纠纷，无家暴等特殊情形的首次离婚纠纷，抚养、赡养、继承等家事纠纷等，此类纠纷一般情形下进入调解前置，特殊情况经纠纷主体说明可直接进入诉讼程序。（3）不可进行调解前置的纠纷，除《民事诉讼法》规定不能进行调解的案件类型外，还应包括义务人下落不明或无法有效联系的纠纷、涉嫌虚假诉讼或恶意诉讼的纠纷等。②

（三）以“精准配置”破除资源“供需失衡”

1. 分区域和行业进行差异化配置

实现区域和行业的分类化解，意味着解纷资源配置也需要进行分类，才可达到“投入——产出”效应均衡。根据目前的解纷效果可以发现，多元解纷工作站配置的数量和规模、调解员类型还应考虑流动人口指数、经济指数、商事案件数与民事案件数的占比等，可借鉴计量经济学与统计学的方法，设定综合考虑上述因素的“资源配置比重”作为规模和调解员类型的参考，并将相关指数进行标准化处理。

当资源配置比重高即流动人口多、经济指数高、商事案件占比高的区域，在资源配置上应偏重行业调解、商事调解等，工作站应充分发挥行

① 此类纠纷可较好地通过行政解纷或者行业解纷地力量化解，且部分有相关规定应先经某方催缴等，但在实践中沦为形式上发个催收函即可直接进入诉讼程序，案件占比重，故可将此类纠纷纳入强制调解前置范围。

② 刘家良：《非诉调解前置主义的反思与走向》，载《政法论丛》2020 年第 5 期。

业调解力量，在位置上可与行业力量、行政力量结合，可将具备相应知识的专家、律师等纳入工作站调解员选任范围。而对于资源配置比重低的区域应偏重人民调解，工作站应充分发挥基层组织力量，在位置上应实现与基层组织相结合，工作站调解员选任重点考虑其在所在区域的影响力等因素，将“五老”“乡贤”等纳入选任范围。

2. 分阶段发挥“法院特邀”效能

党政主导统筹、多元参与已经成为当前的共识，党政主导统筹包含优化“万人成诉率”等考核机制，完善经费补助激励等。但法院如何嵌入基层治理框架内，利用有限的司法资源激活其他解纷主体，实现实质化运行是当前的难题。从实践中可以看出法院特邀调解组织和调解员的化解能力及效果相比其他人民调解、行业调解、行政调解更高，除经费激励外，主要原因在于“法院特邀”。这给我们提供了一个激活路径，即通过法院特邀调解组织、调解员对应到各多元解纷工作站，前期可直接派驻入站，在工作站进入日常运营后可转化为联点模式，开展常态化业务指导和联络，发挥专业化优势，这种分阶段的入驻及联点模式可有效带动并激发其他调解力量的活力，使政府、社会组织、公众等多元主体参与到工作站运行中，实现新时代“枫桥经验”与工作站的有效结合。

3. 平台数据资源共享及整合

建立在数据基础上的解纷，不仅更具科学性，且成本较低，在社会秩序的维持上具有积极的效果。[①] 数据赋能助力工作站解纷规范及质效的提升，有两个要求：一是数据融通。当前涉及工作站运行的平台为在线调解平台、一站式建设、道交一体化平台等，但该类平台并未实现联通，对跨平台的案件分析只能通过手动计算，目前各信息化系统无法按照街道或乡镇统计案件量，考核存在障碍，且出现同一个案件调解需要在不同平台进行信息录入的情形。故要打破各平台的壁垒，简化在线调解等技术的操作程序，推动应用集合至统一端口，实现不同环节、不同平台、不同流程的数据资源共享。二是数据资源整合。可通过司法数据对某个区域、行业、人群等进行针对性的潜在纠纷进行分析和研判，建立纠纷排查预警机制，并将排查和研判情况反馈至工作站，以便于其提前干预。同时，法院在分流时可利用数据进行自动分拣、分级分类、排查兜底等匹配最佳化解的工作站组织和化解方案，充分发挥数据在解纷中的受理、分流、咨询、移

① 刘东超、闫晓：《城乡基层治理体系中的德治》，载《行政管理改革》2021 年第 12 期。

送、反馈等功能。

五、余论

当前人民法院在多元解纷中呈现出的功能偏移并不仅仅在多元解纷工作站中体现出来，如何进行矫正也是多元解纷实践中面临的普遍问题。前文的工作站论述和矫正为多元解纷机制完善提供了有效参考。

回归引导功能，实现源头共治。当前多元解纷的工作模式是按照结果导向型思维开展的“结果型”化解，多元解纷的核心应当回归到以人民为中心，即提供便捷、高效的化解矛盾纠纷体系，故将理念转变为“过程导向”是必然要求。在“过程型”解纷理念下，要求构建的是理性结构[①]：一是要将其纳入国家治理的定位中，吸纳其他解纷力量，转变为党政主导统筹，其他解纷主体积极参与；二是法院回归到引导、分流、规范的功能定位上，并为纠纷主体提供程序保障。

发挥规范功能，实现非诉化解。基层及行业解纷主体及一般公众在发现纠纷、还原事实等方面具有天然优势，但是其在化解能力上受调解员甄别能力、法律素质、纠纷复杂程度等因素影响，调解过程存在失范风险。因此，首要解决的是法院难以直接认定其他主体主导下形成的调解协议的效力问题。由于法院在调解过程中并未参与，在信息不对称情形下对调解协议赋予其强制执行力持谨慎态度符合权责一致的逻辑，法院除了针对调解员开展业务培训外，可制作常见纠纷的调解笔录和调解协议模板，并通过点对点的指导对更为复杂的纠纷调解协议拟定专业意见，规范其协议内容和形式，破除纠纷主体、解纷主体及法官的忧虑。

强化保障功能，提升过程刚性约束。除了通过司法确认的方式实现强制执行效力以外，还应将诉讼强制措施更多地引入其他化解方式中，实现制度衔接。一方面，扩大保全措施的适用，通过保全措施提升其他解纷方式的有效性。弱化保全与提起诉讼之间的制度性关联，对诉前财产保全担保规则作出调整，由当前的全额担保转变为与诉中财产保全一致的差额担保。[②]另一方面，建立对调解过程中形成的无争议事实、地址确认书等确认制度。在调解阶段完成的当事人身份、送达地址、无争议案件事实可确

① 张兴美:《送达制度的结构性转向：从“结果型”走向“过程型”》，载《中外法学》2022年第5期。

② 张兴美:《送达制度的结构性转向：从“结果型”走向“过程型”》，载《中外法学》2022年第5期。

认，通过结果互认予以价值认可，以增加纠纷及解纷主体对其他纠纷化解方式的认同感。

衡量一个国家法治文明和法治程度的标准，不在于案件数量和社会矛盾纠纷数量的多少，而在于我们社会是否有一套健全的纠纷化解机制，以及这一套纠纷化解机制排解社会矛盾的能力和效果如何。最理想的纠纷化解机制应实现每个公众在参与过程中运用自己的权利与最有知识的人进行交流，在此过程中精通了法律，树立了信仰，产生了认同。[①] 这种状态不仅实现了纠纷实质化解，更重要的是在过程中实现了对法治的认同。多元解纷工作站为实现上述状态提供了一个选择。关于进入诉讼之后可通过示范性判决、司法建议等进行回溯型多元解纷本文暂未展开讨论，但多元解纷工作站作为多元解纷的开端和最广泛适用对整个多元解纷体系构建、纠纷分流机制优化意义重大，是实现理想状态的核心环节。故希望本文的探讨能对其他多元解纷模式及健全的纠纷化解机制构建有所裨益。

① [法]托克维尔:《论美国的民主》，董国良译，商务印书馆 1997 年版，第 317 页。

行政诉讼重作判决的困境与出路

——基于对178份行政判决书的实证考察

黄志勇 * 周 洋 ** 张萌萌 ***

重作判决即责令被告重新作出行政行为的判决，其并非一种独立的行政判决方式，而是行政诉讼法规定的一种附属性判决，重作判决附属于撤销判决而存在，[①]故也称撤销重作判决。重作判决作为我国行政诉讼法立法之初即设立的判决方式，具有鲜明的中国特色，但因其“简洁”的规范表达，即只有“可以”[②]一词，使得重作判决的运用有偶然性和不确定性，司法适用有时较为模糊，实践中容易陷入选择、场域、条件及效果等多重困境。然而，在2014年行政诉讼法修改时，作为附随判决的重作判决并未像其他主判决方式一样引起立法机关的重视，修改后的行政诉讼法和司法解释对重作判决未作实质性的改进和完善。在我国行政判决方式类型化路径逐渐明确和完善，以及行政争议实质性化解的行政审判功能日益突出的背景下，有必要进一步厘清和明确重作判决的场域定位、适用条件及适用方式，进而发挥其应有的理论和实践价值。

一、重作判决的法规范分析与现状概览

（一）重作判决的规范表达

重作判决的基础法律依据为《行政诉讼法》第70条，该条除增加“明显不当”情形外，与1989年《行政诉讼法》第54条第2项完全一致。

---

* 作者单位：北京市海淀区人民法院。

** 作者单位：北京市海淀区人民法院。

*** 作者单位：北京市东城区人民法院。

① 江必新、梁凤云：《行政诉讼法及司法解释关联理解与适用》，中国法制出版社2018年版，第679页。

② 1989年《行政诉讼法》第54条第2项规定：“（二）具体行政行为有下列情形之一的，判决撤销或者部分撤销，并可以判决被告重新作出具体行政行为：1. 主要证据不足的；2. 适用法律、法规错误的；3. 违反法定程序的；4. 超越职权的；5. 滥用职权的。”2014年《行政诉讼法》第70条规定：“行政行为有下列情形之一的，人民法院判决撤销或者部分撤销，并可以判决被告重新作出行政行为：（一）主要证据不足的……（六）明显不当的。”

如前所述，该条规定重作判决是“可以”适用，裁量权由法官行使，但具体在什么条件下可以适用并无标准。《最高人民法院关于适用〈中华人民共和国行政诉讼法〉的解释》（以下简称《行诉解释》）第89条和第136条第3款是对判决撤销行政复议决定时重作判决的规定，前者是针对改变原行政行为的行政复议决定，该条规定“可以一并责令复议机关重新作出复议决定或者判决恢复原行政行为的法律效力”，值得注意的是，原《最高人民法院关于执行〈中华人民共和国行政诉讼法〉若干问题的解释》（以下简称《若干解释》）第53条第2款规定的是“应当责令复议机关重新作出复议决定”，《行诉解释》此处的“可以”虽然代替了《若干解释》的“应当”，但规定了明确的选择项，即也可以直接判决恢复原行政行为的效力；后者是针对维持原行政行为的行政复议决定，规定的是“可以判决作出原行政行为的行政机关重新作出行政行为”，即针对复议双被告案件，重作判决针对的是原行政机关。

另外值得注意的是，《若干解释》第59条、第60条规定了重作判决的条件和期限，即判决撤销违法具体行政行为会给国家利益、公共利益或者他人合法权益造成损失的，可以判决被告重新作出具体行政行为并限定重作期限，但《行诉解释》删除了这两条规定，转为用《行政诉讼法》第74条第1款第2项的确认违法判决来替代重作判决，这就导致重作判决的适用条件进一步模糊。

最高人民法院在对行政许可、政府信息公开、商标专利授权确权等行政案件的司法解释中也有关于重作判决的规定。如《最高人民法院关于审理行政许可案件若干问题的规定》第11条，① 但该条仅限于在不予行政许可案件中适用，适用范围较窄，且责令重作判项的内容不够明确、直接，在被告已无裁量余地的情况下，法院也只能程序性判决被告重新处理。而《最高人民法院关于审理政府信息公开行政案件若干问题的规定》第9条第1款② 也限于在信息公开案件中适用，但该条规定在被告没有裁量余地的情况下，法院可以直接判决被告公开，即可以作出“实体性重作判决”，

---

① 该条规定：“人民法院审理不予行政许可决定案件，认为原告请求准予许可的理由成立，且被告没有裁量余地的，可以在判决理由写明，并判决撤销不予许可决定，责令被告重新作出决定。”

② 该款规定：“被告对依法应当公开的政府信息拒绝或者部分拒绝公开的，人民法院应当撤销或者部分撤销被诉不予公开决定，并判决被告在一定期限内公开。尚需被告调查、裁量的，判决其在一定期限内重新答复。”

对重作判决的内容往前迈进了一步。遗憾的是，实践中法院更多的是以尚需被告调查、裁量为由责令被告重新答复，较少直接判决被告公开。

（二）重作判决的实践特点

在聚法案例网中，笔者以“行政案件”“判决书”为主题，在“裁判结果”选项中以“撤销”及“撤销 责令 重新”为关键词，共搜索到行政案件 500 余件，经梳理、剔除后，随机选取其中 178 份有效判决书作为分析样本。经分析，重作判决的适用在司法实践中具有以下特点：

1. 重作判决的适用比例在依职权行政行为和依申请行政行为之间差异较大

样本中，法院作出撤销判决后附带作出重作判决的共有 85 件。其中，被诉行政行为属于依职权行政行为的案件中，法院作出撤销判决后附随作出重作判决的比例，与被诉行政行为属于依申请行政行为的案件中，法院作出重作判决的比例差异较大，[①] 分别为 11.6% 和 89.1%（见图 1）。

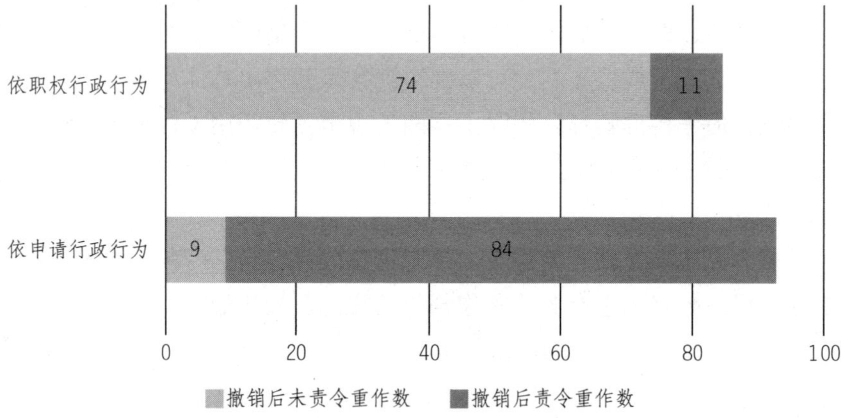

图 1

2. 法院作出重作判决与原告诉讼请求不完全一致

在 85 件法院作出重作判决的样本案件中，有 21 件案件的原告并未提出要求行政机关重作的诉讼请求，占 24.7%。其中，被诉行政行为是依职权行政行为的案件中，原告极少会提出重作请求；83 件被诉行政行为是依申请行政行为的案件中，有 10 件原告虽未请求但法院作出了重作判决，

① 依职权行政行为，样本中主要有行政处罚、限拆决定、行政撤销等；依申请行政行为，样本中主要有行政答复、工伤认定、行政裁决等。

有9件原告提出重作请求但法院却并未作重作判决。据此，原告诉请对行政判决并不产生绝对的制约作用，法院判决存在“诉判不一致”情况。

3. 重作判决的内容以程序性重作为主，指示性重作和实体性重作较少

程序性重作是指法院在判决书主文部分仅责令行政机关重新作出行政行为，但无具体内容；指示性重作是指法院在判决书主文部分责令行政机关重新作出行政行为，同时裁判理由中写明重作的要求和应考量的因素等；实体性重作则指法院在判决书主文部分直接明确重作的内容、形式等。85件法院作出重作判决的样本中，上述三种重作判决类型的数量和占比如图2。

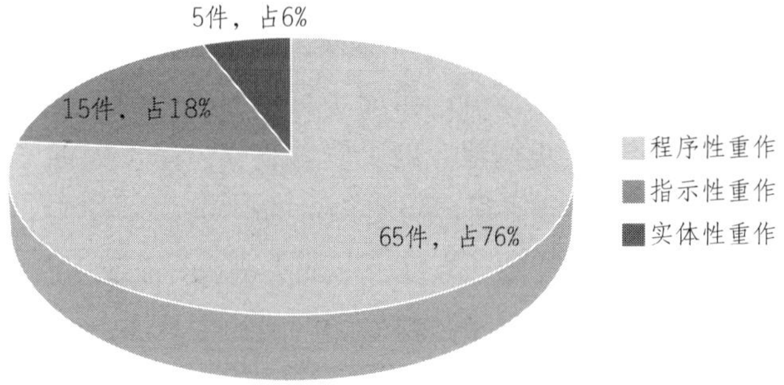

图2

二、重作判决的适用困境

重作判决在司法实践中陷入多重困境，例如，作还是不作、什么条件下作、与其他判决怎么区分以及作出后效果不佳等。

（一）选择困境：法官对是否责令重作的立场难定

重作判决作为撤销判决的附随判决，是一种具有中国特色的判决方式。我国行政诉讼法制定时，鉴于当时的法治水平，并未设立撤销判决效力制度，而是采用了较具争议的“可以”重作判决模式，加上撤销判决拘束力理论的深刻影响，法官们有时会徘徊于作与不作之间，在两可的选择面前感到不安和不自由。①

以于某诉北京大学撤销博士学位案为例，法院作出撤销判决后，在是否选择作出重作判决上显得模棱两可，该案一审判决书主文虽没有责令重作判项，但判决理由中却写明“该《撤销决定》被依法撤销后，由北京大

① 章剑生：《判决重作具体行政行为》，载《法学研究》1996年第6期。

学依照相关规定进行处理”。法官当时可能陷入以下矛盾心理：如果作出重作判决：一是有“多此一举”之嫌，因为根据撤销判决拘束力，北京大学有权自己决定是否重新作出处理；二是如果北京大学按照法院判决重新走一遍程序后再次撤销学位，很有可能导致新一轮诉讼。而如果不作出重作判决：一是于某博士论文是否涉嫌抄袭、程度如何，法院并没有作出判断，如果确实构成严重抄袭应进行处理，法院可能承担一定风险；二是北京大学作出撤销决定时主要问题是程序上的草率，如能弥补程序缺陷经过严肃谨慎的调查合议后再次撤销，也并无不可。由此可见重作判决在实践中的模糊性和两难。

（二）场域困境：适用空间被其他判决方式压缩

2014 年《行政诉讼法》及《行诉解释》对履行判决、给付判决及变更判决等判决方式作出了新的安排，压缩了重作判决的适用空间，以致有人认为“在诉讼类型化进一步构建、判决效力制度进一步完善、司法权威进一步提升后，重作判决就到了退出历史舞台的时刻”。①

1. 在行政处罚、征收补偿等案件中与变更判决存在交叉重叠

《行政诉讼法》第 77 条规定行政处罚明显不当或者其他行政行为涉及款额的确定存在错误的，法院可以作出变更判决。而行政处罚明显不当亦属于重作判决可以适用的情境，两者在理论上都涉及司法权作出判断的问题，实践中基于对实质解决纠纷的需要，法院对于这类案件越来越倾向于适用变更判决，重作判决适用空间则相应缩小。如某炒货店广告处罚案、北京某商店销售过期瓜子处罚案等案件，近年来变更判决的适用率越来越高。在征收补偿决定案件中，法院也同样倾向于适用变更判决，如在某实业公司诉某人民政府征收补偿决定案②中，最高人民法院在撤销被诉征补决定后直接判决变更补偿数额。在行政裁决类案件中，法院甚至也开始用变更判决代替重作判决，如在某经济合作社诉某县人民政府行政裁决案③中，法院在撤销被诉行政裁决后，并未作出重作判决，而是直接将涉案山林所有权变更为原告所有。

2. 在行政答复、信息公开等案件中有被履行判决代替之势

《行政诉讼法》第 72 条和《行诉解释》第 91 条规定原告要求被告履

① 张平、周小晖:《拒绝抑或谨慎——论重作判决的未来之路》，载《时代法学》2017 年第 4 期。

② 详见最高人民法院（2019）最高法行再 4 号行政判决书。

③ 详见最高人民法院（2019）最高法行再 134 号行政判决书。

行法定职责理由成立，被告违法拒绝履行或逾期不予答复的，法院可以判决被告在一定期限内依法履行，尚需调查或裁量的，应判决被告针对原告请求重新作出处理，是为履行判决。而在举报答复、信息公开等依申请行政行为案件中，原告对行政机关作出的不予支持原告请求的行政行为不服，实质上也是要求被告履行相应的法定职责，法院作出的履行判决其实与“撤销 + 重作”判决的效果一致，如在投诉举报等被告作出拒绝性答复的案件中，履行判决为原告诉求提供了更加直接的解决方案。《行政诉讼法》第 73 条规定的一般给付判决也同样可以部分代替重作判决。以致有人认为在授益行政行为领域，重作判决在行政诉讼法修改实施后被履行和给付判决所取代，已无适用空间。实践中，重作判决和履行判决确实也一直存在“纠缠不清”的关系，尤其针对拒绝性履责答复行为，是优先适用重作判决还是履行判决至今仍是悬而未决的问题。

（三）条件困境：适用条件缺乏统一标准

如前所述，重作判决的法规范依据并未对其适用条件作出规定，实践中法院是否适用重作判决则在依职权行政行为和依申请行政行为之间形成了明显的反差，除此之外，并无其他更具体的标准。[①]

1. 针对依职权行政行为作出重作判决的标准较为模糊

样本中，法院在撤销这类行政行为后作出重作判决的有 11 件，但并无明确标准，且实践中会出现不同的做法。

2. 针对依申请行政行为不作重作判决的理由多样

样本中，法院在撤销该类行政行为后并未作出重作判决的有 9 件。其中唯一有明确法律依据的是，撤销改变原行政行为的行政复议决定的，法院可以根据《行诉解释》第 89 条的规定直接判决恢复原行政行为的效力，而不用责令重作。

（四）效果困境：行政争议实质性化解效果不佳

实践中，存在法院作出重作判决后，行政机关违反禁止反复条款的现象。程序空转、纠纷不能实质解决问题的情况一定程度上存在，在不予工伤认定、举报答复、信息公开等依申请行政行为案件中尤为突出。其中既有行政机关不认同法院判决而作出重复行为或怠于履责情形，也有行政机关根据法院判决内容重新作出行政行为之情形。在法院针对依申请行政行

① 本文认为《行政诉讼法》第 73 条规定的给付判决属于在支付抚恤金、社会保险待遇等领域的特殊履行判决，故不作单独论述。

为案件作出重作判决的74件样本中，有52件在行政机关重新作出行政行为后，原告再次提起诉讼，比例高达70.3%，其中有16件原告三次甚至三次以上提起行政诉讼。

三、重作判决的出路和适用规则

根据行政诉讼法规定的实质化解行政争议立法目的，人民法院在适用各类判决方式时，应当优先选择最有利于行政争议解决的判决方式。① 重作判决在我国行政诉讼制度模式下有其存在的理论和实践价值，要让重作判决方式在困境中突围，发挥其应有的功能，关键在于坚持以实质化解行政争议为目标导向，明确重作判决的定位、适用场域及条件，同时优化重作判决的作出方式并提升执行效果。

（一）重作判决正当性基础及定位之重塑

1. 重作判决存在的正当性基础

首先，重作判决能够弥补撤销判决功能之不足，与撤销判决效力制度只是殊途同归。重作判决可以将行政机关在撤销判决后的重作义务明确化、具体化，减少当事人法律关系的不确定性，有利于行政争议的实质性解决，且能够促进行政效率的提升，而撤销判决“拘束力模式”本身已难以胜任很多问题，在行政法治发展水平相对滞后的国家和地区，寄希望于通过撤销判决效力制度来要求行政机关履行重作义务存在较大难度，因而重作判决制度具有撤销判决拘束力理论所不可取代的法律功能。② 其次，重作判决与行政诉讼客观法秩序维护功能相兼容。我国行政诉讼是主观公权利保护和客观法秩序维护相统一的混合功能模式，但总体上是一种客观法秩序模式，在该模式下，法院审理案件的要旨是审理行政行为的合法性，行政诉讼程序构造倾向于职权主义，行政判决有超越诉讼请求的可能，“诉判不一致”并不能成为重作判决合法性危机的理由。最后，行政判决对象有向权利义务关系突破的必要性和趋势。因为行政机关首次判断权和权力分工原则，行政判决原则上不能以权利义务为对象，这个特殊性严重影响了行政诉讼救济的有效性和彻底性，即无法一次性保障或满足相对人的合法权益救济需要，因而有必要予以突破。③

① 郭修江：《行政诉讼判决方式的适用》，载《法律适用》2023年第6期。
② 曾令良：《现代国际法的人本化发展趋势》，载《中国社会科学》2007年第1期。
③ 张旭勇：《行政判决原论》，法律出版社2017年版，第70页。

2. 重作判决的定位：具有独立适用空间的附属性判决

首先，重作判决虽然附属于撤销判决存在，但与撤销判决也应有严格的区分。撤销判决只能在被诉行政行为违法，撤销后行政相对人的权利义务恢复到被诉行政行为作出之前的状态时才能够适用的判决方式；撤销重作判决则是撤销被诉行政行为后，当事人的权利义务处于不确定状态，应当由行政机关重新查明事实、纠正法律适用错误或补正法定程序，对当事人的权利义务重新作出处置。①

其次，重作判决与变更判决是一般与特殊的关系。变更判决是撤销判决的补充形式，但其适用情形要远远少于撤销重作判决，即仅适用于行政处罚明显不当或者其他行政行为涉及对款额的认定确有错误的情况，换言之，能适用变更判决也能作出撤销重作判决。② 故而其他情形一般适用撤销重作判决为宜，且实体性重作判决也完全能够承担行政争议实质性化解的功能。

最后，重作判决与履行判决有各自的适用场域。第一，行政机关“不予答复”属于纯粹的不履责，当然只能适用履行判决，不存在重作判决的适用空间，只有在行政机关作出“拒绝性答复”时两者才需要区分。第二，针对行政机关作出的“拒绝性答复”，重作判决和履行判决的区分应采用“具有实体内容”标准，即该拒绝性答复系行政机关经过实体审查、已经过“首次判断”的，应适用撤销重作判决，反之才能适用履行判决。如在食品举报答复案件中，行政机关如果经过实体审查认定不存在违法行为而作出不予查处的拒绝性答复，法院审理后认为答复错误的，应适用撤销重作判决，如未经实体审查直接作出不予立案决定的，则适用履行判决。对此，学术界也存在不同观点，认为履行判决比重作判决更为适当，“行政诉讼法并没有规定法院可以直接责令行政机关作出肯定性答复的行政决定，而在实体性履行判决中法院当然具有这样的权限。”③ 赞成者则认为“具有实体内容”标准与大陆法系行政诉讼法理论中关于撤销之诉的排他性适用效力相暗合，具有逻辑体系上的合理性。④ 第三，具体案件领域

① 郭修江:《行政诉讼判决方式的适用》，载《法律适用》2023 年第 6 期。

② 程琥:《我国行政诉讼诉判关系的反思与重构》，载《法律适用》2023 年第 6 期。

③ 王明喆:《行政诉讼履行判决的类型与适用——基于“不履行法定职责”类型化的分析》，载《环球法律评论》2023 年第 3 期。

④ 刘欣琦:《新〈行政诉讼法〉实施后重作判决适用探析》，载《政治与法律》2016 年第 5 期。

中，不予工伤认定、行政裁决、不予行政许可等案件往往是行政机关经过实体审查后作出，一般属于重作判决的适用场域，在政府信息公开、举报答复、行政复议等案件中，需要先判断是否经过实体处理，同时结合原告的诉讼请求再选择判决方式。

（二）重作判决适用条件之明确

一般来说，重作判决的适用一般应当考虑重作的可能性、必要性和适当性。被诉行政行为所处理的事项确需重新处理、重新作出行政行为具有现实可能性且不对国家利益、社会公共利益或他人合法权益造成损害的，属于重作判决的一般适用条件。[①]但上述标准均较为模糊，实践中可操作性不强，而从行政行为不同类型确定不同的适用条件则更具有理论和实践基础，鉴于依职权行政行为和依申请行政行为对行政相对人的权利影响差别较大，故针对这两种行政行为的重作判决适用条件可以采用不同的标准。

1. 撤销依职权行政行为的，以不作重作判决为原则，以作出重作判决为例外

我国行政诉讼虽然总体上是一种客观法秩序模式，但主观公权利诉讼也日益与诉讼程序相融合。主观公权利是公民个人可以据此要求国家作为或不作为的请求权基础，[②]一般分为防御权和受益权，其中防御权是指个人防御和对抗公权力侵害的权利。行政处罚、限期拆除、行政撤销等依职权行政行为，通常是减损当事人权利或者增设其义务，当事人对此提起行政诉讼正是行使防御权的方式，是为了寻求法院来撤销该权利义务的设定，保护其合法权益，这也正是行政诉讼法的目的。法院作为居中裁判者，经对被诉行政行为合法性审查后认为其存在证据不足、适用法律错误、程序违法等情形而判决撤销的，一般应将裁量权交由行政机关，而不宜再主动判决责令行政机关重新处理，否则会与行政诉讼之目的相悖。

当然，法院在判决撤销依职权行政行为后，也存在可以作出重作判决的例外情形，主要有：（1）行政行为明显不当，但应适用变更判决的情形除外。如行政机关应考虑的情节没有考虑，但确应处理而法院又无法具体裁量的，应责令行政机关重新处理；（2）行政行为认定事实部分错误，但其他违法事实确需处理而法院又无法部分撤销的。如限期拆除决定中部

① 江必新、梁凤云：《行政诉讼法及司法解释关联理解与适用》，中国法制出版社 2018 年版，第 679–680 页。

② 张翔：《基本权利的体系思维》，载《清华法学》2012 年第 4 期。

分违法建设认定有误或者已经处理过的，可以撤销后责令行政机关重作；（3）违法事实确实存在，行政机关有义务处理，但处理对象认定错误的；（4）撤销后需要重新处理且不处理会损害第三人合法权益的。如在有被害人的治安处罚案件中，因处罚决定程序违法被撤销，但对被害人损害事实存在的，可以判决撤销重作。

2. 撤销依申请行政行为的，以作出重作判决为原则，以不作重作判决为例外

国家对人民承担法律规定的义务，公民个人的公法权利才成为可能。①主观公权利中的受益权是指相对人拥有请求行政机关为特定行为或请求行政机关对其权利提供法律保护的权利，基于此，行政相对人对此拥有的规范意义上的请求权，行政机关必须履行相应的法定义务。依申请行政行为，如行政许可、工伤认定、信息公开、行政裁决等，正是涉及行政机关对相对人依法所负有的义务和职责。当事人针对依申请行政行为提起行政诉讼的，法院应本着受益权救济原则进行审理和作出判决。在被诉行政行为被撤销后，各方权利义务则回到当事人申请时的状态，需要重新进行明确。此时，重作判决已经不仅仅是撤销判决的从判决，而是承担着救济相对人受益权、确定权利义务的“主判决”功能。②因此，针对这类行政行为，在立法已经明确作出安排的情况下，法院应积极主动作出重作判决。

除与履行判决及变更判决区分适用外，也存在无须作出重作判决的例外情形，主要有：（1）撤销被诉行政行为后，原始法律关系得到恢复的。如行政机关作出撤销工伤认定决定的行政复议决定，法院判决撤销该复议决定后，原工伤认定决定得到恢复的情形；（2）第三人要求撤销被诉行政行为且该行政行为确实违法的。如行政许可的利害关系人起诉要求撤销被诉行政许可决定，法院经审查认为被诉行政许可决定确实违法且无法补救的；（3）行政机关超越职权作出行政行为的。此外，在《行政复议法》新修改的背景下，针对复议双被告案件，法院作出撤销判决后，是仍然针对原行政机关作出重作判决还是针对复议机关作出，是一个值得探讨的问题。

（三）重作判决内容之实质化——定分止争

法院作出重作判决，尤其是针对行政机关依申请行政行为作出的重作

① 徐以翔：《耶利内克的公权利思想》，载《比较法研究》2009 年第 6 期。
② 张旭勇：《行政判决原论》，法律出版社 2017 年版，第 162 页。

判决，应当服务于实质化解行政争议的立法目的，同时要处理好司法谦抑与实质性化解行政争议的关系，司法谦抑正是要通过全面审查被诉行政行为的合法性，保护公民、法人和其他组织的合法权益，采用更为精准的审理和裁判方式，实质化解行政争议。① 具体来说：

第一，只要能够查明事实、明确法律适用的，人民法院应尽可能作出实体性重作判决。如在工伤认定案件中，如果行政机关作出不予认定工伤决定，但法院查明应当认定为工伤的，在判决撤销行政机关的决定时，可以直接判决责令行政机关重新作出认定工伤的决定，而不是只作出程序性重作判决，导致案件陷入循环诉讼。需要注意的是，实体性重作判决与履行判决、给付判决往往会出现交叉、重合适用的问题。如在贺某会诉酉阳县某社局不予办理入编手续处理意见案，② 法院第一次适用撤销重作条款判决撤销并责令重作后，被告仍作出不予办理答复，法院第二次认定原告符合入编条件、被告已无裁量余地，判决撤销答复的同时，直接判决责令被告为原告办理入编手续，但判决主文引用的是履行判决条款。这里即涉及前文所述重作判决与履行判决如何区分适用的问题，需要立法进一步明确。

第二，如果法院无法作出实体性重作判决的，应尽可能作出具有明确指引性的指示性重作判决。即在判决主文中撤销行政机关的决定，在裁判理由部分明确指出行政机关违法的原因、合法行为本应采取的方式以及重作行政判决的标准。③ 如在前述某气体分滤厂诉余姚市某局不予燃气经营许可案中，在第二次诉讼时，生效判决即在裁判理由中否定被告不予许可的理由后，明确指出被告对原告的许可申请应予审查的因素，如是否有经营资质、是否符合燃气经营标准等。

（四）重作判决执行效果之强化——禁止反复

针对法院作出的实体性重作判决，行政机关应当按照判决作出相应的行政行为，没有裁量余地，如果行政机关拒不执行或拒不按要求执行的，当事人可以按照《行诉解释》第152条的规定向法院申请强制执行。行政机关仍不执行的，应认定为“拒不履行判决”，人民法院应按照《行政诉讼法》第96条的规定处理，即对行政机关或其负责人罚款、公告、司法

① 黄永维、郭修江：《司法谦抑原则在行政诉讼中的适用》，载《法律适用》2021年第2期。

② 详见重庆市第四中级人民法院（2021）渝04行终56号行政判决书。

③ 马怀德：《行政诉讼原理》，法律出版社2004年版，第98页。

建议等。针对法院作出的指示性重作判决和程序性重作判决，行政机关应严格按照判决要旨重新作出行政行为，不得以同一事实和理由重新作出与原行政行为基本相同的行政行为，否则构成违反禁止反复条款。根据《行诉解释》第 90 条第 3 款的规定，行政机关违反禁止反复条款的，法院应根据《行政诉讼法》第 70 条及第 71 条的规定再次判决撤销或者部分撤销，同时按照《行政诉讼法》第 96 条“拒不履行判决”处理。

但实践中法院很少按照《行政诉讼法》第 96 条对行政机关违反禁止反复条款的行为进行处理，主要是因为该条规定的强制措施均有一定的局限性，法院也缺乏适用该条款的动力，对当事人再次提起诉讼习以为常。对此，一方面要加强府院联动，督促行政机关正确履行判决，建立重作判决执行情况反馈机制，强化判决的执行效果；另一方面要完善重作判决执行机制，加强对行政机关相关责任人员的惩戒，将执行责任及不执行判决的惩罚落实到具体人员，才能更有效地推动判决的执行。同时法院自身也要进一步强化实质解决争议的理念，制定、执行相应的考核指标和激励机制，积极作为推动重作判决执行效果的提升。

结　语

重作判决虽附属于撤销判决存在，但有它独特的理论和实践价值，在与履行判决、变更判决等判决方式进行场域区分的情况下，法院应紧紧围绕实质化解行政争议、保护人民群众合法权益的立法目的，区分依职权行政行为和依申请行政行为适用不同的重作条件，同时强化重作判决内容的明确性和指引性，以确保重作判决的执行效果。

粤港澳大湾区内地法院实质性推行当事人主义送达的路径探索

赵 丽[*] 刘慧娟[**]

2019年，中共中央、国务院印发《粤港澳大湾区发展规划纲要》。大湾区内地九市与港澳特别行政区毗邻，随着湾区建设推进和粤港澳合作深入，三地经济交往频繁、交通日益便捷、法律服务人员加快融合，多层次、全方位的合作格局逐步形成。目前，粤港司法送达质效有待提升，在一定程度上阻碍了湾区社会治理合作和法治环境建设的推进。为解决这一问题，个别湾区内地法院开启了当事人主义送达的尝试。本文拟在对司法送达价值定位进行反思的基础上，结合大湾区发展目标和现实条件，探索湾区内地法院涉港案件实质推行当事人主义送达的可行路径，并期望能以此为切口，为我国涉外民事程序立法的“人本化”发展提供参考。

一、正当性证成：粤港澳大湾区司法送达的价值体系建构

在解决“送达难”的漫长探索中，引入当事人主义送达呼声已久。[①]但受送达功能定位及职责分配的传统认识影响，特别是“当事人虚假送达”的道德风险，以及“法院推卸责任”的失职指责，现有理论研究及实证探索均无法摆脱职权主义送达的桎梏，当事人送达仅作为职权送达的额外“补充”，始终未获独立价值。因此，在湾区内地城市实质性推行当事人主义送达，首先面临的是正当性诘难。而解决这一问题，必须从根本上对区际（乃至国际）司法送达的价值本位、权责分配、功能目标作出重新反思。

（一）价值导向：国家/国际社会本位——复合本位

从公、私法区分角度而言，一个人只有取得一国公法上人的地位，才可能成为私法上的人，否则其私法地位就失去了判断本国法或属人法基

---

* 作者单位：广东省广州市南沙区人民法院。

** 作者单位：广东省广州市南沙区人民法院。

① 司艳丽：《完善我国涉港民商事案件司法文书送达机制的几点思考》，载《中国应用法学》2023年第2期。

础。[①] 因此，国际私法必然受到国家主权原则制约，追求国家主权和私人权利的平衡是国际私法无法回避的重要命题之一。

然而，随着跨境民商事交往的日益频繁，现代国际私法发展日益呈现出人本化发展趋势，具体体现在国际法律体系对整个人类和单个人的法律地位、权利及利益的确立、实现和维护。[②] 从本质上说，国际 / 区际民商事法律关系虽因具有涉外 / 跨法域因素而在规则上与国内民商事法律关系有所区别，但其私权属性并不因此改变。在涉外 / 区际民商事法律纠纷解决过程中，仍应尊重当事人的主体地位，保障其正当权利，同时兼顾与国家、社会利益的统一。因此，国际私法的价值导向，逐步演变为以私权本位为主、以国家和国际社会本位为辅的复合型本位体系。

私权本位的关键在于增强私人的诉讼主导作用。涉外送达作为诉讼程序事项虽不可避免地受到国家司法主权制约。然而，这种制约并不排斥在尊重各国司法主权前提下，允许当事人自主参与送达并自愿承担风险。从这个意义上说，即便在涉外民商事案件送达领域，亦有当事人主义送达的适用空间；更勿论粤港送达作为一国主权范围内的区际送达事项，本质上并不涉及司法主权问题，更可以通过事务性和技术性安排予以解决。

（二）权责分配：职权主义——当事人主义

20 世纪 90 年代初，民事诉讼法学领域掀起“职权主义向当事人主义转型”的理论变革，主张从法院全面职权干预向当事人自主参与、自我决定、自我负责的诉讼模式转变。由此，包括当事人举证责任、逾期失权制度等在内的系列改革措施出台，在一定程度上重塑了民事诉讼程序的运作实践。[③] 遗憾的是，在此轮变革中，用以权衡两种模式的“权责对应”理念在一定程度上被弱化，“职权主义”被过度强调为法院对诉讼程序的过度干预，而“当事人主义”则被塑造为保障当事人诉权、制约法院职权的代名词。基于此，即便在诉讼模式转型理论下，“当事人主义送达”仍面临进退维谷的尴尬——送达作为法定“告知”程序，本质仍在于诉讼负担及风险。法院实施送达，从浅层看似乎并无干涉、剥夺当事人自由的意味，恰恰相反，在诉讼主体意识本就不高的当事人看来，将其纳入送达程

① 参见王利民：《论人的私法地位——从一个制度的分析》，法律出版社 2007 年版，第 28-35 页。

② 曾令良：《现代国际法的人本化发展趋势》，载《中国社会科学》2007 年第 1 期。

③ 陈杭平：《“职权主义”与“当事人主义”再考察：以“送达难”为中心》，载《中国法学》2014 年第 4 期。

序，实际上额外增加了其诉讼负担和责任。而这正是“当事人主义送达”在理论自洽和民众接受层面难获证成的原因所在。

因此，当事人主义送达也必须回归诉讼模式转型理论的基点，从“权责对应”的角度方能正确解读。在当前国家已向社会及个人大幅让渡自由、资源、权能，并逐步确立政府职能有限理念，致力建设服务型政府的背景下，[①]法院实际掌握的制度、权能、资源显然已无法与全责型送达模式匹配；而实际享有送达程序利益的当事人，在成本合理且可预期，权责足够清晰的前提下，基于可能因送达不力导致的程序乃至实体利益减损，完全可以也应当参与其中。当然，这种参与必须是“扩权增责”两个方面的同步平衡，且必须以明确、合理、可预期、可操作的规则为保障，否则就会再次背离“权责对应”的初衷。

（三）功能目标：实质参与——程序保障

关于送达的价值，理论界认为，其作为独立程序性事项，[②]核心功能在于保障所有利害关系方有权实质参与诉讼，必须以受送达人为主体偏向，“穷尽一切手段”最大限度在结果上保障实质送达。[③]而同时，作为诉讼开端的送达又是连接程序与实体的纽带，即通过合理的方式使利害各方“知道或应当知道”诉讼事项，从而达到启动诉讼程序、实现实体法任务的使命，[④]因而还肩负着“程序保障”的功能。

相较而言，以“实质参与”为核心功能的“结果型送达”模式无疑是理想化的送达结构，但囿于现实，只能在相对封闭的社会结构、有限的纠纷数量和较高的信息公开和诚信环境下方可实现，否则即会使送达程序久拖不决甚至诉讼程序启动不能[⑤]；而以“程序保障”为首要功能的“过程型”送达则以“形式真实”为标准，保障的并非受送达人实际知悉的结果利益，而是其获得合理知悉机会的程序利益，虽在一定程度上削减了对受送达人实质参与利益的保护，却能通过建立风险平衡分配机制，尽量减少

---

① 杨波、程志高：《现代服务型政府的生成逻辑与推进路径》，载《湖北广播电视大学学报》2018 年第 3 期。

② 王福华：《民事送达制度正当化原理》，载《法商研究》2003 年第 4 期。

③ 张兴美：《送达制度的结构性转向——从“结果型”走向“过程型”》，载《中外法学》2022 年第 5 期。

④ 刘一展：《追本溯源——民事送达制度和程序保障权关系初探》，载《湘潭大学学报（哲学社会科学版）》2005 年第 Z1 期。

⑤ 例如，根据《美国联邦民事诉讼规则》第 4 条，若原告提交诉状之日起 120 天内未将传唤状和起诉状送达被告，则法院可以决定撤销诉讼，参见张馨天：《美国民事送达制度对完善我国送达程序的启示》，载《人民法治》2016 年第 11 期。

外部环境对送达程序的干扰，仅以送达过程本身获得正当性；并使当事人在理性评估后实现程序自治，调动其参与积极性，防止虚假送达、规避送达的反诱因行为。

事实上，在当今经济社会快速发展的世界，任何国家的司法送达制度都必然受到主客观环境影响。特别是在我国幅员辽阔、人口众多且流动性强、纠纷频发的现实条件下，合理的送达机制必须以机会公平为核心，遵循送达行为的一般规律，在法院及当事人间合理分配利益及风险，从而调动各方积极性，在最大限度上运用各类资源、规避诚信风险，共同推动诉讼程序的公平展开和实体正义的真正实现。

二、可行性分析：大湾区内地法院实质性推行当事人主义送达的现实条件

如前所述，合理确定当事人送达的可行性及参与度，必须以“权责对应”为前提，以“程序正义”为目标，结合当地经济、社会、文化等现实条件，平衡送达成本及利益，分配送达负担及风险。整体而言，我国地广人多、经济发展不平衡导致个人参与送达的成本和资源不均，在全国范围内推行当事人主义送达条件远未成熟。然而，作为开放程度最高、经济活力最强的区域之一，粤港澳大湾区优渥的地理环境、良好的经济基础、便利的交通网络、国际化的发展定位，以及粤港跨法域交流的文化背景，都为在湾区内地城市实质性推行当事人主义送达提供了现实可行性。

（一）经济层面：湾区内涉港当事人参与送达的成本收益分析

作为法经济学的主要分析工具，成本收益分析通过对法律规制在经济、社会、环境影响下可能产生的成本及收益进行分析，评估法律规制的可行性及效果。[①] 司法体系的运转需要国家、当事人和社会的高度配合，科学的司法制度必须使司法成本在政府、个人、社会与市场之间合理分散，[②] 并使之与各方收益平衡。具体到送达领域，当事人是否以及如何参与送达，亦有赖于其在现有制度、经济、文化环境下，对参与送达的成本、收益预期及决策。

从送达成本看，如前所述，随着湾区建设推进，依托高速铁路、城际铁路和高速公路为主体的快速交通网络与港口群、机场群等基础设施建设

① 毕洪海：《作为规制决策程序的成本收益分析》，载《行政法学研究》2016年第3期。
② 王福华：《论民事司法成本的分担》，载《中国社会科学》2016年第2期。

加快实施，主要城市间“一小时通达”的高效连接网络化空间格局逐步建成，当事人参与送达的交通、时间和经济成本逐年下降；同时，湾区内地城市与香港特别行政区文化同源、人缘相亲，涉港纠纷当事人间往往具有较为紧密的人情关系，参与送达难度相对不高。而随着两地产业合作，以及社会保障和社会治理合作深入，公共信息共享机制亦更加完善，当事人获取送达信息更加便捷。而从送达收益看，当事人在成本可控的前提下，通过主动参与可以极大缩短送达乃至诉讼时间，尽快获得司法救济；并通过自主选择最为有效的送达方式，保证送达效力，防止因公告送达滥用导致的发回甚至再审风险。

暨南大学中国（广东）自由贸易试验区研究院对南沙自贸区100家香港特别行政区企业的问卷调查结果也验证了上述结论：部分企业对由法院抑或自己送达均予接受；而倾向于由法院送达的企业，主要顾虑亦在于对送达成本及效力无法预期。[①] 事实上，只要通过科学的外部制度设计合理制定当事人可以采取的送达方式，明确各类情况下送达的举证及效力认定标准，同时通过判决由当事人各方合理分担送达成本等方式，使当事人对自己可能负担的送达成本及收益产生明确预期，辅之以对不诚信送达行为的惩戒，形成双方当事人均积极参与及配合送达的“合作”激励，最大限度保证送达效率。

（二）规则层面：粤港持续推进诉讼规则衔接的实践探索

尽管在送达模式上与香港特别行政区存在明显差异，但《粤港澳大湾区发展规划纲要》及相关司法文件均对当事人主义送达表现出包容态度：《粤港澳大湾区发展规划纲要》提出，要加强粤港澳司法交流与协作，为湾区建设提供优质、高效、便捷的司法服务和保障。最高人民法院在关于支持和保障前海、横琴建设的相关意见中均提出，要简化涉港澳案件诉讼程序，并在《关于支持和保障全面深化前海深港现代服务业合作区改革开放的意见》中明确提出，在涉港澳民商事案件中探索当事人、律师、公证机构等协助转送文书。而广东省高级人民法院亦在2022年12月发布的《关于粤港澳大湾区内地人民法院审理涉港澳商事纠纷司法规则衔接的指引（一）》第6条规定，内地法院审理涉港澳商事案件，可以按照符合香港特别行政区、澳门特别行政区法律或者惯例的方式向香港特别行政区、

---

① 李健男、叶诗瑜：《在南沙自贸区“粤港合作区”试点香港当事人间司法文书送达问题研究》，载《法治论坛》第4辑。

澳门特别行政区当事人送交诉讼文书。

可以说，香港特别行政区惯有的当事人主义送达模式，以及最高人民法院、广东省高级人民法院对促进粤港民事诉讼规则衔接，支持自贸区法院试行当事人主义送达的积极态度，都为湾区内地法院实质性推行当事人主义送达提供了制度依据。

（三）实证层面：湾区法院已有的当事人主义送达试点基础

如前所述，自2017年起，湾区内自贸区法院即开启了当事人主义送达的探索，并形成了相应操作规程（详见下表）。

内地法院已有的当事人主义送达创新尝试表

	Q法院《涉港民商事案件司法文书转交送达实施细则》	N法院《委托当事人（或律师）送达工作实施细则》
案件范围	涉外涉港澳台民商事案件	除特定案件以外的民商事案件、执行案件
受送达人	香港特别行政区居民	（1）受送达人及其法定代理人、诉讼代理人或同住成年家属；（2）受送达人的法定代表人、主要负责人等（境内外主体均可）
受托主体	（1）原告（香港特别行政区居民）；（2）经司法部认可的有委托公证人资格的香港特别行政区律师；（3）境外企业、其他组织在中国境内的分公司、合资公司、独资公司，境外自然人在中国境内开办的公司，在中国境内居住的亲友、同事、关联案件诉讼代理人	（1）原告；（2）申请执行人；（3）律师或其他委托代理人
送达程序	转交或委托送达，不可留置送达	（1）直接送达，不可转委托，不可留置送达；（2）可申请公证人员协助见证
文书类型	程序性文书（不含裁判文书）	诉讼、执行文书
有效送达标准	（1）当事人到庭应诉或提交答辩状；（2）受送达人向法院提及所送达司法文书内容；（3）受送达人已按所送达司法文书内容履行；（4）其他可确认已送达情形	由法院通过身份信息核查、电话核实、庭前询问等方式对申请人提交的送达凭据等证据进行审查，确认送达效力
送达期限	10个工作日，有合理理由可申请延长	5日
补充措施	送达不成功，另行安排其他送达	无法完成送达，按程序启动法院送达
费用承担	——	申请人先行承担，可在诉讼中请求受送达人负担，并提交费用支出凭证由法院审核
当事人责任	送达人在委托送达过程中存在恶意拖延送达、故意隐瞒或提供虚假送达信息，法院将按规定追究相应法律责任	（1）申请送达人在送达过程中恶意拖延送达、故意隐瞒或提供虚假送达信息等的，法院依法进行训诫、罚款等处罚。（2）受送达人恶意逃避送达、拒绝送达。法院依法采取罚款、纳入失信名单等处罚
配套措施	——	委托送达事项真实、行为合法，案件评查、审查时不列为质量问题

从上表可见，虽然实施效果差强人意，但摒除因效力层次过低、配套措施缺位、职权主义送达概括兜底等导致当事人参与的内在驱动不足外，两家法院对当事人参与送达的方式、认定标准及不诚信送达惩戒等都作出了初步设计，G市N法院还从成本分担、责任分配，乃至质量评查豁免等方面进行了配套补充，为湾区内地法院实质性推行当事人主义送达奠定了良好实践基础。

值得一提的是，随着粤港澳法律服务业融合发展，自1981年为首批香港特别行政区律师颁发中国委托公证人（香港）证书以来，截至2023年5月，司法部已陆续委托13批568名香港特别行政区律师担任委托公证人，办证累计超过190万件[①]；而自2022年7月全国首批粤港澳大湾区律师获准在大湾区内地九市执业以来，截至2023年6月，广东共设立15家粤港（澳）合伙联营律师事务所，派驻和受聘了67名香港特别行政区律师、41名澳门特别行政区律师，400多名港澳特别行政区律师通过粤港澳大湾区律师执业考试，可以在内地办理部分法律业务；此外，2022年12月，广东省司法厅联合港澳政府法律部门发布了《粤港澳大湾区调解员资格资历评审标准》《粤港澳大湾区调解员专业操守最佳准则》，也为粤港联合评审粤港澳大湾区调解员奠定了制度基础。[②]上述各类法律服务人员从业资格的联合认定，为大湾区内地法院涉港案件当事人参与送达提供了优质的法律服务资源。

三、实现路径：大湾区内地法院实质性推行当事人主义送达的构想

送达制度虽然是完全的程序性事项，但其内部设置、资源调配及配套衔接等均直接影响着整个民事诉讼程序的正当和高效。如前所述，科学的送达立法设定应当符合送达行为的客观规律，满足一般受送达人的程序保障要求，具备达成送达结果的良好能力。送达方式的司法适用应当为具体受送达人的程序保障合理筹划，其标准有二：一是送达过程要满足具体受送达人知悉的程序正当性。具体而言，选定的送达方式已是法院尽必要努力后的最佳送达方式，且该送达方式具有使具体受送达人知悉的一般信赖

①《司法部举行第十三批中国委托公证人（香港）颁证仪式》，中华人民共和国司法部官网2023年5月16日发布。

②《广东已设立15家粤港（澳）合伙联营律师事务所》，载《南方日报（网络版）》2023年6月20日。

利益。二是送达过程要兼顾送达效率。法院虽不要求穷尽全部法定送达方式，但必须确信所择取的送达方式是能够保证受送达人知悉可能性的最佳方式。[①] 以上述两个标准为指引，在大湾区内地法院涉港民事诉讼中实质性推进当事人主义送达，不仅应从具体机制构建和诉讼程序衔接层面着手调整和布局，还应从涉港民事诉讼制度层面进行整体考量和深层变革。

（一）涉港民事诉讼当事人主义送达的基础制度创设

效力保障是程序设置的基础和前提。在大湾区内地法院涉港民事诉讼中全面贯行当事人送达模式，首先必须明确的是，必须改变以往以法院职权送达为基本原则、当事人主义送达为拓展和补充的做法，通过在制度设计层面的调整，确立以当事人送达为原则、法院依职权主义送达为例外的原则，明确只有当法院审核确属当事人送达豁免情形的，方由法院启动司法委托送达等依职权送达程序。而在此过程中，除需考量送达与其他诉讼程序的关系及衔接，还应在裁判考核标准及责任分配方面给予对应的制度保障。

1. 预立案制度：允许送达与诉讼程序的适度分离

全面贯行当事人主义送达，实质在于将相关送达事项及责任承担转移至当事人一方。在涉港民事诉讼程序中增设预立案制度，用以容纳和衔接涉港民商事案件送达程序，既便于落实涉港送达案件识别标准，统一涉港送达的启动条件；又能为规范送达程序及标准事项，实现送达结果的有效性审查等提供制度依托。

具体而言，涉港民事诉讼预立案制度，应至少包含涉港民事诉讼预立案审查、预立案程序及期限以及与诉讼程序的衔接等内容。

首先，在适用预立案审查方面，法院在收到当事人的预立案申请后，除按照民事诉讼法关于立案审查的一般标准外，还应当重点审查以下事项：（1）该案件是否属于可适用当事人主义送达的民商事案件范围；（2）该案件是否存在需要适用当事人主义送达的“涉港”因素；（3）参加诉讼主体的适格性、齐备性，为明确送达对象，将送达事项在预立案环节一次性解决，避免在进入诉讼程序后因追加当事人等导致送达反复，在预立案审查环节即可由法院对案件主体的适格性、齐备性（如必要共同诉讼的各方当事人是否已经全部参与诉讼等）纳入审查范围，从而在当事人启

① 谭桂秋：《德、日、法、美四国民事诉讼送达制度的比较分析》，载《比较法研究》2011年第4期。

动送达前即对自身应当送达的对象、成本等情况进行合理评估，做出必要准备；（4）是否存在当事人送达豁免的情形。

其次，在程序规则方面，应参照正式立案程序由当事人提交书面诉状及相关材料申请启动；具体程序分为初步审查阶段、当事人送达阶段、送达结果审核阶段、结案转立案阶段等，整体时长建议以2个月为宜，其中当事人送达时限为30–45日。

最后，在与诉讼程序的衔接方面，经审查符合预立案条件的案件，原则上应当在完成送达事项后方可进入正式立案程序，此时，经立案部门审查确认的送达材料及结果应作为必备材料一并移送审判部门；而经审查不符合适用当事人主义送达条件和案件范围的案件，以及确实存在送达豁免事项的案件，则可由立案部门制作预立案审查说明，随卷正式转入立案程序，按照普通民商事案件处理。

2. 送达司法确认制度：当事人送达结果的效力确认

在当事人主义送达模式下，案件正式立案程序必须以送达事项完成为前提，此时，法院对当事人送达程序和结果的审查确认即成为必要环节，包括对受送达人身份、送达方式、送达情况及受送达人地址确认书等材料的真实程度、关联程度进行审查确认等，而审查的法律依据，则通常以法院地法为准，具体审查标准将在后文论述。

经司法确认的送达程序及结果，一方面可以作为具有法律效力的送达途径在正式立案后的后续送达中直接适用；另一方面也可以为案件裁判结果在送达程序上的合法性和正当性作出背书。一般而言，经司法审核确认的有效送达方式，在本案全流程或一年之内的其他案件中均可作为直接适用的送达方式，且得以产生视为送达的法律效果。

3. 当事人送达豁免制度：对特殊当事人送达义务的免除

在全面推行当事人主义送达制度设计中，送达主要作为当事人的责任，但根据成本与利益平衡原则，对于符合特定条件，确无能力负担送达成本的当事人，仍应允许其向法院提出申请，经审查认定后，免除其完成送达的责任，而由法院依职权完成送达程序启动诉讼。具体而言，可以免除送达责任的情形主要应从案件类型、当事人实际经济承受能力等方面进行考量：首先，从当事人身份上而言，可以参考诉讼费缓减免制度的相关情形，如当事人确有证据证明其属于残疾人无固定生活来源、最低生活保障对象、特殊社会救济对象、国家规定的优抚、安置对象、社会福利机构等情形。其次，从案件类型上看，涉及特定弱势群体权益的纠纷，如劳动争议纠纷，追索赡养费、扶养费、抚育费、抚恤金纠纷，因见义勇为或者为保护社会公共利益受损产生的赔偿或者补偿纠纷，追索社会保险金、经济补偿金等。最后，还必须赋予法院一定的自由裁量权，对虽不属于上述情形，但确有证据证明无法承受送达负担的当事人酌情免除其送达义务。

（二）大湾区内地法院全面推行当事人主义送达的具体机制构建

1. 适用案件类型

笔者认为，适用当事人主义送达的案件应同时满足以下条件：

首先，仅限于民商事案件。由于粤港两地对民商事案件的范围界定并不一致，我国民法典虽采用了“民商合一”的立法体例，但仍将民事法律关系限定为平等主体之间的人身和财产关系；而香港特别行政区虽亦无“民事”或“商事”的形式划分，但根据通常理解，除刑事以外的事项均属“民商事”范围，故行政法、税法等具有一定行政管理关系的案件也可能被纳入民商事案件。一般认为，民商事案件范围的定性属于识别问题，以适用法院地法为主流观点，但考虑到送达的效力直接关系判决的承认与执行，故笔者认为，适用当事人主义送达的“民商事”案件范围应当与内地与香港特别行政区已签署但尚待生效的《关于内地与香港特别行政区法院相互认可和执行民商事案件判决的安排》中所规定的民商事案件范围保持一致，寻找两地法律规定的“最大公约数”。

其次，应当为涉港民商事案件。至于“涉港”的判断标准则应按照民事诉讼法的规定，在诉讼主体、主要法律事实、诉讼标的等任一方面涉港即应识别为涉港民商事案件。

最后，确有涉港送达必要。事实上，并非所有涉港案件均需启动涉港送达程序，只有当诉讼主体存在涉港因素时方涉及涉港送达，一般主要指被告或第三人涉港，具体又分为身份为香港特别行政区居民或经常居住地（1 年以上居住地）在香港特别行政区两种情形。根据当前审判实践，香港特别行政区居民身份的确认相对比较明确，而对于经常居住地为香港特别行政区的情形则一般较难查明，此时，举证责任应赋予原告一方，法院可通过应申请向其出具律师调查令或补充材料通知书等方式，督促其向有关单位调取证明材料，审核认定是否符合标准。

2. 启动条件及程序

诉讼提起人按照立案审查标准向法院递交诉状、被告主体资料、基础证据等材料时，即启动当事人送达的初步审查阶段。为实现高效送达目的，应要求诉讼提起人尽可能固定诉讼请求并一次性完成举证，避免诉求变动或证据突袭带来后续送达的频繁启动，降低当事人送达适用成效。同时，诉讼提起人应向法院提供被告或其他诉讼参加人完备的可送达地址列表，包括其户籍地、注册地或近一年期内的常住地等，并附交相应证明材料予以佐证。法院对预立案登记材料进行审查后，指引诉讼提起人（诉讼代理人、诉讼代表等）签署《诚信送达承诺书》，以承诺在当事人送达程序遵守诚信、高效、及时原则完成送达事项，并自愿承担据此产生的诉讼后果。至此，初步审查阶段完成，当事人送达正式启动。

当事人送达程序启动后，案件将由立案部门转交审判业务部门或集约送达中心进行处理。送达人员在首次排期确定后制作应诉材料及开庭传票等，并将应诉送达材料进行封固，交由当事人或其委托代行送达事务的主体在法院限定的送达时限内将诉讼材料送至受送达人处。如送达成功，直接送达情况下应由受送达人及送达人同时签章，并需对现场情况拍照或摄像留底，作为送达途径、形式及过程合法性的佐证。送达人在送达回执上的签名视为对此次送达成功作出的信用背书。关于签收证明材料的反馈，可以是经受送达人签收的送达回执，也可以是现场送达视频或照片等。在送达方式上可以尽可能采用便捷高效的方式，允许适用邮寄送达、委托有资质的第三方法律服务机构送达、电子送达等合法有效的替代性送达方式，给予送达程序性事项的推进最宽松的实现渠道。在送达时长方面，当事人送达通常以60日为完成时限，有特殊原因需要延长的，由送达人提出申请，法院对是否延长送达时长具有审查决定权。

3. 送达结果的司法确认及判定标准

当事人送达完成后，需由法院对其送达结果的有效性和合法性进行审查评定，决定案件是否可由预立案环节转入正式立案环节。对于审查结果确定为无效送达或瑕疵送达的情况，则需由当事人进行补正送达，补正送达的期限建议以30日为限，补正完成后需重新提交法院审核；补正送达仍无法完成送达事项，或经法院审核认定送达无效的，终结预立案程序，不再转入正式立案程序处理。对于送达结果最终被判定成功的案件，由立案部门对经审查合法有效的送达过程及结果逐案作出司法确认，并转为正式立案程序。

对于成功送达的判断标准，由于程序性事项的证明标准与实体事项要求不同，当事人就程序性事项提出的证据只需使法官的认识达到“疏明”的程序，就应视为已满足这种较低的证明标准，法官可认定当事人主张的程序性事项为真，并作出相关的程序决定。[①] 由于在当事人送达模式下，送达事务权责部分或全部转移至当事人一方，对送达成功与否的判断将不再以相对人是否应诉或实质履行义务为认定条件，而是在送达人员诚信背书的基础上，将其视为理性的民事主体，根据其提供的送达凭证进行综合审定。对于送达人员主张直接送达成功的情形，以其提供的有受送达人字样的签名的送达回执，附以现场送达影音文件为基础进行审定；而对于邮寄送达成功的情况，以诉讼文件投递入受送达人邮箱或其他法定接收材料地点的现场影音文件为准。同时应允许当事人按照我国民事诉讼现有的规范和标准实行电子送达、登报公告送达等。

可以预见的是，随着粤港两地交通等的日益便捷，送达路径日益丰富，当事人通过直接送达、邮寄送达、电子送达或委托有资质的第三方法律服务机构送达的领域将日渐扩大，最终逐步覆盖受送达人在香港特别行政区的居住地、住所地、注册地等各领域，因送达豁免或实质送达不能导致的法院依职权司法委托送达的适用将逐步削减，由此造成的程序延滞和周期延长也会得到有效缓解。

（三）配套资源培育与配套制度衔接

当事人主义送达的全面推进期将从合理协调送达与起诉制度的关系角度出发，最终实现送达程序及职能与审理程序的完全剥离，同时结合送达事务市场化运作、社会化诚信体系建立等配套制度实现当事人送达辅助机制的建立。

1. 社会化多元送达主体的培育

为减轻当事人送达成本、提高送达效率和公信度，在当事人送达基础上可吸纳具有司法活动参与权能的相关机构、团体和个人作为可受托参与送达的社会力量，诸如大湾区内设立的内港联营律师事务所、信誉良好的内港两地法律查明机构、公证机构、联营律师事务所或经批准在内港两地执业的律师，以及其他有意参与涉港送达工作，并经法院审查认定的社会组织或人员等。

（1）资质认定：该类组织或人员具有相对于当事人更为强大的送达能力和更为中立的第三方立场，完全具备接受当事人委托代行送达事务的能力。资质认定和入册标准应当由广东省高院制定，并接受申请进行审核入

① 王亚新、陈杭平、刘君博：《中国民事诉讼法重点讲义》，高等教育出版社 2017 年版，第 98 页。

册。申请参与当事人送达的社会化主体，应向法院提交该人员或机构主要负责人员在近五年期间的商业诚信报告或失信行为负面清单报告，交由法院进行资格审定。经法院审定符合条件的社会组织或个人，将纳入涉港当事人主体送达委托主体库，以供当事人存在送达需求时得以入库挑选。

（2）委托程序：当事人与社会化组织建立委托关系应完全遵循自愿原则，由当事人在通过法院审定的机构名册中自行选择，并由其与委托机构自行协商，委托费用推行市场化标准，最终由双方协商确定。当事人送达或委托送达产生的费用支出，可作为维权费用由诉讼提起人支付，其可在诉讼中请求法院判由对方承担。

（3）考核及责任：进入名册管理可参与涉港送达的组织或人员，必须接受法院对其受托送达工作的操作规范、实际效果、诚信程度等各方面进行监督和考核，并承担一定的法律责任。若法院在案件中发现有送达机构或个人因故意或重大过失存在虚假送达、违反法定程序送达等情况时，广东省高院除可以将其从名册中除名外，还可以向相关行政监管部门或行业协会提出司法建议，对其进行必要的监管，情节特别恶劣的，还可以根据《民事诉讼法》第102条的规定，直接对其进行罚款或其他惩戒。

2. 社会化诚信体系建设

在完善送达市场化运作模式及市场化主体培育为当事人主义送达提供重要资源支持的同时，还应将其与送达诚信体系建设紧密结合，共同为当事人高效、及时完成送达事务建立充分的市场运作保障。

在当前我国信用制度尚不完善，民商事主体司法信用状况整体有待提升的情况下，应当通过建立送达诚信制度，恪以严格的责任倒追机制，防止虚假送达、规避送达造成的诉讼风险：（1）经法院审查确定确实存在故意虚假送达或逃避送达行为的，法院可以提高对其证据的审查标准，或直接采纳对方的证据或意见，从而在裁判结果中由其承担不利后果；（2）如发现当事人存在虚假送达的情形，则可以按照虚假诉讼、诉讼妨碍等情形作出处理，由法院通过司法惩罚程序，对虚假送达一方处以罚款等处罚；（3）裁判作出后，在二审或审判监督程序中，发现虚假送达行为导致裁判被发回重审或再审的，由此给对方当事人造成的损失及其他责任由虚假送达一方承担，在重审或再审程序中，对方若能够举证证明损失并要求赔偿，法院应当在判决中予以支持；（4）建立当事人积极参与送达的正向激励机制，按照裁判结果将送达费用在当事人之间合理分担，并允许当事人为降低送达成本，通过协商约定更为快捷、低成本的送达路径，从而使当事人主动控制送达成本，提高参与实效。

3. 案件质量监督和考核

如前所述，鉴于送达程序不规范是当前案件质量评查及发回重审占比较大的程序瑕疵之一。大湾区内地法院实质性推行当事人主义送达还必须获得法院体系内部案件质量监督和考核体系的配套支持。在案件质量评查及二审或再审程序中，不再将法院未“穷尽一切送达途径”作为程序瑕疵标准，而着重审查法院在审定并确认当事人送达效力过程中有没有对当事人送达过程、程序、证明文件进行审慎审查，有没有对受托送达的社会机构的资质进行必要审查，有没有对当事人送达过程进行必要监督，其所认可的送达方式是否为现有条件下最有利于对方获知的送达方式，有没有不正当地免除当事人的送达义务，以及在免除后有没有进行必要的补充送达等。

结　语

需要特别指出的是，虽然本文所提出的实质推行当事人主义送达的设想目前仅限于粤港澳大湾区内地法院涉港案件范围，但这仅仅是基于当前经济发展条件及民众送达成本的现实考量，绝非对该制度在全国范围内全面铺开的完全否定。事实上，粤港澳大湾区建设本身即绝非单纯的区域性问题，而是丰富“一国两制”实践、推动港澳长期繁荣稳定和更好融入国家发展大局的重大国家战略。粤港澳大湾区的制度改革，不仅是“一国”体系下，尊重“三法域”的差异发展和衔接互鉴的先行先试；还应当担负起中国改革开放的“桥头堡”“试验田”的作用，对于进一步完善我国涉外法律制度，提升涉外民事诉讼公信力，乃至推进整个民事诉讼送达制度的发展提供重要参考。

司法裁判中事实解释的运用偏差及修正路径

解思辛* 姬美修**

传统的法律解释学很少提及事实，事实能否作为解释的对象？这似乎并未得到一致认同。①但司法实践中我们发现，法官对事实进行解释是十分频繁且非常必要的，从个别事实上升到法律事实，这一过程中需要的不仅仅是各种各样的建构、形成、发现方法，而且需要有“解释”。从证据到事实的跃迁过程中，解释起到了“黏合剂”“填缝剂”的作用，它将碎片化的证据、事件“黏合”成一个完整的案件事实，抑或在各种（组）证据之间存在“缝隙”之时，它填补了证据之间的“空隙”从而形成证据链。当行为性质不明、缺乏直接证据、证据链不完整、证据指向不清或当事人对证据内容理解产生歧义时，事实解释便应运而生了。因此，事实解释，是指法官在司法裁判过程中构建、发现或者形塑案件事实时，基于特定的证据以及原理、规律对案件事实进行裁剪、理解甚至推定，形成的对行为性质的认定或者对案件事实的补全，从而为形成法律关系、实现案件裁判奠定基础。②但是，解释作为案件事实的修辞策略，在最终完成的叙事文本中往往是隐形的。③本文正是意欲对这一“隐形的过程”作显像化的讨论。

---

* 作者单位：江苏省淮安市中级人民法院。

** 作者单位：南京海事法院。

① 传统的法律推理著作对事实、证据和事实认定问题很少论及，直至近年，对经济分析、后现代主义以及批判法学感兴趣的人才把注意力转移到证据问题上，如［英］William Twining:《证据：跨学科的科目》，王进喜译，载《证据学论坛》2007年第2期。近年有不少学者和法官开始研究事实推理、事实解释问题，如栗峥、栗甲：《论事实解释——对事实认定中一种潜在机制的哲学分析》，载《当代法学》2007年第21卷第3期；裴大明、李丹蕊：《关于事实解释的规则——从自发秩序到规范系统》，载贺荣主编：《司法体制改革与民商事法律适用问题研究——全国法院第26届学术讨论会获奖论文集》，人民法院出版社2015年版，第683页；张保生：《事实认定及其在法律推理中的作用》，载《浙江社会科学》2019年第6期等。

② 彭中礼：《司法裁判过程中的事实解释》，载《厦门大学学报（哲学社会科学版）》2021年第4期。

③ 刘燕：《案件事实，还是叙事修辞？——崔某某案的再认识》，载《法制与社会发展》2007年第6期。

一、实践扫描：法官事实解释运用偏差的现状检视

（一）样本概况

为深入探究审判实践中事实解释对形成案件事实的影响情况，笔者选取了J省H市2022年度492件发回重审或改判案件作为考察样本，其中，因事实问题被发改的共计156件，占比31.71%，包含认定事实不清或错误的126件，既有认定事实错误又有适用法律错误的30件。

（二）法官事实解释的类型化偏差

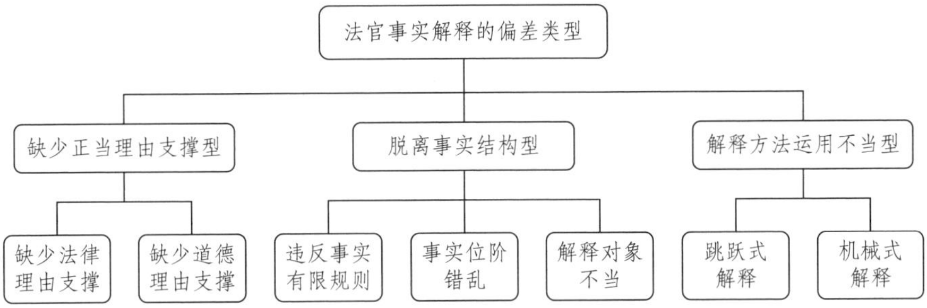

图1　法官事实解释的偏差类型

1. 缺少正当理由支撑型

法官独自审判时一定要以理由充分的判断来支持其裁决，陈述他认定已被证实的、任何推论（例如过失）所基于的具体事实，而其核心议题则是正当理由问题。[①] 事实解释不是恣意而为，必须有正当理由进行支撑，而实践中部分法官进行事实解释时发生偏差的一种表现形式便是事实解释缺乏正当理由支撑，致使事实解释成为“无源之水”，难以使认定的法律事实站得住脚，继而导致裁判结果产生错误或偏差。

（1）缺少法律理由支撑，即进行事实解释时未能遵照实体法或程序法的规定。

案例1：A公司承包某工程项目，其中部分工程分包给B公司施工，B公司又将部分工程分包给甲施工，后分包工程因故停工。为督促复工，A公司与甲签订《会议纪要》，约定甲尽快复工，A公司协调解决相关费

① 张保生：《事实认定及其在法律推理中的作用》，载《浙江社会科学》2019年第6期。转引自Ho Hock Lai，A Philosophy of Evidence Law：Justice in the Search for Truth，New York：Oxford University Press，2008，p.51.

用，但未明确如何协调及费用由谁支付。后甲未收到款项，遂诉至法院。

需要解释的事实：《会议纪要》中“协调解决”是何含义？

	解释结论	解释理由	裁判结果
一审	应理解为 A 公司同意向甲支付款项	《会议纪要》签订的背景是有人同意支付款项甲才复工，不可能是不确定支付或承担主体模糊的“协调解决”，故约定“A 公司协调解决”应理解为由 A 公司向甲支付款项	判决 A 公司向甲付款
二审	待进一步审查	甲诉讼的请求权基础为建设工程分包合同关系，故应先认定当事人之间的合同效力、工程款结算等基本事实，再审查甲是否有权向 A 公司主张付款责任	发回重审

一审在解释《会议纪要》中“协调解决”的含义时，结合了《会议纪要》的签订背景、签订目的等，然而该事实解释却忽视了法律规定的请求权基础，即本案的基础事实应当围绕原告的权利请求基础——建设工程分包合同关系展开，必须先查明各方当事人之间的合同效力、款项结算等基本事实，确定甲是否有权向 A 公司主张款项，接着才可对《会议纪要》的具体内容进行解释，否则该解释会因缺乏法律基础而无法支撑所得出的解释结论。一审法官在对案件事实进行解释时，并未遵照实体法的相关要求，从而导致事实认定出现偏差。

（2）缺少道德理由支撑，即在缺乏必要的规范基础时，事实解释未能遵循公众普遍的、一般性的道德认知，导致裁判背离了社会对于正义、诚信、友善等价值的追求导向。

案例 2：2006 年某日，徐某某准备乘坐公交车，行至一辆公交车后门时，彭某第一个下车，徐某某摔倒在地，彭某将徐某某扶起并送至医院治疗，后徐某某诉至法院要求彭某赔偿其所受损失。

需要解释的事实：徐某某受伤是否系彭某导致？

	解释结论	解释理由	裁判结果
一审	徐某某系与彭某相撞后受伤	如彭某是见义勇为，应抓住撞人者，而不仅仅是好心相扶，彭某送徐某某去医院的行为也与社会情理相悖	判决彭某承担赔偿责任
二审			和解

“彭某案”之所以会出现事实解释偏差，主要在于未能寻求到有力的道德理由支撑。不论此案的客观事实究竟为何，[①] 但从事实解释的角度而

① 舒悦：《十年前彭某案的真相是什么？》，载人民网，http://opinion.people.com.cn/n1/2017/0615/c1003-29340731.html，最后访问时间：2023 年 6 月 30 日。

言，法官的解释是存在偏差的。

2. 脱离案件事实结构型

在案件裁判过程中，要将杂乱无章的客观事实解释整理为规范有序的法律事实，必须深入理解案件的事实结构，包括事实的主体、客体、构成等。但部分法官在进行事实解释时，未能在理解案件事实结构的基础上进行，从而导致产生偏差，具体来说可以分为以下几种情形：

（1）违反事实有限规则，即未能充分理解法官所要认识的案件事实只是在一定的事实范围内，以及事实解释只能在该事实本身的涵射范围内（即事实有限规则），过度纠缠于不必要的事实，或超出法律规则射程范围去进行事实解释，导致解释的事实偏离案件的需要和焦点。

（2）事实位阶错乱，即事实解释没有遵从事实位阶位序，将次要的事实或证明依据不够强的事实进行优先解释，导致事实认定产生错乱。

（3）解释对象不当，即形成事实的证据不能被解释，或证据的解释张力不足以支撑解释的内容。

案例3：A公司为某工程的总承包人，其将工程分包给了B公司，后B公司又将其中部分项目分包给C公司，完工后B公司未向C公司支付全部工程款，C公司遂诉至法院要求A、B公司承担还款责任。

需要解释的事实：如何解释认定B公司欠付的工程款数额？

	解释结论	解释理由	裁判结果
一审	参照B、C公司之间的合同认定工程款数额	B、C公司之间的合同虽系再分包合同而无效，但仍可参照合同约定的付款时间、质保金扣留等条款认定工程款数额	参照B、C公司之间的合同判决B公司应支付的工程款数额
二审	根据司法解释相关规定认定工程款数额	“参照合同约定”应进行限制性理解，仅限于合同中对工程计价标准的约定，不应扩张到付款时间、质保金扣留等事项	根据司法解释相关规定改判了工程款数额

一审在解释B、C公司之间所签订合同的具体内容时，显然超出了该合同所能具备的解释张力，该合同是一个无效合同，在对其进行解释时，仅可延伸到其中关于工程计价标准的约定，其他内容因无效已不具有解释的张力。事实有限规则决定了案件事实的解释张力，不同类型证据所蕴含的解释张力也各有不同，如传来证据（如证人转述的事情）一般不能再进行事实解释，仅可作为与原始证据相印证的辅助证据；再如鉴定意见只能在意见载明的事项范围内有证明意义，不可扩张解释其内容。

3. 解释方法运用失当型

事实解释要有效进行，需要运用各种各样的解释方法，如对文本进行挖掘、对事实进行推理等。但实践中，部分法官对解释方法运用不熟练、不准确，致使事实解释出现偏差。

（1）跳跃式解释，即进行事实解释时不作具体分析说理，直接得出结论，逻辑上存在"断裂"，导致解释出的事实难以令人信服。

案例 4：甲幼年丧父，其母与其祖父协商达成协议，约定甲由祖父领养，其父房屋归甲所有。后涉案房屋宅基地使用权登记在其祖父名下，几年后组织重新翻建了房屋。后祖父去世，甲欲将房屋转移登记至自己名下，但甲祖父的子女主张该房屋系甲祖父遗产，且房屋翻建系由其出资，故拒绝配合转移登记。甲遂诉至法院要求确认涉案房屋所有权归其所有。

需要解释的事实：涉案房屋的所有权归谁？

	解释结论	解释理由	裁判结果
一审	甲不享有涉案房屋所有权	当事人对自己提出的主张，有责任提供证据，甲提供的证据不足以证明涉案房屋为其所有	判决驳回甲的诉讼请求
二审	甲享有涉案房屋所有权	涉案房屋宅基地使用权登记在甲祖父名下，应属于其名下财产，但鉴于甲祖父与甲母曾达成协议，故房屋应归甲所有，他人是否出资翻建过房屋并不影响房屋所有权	撤销一审判决，改判涉案房屋归甲所有

一审对甲是否享有房屋所有权这一事实进行解释时未作任何说理分析，直接以"提供的证据不足以证明"为由认定其不享有所有权，如此的跳跃式解释显然难以令当事人信服。跳跃式解释本质上而言是逻辑链条出现了"断裂"，法官作了事实解释，却没有逻辑依据，事实解释变成了"空中楼阁"，事实认定也相应出现了偏差。没有经过论证分析的解释难以经得起推敲，亦可能导致经解释后认定的事实出现偏差。

（2）机械式解释，即进行事实解释时僵化地理解证据内容、证据之间的联系或证明标准，缺乏能动性、整体性思维，导致事实解释出现偏差。

案例 5：甲为牟取非法利益，纠集乙租赁某小区几套房屋作为卖淫场所，先后招募卖淫女 A、B、C 等人从事卖淫活动。其中，卖淫女 A 于 2020 年 9 月 11 日、卖淫女 B 于 2020 年 12 月 23 日、卖淫女 C 于 2021 年 1 月 13 日进入涉案场所从事卖淫活动。

需要解释的事实：如何解释不同时间段内甲、乙的行为性质？[①]

	解释结论	解释理由	裁判结果
一审	区分时间段解释为容留卖淫和组织/协助组织卖淫	2020年9月至2021年1月12日，仅A和B在此期间卖淫，C是2021年1月13日才加入，故应区分时间段对甲、乙进行定罪	判决甲构成容留卖淫罪和组织卖淫罪，乙构成容留卖淫罪和协助组织卖淫罪，并分别进行数罪并罚
二审	结合证据综合解释为组织/协助组织卖淫	虽然公安机关现场查获并核实身份的仅有A、B、C等3人，但结合相关证据可以看出，从2020年9月起，有多达十余名卖淫女在涉案场所按照甲的安排从事卖淫活动，乙予以协助，时间上、行为上具有连续性	改判甲构成组织卖淫罪、乙构成协助组织卖淫罪

机械式解释是机械司法的一种表现形式。一审在对甲、乙的犯罪事实进行解释时，机械地以现场实际查获被组织人员中最后一人加入的时间点来分段认定事实，未能整体性地理解证据之间的联系，没有发现被告人组织卖淫的行为具有一贯性特点，导致裁判结果罪刑不相适应。机械式解释在当前司法实践中并不鲜见，如部分法官机械地解释证据的内容，某借条中写“由李总偿还”，但并无直接证据证明“李总”是何人，法官遂认定“由李总偿还”的条款无效；也有部分法官机械地解释证明标准，要求处于信息不对称地位中的信息劣势方提供的证据具有“高度盖然性”。要防范出现机械式解释，法官务必树牢公正司法的理念，避免“就案办案”。

二、寻根问底：法官事实解释偏差的归因探究

（一）供给性因素：事实解释规则的缺失

司法实践中，准确认定案件事实对于纠纷的解决具有重要的意义。但案件事实毕竟是已经“过去”的事实，司法审判却是“当下”的审判。[②]司法审判中所查明的事实并非过去发生的事实本身，而只能是经由一系列证据所证成的“重述”事实。当前诉讼法及其司法解释对于如何进行推定事实、评判证据有笼统规定，但缺乏进行事实解释的原则、条件、程序和方法等。

①《最高人民法院、最高人民检察院关于办理组织、强迫、引诱、容留、介绍卖淫刑事案件适用法律若干问题的解释》第1条第1款规定：“以招募、雇佣、纠集等手段，管理或者控制他人卖淫，卖淫人员在三人以上的，应当认定为刑法第三百五十八条规定的‘组织他人卖淫’。”

② 陈科：《经验与逻辑共存：事实认定困境中法官的裁判思维》，载《法律适用》2012年第2期。

（二）客体性因素：事实解释对象的复杂多样

当前的事实解释之所以呈现无序状态，与事实解释对象的复杂性密切相关。一是事实解释客体分布具有广泛性。事实解释客体可能包括证据、证据文本、行为性质等与案件事实相关的各类对象，如合同条款（含合同用语）、合同主体、合同形式、合同名称等均有可能被纳入解释的对象。事实解释的过程既是事实判断的过程，又是价值衡量的过程，解释结论的产生必定仰赖于客观外在证据的支持，但当事人留存证据意识不强、收集证据能力有限，当事人往往各执一端，真伪难辨，真意陷入“真伪不明”。二是语言文字具有局限性。语言文字是一种常常充满歧义的表达工具，法官如何去除案涉事实中的加工、虚构和扭曲部分，探求当事人的真意或应当具有的合理意思，是一项普遍而复杂的工作。三是案件类型发展具有迅捷性。例如，虽然民法典对合同类型进行了类型化区分，但是随着经济社会的不断发展，新类型、非典型性合同不断涌现、法律关系日趋复杂，专业术语众多，法官的事实解释任务日益艰巨、繁重。

（三）技术性因素：事实解释思维方法的运用失当

在司法三段论中，事实解释的思维方法是通过“在事实和解释结论间往返流盼”最终确定案件的小前提。任何一个环节出现偏差，则无法保证整个解释过程的逻辑严密、结论妥当。而实践中，不少法官缺乏对事实解释“既是权利也是义务”基本性质的清晰认知，在解释思维上存在一定“怠惰”，本质上属于审判权的缺失。有的法官思维方式具有强烈的激进性，没有尊重当事人的意思自治和遵守“适度、合理”的基本司法要求，一定程度上体现了审判权的越位和专横。有的法官没有掌握好事实解释方法的逻辑次序，对各类解释方法孰先孰后没有清晰的适用思路，想当然地绕过前一顺位而错误适用次级顺位的解释方法，最终导致裁判偏误。有的法官事实解释的目光、视野过于局限，没有站在整个事件、综合全案的角度去考量解释结论的正当性。有的法官生活阅历欠缺，直觉思维的敏感度与精准度不高，未能正确进行利益衡量或价值判断，难以从多个解释结果中选出具有社会妥当性的解释结论。

（四）主体性因素：事实解释主体的综合素质欠缺

事实解释是一个立足具体个案，妥当运用各类解释方法，寻找法律事实并进行阐明、论证的过程，要对当事人之间的事实分歧作出有约束力的判断，非具有裁判权威的法官莫属。但归根结底，事实解释是法官主观操作的过程，即法官的主观能动性将对事实解释起到至关重要的作用。事实解释若要契合客观真实并实现社会公平正义，需要法官不仅具备相当的专业法律知识，而且必须具有较高的综合判断能力和逻辑思维水平。

三、凝聚共识：法官事实解释的理性思辨

事实解释起着明确行为性质、形成证据锁链、找寻合同真意等重要作用，以达到准确查明事实的制度目的。

（一）事实解释本质上是一个还原案件真相的过程

在我国，事实认定是法官处理案件的基础，如何准确发现事实就成了法官的重要任务之一。实际上在诉讼过程中，大量的争议主要集中在案件事实问题上，而法院无论是以判决还是用调解方式来解决纠纷，都需要搞清楚案件的基本事实。但是在实际纠纷中，当事人所掌握的或者收集到的只是部分证据，不足以证明所主张的事实为真，也不能说明主张的事实为假，甚至双方当事人都无法提供证据来证明自己的主张；即便是当事人提供了证据，法院也需要通过事实解释来促进事实还原。此时，事实解释便是将碎片化的证据、事实拼接为完整法律事实的“灵丹妙药”。法官进行事实解释的过程，是一个“讲故事”的过程，通过这一过程，法官在努力还原案件真相，并据此作出公正的裁判。

（二）事实解释具有突出的实践理性

事实解释是法官根据具体个案情景，遵循证据规则和推定原理等进行决断的过程，集中体现为一种有意识地采取行动的能力，契合了实践理性的价值意蕴。[①]

（三）事实解释遵循“过程决定结果”的逻辑进路

这就要求法官严格依循公正的程序，使得当事人信赖法官作出的事实解释是在独立公正的程序指导下进行的，其中应包含三个层面的意义：其一，法官应当是中立的，他既不能作为有关自己案件的法官，也不能在所办理的案件结果中存在个人私利，也不能对一方当事人存在事先的偏见，否则诉讼程序就是无效的。其二，当事人有权被告知其所享有的诉讼权利和程序事项；法官应当全面审查和听取各方当事人的证据材料和辩论意见；一方当事人有权对另一方当事人提出的证据和意见予以反驳，并且这些机会都是平等享有的。其三，事实解释结果应当在理性推演的基础上得出。法官在进行事实解释时，应当遵循特定的解释原理和规则，并且所有的推理应当建

① 参见王炳书：《实践理性问题研究》，载《哲学动态》1999 年第 1 期。

立在各方当事人提出的证据和辩论意见之上。从一定意义上来说，法官对案件事实的认识是多方主体的共同建构而非单向摹写。

四、应对之策：法官事实解释运用偏差的矫正进路

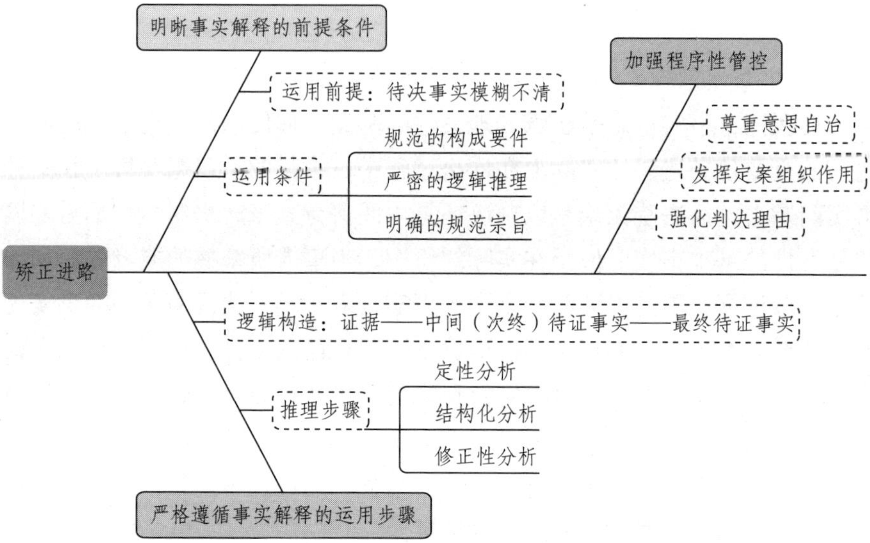

图2　法官事实解释运用偏差的矫正进路简示

事实解释的理性运用应明晰事实解释的前提条件，严格遵循规范步骤并加强程序性管控，以促成足够客观、公正的解释结论。

（一）明晰事实解释的前提条件

1. 事实解释的运用前提

当待决事实不明确、清楚、具体或存在争议时，法官才有事实解释的必要。事实解释的启动主体可以是当事人，也可以是法官。一般而言，当事人会在诉答阶段、庭前会议或者开庭审理阶段提出争议事实的具体内容，法官应当及时固定诉讼主张并将其纳入争议焦点予以审理。若法官未准确把握解释的前提条件或者歪曲进行事实解释，则侵蚀了私法主体的意思自治，其实质属于司法越权。

2. 事实解释的运用条件

事实解释的运用条件是建立在适用前提的基础之上的，同时更加注重将其具体运用到司法裁判中必须接受的判断标准、判断基础和判断根据。故应全盘考虑事实解释的运用条件，这也是事实解释运用的合法性和正当

性依据。

一是规范的构成要件。即在解释构成要件要素和认定是否存在符合构成要件要素的事实时，需要法官规范的、评价的审查判断才能认定的构成要件要素。从狭义上讲，将事实解释运用到司法裁判中，是为了实现使模糊不清的事实得以明确、清晰、具体。这是事实“建构”具体化的过程，也是自然事实形成法律事实的“解释和重构”过程，两者之间建立联系的沟通桥梁便是规范构成要件。正是规范构成要件的“结构化”才使得事实解释的推理成为可能并因此具有合理性。

二是严密的逻辑推理。诉讼中大量的争议集中在案件事实问题上，因而加强对事实的逻辑推理，再现法官在案件审理进程中进行判断的过程，对提高当事人乃至社会公众对裁判的接受度有着殊为重要的意义。但必须首先明确的是，这并非代表在裁判文书中简单地增加关于事实认定的文字篇幅，抑或对任何案件类型都不加区分地详尽展示事实解释的心证过程，这只会导致司法资源的浪费，加剧法官办案的负担；与此相反，它强调的是对事实的逻辑推理应该更具针对性和回应性，围绕不同类型的案件以及不同类别的对象采用不同的论证方法。例如，对于各方当事人没有争议的事实、一方当事人自认的事实或法律规定的免证事实等，一般没有必要大费周章地进行说理；然而，对于案情疑难复杂或改变一审或原审认定事实的案件，则应当注意突出事实解释的充分性。

三是明确的规范宗旨。事实解释应以“规范宗旨”为核心，即事实解释并非完全就事务（事物）本身探究事实的真相，而是其“隐藏在事实与法律问题相互交融之中”，需要法官紧密结合案件所涉法律条文的立法目的、价值导引等。也就是说，事实解释的整个运用过程都应以规范宗旨为中心展开，呈四周发散辐射形态，辐射的半径同样受制于规范宗旨，使得事实解释的结论符合立法本意。事实解释的结论是否具有正当性，要根据规范宗旨加以判断，不同规范宗旨其标准也不相同。[①] 例如，在“彭某案”中，彭某替受害者预交200元医药费的行为，不能径行解释为彭某撞倒他人而预交的赔偿款，这明显超出了事实有限规则的范围。

（二）严格遵循事实解释的运用步骤

1. 事实解释的逻辑构造

事实解释的具体运用就是在坚持适用前提基础上，将运用条件准确

① 参见余文唐：《当然推导方法：法理辨析与司法适用》，载《法律适用》2018年第1期。

投射于司法裁判，为具体个案寻求恰当的裁判小前提。传统经典三段论如下：

M → P（具备法律要件 M 时，可以推出法律效果 P）

S = M（案件事实符合法律要件 M）

S → P（则该案件事实，可以推出适用法律效果 P）[①]

在事实解释场域，判断待决事实是否成立，可根据“证据——中间（次终）待证事实——最终待证事实”的逻辑进行：通过命题 E、F 和 G 指示的一系列推理链条，连接证据和最终待证事实（见图 3）。

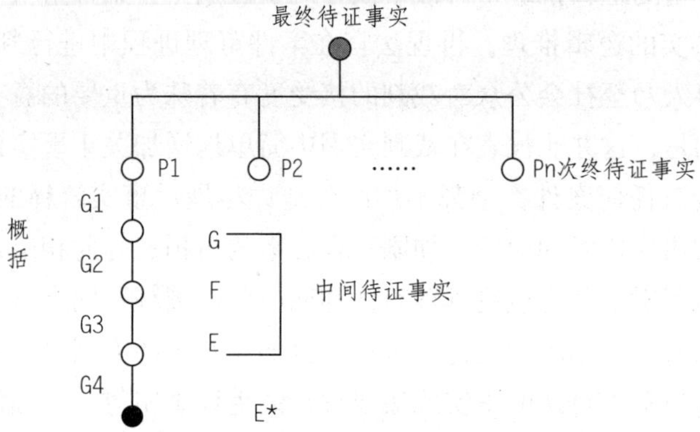

图 3　事实解释的逻辑构造示意

2. 事实解释的推理步骤

从前述逻辑构造可以看出，运用事实解释应遵循如下具体步骤：（1）定性分析阶段：发现待证事实；（2）结构化分析阶段：遵循事实有限、事实位阶、区分不同种类事实等事实解释规则，开展推理论证过程；（3）修正性分析阶段：逻辑映射是否符合规范宗旨。试举企业法人的分支机构对外债务加入是否有效[②]的问题，展示上述程序如何运用：

第一步，定性分析。对于案件关键事实和争议焦点进行定性分析所蕴含的逻辑关系，并与对应证据、其他事实等相链接。关于企业法人的分支机构对外债务加入效力问题，可以确定为分支机构的权利能力问题，而与之相关的条文可围绕“企业法人的分支机构”“债务加入”进行对应，在规

① 参见王泽鉴：《法律思维与民法实例——请求权基础理论体系》，中国政法大学出版社 2001 年版，第 201 页。

② 法院认为，企业法人分支机构对外提供责任较轻的保证尚需企业法人授权，否则无效，根据举轻以明重的逻辑，则其对外加入债务更须得到企业法人授权，否则更应认定为无效。

范与事实之间“眼光往返流转”确定《最高人民法院关于适用〈中华人民共和国民法典〉有关担保制度的解释》第12条规定。[①]

第二步，结构化分析。将具备相同属性的条文规范构成要件与事实构成固定为对应的关键要素并进行对比。在相同属性判断方面，法律规范具体化为规范构成要件与案件事实结构化后的事实构成相对应，可从法律事实的不同方面如主体、客体、主观和客观等要素进行归类。

第三步，修正性分析。在事实解释的基础上，结合规范宗旨决定是否进行逻辑映射，同时判断映射结果是否符合规范宗旨。事实解释作为一种解释方法，必然受到规范宗旨的制约。具体可根据目的性条款、立法背景资料中关于立法目的的说明或是借助体系、历史、比较等解释方法，进行规范宗旨的判断。据考察，《最高人民法院关于适用〈中华人民共和国民法典〉有关担保制度的解释》第12条的规范宗旨是为了防范法人分支机构滥权损害法人利益而作出的强制性规定，在签订保证合同时须取得法人公司同意，否则合同无效。基于该规范宗旨，分支机构擅自加入债务更可能带来滥权损害法人利益的风险，理所应当在授权要求之列。因此，未经授权的债务承担合同同样适用于合同无效的规范后果。

（三）加强程序性管控

为防范实质推理涉及的价值判断和利益衡量所带来的风险，必须及时跟进加强程序性管控。

1. 尊重意思自治，保证当事人充分参与

充分尊重当事人的诉讼权利，可以避免法官解释上的专断。总体而言，法官和当事人应以庭审为中心，注重扩大当事人在事实解释中的参与度，通过双方信息互动以不断明晰事实解释中的各种正当性因素和判断的价值取向。

具体而言：在诉答阶段，法官通过审查诉状和答辩状，初步了解各方当事人关于事实争议内容及其理由。在庭前会议阶段，法官可以引导当事人明确各自的事实解释主张，据此整理、归纳和固定当事人的争议焦点。当事人关于事实争议的陈述或主张不清楚、不完整时，法官应当坚持必要和适度释明，弄清当事人诉讼主张中的模糊含义，剔除其中的矛盾之处。当事人提出的诉讼主张明显错误、荒谬或非理性的，法官应当引导当事人

① 依照《最高人民法院关于适用〈中华人民共和国民法典〉有关担保制度的解释》第12条的规定，“法定代表人依照民法典第五百五十二条的规定以公司名义加入债务的，人民法院在认定该行为的效力时，可以参照本解释关于公司为他人提供担保的有关规定处理”。

主动撤回或修正。在法庭调查阶段，法官根据当事人提供的证据材料进一步验证当事人对事实的解释理由，并及时运用举证责任分配规则，引导当事人提供新的或者更充分的证据并质证，防止遗漏或者随意“创造”事实。在法庭辩论阶段，当事人可以围绕事实解释的运用方法、论证过程和理由充分辩论。法官通过听取当事人的辩论意见，进一步探寻更为客观的事实解释结论。

2. 发挥定案组织作用，增强决策程序的公信度

强化合议庭的交流与合议，将事实解释争议问题强制纳入合议庭的评议范围，合议庭成员就此进行实质性协商、论辩，最大限度地消除“审而不议”“形合实独”等问题。对于事实争议条款的理解有重大争议的，依次提交专业法官会议和审判委员会研究讨论，形成统一裁判标准和思路。优化人民陪审员选任机制，对于建设工程合同、技术合同、保理合同等专业化程度高的合同类案件，可选任专业领域人员担任人民陪审员。对于自然人之间发生的民间借贷合同、保证合同、合伙合同等案件，可选任熟悉社情民意、通晓风土人情的人员参与陪审，与法官能力、思维形成互补。

3. 强化判决理由，明晰解释结论的形成过程

充分的论证说理是法官释法的基本要素，不仅能使败诉当事人心理上接受解释的结果，更能将法官解释的心理过程公开展示，督促法官用解释规范检视解释结论。具体而言：一是要遵循逻辑论证规律。事实解释是严密的逻辑思维过程，从案件材料到解释结论，不是从暗箱中自动产生，要瞄准分歧焦点、摆清事实证据，将解释结论牢牢捆在坚实的证据链、法律链上。二是要认真对待当事人对事实的理解。法官不可一味排斥当事人的理解，应当综合评判和比较，在相互冲突的解释中作出最为妥当的解释结论并给出论证理由。

结　语

事实解释是一个复杂的实践理性，它绝不仅限于形式上或技术上的服务，它是法官必然要遇到、极难应付的任务之一。唯有法官凭良心和正义感，目光不断往返于事实与解释结论之间，才能真正探求到案件的真实情景，确保“解释者的成见”与“解释对象”的“视界融合”，真正实现司法裁判的正义性、安定性与合目的性。

财产保全申请错误的过错审查路径研究

——基于司法统计的类型化分析

张 洁*

一、问题的提出

财产保全作为《民事诉讼法》中规定的重要制度，微观上具有保障当事人胜诉权益之用，宏观上具有以保促执、以保促调，确保生效判决顺利执行之用。近年来，随着公民诉讼权利意识的不断觉醒，当事人在诉讼中申请财产保全的情形日渐增多，随之而来，因申请财产保全损害责任纠纷亦不断涌现。《民事诉讼法》第 108 条规定："申请有错误的，申请人应当赔偿被申请人因保全所遭受的损失。"该规定奠定了申请财产保全损害责任的基本法律依据。2020 年 12 月，最高人民法院发布《修改后的〈民事案件案由规定〉》，该规定将因申请财产保全损害责任纠纷纳入侵权责任纠纷项下，至此，官方定调与理论共识一致，将申请财产保全错误行为定性为一般侵权行为，相应的，由此引起的民事纠纷定性为侵权责任纠纷。[①] 虽然有此共识基础，但在《民事诉讼法》第 108 条的适用中仍存在围绕过错形成的大量分歧，包括归责原则的选择、错误的认定、过错的判定标准、申请人的注意义务标准、解除权的行使等问题。为此，本文在"中国裁判文书网"收集 2018 年至 2022 年 9 月[②]相关案例并进行梳理的基础上，从法官判案之视角，结合理论探疑，逐一对上述问题进行释疑，以期形成一条具有实证意义的财产保全申请中过错的审查路径。[③]

* 作者单位：陕西省高级人民法院。

① 参见潘牧天：《滥用民事诉权的侵权责任研究》，上海社会科学院出版社 2011 年版，第 108 页。

② 截止到 2023 年 7 月 12 日，于中国裁判文书网上搜集的相关裁决，相关裁判文书显示的最近日期亦为 2022 年 9 月。

③ 需要说明的是，法院未依法行使职权或行使职权不当导致的保全错误系司法保全错误，属国家赔偿范畴，其赔偿路径及考量因素与当事人申请的保全错误大相径庭，故，本文不拟将其纳入研究范围。另，关于诉前保全，因其错误的判断相对较为简单客观，主要在于诉前保全申请人未在保全期间内起诉，故本文讨论的重点在于诉讼中当事人申请的保全错误。在本文不作特殊说明的情况下，财产保全错误仅指诉讼中当事人申请的保全错误。

二、裁判样本的分析

为有针对性地解决财产保全申请错误裁判中存在的司法难点，笔者在中国裁判文书网以“申请财产保全损害责任”为关键词，搜索时间段为2018年1月1日至2023年7月10日的裁判文书，在共计6401件案例中随机抽取200件，归纳司法裁判中的认知分歧、法官就该类案件的论证逻辑及裁判思路。

（一）诉讼总体样态

裁判结果	占比	原因
胜诉率	28%	申请人目的并非为保证执行
		有证据证明申请人明知诉请不会被支持（占比16%）
		起诉后又撤诉的
		因主观臆断或未调取权属证据错误保全案外人财产
		应解除保全而未解除或未及时解除
败诉率	72%	申请人无过错（占比66%）
		保全与损失之间不存在因果关系
		损失不存在
上诉率	100%	——
改判率	4%	——

（二）裁判标准样态

标准维度	具体标准		占比
行为类型	判决将其作为一般侵权行为处理的		100%
过错考量因素	原因	无证据证明诉请	18.8%
		部分支持诉请	4.7%
		因担保故无过错	4.7%
		置换财产风险大故无过错	4.7%
		虽超标的保全但因财产不可分割	9.4%
		财产已进入执行不需解除保全	4.7%
		未超过行使诉权合理范围	18.8%

续表

标准维度	具体标准		占比
	具体原则	明确过错需以主观故意或重大过失为标准的	64%
		明确过错判断需主客观一致的	2%
		明确过错判断以客观标准的	2%
		明确注意义务为过错重要考量因素的：其中，明确以必要注意义务为标准的占 2%；以合理注意义务为标准的占 22%；以审慎注意义务为标准的占 8%；以合理审慎注意义务为标准的占 4%；以普通人的注意义务为标准的占 2%；以基于自己理解的注意义务为标准的占 2%	40%
		明确不支持诉请不作为判断过错依据的	32%
		明确以诉讼结果作为判断过错依据的	2%
不当保全的解除权行使	明确由申请人行使解除权的		4%
	明确由被申请人行使解除权的		12%
	明确由法院行使解除权的		2%
审查范围	明确主观无过错则无须审查因果关系等因素的		12%
	明确无损失则无须审查主观过错的		2%

从上述样本统计梳理可以看出，理论上过错责任与无过错责任的论争，在司法实践中已达成共识，将财产保全错误的行为作为一般侵权行为处理，则是否具有过错在财产保全错误损害赔偿纠纷中必予认定，故而该类纠纷在司法实践中须厘清的问题集中在建立过错的判断标准，具体包括审查过错的考量因素、注意义务的类型、解除权的行使对过错判断的影响等细节，这亦是本文在构建裁判路径中需要一一思考的问题，一如道路修筑中荆棘的拔除。当然，细节问题的回答需要建立在对民事保全错误的行为进行理论剖析的基础之上，唯此，后续分析方可不乱方寸，路径之方向亦不会迷失。

三、民事财产保全错误的行为性质分析——适用过错责任理论之辨

民事诉讼行为的概念在学界仍有分歧，有指能够在诉讼法上引起一定效果的行为，[①] 有指诉讼效果以及诉讼要件都有民事诉讼法规定的行为才是

① 参见［日］谷口安平：《程序的正义与诉讼》，王亚新、刘荣军译，中国政法大学出版社 2002 年版，第 165 页。

诉讼行为，[①] 还有指在诉讼程序中能够按照意愿达到所期望之法律效果，并促使诉讼程序继续进行之意思表示。[②] 无论以何种概念框定民事财产保全行为，都不难得出，该行为毋庸置疑是诉讼行为，因为其要件和效果都是在诉讼法范围内发生的。正是因为民事财产保全行为的诉讼行为性质，有学者认为因民事诉讼法是解决私权纠纷的公法，对诉讼行为与私法行为的评价亦有不同的法理，因此，以实体法之过错责任理论来评价申请财产保全之诉讼行为，难免发生器官移植似的排异现象。[①] 甚至有学者认为应当兼顾实体与程序双重视角认识财产保全错误的行为，进而将保全错误分为两大类：一类是当事人滥用申请保全构成侵权行为的保全错误，如虚构保全事由申请保全的行为，或在行使保全权时没有尽到合理注意义务等，该类学者认为此类保全错误的判断标准应为过错责任规则；另一类是程序意义上的保全错误，该类错误的判断标准以实体权利是否得到支持为标准，也即以无过错责任为归责原则。[④]

（一）过错责任与财产保全行为的排异论之修正——适用过错责任的可行性论证

1. 从财产保全行为看，其为取效性诉讼行为无疑。对于取效性诉讼行为的传统评价维度，通说为四项，包括成立或不成立、有效或无效、合法或不合法、有理由或没理由。[⑤] 对于保全申请来讲，从诉讼行为角度审查申请的理由重在审查不予保全是否会使得申请人的合法权益受到难以弥补的损害，或使得判决不能执行或者难以执行。且不说上述理由本身为过错的判断因素之一，即便是过错判断的其他因素也都为上述有理性判断提供了参考，譬如，明知诉请不得被支持而申请保全，该过错最终导致申请人的合法权益不会被损害，判决执行不会发生障碍，保全申请无理由。因此，可以看出保全申请的合理性审查范围与申请错误的过错判断范围深度重合，并不会出现如前所虑的“器官移植”似的排异现象。

① 参见杨荣馨主编：《民事诉讼原理》，法律出版社 2003 年版，第 175 页；[德]奥特马·尧厄尼希：《民事诉讼法》（第 27 版），周翠译，法律出版社 2003 年版，第 164–166 页。

② 参见[德]克劳斯·洛克信：《德国刑事诉讼法》，我国台湾地区三民书局股份有限公司 1998 年版，第 222 页。

① 参见李喜莲：《财产保全“申请有错误”的司法考量因素》，载《法律科学（西北政法大学学报）》2018 年第 2 期。

④ 参见吴英姿：《论保全错误的程序法解释》，载《现代法学》2023 年第 2 期。

⑤ 参见李木贵：《民事诉讼法》（上），我国台湾地区元照出版有限公司 2007 年版，第 13–14 页。

从导致诉讼行为效力不完全的瑕疵情形来看，包括实质的无效瑕疵情形，该瑕疵即诉讼行为侵犯了他方当事人的合法利益并产生损害的情形，该情况下应可认定诉讼行为无效。[①] 该瑕疵与侵权行为相同，故该瑕疵的判断无疑有过错责任的适用空间。

民事诉讼法是解决民事纠纷的法律，其终极目的在于保证实体法的落实，因此其虽多为程序上的规定，但难以脱离私法方向性引导，民事诉讼法与民法深刻交织在一起，诉讼行为与私法行为也相互成就，也无怪乎在民事诉讼法学理上有私法说、公法说和二元论。因此，将二者生硬地割离，无疑会造成实践的阵痛与扭曲，过错责任理论的运用亦应循此理，通过上述分析不难看出，无法将诉讼行为全然拉出过错责任理论的适用范围，否则诉讼行为效力自身的判断都将难以为继。

2. 从财产保全行为与保全错误行为性质来看，财产保全行为为诉讼行为，而保全错误行为系受私法评价的侵权行为。保全错误行为中，包含了财产保全行为，在保全错误行为的视阈下，“申请错误”会使保全措施的性质发生改变，具体的保全措施将被视为申请人侵害被申请人的物件或工具，[②] 不可囿于工具的性质而使得保全错误行为的判断发生质的变化。正如，侵害债权的行为中，合同是侵权的工具，合同责任为无过错责任，此时，若囿于合同责任的性质，得出侵害债权的责任受合同责任影响应为无过错责任的结论，错误一目了然，毕竟不法侵害债权，须存在故意或过失才能成立侵权责任。[③] 过错责任与财产保全行为的排异论无疑是站不住脚的。

当然，对适用过错责任的可行性分析还体现在一般过错原则更符合体系解释的要求。[④] 保全错误行为本身不能归属于《民法典》侵权责任编中的特殊责任章中，亦无法律明确规定保全错误行为应当适用无过错原则，因此，从体系上解释，保全错误行为当然只能适用第一章的一般规定部分，也即过错责任原则。同时，进一步解读《民事诉讼法》第 110 条第 2 款规定“申请人败诉的，应当赔偿被申请人因先予执行遭受的财产损失”，

① 参见陈瑞华:《大陆法中的诉讼行为无效制度——三个法律文本的考察》, 载《政法论坛》2003 年第 5 期。

② 参见阮忠良、玄玉宝:《保全申请错误所致损害赔偿责任的构成要件——兼析新〈民事诉讼法〉第 105 条的理解与适用》, 载《上海政法学院学报(法治论丛)》2013 年第 4 期。

③ 参见王泽鉴:《侵权行为》(第 3 版), 北京大学出版社 2016 年版, 第 232 页。

④ 参见肖建国、张宝成:《论民事保全错误损害赔偿责任的归责原则——兼论〈民事诉讼法〉第 105 条与〈侵权责任法〉第 5 条的关系》, 载《法律适用》2016 年第 1 期。

该规定设置先予执行错误赔偿的前提为“申请人败诉”，不再审查申请人的过错，无疑是明确先予执行错误行为应适用无过错原则。《民事诉讼法》在相近的两个条款中，对两种临时性救济错误赔偿的前提分别采取的不同用语，进一步体现出在诉讼中保全错误与先予执行错误分别适用不同过错原则之立法用意。

（二）财产保全错误的行为实体与程序分类论之修正——适用过错责任的必要性论证

一方面，财产保全作为临时性救济制度，其主要目的在于避免当事人的权利或利益受到难以弥补的损害。① 其预设功能为在债务人尚未有防备的情况下，通过快速控制财产的方式确保将来生效裁判的实现。② 最高人民法院亦对财产保全赋予“以保全促调解、促和解、促执行，从源头上减少进入执行程序的案件数量，降低申请执行人权利落空的风险”的重要期待。③ 另一方面，我国诚信体系尚未建立，债务人逃避执行的情况较为严重。最高人民法院办公厅于2020年下发的《关于“巩固基本解决执行难工作成果”专项执行行动阶段性情况的通报》中的数据表明，对三类民事案件包括涉民生案件、涉金融债权和金融犯罪案件及党政机关国有企业拖欠民营企业中小企业债务案件的执行到位率低于30%，其中，涉民生案件的全国申请执行金额合计3 512 515万元，而执行到位金额仅为983 349万元，执行到位率仅为27.99%。

综合分析财产保全的功能以及我国国情，促进财产保全制度功能的发挥，更具现实合理性。若执意将过错原则从财产保全错误的适用中剥离，将造成申请人在考虑是否申请财产保全时因对保全错误可能承担的责任的畏惧，而放弃保全申请，④ 如此畏首畏尾遑论保全制度功能的发挥，制度本身亦将成为一纸具文。同时，当事人在申请民事保全时，掌握的仅为初步证据材料，其亦不具有事实认定、法律适用等专业能力，此时，要求当事人对于案件走向的判断与法院经过翔实调查、严密推理后得出的结论

① 参见江伟、肖建国主编：《民事诉讼法》（第八版），中国人民大学出版社2019年版，第237页。

② 参见刘君博：《“裁执一体化”财产保全的逻辑与改革》，载《中国法学》2017年第5期。

③《最高人民法院关于落实“用两到三年时间基本解决执行难问题”的工作纲要》（法发〔2016〕10号）。

④ 参见肖建国、张宝成：《论民事保全错误损害赔偿责任的归责原则——兼论〈民事诉讼法〉第105条与〈侵权责任法〉第5条的关系》，载《法律适用》2016年第1期。

相一致对当事人实为苛责。一味以客观错误作为申请错误的评判标准，适用无过错责任原则对当事人难谓公平。[1]若果如上述学者将保全错误分为两类——当事人滥用申请保全构成侵权行为的保全错误、程序意义上的以实体权利是否得到支持为标准的保全错误，当事人可择一诉之。因后一类保全错误系适用无过错原则，被申请人的举证责任将大大降低，赔偿率及赔偿额将极大增加，毋庸置疑，司法实践的局面将成为前一类案件完全虚置，后一类型应会汇集所有保全错误案件，试想，哪位当事人会放弃行权便宜且具有稳定胜诉预期的捷径而绕道行之呢？如此局面与采无过错原则并无二致，必无助于保全制度功能的发挥，实难谓妥当。

四、过错审查标准的建构

财产保全错误的判断既采过错原则，在具体裁判中涉及的一个主要维度即过错的考量因素，惟细化之，方可作出周全的裁判。

（一）过错的考量因素——奉诚实信用为圭臬

确立诚实信用原则的渊源地位。如前述，财产保全系诉讼行为，该行为在当事人之间形成了民事诉讼法律关系，财产保全的启动赋予当事人相对的诉讼权利与诉讼义务。我国《民事诉讼法》第13条，明确规定民事诉讼应当遵循诚信原则。诚实信用原则在民事诉讼中的解释即指法院、当事人以及其他诉讼参与人在审理民事案件和进行民事诉讼时必须公正、诚实和善意。[2]诉讼为确定实体真实的手段，否则诉讼就缺乏社会正当性，这便是在民事诉讼中确立诚实信用原则的初衷。[3]诚实信用原则授权法官对当事人不正当的诉讼行为给予否定性评价，以维持当事人之间利益的平衡以及诉讼权利的行使，实现实质正义。诚实信用原则要求当事人在实施诉讼行为时应当诚实和善意，其表现之一为禁止恶意制造诉讼状态，即要求当事人一方不得以不正当的手段形成利己的诉讼状态，而导致对方当事人在诉讼中处于不利的诉讼地位。譬如，以不正当的理由获得财产保全

① 参见陈广华：《财产保全中被申请人利益的保护——以申请财产保全错误为契机》，载《求索》2005年第5期。

② 参见江伟、肖建国主编：《民事诉讼法》（第八版），中国人民大学出版社2019年版，第56页。

③ 参见［德］鲁道夫·瓦瑟尔曼：《社会的民事诉讼——社会法治国家的民事诉讼理论与实践》，载［德］米夏埃尔·施蒂尔纳等编：《德国民事诉讼法学文萃》，赵秀举译，中国政法大学出版社2005年版，第92页。

等。[①]由此，诚实信用原则是当事人行使诉讼权利最为基本的底线，是诉讼权利的边界，逾之则滥权，滥权则他人合法权益受损，侵权行为由此产生。由此可见，诚实信用原则勾勒出了诉讼权利行使的粗轮廓。正向讲，诚实信用原则善诱当事人做正确的事，行合理的权；反向讲，凡逾诚实信用原则而行权者，非为善举，应有过错。故，奉诚实信用原则为衡量过错的圭臬，是逻辑自洽的。正如有学者亦主张，不可恶意申请诉讼保全，也不可以不正当理由先予执行或财产保全，此皆为对诚实信用原则之违反。[②]还有学者主张，当事人一方在不需要进行财产保全的情况下申请财产保全，或者诉讼请求不可能被法院支持的情况下，申请财产保全，都是明显不诚信的诉讼行为，违反了民事诉讼法的诚实信用原则，系滥用财产保全权利的行为。[③]上述学者观点皆实现了诚实信用原则的具体化，渗透出诚实信用原则对诉讼行为或权利的规制，但无论如何是零散的、模糊的，诚实信用原则的司法实践作用难以全面发挥。确立诚实信用原则的渊源地位，使之成为行使权利和司法裁判的出发点，秩序方可井然。

（二）诚实信用原则的具体化之一——注意义务的引入

民事诉讼法作为程序法，其价值取向在于提供严格的程序规则，以指导诉讼主体的诉讼行为，民事诉讼法形式的严格性决定了民事诉讼中诚实信用原则的适用应力求具体化，即通过立法，将适用诚实信用原则的情形以明确的法律规范加以体现。[④]前已论及，诚实信用原则只是勾勒出了权利的粗轮廓，内涵抽象外延模糊，仅为一个权利的界碑或裁判的终极归依，很难对裁判有精准的指引，裁判不一的局面难以扭转，诚实信用原则一步一步具象化不可或缺。同时，在立法缺失的情况下，具体化的工作就需要通过理论探索及相关裁判支撑。

诚实信用原则的第一步具象为相应义务的明晰。美国分析法学派法学家霍菲尔德提出了法律概念和关系的“最小公分母”概念，[⑤]在财产保全中

① 参见江伟、肖建国主编：《民事诉讼法》（第八版），中国人民大学出版社2019年版，第58页。

② 参见王琦：《民事诉讼诚实信用原则的司法适用》，载《中国法学》2014年第4期。

③ 参见刘敏：《论诚实信用原则对民事诉讼当事人的适用》，载《河南社会科学》2014年第2期。

④ 参见江伟、肖建国主编：《民事诉讼法》（第八版），中国人民大学出版社2019年版，第59页。

⑤ 王涌：《私权的分析与建构——民法的分析法学基础》，北京大学出版社2020年版，第77页。

所建立的基础法律关系应当是什么呢？在这里应当适用的是四对关联法律关系[①]中的特权与义务法律关系，此处的特权用自由（liability）更为贴切，即被申请人对自己所有的财产享有特权，即一种自由。而真正的自由既应包括特权，又应包含"请求排除干预的权利"。[②]在财产保全中，被申请人具有请求排除"错误"干预的权利，相对地，申请人具有不得"错误"干预的义务。保全申请人的义务，立法语焉不详，仅在官方解读中明确保全错误的赔偿条款，既是对申请人合法利益的保护，同时又要求申请保全的当事人承担一定的义务，防止权利滥用。[③]此处，"一定的义务"即要求行使自身权利时避免给他人合法权益造成损害，即前述不得"错误"干预的义务。不得"错误"干预的义务无法类型化至侵权法中典型的义务类型，此时，漏洞如何填补，引入注意义务实属正当。

1. 引入注意义务具有可行性

从注意义务的内涵分析，保全申请人的义务与之契合。注意义务的通常理解指行为人应采取合理的注意而避免给他人的人身或财产造成损害的义务。[④]注意义务的发展系诚实信用原则之下基于分配正义的需要，是诚实信用原则在侵权行为法上补充漏洞的体现。[⑤]保全申请人的义务与注意义务皆源自诚实信用原则，皆要求行使权利时给予他人权益合理的关照，皆指向义务人莫超出权利合理的行使范围，皆防止给他人权益造成损害，二者在义务的渊源、内容及目的等方面相互契合，同频共振，将保全申请人的义务归于注意义务项下，实属可行。

2. 引入注意义务具有必要性

注意义务的引入，符合过错判断的客观化趋势。随着17、18世纪启蒙运动的发展，理性主义、自由意志在近代哲学上的重要地位，传统大陆法系认为过错是指行为个人主观心理状态的缺陷，是自由意志的滥用。[⑥]

① 王涌：《私权的分析与建构——民法的分析法学基础》，北京大学出版社2020年版，第76页。霍费尔德提出八个法律概念及八个法律关系，其中法律上的关联关系包括权利与义务、特权与无权利、权力与责任、豁免与无权力。

② 王涌：《私权的分析与建构——民法的分析法学基础》，北京大学出版社2020年版，第80页。

③ 全国人大常委会法制工作委员会民法室：《中华人民共和国民事诉讼法解读》，中国法制出版社2012年版，第278页。

④ [美]William P Statsky. Torts: Personal Injury Litigation. West Publishing Co, 1990, p245.

⑤ 参见温世扬、廖焕国：《侵权法中的一般安全注意义务》，人民法院出版社2003年版，第100页。

⑥ 参见程啸：《侵权责任法教程（第二版）》，中国人民大学出版社2014年版，第190页。

过错行为是由于其主观上应受非难的错误的行为。[①] 此时，在大陆法系国家占主导地位是主观过错理论源自英美法系的作为过错的客观分析工具的注意义务尚未被接受。随着侵权法的现代化与侵权法保护权益的扩张，主观过错理论的弊端日趋凸显，包括不适当地开脱行为人的责任、法官难以作出准确判断、归责困难、易受法官个人因素影响难以形成具有司法适用性的统一的裁判规则、难以适应侵权法的价值取向由道德责难向风险分配的转变等等，[②] 于是，大陆法系学者借鉴罗马法的善良家父理论逐渐引入了客观过错理论，此类标准使得法官不再囿于行为人的主观状态，而以抽象的、客观的标准判断过失是否存在，以一般人的平均能力作为判断行为人是否能够预见损害结果的依据。[③] 注意义务就是在过错的客观化趋势下作为客观的判断过错的工具而引入。另外，各国侵权法中注意义务都经历了从无到有、从不成文到成文，通过司法实践中的裁判累积而加以发展起来的过程，我国立法虽未建立起以注意义务为中心的侵权行为法，但毫不阻碍司法实践判断过失时对于注意义务的运用，对注意义务的引入处于案例积累的阶段。仅在财产保全错误赔偿的相关案例统计中，就有 40% 的判决明确注意义务为重要的过错考量因素，足以看出注意义务对于司法实践中侵权责任判断的重要性。毕竟，生活无边，法律无法穷尽义务之类型，注意义务的引入是诚实信用原则填补我国侵权法漏洞的重要途径。

需要注意的是，在上述 40% 的明确注意义务为重要过错考量因素的判决中，以必要注意义务为标准的占 2%；以合理注意义务为标准的占 22%；以审慎注意义务为标准的占 8%；以合理审慎注意义务为标准的占 4%；以普通人的注意义务为标准的占 2%；以基于自己理解的注意义务为标准的占 2%。其中，必要、合理、审慎、普通人等注意义务都系借助第三方合理人的客观标准，不过用词有些微差别，无本质不同。但基于自己理解的注意义务，明显是将主观标准再引入判断，使得本应基于客观判断的标准又滑入了主观的窠臼，使得判断处于两难。这样的主客观相统一的操作，困难重重，司法案例上有尝试，但仍然非完全意义上的混合标准。[④]

---

① 参见王利明：《侵权行为法归责原则研究》（修订二版），中国政法大学出版社 2004 年版，266 页。

② 参见程啸：《侵权责任法教程（第二版）》，中国人民大学出版社 2014 年版，第 505-507 页。

③ 参见龚赛红：《论民法上的过错——以过失程度及其判断标准为核心》，载《中国社会科学院研究生院学报》2008 年第 5 期。

④ 参见王泽鉴：《侵权行为法》（第一册），中国政法大学出版社 2001 年版，第 14 页。

（三）诚实信用原则的具体化之二——注意义务的具体化

前已论及注意义务的引入系诚实信用原则的第一步具象，但注意义务毕竟是侵权法中的一个抽象概念，是判断过错与否的普遍工具，“一个适用于合理人的一般的注意总是应该让位给某个人在这种或者那种特定情形下所必然会采取的这种或者那种特定的预防措施”[①]，因此，注意义务抽象的内涵需要结合不同的案型予以丰富，使其指引性鲜活起来。注意义务的内容之一是对危险的合理预见，对注意义务的具体化亦为对危险类型的具体化，针对保全错误案型来讲，危险体现为保全错误，因此，不妨借助保全错误表现形式丰富注意义务之内涵。

理论上，保全错误的情形有三分法、四分法[②]，甚至五分法[③]，但总体分析，结合案例样本，保全错误从诉讼行为的合理性上分析，无非是保全目的不具有合理性、保全前提不具有合理性、保全方式不具有合理性。需要说明的是，为何不将合法性判断予以纳入，因为合法性判断有明确的法律依据，其过错判断无须借助注意义务，法官无须自由裁量即可径行作出判决，本文重在解决无明确法律依据的情况下如何裁判，故对合法性判断暂付阙如。

1. 保全目的不具有合理性

民事保全目的在于为避免债务人在债权人取得执行名义并强制执行前，处分或隐匿可供强制执行的财产或变更请求标的物现状，[④]一言以蔽之，在为保障法院裁判的顺利执行。若保全申请之目的不在此，而在刻意追求被申请人的财产损失，或拖延诉讼等，申请人因此具有恶意，此系故意而非过失，该目的下的保全应为错误，但其并非注意义务的违反，毋宁为合法性的违反。申请人恶意的判断应当结合相关证据及原诉讼目的综合判断，因该恶意一般不仅体现在保全申请中，而且原诉讼本身亦常不具有正当性，如恶意诉讼，意在恶意竞争，使得竞争对手陷入商业危机。若被申请人提交证据证明其并无转移隐匿财产之行为并其责任财产足以覆盖诉请金额，判决不存在难以执行之可能，裁判中不宜仅凭上述证据就认定保

---

① Holmes, The Common Law, 89, Leon Green, Duties, 41.Tex.L. Rev.61 (1962), 转引自廖焕国:《侵权法上注意义务比较研究》, 法律出版社 2008 年版, 第 15 页。

② 参见何文燕:《民事诉讼法学》, 湖南人民出版社、湖南大学出版社 2001 年版, 第 242 页。

③ 参见李仕春:《民事保全程序研究》, 中国法制出版社 2005 年版, 第 219–221 页。

④ 参见杨与龄:《强制执行法论》, 中国政法大学出版社 2002 年版, 第 588 页。

全目的不合理，因在我国诚信体系尚未建立，社会诚信度普遍不高的情况下，独上述证据难以证成申请人之恶意，综合原诉讼本身性质的判断，方为周全的考量。

另需讨论的是，有观点认为，申请财产保全系为确保生效判决的执行，故保全申请只能在具有执行可能的案件中提出，即只能在给付之诉中提出。[①] 是否就此认为在非给付之诉中的保全申请皆为错误呢？实际上，执行困难非仅见诸给付之诉，确认之诉、变更之诉中亦存在保全之必要，也会面临执行难的窘境。譬如，在不动产权属的确认之诉中，申请人可通过申请对不动产的保全措施，以防止非权利人的无权处分，保证真正权利人非因善意取得而丧失所有权，该保全措施的必要性自不待言。由此，保全的必要性并不必然与诉的类别一一对应，判决执行的可能性才是保全目的合理或称保全必要性的核心要素。

2. 保全前提不具有合理性

保全前提具有程序与实体两个层面，程序层面的不合理性体现在申请人的诉讼程序权利不存在或具有重大缺陷。譬如，申请人作为原告起诉，被告不适格，应当驳回起诉。程序层面的不合理涉及的为起诉的基本条件，一方面，在《民事诉讼法》第 122 条及第 127 条[②] 虽有较为明确的规定，但鉴于不能苛求当事人对上述条件予以正确且深刻的理解，毕竟法院本身在某些条件的初步判断上亦有偏差，尤其当所有这些条件在法院起诉审查时都未被筛除，更不可给当事人附加额外的注意义务，此时虽不具备起诉条件，但根据合理第三人的判断，可以得出具备起诉条件的，不可作保全错误解，特别是在涉及管辖确定复杂、案由不明晰、受案范围判断困

① 参见姜孝虎、张峥嵘：《财产保全申请错误的构成及赔偿研究》，载《法制与经济》2018 年第 12 期。

②《民事诉讼法》第 122 条规定："起诉必须符合下列条件：（一）原告是与本案有直接利害关系的公民、法人和其他组织；（二）有明确的被告；（三）有具体的诉讼请求和事实、理由；（四）属于人民法院受理民事诉讼的范围和受诉人民法院管辖。"该法第 127 条规定："人民法院对下列起诉，分别情形，予以处理：（一）依照行政诉讼法的规定，属于行政诉讼受案范围的，告知原告提起行政诉讼；（二）依照法律规定，双方当事人达成书面仲裁协议申请仲裁、不得向人民法院起诉的，告知原告向仲裁机构申请仲裁；（三）依照法律规定，应当由其他机关处理的争议，告知原告向有关机关申请解决；（四）对不属于本院管辖的案件，告知原告向有管辖权的人民法院起诉；（五）对判决、裁定、调解书已经发生效力的案件，当事人又起诉的，告知原告申请再审，但人民法院准许撤诉的裁定除外；（六）依照法律规定，在一定期限内不得起诉的案件，在不得起诉的期限内起诉的，不予受理；（七）判决不准离婚和调解和好的离婚案件，判决、调解维持收养关系的案件，没有新情况、新理由，原告在六个月内又起诉的，不予受理。"

难时，法院尚须经过专业认定，且认识常存偏差，此时对申请人苛以较高的注意义务实为不妥。另一方面，根据《民事诉讼法》第127条规定，申请人的注意义务应当包含及时提交书面仲裁协议、已经发生法律效力的判决、裁定及调解书、不准离婚的判决及和好的调解书、维持收养关系的判决及调解书等，若申请人未履行上述基本的注意义务甚至有故意隐瞒者，致使法院受理并作出保全裁定，但最终因上述事实申请人被驳回起诉的，申请人应当承担未尽注意义务致保全错误的相关责任。

实体层面的不合理性体现在，申请人不具有实体性诉讼权利，其诉讼请求缺乏事实及法律依据，申请人未尽谨慎对待他人权利之义务，明知或应知诉讼请求不会被支持，仍提出财产保全申请，最终引致败诉。败诉的原因与证据的缺失不无关系，不妨从证据入手细化注意义务。一方面，当证明诉请的基本证据欠缺时。此时，注意义务的赋予需要结合三个因素综合判断，包括申请人调取证据的能力、申请人是否应知道证据的存在、申请人是否应认识到该证据为基本证据。几种因素的不同情形组合下，将得出不同的结论。申请人唯有在有能力调取证据且应当知道证据存在且应当认识到证据为基本证据而其未为调取证据的情况下，方可认定其未承担注意义务，并进一步承担保全错误的相关责任，上述三个因素，有一个是否定的，都不可否定申请人已承担了注意义务。另一方面，当虽持有基本证据证明诉请不能成立，仍申请保全的，此时，注意义务的赋予应当以合理第三人是否可依该证据简单推理得出与法院相同或相似的结论为基础。若基本证据内容明确，合理第三人通过基本的逻辑推理，即可得出不能支持诉请的结论，不存在认识偏差的可能，此时，应当认定申请人未尽注意义务，并承担保全错误之责。反之，基本证据内容不明晰，且合理第三人通过基本的逻辑推理不能得出不应支持诉请的结论，即使法官自身尚需纵观全案证据，通过复杂的推理，甚至使用法官的自由裁量权方可得出结论，此种情形下，将申请人的注意义务提升至如此高度自是苛求，是不符合公平正义的。

3. 保全方式不具有合理性

实际上系采取保全措施的过程中存在不合理性。包括采取保全措施的对象与诉请不符、采取保全措施的财产价值远超出诉请、保全措施本身错误以及未及时变更保全措施。

其一，采取保全措施的对象与诉请不符，往往发生在争执标的物属于特定物或者把与案件无关的第三人财产采取保全措施的情形。[①] 在该等情形下，当涉及第三人的利益时，第三人无论如何不应当承担相关风险带来的损失，毕竟根据法经济学的分析，当损失有发生可能时，以最低成本即避免该损失且对该风险具有掌控能力的人应承担相应义务，因此申请人在此种情形下应当承担较高的注意义务，除非其已穷尽对财产权属情况的调查能力，否则其须承担保全错误的法律责任。若不涉及第三人利益，分为两种情形：一种是标的物为尚未灭失的特定物，申请人未对之申请保全，而申请对非特定物保全的，属于保全对象错误，应当承担未尽注意义务之责；另一种仅仅是将彼特定物混淆为此特定物，且即使作为合理第三人亦难以区分二者的，应当认定申请人已尽注意义务，而不应非难之，同时，被申请人本身亦因自身行为引发原诉讼，其并非无辜的风险承担者，同时，如此处理将反向促使被申请人及时提出异议，将相关错误剔除，减少损失，否则，其将可能怠慢处置，任由损失扩大。

其二，采取保全措施的财产价值远超出诉请。申请人的注意义务应体现于在对被保全财产作出合理的评估，否则，当保全措施的财产价值远超出诉请时，申请人应当承担保全错误的法律责任。若财产可被市场评估者，自不可与市场评估价值相去甚远。应当注意的是，若被保全的财产不具有分割性，且被申请人无其他与诉请价值相当的财产时，即使被保全财产价值远远超出诉请亦不宜认定申请人具有过错。

其三，保全措施本身错误。在保全中若未关照到被保全财产的特殊性，将可能引起保全措施不得当引致的损失。譬如，对易腐物品的保全。根据《最高人民法院关于适用〈中华人民共和国民事诉讼法〉的解释》第153条[②] 规定，申请人的注意义务应当包括查清被保全的货物性质，若为季节性、鲜活或易腐烂变质等不宜长期保存物品的，应在申请时或申请后及时告知人民法院以便人民法院按照相关法律规定变通处理，减少损失。

其四，未及时变更保全措施。当应由当事人自行申请解除而其未及时予以申请的，包括两种情形：一种为申请人撤诉或者按照撤诉处理后，未及时申请解除保全；另一种为申请人减少诉请，但未相应申请变更保全。对此，在本次案件梳理中存在两种观点：一种认为应由申请人及时申请解

① 参见李仕春:《民事保全程序研究》, 中国法制出版社 2005 年版, 第 220 页。

②《最高人民法院关于适用〈中华人民共和国民事诉讼法〉的解释》第 153 条规定：人民法院对季节性商品、鲜活、易腐烂变质以及其他不宜长期保存的物品采取保全措施时，可以责令当事人及时处理，由人民法院保存价款；必要时，人民法院可予以变卖，保存价款。

除保全，否则其应对未解除期间内造成的损失予以赔偿。另一种认为申请人是否解除保全皆不影响被申请人的解除申请，当被申请人怠于行使救济时，其应自行承担由此造成的损失。观点二实应再商榷。法律虽未明确规定申请解除保全必须由申请人提出，但该保全行为作为申请人引起的先行行为，相关损失的风险亦因之而起，申请人自应据之承担注意义务，若其在上述情形下未及时申请解除，难谓其尽到合理注意，自应承担保全错误之法律责任。实践中，还有观点认为被申请人未采取提出异议、提起复议或提供担保等救济措施，放任损害后果发生，故损失应认定为系其自身原因造成。对此亦值得商榷，理由如上，风险由谁引起，自应由其承担注意义务，而不可将损失减少的责任强加给被侵害方，跨越此原则且兀自忽视申请保全行为与损害结果的直接因果关系者，无疑将使被侵害方雪上加霜，逻辑亦难自洽。

五、结论

财产保全损害责任纠纷具有特殊性，其既涉及《民事诉讼法》中相关规定具有典型的程序性特征，又涉及《民法典》侵权编中相关规定具有典型的实体性特征，程序与实体的盘根错节导致处理的困惑丛生。有观点生硬地割裂此类纠纷的两性而趋向程序性处理，形成过错责任与财产保全行为的排异论以及程序与实体意义的保全错误分而论之的论调，该论调的形成是疏于平衡此类纠纷两性的结果，无疑会造成实践的阵痛与扭曲，从案例梳理中，也可知此类论调与实践做法大相径庭。过错归责原则须坚守，过错的审查系此类案件裁判规则建立的核心，须围绕其建构从一般到具体的审查路径。诚实信用原则系审查的原点，似玄牝之门，由之引入注意义务，并为注意义务细化的依据，恰如老子所言："绵绵若存，用之不勤。"注意义务的细化，一方面需结合保全错误的类型，从保全目的、保全前提及保全方式等多维角度细化注意义务的内涵；另一方面需借助法官在裁判中赋予注意义务更为丰富生动的意义，毕竟唯面对鲜活纠纷的司法人员方能对规则的漏洞与不足有最为深切的体悟。

法律系统论视角下司法裁判实现“三个效果”的评价及优化逻辑

王　敏*

一、问题的提出

在司法裁判中实现法律效果、政治效果和社会效果的有机统一，是新时代人民法院公正司法的重要目标。其一般路径为把裁判过程视作一个坚守运作自主性、封闭性的法律系统，法官只需严格依法裁判，即可输出“正确”判决。然而，法律系统所处的社会环境始终存在比系统内部更多的可能性和复杂性，以有限的法律规范联结起的系统必然会遭遇来自政治、经济、道德等其他社会子系统的冲突碰撞。此时仅靠系统内部运作，裁判不可避免会遭遇“失望”。那么，我们该如何正确认识并处理此种“失望”？卢曼的“法律系统论”将法律运行过程看作在坚守运作自主性、封闭性基础上对外适度保持开放性的有机系统，①这种兼顾司法形式理性和社会适应性的法律系统理论恰为司法场域实现法律功能、政治功能和社会功能的统一提供了理想模型。充分运用其立场方法，能够为此指引一条体系化、技术性的思辨路径，帮助裁判更为妥当地容纳处于张力之中的“三个效果”。

二、封闭抑或开放：法律系统“二元”形态之观察

“三个效果”在裁判中的实现不是“1+1+1”的简单堆砌，而是“1+1+1”在特定场域下矛盾运动和有序联动的结果。本部分将以“封闭”和“开放”两种系统对立形态作区分，对社会典型案例予以类型化分析，评价比较“三个效果”的实现情况，以期择出能够容纳“三个效果”的系统最优形态。

---

* 作者单位：四川省高级人民法院。

① [德]卢曼：《社会中的法》，李君韬译，我国台湾地区五南图书出版公司 2009 年版，第 45 页。

（一）封闭的法律系统

所谓“封闭”，即裁判过程严格遵循“司法三段论”的形式逻辑推理，并以法律规范的核心文义作为“规范——事实”涵摄之依据，对法律外的一切影响均“拒之门外”。

1. 简单案件：融合

在我国法制健全、法治良好的当下，人民法院审理的大多数案件为简单案件，即法官裁判认定的案件事实恰好落入法律规范的“言内之意”，司法裁判过程如“自动售货机”，直接吐出满意的司法产品。此种情形下，裁判仅依靠系统内部资源即可达致“天理、国法、人情”。

以弘扬社会主义核心价值观的典型案例“董某某、黄某某英雄烈士名誉权纠纷公益诉讼案”①为例，该案事实属于《民法典》第185条规定的“侵害英雄烈士名誉权”之典型情形，法官认定商家行为侵害了董某某、黄某某的名誉权。这样的判决结果同时起到提倡全社会尊崇英雄的政治效果及社会效果，实现“三个效果”的完美融合。其裁判过程如下（见图1）：

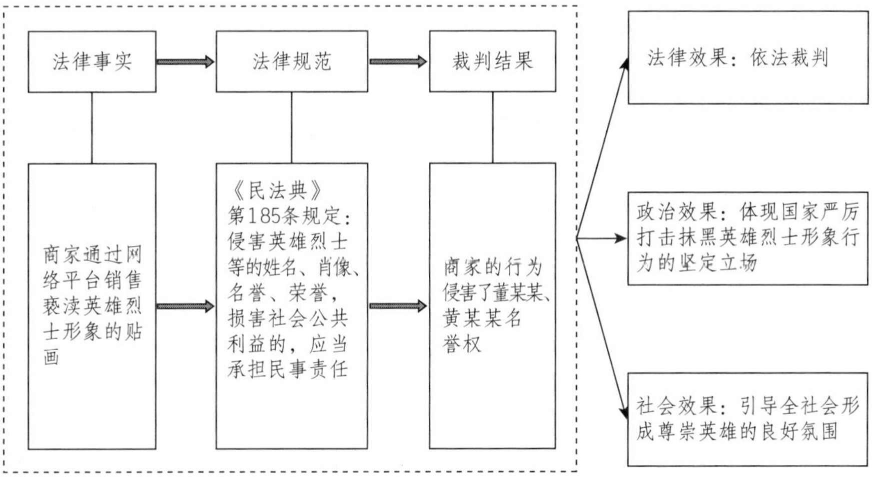

图1　董某某、黄某某英雄烈士名誉权纠纷公益诉讼案

可见，简单案件之于法律系统，乃是斗榫合缝，“三个效果”能够完美契合其中。

---

①《最高法发布弘扬社会主义核心价值观十大典型民事案例》，载中国法院网，https：//www.chinacourt.org/article/detail/2020/05/id/5215132.，最后访问时间：2023年7月10日。

2. 复杂案件：互斥

复杂案件分两种：一是法律系统内部供给已无法为个案裁判提供清晰的规范指引；二是法律系统内部供给与法官的实质性判断无法达成一致。[①]

情形一：内部供给匮乏。以“中国首例冷冻胚胎归属案”[②]一审判决为例，在法律无直接依据的情况下，法官以“冷冻胚胎”未被《继承法》第3条所列举的“个人合法财产”所囊括为由，径直对其“继承标的”的法律属性作了否定性评价，由此判决双方父母均不具有继承权，四枚冷冻胚胎由医院予以处理。此种处理方式虽然在法律上看似无可指摘，但明显忽略了对四位失独老人人伦情感的谨慎考量。其裁判过程如下（见图2）：

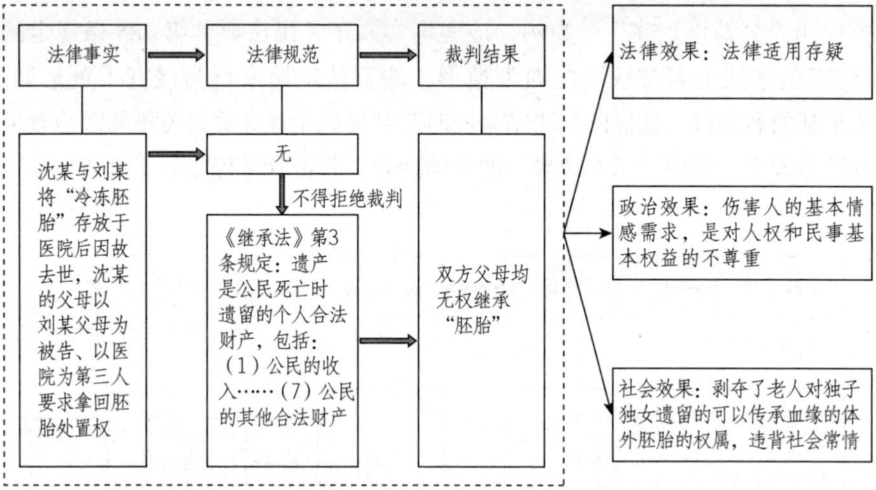

图2　中国首例冷冻胚胎归属案

情形二：内部供给偏差。以曾引发社会广泛讨论的“天津老太摆枪摊案”[③]一审判决为例，虽然赵某某的行为在形式上符合非法持有枪支罪的构成要件，但当她以非法持有枪支罪被判处有期徒刑三年零六个月时，引起舆论一片哗然。原因在于当用于摆摊射击气球的玩具枪被认定为刑法意义上的“枪支”，并以此对当事人苛于较重刑罚时，已然超越了社会公众对公平正义观念的一般性认知。其裁判过程如下（见图3）：

① 参见葛云松：《简单案件与疑难案件——关于法源及法学方法的探讨》，载《中国法律评论》2019年第2期。

② 参见江苏省宜兴市人民法院（2013）宜民初字第2729号民事判决书。

③ 参见天津市河北区人民法院（2016）津0105刑初442号刑事判决书。

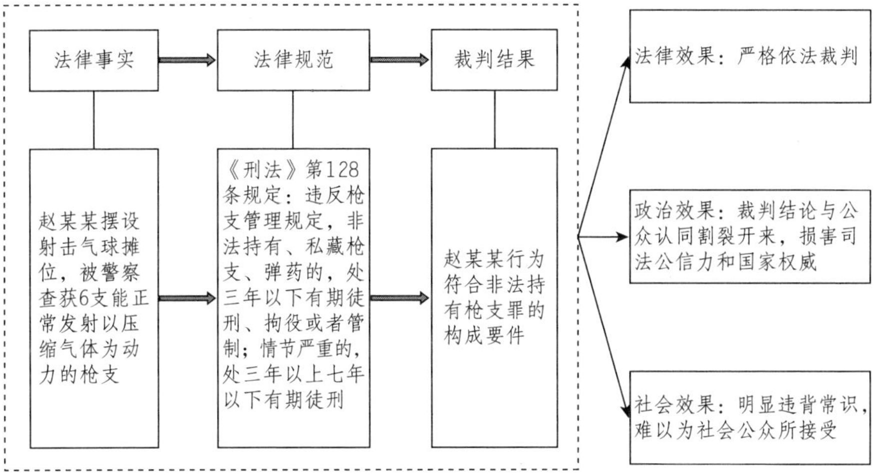

图3　天津老太摆枪摊案

可见，复杂案件之于封闭系统，乃是削足适履，“法律效果”“政治效果”“社会效果”在其中难以兼容。

（二）开放的法律系统

开放的法律系统，意将裁判置于“系统——环境”的整体之中，对外部影响进行主动接收和吸纳，使得裁判结果超越法律系统本身。如果说“封闭”和“开放”是系统形态之“质”的区别，那么“开放”之下亦有“度”的差异。

1. 完全开放：消解

完全开放的系统，全然接受系统外因素的影响，并直接转化为裁判的主要甚至唯一理由，由此形成超越法律的裁判。

“完全”开放形态下，个案裁判之于法律系统，乃是“皮之不存，毛将焉附”，缺失“依法裁判”之庇护，“三个效果”的意义也终归消解。

2. 适度开放：摇摆

适度开放的法律系统，虽然对外界因素仍予以充分考虑，但不会将其直接当作裁判依据。它通过“法律原则”这一中介，让外部的价值判断和道德考量间接进入裁判过程，以此体现其在“开放”面向上的克制性。

“适度”的中庸之举似乎为法律系统勾勒了最为理想之形态，然而“适度”之“度”难以把控。

小结：封闭性是法律系统之本质属性，是裁判维持一贯性运作之基础；开放性是法律系统之外在属性，是裁判自我完善之要求。前者属于形式理性，后者追求实质理性，二者在理想情况下具有追求“三个效果”的融合性。然则面对个案裁判，系统形态存在“质”上的“对立”或“度”上的“失控”。故而，法律效果、政治效果、社会效果或自洽、或缺失、或失衡。因而，“封闭”或者“开放”的单一形态均不能成为裁判予以容纳“三个效果”的最优解。

二、主观抑或客观：“三个效果”失恰之原因考察

任何事物都是主客体相互交融的辩证系统，“三个效果”在法律系统内失恰之问题亦离不开对主客体的考察。

（一）作为法律系统的主体：法官

法律不是纸上的规则，而是司法裁判过程中的法官行为。法官作为法律系统的主体，直接决定了“三个效果”在裁判中如何得以实现。

1. 表征——对三级法院法官的访谈

总体上法官会尽量考虑“三个效果”的有机统一，但在产生冲突时，还是会把法的安定性作为首要因素。以准确查明事实、实质化解纠纷为重的基层法院更看重社会效果的实现；以精准定分止争为重的中级法院和以依法纠错、统一裁判为重的高级法院则更强调法律的统一适用。

2. 本质：法官的“有限理性”

（1）“人”的有限理性。法官知识结构存在短板，思维认知难免局限。同时，法官并非案件亲历者，只能在信息、实践、空间受限的情况下裁剪事实，作出判断。

此外，在法律适用中，受自身前见的潜在影响，基于同一事实，不同法官可能作出不同的价值评判。

（2）“职业理性”和“社会理性”的有限性。裁判中“三个效果”的张力关系，与法官职业理性与社会理性的张力关系具有同向性，“三个效果”的统一也需要以职业理性与社会理性的融合为基础。

职业理性要求法官排除案外因素干扰，遵循正当程序规则；同时，法律的经验性和司法的社会性又要求法官具有较强的社会理性——只有具备足够阅历的法官，才能深刻认识并准确把握社会成员所实施的行为对他人和社会具有什么样的社会意义，进而在此基础上进行相应的法律评价。

（3）“技术理性”的有限性。“司法是一种说理的活动。正因为此，我们将裁判在本质上理解为一种法律推理或法律论证。”[①]“技术理性”是指法

① 罗有成：《“建设性”法律现实主义——对卢埃林法律现实主义的另一种解读》，载《法律方法》第4期。

官娴熟运用法学方法技巧，予以论证说理的技巧能力。法官面对实现“三个效果”的焦虑，与自身在司法技能运用上的不自信密切相关。一方面，由于历史原因以及教育背景等因素影响，法官接受的专业训练不同，对司法技能的熟练掌握程度不一，导致部分裁判说理不充分、论证不严密。另一方面，技术理性的养成是需要长期沉淀的过程。在案多人少以及司法考核指标等现实压力下，法官疲于应对案件处理，无暇更新专业知识，因循既有知识作出裁判，可能致使裁判合法性资源不足。

（二）作为法律系统的结构要素：法律规范

“法律系统是一系列法律运作的动态平衡过程，法律运作的每一次沟通，如司法裁判，都有赖于法律规范的衔接作用。”[①] 法律规范作为法律系统的结构要素，决定了裁判对于“三个效果”的容纳限度。

1. 法律规范的滞后性

（1）新兴社会关系与有限的立法理性之间存在“间隙”。以实质合并破产重整中“投资人能否在接管企业前，提前进场进行试生产”之新情况为例，《企业破产法》及相关司法解释未对此作出具体规定。在最高人民法院 2021 年发布的第 29 批指导性案例 164 号中，法官从积极促成破产重整之目的出发，考虑各方利益衡平，认定此类情形下准许投资人进场试生产，为后续类似案件裁判提供了参考。

（2）流动的社会事实与静态的法律规范之间产生“错位”。以《公司法》第 186 条[②] 的适用为例。该规定对公司债权应先于股东出资受偿作出规定。然而，对于公司债权人同时亦是股东的情形，如果在裁判中适用该条规则，将其作为普通债权，而优先于股东出资受偿，可能导致实质不公。基于此情况，最高人民法院 2015 年在公布的典型案例“沙某公司诉开某公司执行分配方案异议案”中借鉴衡平居次原则认定：对于股东出资不实同时又属公司债权人的情况，股东对于其补足的出资额的受偿顺位劣后于外部债权人。

① 宾凯：《法律系统的运作封闭：从“功能”到“代码”》，载《荆楚法学》2022 年第 3 期。

②《公司法》第 186 条规定：“清算组在清理公司财产、编制资产负债表和财产清单后，应当制定清算方案，并报股东会、股东大会或者人民法院确认。公司财产在分别支付清算费用、职工的工资、社会保险费用和法定补偿金，缴纳所欠税款，清偿公司债务后的剩余财产，有限责任公司按照股东的出资比例分配，股份有限公司按照股东持有的股份比例分配。清算期间，公司存续，但不得开展与清算无关的经营活动。公司财产在未依照前款规定清偿前，不得分配给股东。”

2. 法律规范的“模糊性”

虽然法律语言最重要的特点是严密性和明确性，但模糊语言客观地存在于法律系统之中，造成模糊的原因有二：

原因一：立法者的“有意而为之”。对立法者来说，过分追求明确，法律则犹如一潭死水；恰当运用模糊，法律则获得一种灵性。通过加入模糊语词使得法律规范更具弹性，能够涵盖更多的社会关系。“等”和“其他”是法律规范中较为典型的模糊语词，通过对司法实践中使用频率较高的三部法律——《中华人民共和国民法典》（以下简称民法典）、《中华人民共和国刑法》（以下简称刑法）、《中华人民共和国行政诉讼法》（以下简称行政诉讼法）中“其他”和“等”作为语词出现的频率进行如下统计，立法对模糊语词的有意识使用由此可窥见一斑（见下表）。

我国主要法律“等”“其他”使用次数对照表

词语 法律	等	其他
民法典	265	243
刑法	83	418
行政诉讼法	20	47

原因二：语词表达的“开放性结构”。法律规范以语词表达为载体。语词表达存在意义的核心与边界，在相对清晰的意义核心与常常模糊的意义边界之间则被称为“空缺结构”。[①]“空缺结构”的出现是语言对流动的现实影像实现定格时不得已付出的代价。以“车辆”这一日常用词为例：当法律规定“禁止车辆驶入公园”时，“轿车”“客车”在众人看来都属于“车辆”，而儿童乘坐的“玩具车”则普遍认为不属于“车辆”。此时，对于“轿车”“客车”以及“玩具车”的认定都可以置于“车辆”的核心文义范围内进行明确的判断，也就是人们对此能够产生强烈共识。但是，对一个带有动力并且高速行驶的“轮椅”是否属于“车辆”，则落入了“车辆”语义的开放性结构之中，由此会产生不同意见。

原因三：法律原则的“不确定性”。具体来说，法律原则的“不确定性”体现在以下四个方面：第一，内容上的抽象性。法律规则往往以“行为模式+法律后果”的形式出现，法律原则以“应当……”来陈述，其内容

① [英]哈特：《法律的概念》（第三版），许家馨、李冠宜译，法律出版社2018年版，第199页。

不针对特定行为，仅提供一般性指引。第二，覆盖范围的宽泛性。法律规则的具体性和精确性决定了覆盖范围有限，而法律原则的抽象性使得覆盖范围更为宽泛。第三，适用方式的间接性。法律规则以涵摄方式使用，而法律原则需要具体转化为个案规范。第四，冲突选择的度量性。冲突规则的选择适用以“全有”或者“全无”的形式出现，但冲突原则之间的适用，则是通过对“度”的精准衡量，以确定某些原则比其他原则具有更大的“分量”。

小结：在“封闭”“开放”之系统二元形态背后，是各种因素的多重交织，其背后体现的是司法场域下不同力量间的激烈角逐——法官职业化和司法大众化、严格规则和自由裁量、法条主义和民意舆情、形式正义和实质正义、过程理性和司法后果主义……在多种辩证关系的角力中，“三个效果”若要寻得“容身之处”，必须经由一条可操作的正当化路径，使得处于张力之中的多重关系在系统内达到最佳平衡点。

三、优化逻辑：“封闭—开放—封闭”之螺旋

若将法律系统看作平面静止之一隅，“封闭”和“开放”只能是立于“此时此刻”“二选一”的抉择。然如上文所述，裁判在任意单一形态下都无法周延地容纳“三个效果”，因而必须重新审视法律系统的运作形态。相对应地，当我们把法律系统看作动态运作之过程，“封闭”和“开放”则具备在“每时每刻”适时变动之可能，裁判得以在“封闭——开放——封闭”之螺旋中，将“三个效果”纳于其中。

（一）以“裁判封闭运行”为前提

“若法律系统未能真正实现封闭性运作，则法律可能沦为政治的符号性工具。”[①] 裁判以系统特有的规范语言、论证过程、内在价值维持一贯运作，确保类案同判，实现法律的确定性价值。反之，裁判若脱离“封闭运作”，不仅法律效果无从实现，政治效果和社会效果也是虚无缥缈。

以“封闭运行”为前提，亦是捍卫法律尊严之要义。法律应当被信仰，否则将形同虚设。虽然法律存在缺陷，但总体上是明确的、完备的。法官作为法律最忠实的拥趸者，应以“封闭运行”为起点，将法律的形式理性作为裁判过程的基本遵循。

① [德]卢曼：《社会中的法》，李君韬译，我国台湾地区五南图书出版公司 2009 年版，第 45 页。

1. 以规范的文义射程为边界

文义作为确定“规范意旨”最重要的证据，要求法官在裁判过程中以文义射程为界，竭尽寻求法的真意。离开规范的裁判过程，必然会消解法律的规范性和法治，走向依法裁判的对立面。

2. 以“司法三段论”为论证方法

“司法三段论”作为法律推理的基本逻辑，为法官认定事实、适用法律起到了提纲挈领的作用。司法三段论体现了严谨的逻辑思辨过程：T → R（大前提）；S=T（小前提）；S → R（推论）。

3. 以形式正义为优先价值

古希腊哲学家亚里士多德曾指出：“法治应包含两重意义：已成立的法律获得普遍的服从，而大家服从的法律又应该本身是制定得良好的法律。”“良法”是如何实现实质正义的立法命题；而“良法”之下的“善治”，则是在裁判中如何实现形式正义的司法命题。因此，严格依法裁判往往意味着妥当的裁判结果。即使在个案中可能会牺牲个别利益诉求，但旨在维持法的确定性和可预见性，从长远角度看，有利于减少纠纷总量，也正是“始终如一”依法裁判蕴含的政治效果和社会效果。

（二）以“司法认知开放”为选择

裁判过程经封闭运作后得到的初步结论，不一定是能够实现政治效果和社会效果的“最佳选项”，这为裁判的适度开放提供了可能性。通过对可能影响“三个效果”的法外因素进行衡量，对裁判初步结论进行适当调适，确保司法回应环境的能力有所提升，力度得以把控。

受法律系统封闭性的刚性约束，能够启动开放程序的案件范围应受到严格限制。下文以司法裁判的一般规律为遵循，构建了“四阶层”过滤程序，帮助检验出可以启动开放程序的案件，并对可以进入裁判中的法外因素予以筛选。

1. 第一层：资格审查

此层解决的是哪些案件有资格启动开放程序。

将个案事实 P 投入下列程序予以筛选：

第一步：对于个案事实 P，有无直接对应的法律规范 N。

若无，则完成第一层考验。原因：缺乏明确的法律适用，得出的初步结论具有不确定性。

若有，则进行下一步。

第二步：在个案事实 P 中，虽然有对应的法律规范，但是针对个案事实P的法律解释是否只能采取X？

若是，则直接终止“四阶层”考验。原因：属于一目了然的简单案件，由法律系统自身发挥功用即可。

若无，则完成第一层考验。原因：说明对个案事实P的法律评价后果无法唯一确定。

2. 第二层：结论排除

经过资格审查后，落入第二层的案件均是法律规范指向性不明的个案事实，其初步结论导出路径可化约如下：

对个案事实P若采取解释X，则会作出结论P（X），若采取解释Y，则会作出结论P（Y）。

P→X，X→P（X）

P→P（X）；

P→Y，X→P（Y）

P→P（Y）。

此时，P（X），P（Y）都是在法律系统内得出的或然性结论。进一步地，将P（X），P（Y）在法律系统内进行比对。若比对后，能够最终指向唯一结论，则仍然没有运用外部因素之必要。

判断P（X），P（Y）有无下列情形。若有，则该结论应被排除。

（1）得出P（X），P（Y）会与法律系统中其他法律规则的适用相抵触。

（2）得出P（X），P（Y）会与法律系统中已经确立的法律原则明显违背。

若P（X），P（Y）经受住了上述两项条件之考验，证明仅靠法律系统内资源已无法对初步结论进行评价，则需要触发认知开放之机制，以对裁判可能出现的多种结论进行价值衡量。

3. 第三层：后果评估

进入第三层，说明多个初步结论已无法在法律系统的封闭运行中作出取舍，触发开放程序成为必经之路。此时进入更深入的思考领域——法律系统应当允许何种法外因素的进入，即P（X），P（Y）可能产生的哪种法律外后果是裁判中应当予以考虑的因素。

裁判中应当考虑的法外因素必须经受“客观性”的考验。“如果不重视后果的客观性，社会效果就会被庸俗化，‘注重社会效果’就会被某些人用来作为枉法裁判或者寻求非法利益的目的。”[①]把多个可能性的后果从主体偏好和特殊环境烘托中抽离出来，置于具有普遍性的语境之中进行判断，与不因环境、个体思维差异而导致后果评价不同的客观性要求正相契合。

具体而言，对于裁判结果可能引发的非理性舆论，有意屏蔽；对于经过严密逻辑论证的异见，谨慎考量；对于符合真善美的普遍价值取向及一般性的社会诉求，真诚反思。一方面，在裁判中不能被所谓宏大的价值叙事遮蔽了裁判的微观进路；但另一方面，要尽量发挥司法的行动指引功能和价值塑造作用，竭力以司法正义引领社会正义，实现司法理性和社会理性的有机结合、司法正义和社会正义的良性互动。

综上，对于裁判后果的“客观性”评估可以简化如下：

将P（X），P（Y）可能产生的后果分别表示为：P_1（X），P_2（Y）。

则有：P_1（X），P_2（Y）是否属于社会大多数有普遍良知和理性之人会追求的后果。

若不属于，则该结论不可取。

若属于，则进入第四层。

4. 第四层：价值选择

当P_1（X），P_2（Y）同时都通过“客观性”评估时，司法允许对P_1（X），P_2（Y）所代表的各种价值进行强度比较、权衡和取舍，并通常以“帕累托最优”为标准在可能的价值间进行衡量。

“帕累托最优”常被称为公平效率的“理想王国”。法官在对各种司法后果所代表的价值进行“帕累托最优”之选择后的状态应是如下：法律效果、政治效果和社会效果达到一种平衡，这种平衡使得任何法律效果的改进都会导致政治效果、社会效果的变坏或者是任何政治效果、社会效果的改进都会导致法律效果的变坏。也就是说，当且仅当不存在任何能够使得法律效果变好的同时而不使得政治效果、社会效果变坏，反之亦然时就达到了“帕累托最优”。

当选择任一价值均无法实现多方共赢的“帕累托最优”，必须要对各种利益进行取舍，则需要对利益受损的价值尽可能给予关照，实现环境中总体利益最大化，从而符合“潜在的帕累托改进”[②]之标准。

经由“四阶层”的结果即是可以被裁判纳入考量的法外因素。以“冷

① 江必新：《在法律之内寻求社会效果》，载《中国法学》2009年第3期。

② 潜在的“帕累托最优”，指在“帕累托最优”无法达到时，允许出现受损一方，但是要求受益一方的收益要大于受损一方的损失。

冻胚胎案”为例，将上述程序做演示（见图4）：

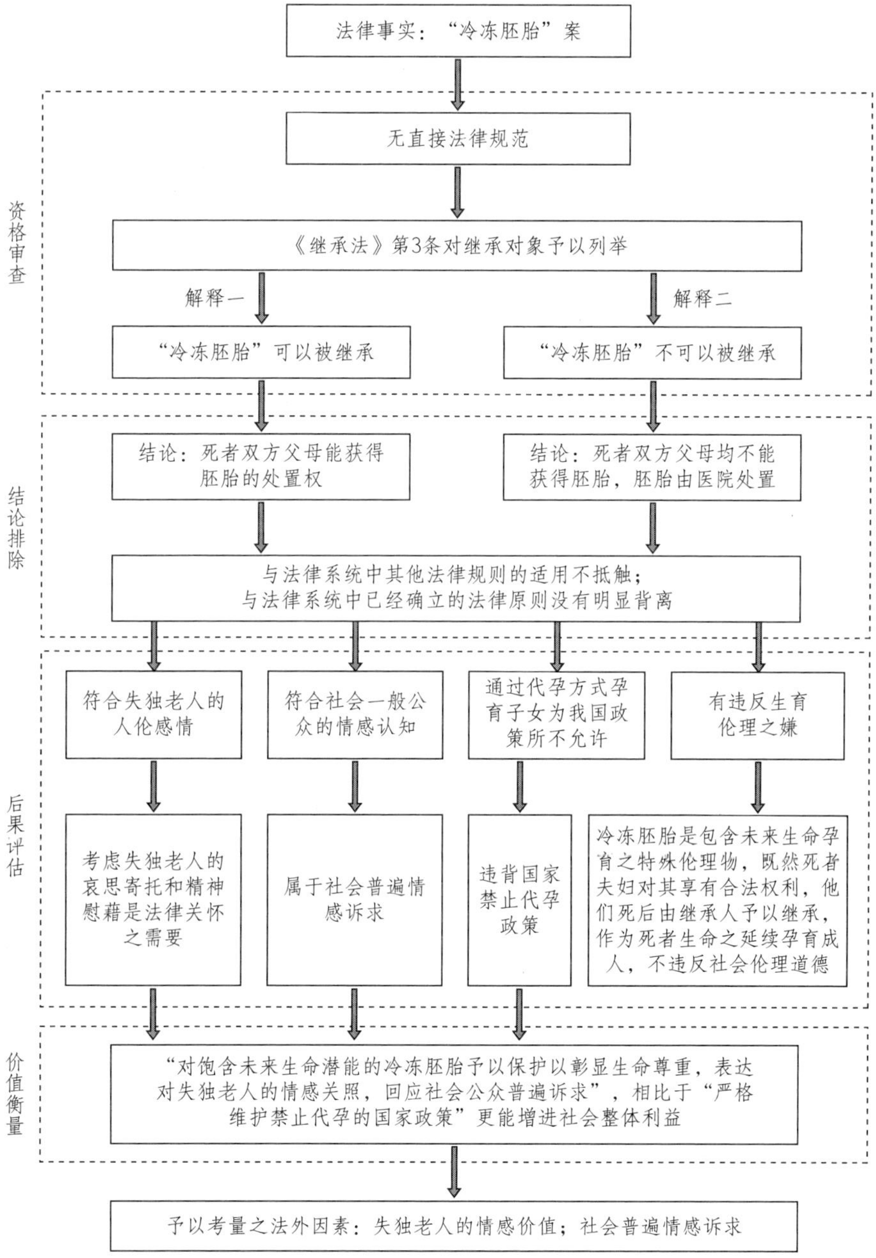

图4 “四阶层”逻辑示意

（三）以“融入方式封闭”为回归

在法律系统论看来，“法律系统与社会科学的关系，不是通过‘接纳’，也不是通过‘断绝’来把握，而是通过一定的转换规则，将影响系统运作的政治因素、道德因素、公众认同等因素从‘外部系统’‘转换’至‘内部系统’，进而被有机容纳”。[①] 这意味着，法外资源的进入必须遵循裁判自身封闭性逻辑，借助内部转介机制完成“开放——封闭”之回归。

1. 实体转介机制——法律解释适用

将法外资源输送进裁判，要对法律予以解释适用，并进行充分说理论证。具体而言，通过递进性地适用法律解释方法、法律漏洞填补和对法律原则予以兜底性补充，以限定法官的个案判断，确保裁判结果妥当性。

（1）狭义的法律解释。当法律系统出现“内部供给偏差”[②] 时，首先要调动各种法律解释方法对于选择适用的法律规范进行充分释法说理。

在解释方法的选择上，每一种解释方法各具功能，亦有局限。不同解释方法之间没有一成不变的适用顺序，个案中需相互补充、共同协力才能获得最佳解释结果。但是，文义是解释起点，也是终点，只有当文义解释存在诸多可能时，才可参酌其他解释方法。

司法实践中，一份容纳“三个效果”的优秀裁判综合运用各种法律解释方法。最高人民法院从 2020 年 5 月及 2023 年 3 月分三批以发布典型案例的形式展示社会主义核心价值观在审判实践中的运用，集中体现了法律效果、政治效果和社会效果的有机统一，其中蕴含的法律方法和裁判思路值得反复挖掘思考。笔者以三批 29 个民事典型案例为统计对象，筛选出使用法律解释方法予以裁判的案例共 26 个（其余 2 个使用漏洞填补方法，1 个以调解方式结案）。这 26 个案例均以文义解释作为基础，普遍使用体系解释、目的解释、社会学解释等法律解释方法，其中超过一半案例采用两种以上解释方法用以论证说理。

（2）法律漏洞填补。当法律系统出现“内部供给不足”[③] 时，法官需在其权限范围内运用漏洞补充方法，以完成裁判规则的构建，进而完成涵摄推理。对于漏洞补充技术的使用，并无统一的适用规则，只能依个案情况而定。法官在补充漏洞时要对以下问题承担充分的论证负担：

---

① 参见［德］卢曼：《法社会学》，宾凯、赵春燕译，上海世纪出版集团 2013 年版，第 195–210 页。

② 前“情形二：内部供给偏差”时已对此种情形进行了展开论述。

③ 前“情形二：内部供给不足”时已对此种情形进行了展开论述。

一是为何在本案中存在漏洞。如果对于个案的法律适用，在法律系统内穷尽搜索后，都无法找出法律规范所指事实与个案要件事实完全贴合，则说明存在法律漏洞。

二是为何要选择此种漏洞填补技术。王利明教授认为法律漏洞的填补顺序应当为目的性扩张 / 限缩——→类推适用——→依习惯补充——→依比较法补充——→依法律原则补充。① 此顺序选择与各补充方法对制定法的脱离程度呈正相关（如图 5 所示）：

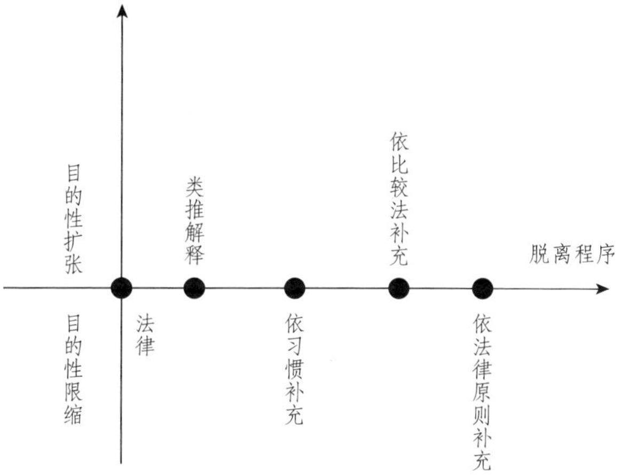

图 5　法律漏洞补充方法选择和制定法脱离距离关系

在三批 29 个典型案例中，有 2 个案例以目的性扩张和目的性限缩的方法填补法律漏洞。在“丧子老人可对孙子女‘隔代探望’”一案中，在《民法典》未对祖父母是否享有探望权作出规定的情况下，法院以“在子女健在的情况下，祖父母和外祖父母可以通过子女的探望权实现‘探望’孙子女和外孙子女的目的；在子女死亡的情况下，允许丧子老人进行隔代探望孙子女是祖孙之间亲情连接和延续的重要方式……”为由，对探望权对象范围进行目的性扩张，由此判决老人每月第一周探望孙子女一次，满足了丧子老人的亲情需求。在“开发商‘自我举报’无证卖房毁约”一案中，法院对“未取得商品房预售许可证而认定房屋认购合同无效”的调整范围进行了目的性限缩，认为“预售制度所欲避免的风险在本案中已经不存在”，故而认定本案房屋认购合同不属于无效认定的范畴，守护了诚信缔约的社会风气。

① 参见王利明：《法律解释学》，中国人民大学出版社 2011 年版，第 460–461 页。

（3）法律原则的冲突选择。当法律系统出现“内部供给不足”以及“内部供给偏差”，且经由上述对法律的解释适用后，仍无法得出妥当答案时，方是援引法律原则之时。法律原则作为法律系统内的兜底性规定，须经“提炼——衡量——论证”之严格适用程序：

第一步：提炼。提炼发生冲突的法律规则背后蕴含的法律原则，将“规则——原则”的异质冲突转化为“原则－原则”的等位冲突，为此后权衡法律原则之间的轻重作铺垫。以“电梯吸烟劝阻案”为例，当适用具体法律规则“行为人因过错侵害他人民事权益，应当承担侵权责任”时，背后蕴含的是“过错责任原则”，当事人因没有过错故而不承担侵权责任；认定当事人应当承担侵权责任的法律原则是“公平责任原则”，本案冲突即转化为“过错责任原则”和“公平责任原则”之间的权衡。

第二步：衡量。对冲突的两项原则进行具体比较：一项法律原则的适用，是否必然会对另一项法律原则产生侵害；与彼此造成的侵害相比，哪一项相对更轻？同样在“电梯吸烟劝阻案”中，适用公平原则虽然从结果上看在一定程度上对死者一方予以抚慰，但产生了两个方面的不良后果：一是对一般侵权责任之“过错”认定的突破，损害了法的安定性；二是就吸烟劝阻行为，在法律上作了否定性评价，不利于鼓励公民参与社会治理和公共秩序维护；反之，当适用过错责任原则，虽然纯粹从结果上来看，另一方似乎受到的损害更大，但是当“当事人行为水平已经达到最优点时，就无须承担任何赔偿责任”是侵权责任认定的应有之义，[①] 体现对“个人自由”和“社会安全”两种利益关系的充分协调平衡。

第三步：论证。对于最终选择适用的法律原则，法官应当在判决书中充分说理，这不仅是裁判文书公开之外在要求，更是自身能够得出正确判决的必要条件。法官在充分说理中，能够反向验证该判决是否合理公正。

2. 程序转介机制——调解达成共识

相较于司法裁判作出的法律评价，调解则是融合了情理法的综合评价。法官在调解中积极调动政策、习俗、情感、道德等手段积极促成矛盾化解，法律在其中只是发挥潜在的后盾作用。在 29 个典型案例中，“李某诉朱某甲变更抚养关系纠纷案”是唯一采用调解的案件。在该案中，如若采取判决方式，则根据离婚抚养约定，孩子将跟随母亲前往外埠生活，再度面临亲情的割裂，对其成长极有可能带来情感心理创伤；鉴于此，法院

① 胥纳：《过错责任与无过错责任何以统一？》，载《西部法学评论》2022 年第 1 期。

以柔性司法化解异地抚养之争，促使离异夫妻双方平和沟通，达成对未成年人的最优保护，实现互谅互让、互利共赢，人际融洽、社会和谐。

自此，裁判在法律系统内经由“封闭——开放——封闭”之螺旋，最终达到“三个效果”。

结 语

得出案件处理的“最优解”是司法裁判的价值所在，但是法律条文的局限性及法官的有限理性，常使裁判结果难以达到最佳。经由“封闭——开放——封闭”之辩证路径，恰能有效克服法律系统在“封闭”“开放”单一状态下的固有缺陷，使得裁判过程纳入法律、社会、人民等多维视角，实现法律形式价值和实质价值之统一，为裁判最终实现“三个效果”提供正当化、合理性支撑。

由“静”到“动”：裁判规则统一适用难点与优化设计

——以最高人民法院民事指导案例的适用为视角

任雅莉[*]　伏　瑚[**]

引　言

为统一法律适用问题、提升案件质量、维护司法公正，最高人民法院在2010年11月26日印发了《关于案例指导工作的规定》，初步确立了案例指导制度。2021年12月1日起实施的《统一法律适用工作实施办法》，在制度层面，案例指导已有完整的产生、适用程序；有较为明晰的选用、编撰体例、引用的体系；并确立了指导性案例的制度性约束力。但实践中，指导性案例的适用尚存在不规范之现象，而遑论其他类案裁判规则的适用。本文以最高人民法院指导性案例为分析素材，探讨如何在实践中适用类案裁判规则，以达到统一法律适用、提升整体案件质量之目的。

一、规则适用：以最高人民法院民事指导案例的适用为样本

（一）适用的规范性——如何援引裁判规则

《〈最高人民法院关于案例指导工作的规定〉实施细则》（以下简称《实施细则》）已经明确，在援引指导性案例时，应当引述指导案例的编号和裁判要点。但目前指导性案例援引方式中，还存在以下几种现象。

1. 援引指导案例的表述不同

实践中的引用表述有：（1）“根据最高人民法院第X号指导案例裁判要点”；（2）“最高人民法院公布的第X号指导案例指出”；（3）“根据最高人民法院指导案例X号的裁判要旨+要旨内容”；（4）同时引用《最高人民法院关于案例指导工作的规定》第7条规定作为法律依据；（5）将裁判要点作为裁判理由引述后以括号备注的方式载明指导案例编号；（6）表述

* 作者单位：四川省阆中市人民法院。

** 作者单位：四川省阆中市人民法院。

为与 X 号指导案例相似，然后指向应当引用具体某一法律条款。

2. 以指导案例中的裁判规则作为反向推理的论证

如在某案例中，在裁判理由中引用了指导性案例 15 号，并以其裁判规则作为满足关联公司的构成要件的论证，从而反向推理原告主张二被告系关联公司的主张不成立。

3. 在民事案件中，当事人是主张应用行政指导性案例裁判规则以证明自己的主张

如在某案件中，当事人主张适用指导案例 60 号裁判规则以证明案涉产品的标识不符合 GB7718–2011《预包装食品标签通则》。

4. 从指导案例中再引申出新的裁判规则

从指导案例中再引申出新的裁判规则，即在裁判文书中明确引述指导案例的裁判规则，在裁判规则基础上论证出新的裁判规则。如在某案件中，法院先行援引 20 号指导案例，然后认为可以从 20 号指导案例裁判要点延伸出如下规则：实用新型和外观设计专利授权前制造的专利产品的销售、使用等后续行为，也不侵害专利权。

5. 隐性援引比例较高

根据最高人民法院指导性案例系列司法应用报告显示，隐性援引指导案例占绝大多数援引方式。这一现象，可以通过一个指导案例应实务中应用情况佐证。如，以“指导案例 15 号”为关键词在裁判文书网进行全文搜索，共检索出裁判文书 384 份。但以“指导案例 15 号”的裁判要点“关联公司的人员、业务、财务等方面交叉或混同，导致各自财产无法区分，丧失独立人格的，构成人格混同”为关键词在全文中搜索，则显示裁判文书为 469 份。

（二）适用的说理性——如何回应是否援引指导案例

根据北大法制信息中心对指导案例在裁判中的适用情况进行司法统计分析，援引次数最多的为指导案例 24 号与 15 号[①]（见图 1）。但从 2022 年度司法统计来看，当事人在一审中主张指导案例，法官同时明确予以回应的只有 50 件。在二审中，上诉人主张指导案例，法官同时明确予以回应的有 346 件。[②] 对于当事人主张适用指导案例，法院在裁判文书中回应主

---

① 图表数据来源：郭叶、孙妹：《最高人民法院指导性案例 2021 年度司法应用报告》，载《中国应用法学》2022 年第 4 期。

② 通过裁判文书网搜索，类型设置为“民事案件”、文书类型设置为“判决书”、将诉讼记录、裁判理由部分同时设置关键词“指导案例”，检索得出 50 件与 346 件。

要依据基本事实是否一致、法律规范是否相同两个方面予以了回应。《实施细则》中虽然明确当事人一方引述指导性案例作为控（诉）辩理由的，应当在裁判理由中回应是否参照了该指导性案例并说明理由。但目前并未清晰规定如何回应援引指导案例，是进一步地论证说理，还是法官内心自洽即可。

实践中，规则适用还存在以下争议：（1）不予回应是否适用指导案例，是否属于程序问题。（2）适用指导案例错误，是否属于法律适用错误。而前述问题，《实施细则》并未明确规定。

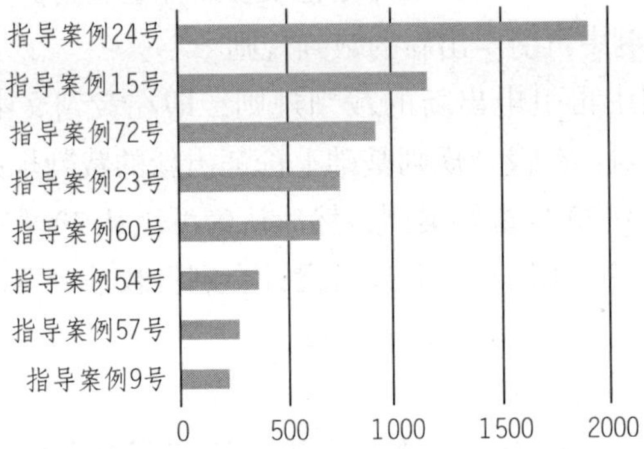

图 1　指导案例援引次数统计

（三）裁判规则的延伸性——以 24 号指导案例为例

以 24 号指导案例为例，该指导案例是否只能适用于机动车交通事故责任纠纷中？从检索情况来看，仅侵权责任纠纷案由项下，24 号指导案例的援引还包括提供劳务者受害责任纠纷、违反安全保障义务责任纠纷、医疗损害责任纠纷、饲养动物损害责任纠纷等其他案由。但由于该指导案例的前提“受害人”仅限于机动车交通事故责任纠纷中，因此大部分判决都以并非同一事实（并非交通事故）而不予适用。但也有法官认为，应当以“当事人体质状况能否作为减轻侵权人责任的事由”作为案件基本事实与法律适用比对的基础，从而得出是否能适用该指导案例。事实上，正是因为“体质状况对损害后果的影响不属于可以减轻侵权人责任的法定情形”太过抽象，反而使得法官适用时不易得出论证，才使得关于 24 号指导案例适用的主张难以获得支持。

小结：从裁判规则适用实践可以看出，指导性案例援引存在不规范、回应不充分、是否适用以及适用偏差较大等问题。

二、适用难点：裁判规则适用中的嫁接与涵摄

裁判规则的适用，主要体现为法官如何将类案裁判规则应用到待决案件中。指导案例援引存在前述问题，在于法官思维过程中对裁判规则的认识不一致。

（一）从类案到待决案件如何嫁接

1. 类案识别与比对标准不统一

裁判规则的适用，最终都落于如何适用“类案”范畴内。单从适用类案的行为角度出发，类案识别是适用类案案例的前提步骤。只有解出该步骤答案，才可以得出是否适用的结论。在《最高人民法院关于统一法律适用加强类案检索的指导意见（试行）》中，又确定为“基本事实、争议焦点、法律适用”三个方面。那么类案识别的校准点就在于“基本事实、争议焦点、法律适用”。“基本事实、争议焦点、法律适用”表述较为宽泛，为在限定讨论范围内表述这一校准点，可以将“基本案情”等同于“法律事实”，“法律适用”等同于“法律规范”进行讨论。而类案识别就在于将指导案例中的“法律事实”与“法律规范”“嫁接”在待决案件中，从而应用裁判规则进行判决。嫁接难点就在于“法律事实”与“法律规范”如何比对，是相似性标准还是一致性标准。应当说，类案同判中“类案”本意就指“相似性标准”，但由于其具有的规则性特点，那么一定程度内的相似性项下是否需要比对“一致”，如是否在同样的案由项下、同样的请求权基础项下。

2. 相似性标准项下存在一致性认定问题

实践中，有课题调研组认为，应当以裁判规则作为比对基础，待决案件的基础事实与法律适用问题应当与裁判规则中的事实与法律适用问题具有相似性[①]为标准。也有课题组认为，应当是将核心要素（主要是与法律适用相关的、裁判规则能得以确立的主要案件事实）、核心事实、法律关系、争议法律问题作为类案判断标准。[②]正如前两种观点，也确立了以裁判规则作为比对基础的要点，即与裁判规则所关联的事实要具有相对的一致性。再回到24号指导案例的讨论中，正因为司法实践中相对统一认为

---

① 四川省高级人民法院、四川大学联合课题组：《中国特色案例指导制度的发展和完善》，载《中国法学》2013年第3期。

② 北京市三中院课题组：《类案检索报告制作和运用机制研究》，载《法律适用》2020年第12期。

基础事实应当具有一致性，才导致24号指导案例在其他侵权责任案由中被排除适用。但其实这一裁判方法，反而忽略了24号指导案例裁判要点所应当蕴含的裁判规则。因此，所谓相似或一致的疑问，或者类案与待决案件法律事实与法律规范的嫁接难点，在于如何解答何种相似性项下的一致性问题。

（二）从类案到待决案件如何涵摄

1. 裁判规则的形成是规则发现的过程

我国案例指导制度并非“立法”层面的“制定规范”。法官只能依据抽象法律规范，在抽象的规范与具体的个案事实之间，采取一定的法学方法进行法律适用，是对原有规范适用于具体案件中的过程。在此过程中形成了具体的裁判规则，即应从案例中可提取的裁判规则。结合上述分析，结合以下事实也可以得出因裁判规则并非新造法，而只是发现的裁判规则，在裁判实践中是作为“本院认为”部分的说理论证，不属于法律适用的评价。在最高人民法院制定的《关于加强和规范裁判文书释法说理的指导意见》中也指出，法院援引指导案例是作为论据从而对裁判理由进行论证。

2. 类案裁判事实与规则并非待决案件的事实与规则

在承认裁判要点只是一种裁判规则的基础上，仍要说明此时的裁判规则并非当然为待决案件的裁判规则，也不能当然引用裁判要点作为待决案件的裁判规则适用。从逻辑演绎角度出发，裁判规则是从指导案件的事实中得出，待决案件若要适用类案裁判规则，需要对类案事实与待决案件事实进行论证。由于裁判要点的非“法源”地位，如若缺少类案事实到待决案件事实的推演，那么裁判要点并非待决案件裁判规则。也因如此，即使进行推演，裁判要点也只能作为说理部分。从法律文书角度来说，裁判要点用于待决案件说理部分的目的在于使得说理部分论理充分且可接受，并保障与类案裁判结果的统一。

法律规范的涵摄（Subsumption），是法律规范适用到具体案件的思维过程。类案与待决案例是两个不同案件，需要分别进行法律涵摄，这是类案与待决案例比对的前提条件。而无论类案的事实与待决案件的事实是多么一致或相似，也是基于不同的证据而予以认定的不同事实。因此，待决案件的事实仍需要通过举质证后，由法官认定得出。一件类案中并非当然只可以提炼一种裁判规则，基于案件其他事实提取的裁判规则应是其他规则。因此，类案事实与待决案件事实的比较，也并非全部事实的比较，二者的事实也不能完全等同。

3. 待决案件事实为类案裁判规则所涵摄

两个案件的构成要件类似，才能对两个案件作相同评价。[①] 构成要件隐藏于案件事实当中。虽然指导案例的事实不等于待决案件的事实，但在构成要件上一定具有相似性，否则就不具有适用裁判规则的基础条件。从待决案件出发，需要完成的是待决案件法律事实为指导案例法律要件所涵摄。具体的案例事实（Sachverhalt=S），置于法律规范的要件（Tatbestand=T）之下，以获得一定结论（R）。

$T \rightarrow R$

$S = T$

$S \rightarrow R$

如果T在某一个案件中被实现了，则法律效果R应当用于该案件的事实S。（1）设类案中的事实S具有的某些特征X、Y和Z……即S={X，Y，Z……}。（2）从S中推导出的法律要件T，即T={ X| P（X）}，其中P（X）是具有某种性质P的集合。（3）待决案件的事实为S'，有特征X'、Y'和Z'，即S'={X'，Y'，Z'……}。（4）对事实S和S'之间进行比对，发现S和S'之间具有相似性，这种相似性表现在S与S'项下的集合具有一致性，S ∩ S'={x|x ∈ S，且x ∈ S'}。（5）因为S与S'之间具有共同之处X，所以S'也适用S的法律要件T。上述步骤即裁判规则应用的前提条件，即怎么证明待决案件事实为指导案例要旨所涵摄，待决案件事实与指导案例裁判规则涵摄的事实之间如何比较。

对裁判规则适用的嫁接难点与底层逻辑的分析（见图2），说明了以下几个问题：一是说明指导案例裁判规则与待决案件之间的关系如何，并初步厘清待决案件应用指导案例裁判规则的逻辑过程；二是说明了类案识别难点——即待决案件事实为指导案例裁判规则所涵摄。

① ［德］卡尔·拉伦兹：《法学方法论》，陈爱娥译，商务印书馆2003年版，第258页。

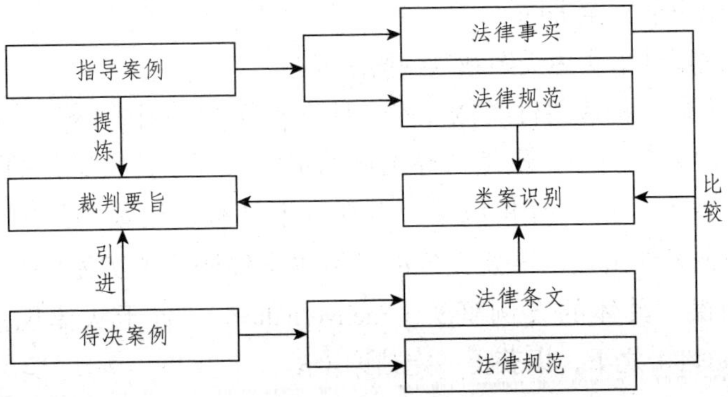

图 2　规则适用结构示意

三、方法应用：基于法律论证的裁判规则的适用

（一）法律论证可以体现学理上对规则的认识

对指导案例裁判规则的类型化梳理，可以展现出理论上如何定位裁判规则。

1. 从裁判规则体现的内容上以及裁判规则功能进行划分。依照该标准，将裁判规则划分为法律适用解释型、裁判规则发现型、概念诠释型、司法理念解读（司法价值判断型）。[①] 同样依照此种标准划分，还有学者划分为法律解释型、法律续造型、政策宣示型，[②] 或有学者划分为规则创造型、政策宣示型、工作指导型。[③]

2. 在前述基础上，加入对指导案例的特征、编撰技术标准后，将裁判规则划分为下述十种类型。即细化法律型、概念解释型、澄清误用型、适法选择型、新型案件型、新法示范型、裁判方法型、政策宣示型等。[④]

3. 依照法律文本体系构成，将裁判规则划分为原则、概念、实体规则、程序规则、法律适用规则、裁量方法、说理。[⑤]

---

① 石东洋：《裁判要旨的类型化比较适用》，载《上海政法学院学报（法治论丛）》2013 年第 2 期。

② 侯晓燕、王立峰：《论指导性案例裁判要点的类型化适用方式》，载《河北法学》2020 年第 9 期。

③ 陈兴良：《案例指导制度的规范考察》，载《法学评论》2012 年第 3 期。

④ 石磊：《指导性案例的选编标准与裁判要点类型分析》，载《法律适用》2019 年第 18 期。

⑤ 于宵：《指导案例裁判要点的表述技术研究》，载《烟台大学学报（哲学社会科学版）》2020 年第 4 期。

4. 没有载明具体类型划分标准，直接总结型。（1）以法律解释、法律具体化或法律补充为裁判摘要内容；（2）以解释法律条文或解释法律原则或阐明法理为裁判摘要内容；（3）以多数具有相同主旨为裁判摘要内容。①

理论界对裁判规则类型化梳理，表明虽然现行学理界对裁判规则有着不同的认识，但都表明裁判规则体现出：法解释学的应用、法律推理的过程以及司法价值判断的展示。而法律论证的方法可以完整呈现出前述三个方面。

（二）法律论证与裁判规则适用的适配性

1. 内部证立可以事后重新构建

内部证立通常被看作内部正当性，所对应的要求是判决结果必须在论证的过程中，从所使用的法律规范合乎逻辑地推导出来。“法律适用者在具体化法律规范与具体的事实状况之间建立一种联系。如果具有说服力地成功地对这种联系进行了说明，就具有内部正当性”。② 内部证立的一般模式如下。

（1）（x）（Tx→OR）
（2）（x）（M1X→Tx）
（3）（x）（M2X→M1X）
…
（4）（x）（Sx→MnX）
（5） Sa
（6） Ora（1）-（5）

图 3 内部证立模式

（1）是一条法律规范；（5）是一项具体的事实命题（或者一项陈述）；（6）是具体法律应然判断（裁判结果）；（2）（4）是设定的语义规则，经由（2）（4）将（1）与（5）联系起来，使得通过（1）与（5）得出裁判结果（6）。从提炼裁判规则的角度出发，法律规范（1）是已存在，裁判结果（6）是已存在，事实命题（5）已存在，需要通过设定语言规则（2）（4）使得证立完成。（2）（4）应是裁判规则提炼范围。

① 马荣、葛文：《指导性案例裁判要点的类型与运用研究——以〈最高人民法院公报〉案例裁判摘要为原型的借鉴》，载《南京大学学报（哲学·人文科学·社会科学）》2012 年第 3 期。

② ［德］伯恩·魏德士：《法理学》，丁小春、吴越译，法律出版社 2003 年版，第 308 页。

2. 外部证立可以不受规范约束

外部证立着重于前提本身是否正确或真实。[①] 法律论证的难点在于外部证立，因此在需要进行外部证立时，更需要慎之又慎。外部证立中设立了 6 种规则：解释；教义学论证；先例适用；普遍实践论证；经验论证；特殊法律论证形式。[②] 因此，外部证立需要得到尽可能多的、重要的、优先度高的法律渊源支持。[③] 正是因为外部证立具有以上证立规则，因此外部证立可以不受需要论证的法律规范约束，也就跳出结论必然性的定论之中。同时，外部证立的过程中使用较高层级法律规范或原则进行论证的方法，也使得提炼裁判规则中会探寻到法律原则的出现。

3. 法律论证可以展现价值判断

从 2018 年开始，最高人民法院发布的指导案例集中展现了司法价值判断，为社会正能量撑腰，将社会主义核心价值观精神融入司法裁判理念之中。其中，指导案例 98 号着重对见义勇为行为的肯定与保护；指导案例 99 号着重于英烈名誉、荣誉权的保护；指导案例 140 号消弭了“谁受伤谁有理”的事实与价值之间的差异；指导案例 142 号对“好意劝阻”行为的合法性予以了肯定。上述指导案例裁判规则主要是价值判断的结果，无法只使用逻辑推理得出。因此，价值判断能在法律论证的框架内，使其成为裁判规则而可得以论证。

4. 法律论证可以回应类案冲突

在法律论证的框架内不需要先行分别论证是否冲突，因为在法律论证的框架内允许存在多个法律主张。在法律论证看来，冲突的并非案例或结论本身，而只是同一个法律规范适用相似的法律事实，产生不同法律后果，而这种经法律论证后的法律后果，只是因为不同人对法律规范适用法律事实的论证主张不同。即采用何种论证更符合裁判说理的正当性、合理性、可接受性，符合社会评价和展现价值判断。

（三）符合改进案例与审判同步推进的要求

《最高人民法院关于建设人民法院案例库的通知》提出，要坚持改进案例与审判同步推进的方法，而法律论证更为符合这一方法论的要求。一是法律论证更能体现法律思维过程，如民事案件中的请求权基础；二是法

① 焦宝乾：《法律论证：思维与方法》，北京大学出版社 2010 年版，第 336 页。

② 舒国滢主编：《法学方法论论丛》（第二卷），中国法制出版社 2014 年版，第 109 页。

③ 张天择：《指导性案例参照中的类案判断尺度：内部证成与外部证成》，载《南大法学》2022 年第 1 期。

律论证更能体现法官的思维过程。具体表现如下。

1. 裁判文书是法官对法律的表达

法官适用法律的过程基本被等同于，通过三段论的涵摄模式（事实被规范涵摄）推理出待决案件的事实应当被归属在某一法律规范的构成要件之下。但只有一小部分案件能够“完美”地复原上述涵摄推理过程。大部分案件，需要更多的步骤与更多考量，需要法官在事实与法律规范之间来往反复，在事实、规范、价值中进行法律适用的判断。如卡尔·拉伦茨所著的《法学方法论》中指出的那样，法官必须进行必要的法律判断，包括以感知为基础的判断、以对人类行为的解释为基础的判断、其他借助社会经验获得的判断、价值判断等。①

2. 法律论证是裁判理性的证立

当代法律论证理论的首要任务在于，为法律判断与裁判的理性证立确认或者设立规则。② 法律论证得以对裁判文书的正当性、合理性、合法性进行证立，主要在于其具有以下几个方面的要求：（1）结论可接受性。通过论证赋予裁判文书说服力，以便于当事人以及社会公众能够对裁判文书的结果予以接受。（2）依据的客观性以及逻辑的有效性。进行法律论证必须依据基本的法律规范或社会命题性规范，并依照有效的逻辑演绎来达成，在论证中需要遵循基本的形式逻辑演绎或推理规则。（3）内容上的融贯性。如若一项论证 T1 与论证 T2 相比，T1 尽可能包含了更为全面的内容且尽可能将相关语句（论证）集合起来，那么 T1 比 T2 更具有融贯性。③因此，融贯性包括价值与事实、整体与部分、规则与原则、原理与目的的系统性、连贯性和一致性，甚至应当包括部门法与其他部门法，法律体系与外部社会之间的内外连贯。（4）程序合理性。法律论证是建立在非绝对性和非唯一性的认知上，多个法律主张采用目前最为合理的主张，即法律论证的结论。法律论证在规范本身合法性前提下，在事实与规范之间往返论证，故裁判文书应是对法律规范的应然且良好的表达。

四、由“静”到“动”：裁判规则适用的优化设计

法官有义务进一步对某种规范适用于某个案件的适当性特征进行认

① ［德］卡尔·拉伦茨：《法学方法论》，黄家镇译，商务印书馆 2020 年版，第 388 页。
② 舒国滢主编：《法学方法论论丛》（第二卷），中国法制出版社 2014 年版，第 1 页。
③ 舒国滢主编：《法学方法论论丛》（第二卷），中国法制出版社 2014 年版，第 13 页。

知。[①] 而相对于千变万化的事实，法律规范本体是静态的存在，需要法官将静态的法律规范结合案件事实转换为动态的裁判文书。因此，类案裁判规则适用优化设计的由“静”到“动”，借鉴法律论证的法学方法与人民法院案例库建设要求，可以从三个方面予以考量：（1）裁判规则适用可以遵循什么步骤；（2）裁判规则适用有没有具体的规则；（3）如何评价裁判规则的适用。

（一）方法：裁判规则适用的具体步骤

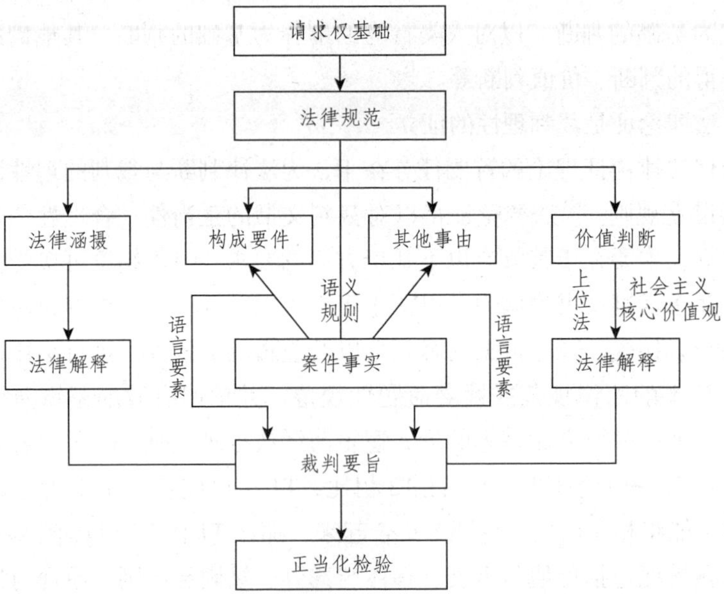

图 4　裁判规则适用步骤示意

基于对法律论证方法的探讨，可以采用法律论证的方法分析类案裁判规则适用。依照请求权基础思维方法“谁得向谁依何法律规范有所主张”，分为四个层次：法律问题（案例问题）；选定适用法律规范（请求权基础）；构成要件，概念、定义、涵摄；结论。将民事裁判规则（步骤）主要划分为以下几个步骤、方法。

1. 相似性项下的一致性认定

裁判规则应用的第一步就是比较两个案件：类案案例与待决案件，也就是回答前面所提出的何种相似性项下的一致性认定问题。可参考英美法

① [法]保罗·利科:《论公正》，程春明译，法律出版社 2007 年版，第 140 页。

系判例法中对先例适用提出了“必要事实”的概念，指出类案与待决案件“类案”事实上的比较条件如下：（1）待决案件在所有必要事实上与指导性案例已经判定的必要事实，全部相一致；（2）待决案件与指导性案例的其他不同之处，不足以排斥或推翻上述法定评价。[①] 类案案例“必要事实”与待决案件“必要事实”比较，需要明确的一点是，类案中必要事实的对比应当限定在与裁判规则适用过程中必要事实的对比（包括构成要件与阻却事由、价值判断事由等），而待决案件的必要事实除基于“嫁接”的裁判规则的相关事实外，还应当注意应用裁判规则相关（或者相反）的其他事实，特别是能产生法律效果的其他要件事实。

2. 鉴定式案例分析法的引入

参照民法思维中的请求权基础，引入“鉴定式”案例分析方法来对比何为类案事实，使得待决案件事实能被类案裁判规则所涵摄。所谓鉴定书案例分析法，即主要为制作鉴定式案例分析报告（Gutachten），借鉴德国法律学说，该鉴定式案例分析报告通常包含以下内容：（1）事实与人员之间存在哪些请求权（权利义务关系）；（2）案件当中包含了哪些请求权；（3）应当纳入考量的请求权是什么；（4）请求权成立是否应当符合一定的条件（是否有前置条件予以满足）；（5）是否存在阻却事由，并由此可以反驳请求权；（6）是否存在不同观点，是否对不同观点进行论证，能否得出应当适用的观点；（7）得出结论，某人得以向某人主张特定请求权，或者该请求权不存在。[②] 根据以上鉴定式案例分析报告内容，可以对待决案件的类案事实提取与比较提出以下步骤。

3. 具体步骤设计

（1）固定待决案件的请求权基础。对比的是两个案件的请求权。如指导案例 141 号，其请求权基础为一般侵权责任行为项下的过失侵权——“安全保障义务”。找寻请求权基础的起点在于固定当事人之间的争议事实，从争议中探寻当事人主张的请求权基础并划定最低顺位请求权基础。当因请求权需要找寻法律规范时，若能有明确的有关请求权法律规范，则应当比对该法律规范；当不能找到与之对应的请求权规范，则应当考虑找寻上位法法律规范。

（2）找寻与请求权相关的构成要件事实。在有明确请求权基础，并

---

① 于同志：《案例指导研究：理论与应用》，法律出版社 2018 年版，第 216 页。

② ［德］德特勒夫·雷讷：《鉴定式案例分析法的基础与技术》，黄卉编译，载《法律适用》2021 年第 6 期。

选定适用的法律规范后，应当确定组成该规范的构成要件。该步骤依靠法官判断组成法律规范的构成要件，可以从条文本身中得出。在条文本身不明确时，可以参照学理解说。首先，需要找寻裁判规则所涉及的相关事实（主体身份、地点、行为、动机等）。其次，需要找寻待决案件的相关事实，应对与裁判规则构成要件事实要素相对应的相关事实（主体身份、地点、行为、动机等）。最后，需要找寻与构成要件相反的其他事实，包括是否存在阻却事实，以及被请求一方所主张的有关事实。如若裁判规则中具有价值判断展现，就应当注意对行为合法性相关事实的提取，或涉及价值展现相关事实的提取。

（3）从案件事实到法律事实的提取。从案件事实中可描述其法律特征，可以看成法律事实是对某一些生活事实的集合，通常有以下几种方式：第一，主体限定身份，如合同一方当事人、消费者、侵权者、劳动者、受害者；第二，地点范围限制，如公共场所、目的地、履约地；第三，行为效力限定，有效行为、无效行为、效力待定行为；第四，动机类，故意或者过失。作为裁判规则的法律事实提取，则应注意子选取范围，因为过高顺位的子集提取会导致范围适用的不适，论证繁复；过于低顺位的子集提取会导致范围适用的狭窄，导致适用率不高。

（4）为事实与规范之间的缝隙设定语义规则。法律涵摄推理中，需要法官在法律规范要件与生活事实之间“左顾右盼”，其目光往返来回于规范与事实之间的过程。[①] 在内部证立推论理论看来，规范不能清楚适用是在于表述的模糊导致特定行为与方式不清楚、表述在评价方面的开放性。为了避免规范的模糊和评价的开放性，德国学者为其内部证立过程提出了语义规则。[②] 即在内部证立过程中，通过设定语义规则，对规范与事实之间的缝隙进行弥补，直至普遍规范用于具体事实无异议为止。此时，该语义规则使得逻辑的有效性得以重建。语义规则（并非语言学上的语义），即使用法学方法上的表达，以避免规范的模糊与评价的开放。为达到此目的，应适用一定的法律解释方法。

第一，法律解释在一般内部证立模式中的使用。在内部证立的规则中，法律判断的前提条件如下：一是至少引入一个普遍性规范；二是必须

---

① ［德］亚图·考夫曼：《法律哲学》，刘幸义等译，我国台湾地区五南图书出版公司2000年版，第91页。

② ［荷］伊芙琳店·T. 菲特丽丝：《法律论证原理》，张其山等译，商务印书馆出版2005年版，第八章《阿列克西的程序性法律论证理论》。

由至少一个普遍性规范及其陈述中推导。需要采用一定方法来具体完善设定语言规则，即使得规范与案件事实之间的缝隙得以弥补。根据法律解释理论，可以采用以下几种方法：文义解释；体系解释；目的解释；目的限缩；概念条款的具体化；类推适用。此处采用法律解释方法并非对法律规范再一次进行解释，而是通过解释工具设定一条较为完整的语义规则，直到法律规范用于具体事实无异议为止。对同一法律规范，基于不同的法律后果以及法律事实，可能使用不同的法律解释方法，使得同一法律规范可以使用不同的解释方法形成不同的裁判规则。

第二，法律解释在其他内部证立模式中的使用。内部证立还具有其他模式：可直接涵摄的证立；对法律规范后果具体化的证立；基于法律规范否定性涵摄的证立。其他模式内部证立则更依赖文义解释、扩展解释、限制解释、目的解释、体系解释等。

一是感知经验判断。感知经验判断应当是一种基于语言上分析性的形式逻辑推理，在规范与事实之间的认定上不需要再进行演绎推理。法律规范直接涵摄法律事实的证立中，通过法官单纯的感知或经验判断（分析方法），将案件事实涵摄于规范之下。感知经验判断是以知识经验、社会经验为基础对感知事物加以处理并作出解释或判断的一种过程，是社会中绝大部分人的共同认知后的同一后果的选择。在文义解释、扩展解释、限制解释方法中，更需要感知经验判断的加入。于裁判规则提炼，应当注重感知经验判断的加入，如“大众所知、经验常识”等。

二是限制性或者否定性证立。限制性证立、否定性证立，在规范性陈述中加入限制性和否定性陈述。之所以会产生限定性或否定性陈述（或证立），是因为其他案件事实存在，因此在案件事实到法律事实提取中就不能只专注在构成要件事实的提取上。其他事实对法律规范涵摄适用效果产生影响，是法官（或者当事人）对事实之于法律产生了价值判断，它可以是因为上位法秩序要求，也可以是价值观判断。因此，在限制性和否定性证立中，需要提取与规范构成要件相对应或者能阻却的事由。

（5）基于司法价值展现的提炼。致力于消除法律评价与社会评价之间的差异，本身也是法律论证的内容（规则）之一。本文着重从以下两个方面予以论述。

首先，要旨提炼与上位法秩序统一。要旨提炼要体现与上位法秩序统一，即在提炼中需要引入上位法规范，以对裁判规则进行描述。在民法体系中，这种上位法的描述主要表现在民法总则中的原则部分。如指导案例

170号的裁判要点通过加入“公序良俗”完成“否定性涵摄”的证立，并保持与上位法秩序的统一。

其次，要旨提炼与社会主义核心价值观体现。社会主义核心价值观是社会主义法治建设的核心与灵魂内容，司法裁判在疑难案件、有广泛争议的案件中更应当注重社会主义核心价值观的引用。在最高人民法院已发布的指导案例中，就有对社会主义核心价值观核心内容的体现。如指导案例98号以裁判规则方式赞扬了见义勇为行为，大力弘扬了社会主义核心价值观内容。社会主义核心价值观内容已体现在裁判规则中，表现在：一是某一行为符合社会主义核心价值观精神，行为人不因该行为承担“不法”责任或“否定性评价”；二是某一行为不符合社会主义核心价值观精神，行为人不得因此取得利益。

最后，正当合理化的校验。融贯性原则是法律论证普遍实践商谈建立的理性概念描述之一，包含了与道德评价的融贯，不同主体之间利益平衡的融贯、在消弭法律事实与法律价值之间的差异上的融贯（也就是一致性）。融贯性原则可以作为校对裁判结论是否正当化的标准，从而对裁判规则适用产生影响。（1）以结论的正当性满足结论可接受性的要求，包括符合大众期待，能够被大众评价满足。（2）检验提炼过程中所采用的依据是否客观，以及逻辑推理是否有效。（3）要旨是否符合价值与事实、整体与部分、规则与原则、原理与目的的系统性、连贯性和一致性，是否符合部门法与其他部门法，法律体系与外部社会之间的内外连贯。（4）为对裁判规则进行检验，可以加入其他主体评价环节，以便要旨是正当的、合理的、可接受的。

（二）设定：裁判规则适用的具体规则

1. 类比推理规则——以“医生电梯内劝阻吸烟案”为例

在指导案例142号中裁判要点“行为人为了维护因碰撞而受伤害一方的合法权益，劝阻另一方不要离开碰撞现场且没有超过合理限度的，属于合法行为”，在医生电梯内劝阻吸烟案中，可以根据案件事实得出“行为人（医生）为了维护电梯内公众健康，劝阻另一方（吸烟者）不要实施某种行为（吸烟）且没有超过合理限度的，属于合法行为”，如果将裁判规则的构成要件事实一致限定在“受碰撞人的权益”“不离开现场”等事实上，那么也就无法得出可以适用裁判规则的论证结论。

裁判规则应用是属于规则的再次涵摄，因此需要用到类比推理的方法，以论证裁判规则是否能应用到待决案件中。笔者认为裁判规则也是一种结论展现，不能仅以裁判规则中的案件事实来进行类比推理，而是要结合规则中其他描述发现其中内涵的裁判规则，对于忽略裁判规则特定事实后，要旨的论证依然成立，那么被忽视的事实就不应当纳入一致性比对。在排除可以忽视的事实后，剩下的事实就应在类比推理中进行一致性比对。因此，也可在已有的裁判规则中再引申出新的裁判规则。

2. 排除适用规则——以“重庆粉蒸肉案”为例

“重庆粉蒸肉案”再次将“知假买假”行为推上舆论风口。法律三段论推论本身是一种必然的演绎逻辑推理，只要满足条件，就会产生法律效果。在法律三段论的必然推理中，经验、常识等无法予以添加并进行评价。但如霍姆斯所言，“法律的生命不在于逻辑，而在于经验”。从逻辑得出的法律后果并不必然符合社会评价，甚至可能不符合上位法法律评价。

此时应运用外部证立的方式，证立裁判规则适用的大前提不成立。也可以以不符合融贯性原则，不能经过正当合理化检验等情形予以证立。知假买假裁判中排除指导案例 23 号裁判规则的适用，是基于“消费者身份”认定，但消费者身份在该类案件的司法实践中多有争议，在社会生活评价中亦是如此。

3. 反证适用规则——以指导案例 15 号为例

反证待决案件请求权基础不成立，即认为不能适用裁判规则，但因裁判规则的内容会被用于说明请求权基础不成立（不发生法律后果），此时裁判规则可以作为“反证”并予以应用。指导案例 15 号的裁判要点对人格混同的构成要件予以了具体化说明，经常被用于“人格混同”条件是否满足的论证。但由于该裁判规则蕴含的逻辑周延性（否定谓项为周延），因此该裁判规则同样可以被用作“人格未混同”描述。

4. 基于法秩序统一的规则——以指导案例 60 号为例

法治的公平正义应由法秩序一致性予以给出，司法秩序上的一致性包括了各部门法（法域）之间的司法（适用）一致性。[①] 刑民交叉、行民交叉领域的研究，基本适用了法秩序统一原理。法秩序统一原理蕴含的原理与法律论证中的一致性原则、融贯性原则的内容一致。以行政处罚指导案例 60 号为例，该案例裁判要点是从行政案件中提炼出来，但当事人经常用于关于食品消费领域的十倍惩罚性赔偿主张中，司法实践中也存在跨部

① 黄盛源、施奕：《从裁判要旨到指导案例——法秩序一致性视野下的案例制度演绎》，载《法治化现代研究》2020 年第 6 期。

门应用裁判规则的实例。[①] 可以在民事案件中引用行政法律条文，使用不同部门法指导案例的裁判要点作为裁判规则予以论证和说理，也不应存在问题，这也是法秩序统一原理的要求。

（三）适用：裁判规则适用的评价规则

人民法院案例库建设要求，要做实加强监督指导。因此，应当对裁判规则的适用予以评价。评价规则主要涉及适用的规范性以及正确性。

1. 不适用裁判规则应进行说理论证

因待决案件争议的请求权基础、法律规范、案件事实与裁判规则涉及的请求权基础、法律规范、案件事实的不同，即经过前述类比推理后此种情形，应当进行说理论证，这也符合最高人民法院对裁判文书制作的要求。需要指出的是：第一，不能未经分析论证而直接使用“案件事实不符、法律规范不同，本院不予支持”之类的表述作为结论性论断，应当适当展开说理论证，以提高裁判文书的可接受性；第二，如若经过分析应适用类案裁判规则，因实务中另一方当事人一般也会提出相应的抗辩意见，故还是应进行适当论证后，再援引裁判规则作为说理论证。

2. 裁判规则适用应尽量查找冲突案例

法律论证中是基于多主张的论证，因此裁判规则可能是冲突的。法官在进行类案检索时，应尽量查找裁判规则冲突的案例。这种冲突只是表象上的类案冲突，并非真正意义上的类案冲突。只是对同一事实不同的论证，法官自行再次对不同的主张进行论证后，选择一种主张（规则）并予以适用。司法实践中，如若当事人之间提交的案例有冲突，也应予以说理论证，即对为何采用某一方提供的类案进行论证。

3. 裁判规则适用应纳入裁判文书质量评查体系

二审实践中，当事人会将一审是否援引指导案例裁判规则（包括法官主动援引），作为其上诉理由予以主张，并提出是否援引指导案例属于法律适用或程序错误。二审实务中，目前未统计发现以援引错误为由发回重审案件。但如前所述，因裁判规则并非新造法，而只是发现的裁判规则，在裁判实践中是作为本院认为部分的说理论证。在最高人民法院制定的《关于加强和规范裁判文书释法说理的指导意见》中也指出，法院援引指导案例是作为论据从而对裁判理由论证。因此，裁判规则应用不涉及法律

---

① 参见北京市海淀区人民法院（2017）京 0108 民初 38153 号民事案判决书，该判决本院认为部分对案涉食品的特别强调进行论证，属于指导案例 60 号裁判要旨的隐性援引。

适用评价，当然也就不涉及程序性问题评价。从审判管理的角度出发，最高人民法院关于案例指导工作的规定已明确要求将裁判规则作为裁判理由引述，因此应当将法官是否援引并说理纳入案件质量评查中，这也符合案件质量评查中“裁判说理部分是否充分”的评价标准。

结　语

类案裁判规则适用的由“静”到“动”，应当要让“静态”的裁判规则用于“动态”的裁判之中，让“静态”的类案适用制度用于“动态”的审判实践中。因此，对于类案裁判规则适用中存在的问题，可以运用法律论证的法学方法予以思考并加以运用，展现出司法的价值判断。在此基础上，借鉴法律论证的法学方法与人民法院案例库建设要求，从裁判规则适用的具体步骤、具体规则、评价规则等方面，对裁判规则的适用予以优化设计，以达到统一法律适用以及整体案件质量提升之目的。

三十年回眸：空间视角下海事派出法庭职能的类型化构建
——以服务国家战略为中心

匡　浩*

为解决长距离管辖问题，海事法院派出法庭[①]应运而生。自1993年首个派出法庭设立至今，制度运行三十年来，我国经济、社会条件发生了巨大变化，派出法庭由一元（审判）一维（两便）职能转变为二元（审判、服务国家战略）多维（国家战略的复线性）职能。[②]但国家战略需求异质性与派出法庭管理上的同质性产生张力：派出法庭服务国家战略的目标不明确，无法进一步推进专业化；服务国家战略的职能退化，异质化需求无从满足；司法资源浪费。学术界和实务界对人民法庭保障乡村振兴战略的研究不乏力作，但对专门法院范畴内的派出法庭职能未及讨论，而且两者性质、特点迥异，规则不能照搬。为了充分发挥派出法庭的职能作用，除了向内求索，对其职能设置、运行情况进行实证分析，也有必要向外远眺，借鉴其他学科的理论成果。本文从服务国家战略切入，从时空角度剖析职能的变迁，分析派出法庭的各类职能并进行取舍，在此基础上对派出法庭的管理规则从共性和个性两个维度提出改革思路。从专门法院的维度看，所跨行政区划范围较大乃是其共性，有必要镜鉴海事法院派出法庭的职能设置思路、经验。

一、国家战略异质化需求与派出法庭同质化管理之间的张力

派出法庭设立之初所办理案件的范围与本部基本一致，这种“全类型”办案职能让派出法庭俨然成为微型海事法院，虽然成功解决了案源不足的问题，但在后续多年运行中形成路径依赖。这种职能安排下形成的同质化的管理规则无法满足国家战略的异质化需求。

---

* 作者单位：青岛海事法院。

① 本文将海事法院派出法庭简称“派出法庭”，基层法院派出法庭简称“人民法庭”。

② 参见何帆：《积厚成势：中国司法的制度逻辑》，中国民主法制出版社2023年版，第451页。

（一）案源先天不足与“全类型”审判职能路径依赖

派出法庭的设置并未与海事法院的成立“并驾齐驱”（见图1），乃是成立近十年后为解决案件数量不足、专门管辖不畅、参加诉讼不便的应对之策。

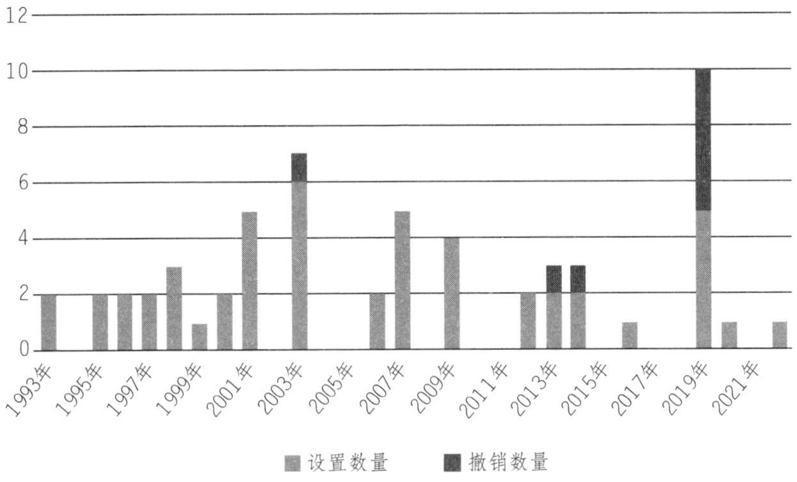

图1　派出法庭设立、裁撤情况

派出法庭设立后，主动联系各涉海行业主体，并沟通地方法院移送海事案件。在此过程中，限于当时的历史条件，当地所有类型的案件都被纳入派出法庭审理。

“全类型”审判职能的制度惯性在发展中逐步强化形成路径依赖。派出法庭为了彰显重要性，获取更多人、财、物资源，一定程度上存在争抢案源的情况。故虽然派出法庭设置的城市类型发生了从大中型港口城市到小型港口、渔港、自贸区驻地等其他城市的转变，但“全类型”审理职能并没有发生改变。

（二）国家战略的异质化需求

1.“一带一路”倡议下的海事保全时效性需求

在“一带一路”倡议中，司法作用不可或缺。为提升国际公信力，并向中外市场主体提供及时、有效的司法救济，海事法院应当积极行使司法管辖权，并确保裁判执行效果，保全就成了重要抓手。海事请求保全属于财产保全，但是标的物仅限于船舶、船载货物、船用物料等，在涉外语境下的重要性远超普通的财产保全，具有保时效、争管辖、排顺位等作用。

海事强制令属于行为保全，旨在避免损失扩大、保护双方当事人的利益。①海事证据保全的对象一般为记录航行轨迹的 VDR（船载航程数据记录）、航海日志等文件，容易灭失或篡改。毫无疑问，海事保全案件均具有极强的紧急性、时效性。

2. 海洋强国战略下海洋环境生态案件的威慑需求

海洋环境保护是建设海洋强国的应有之义。司法对环境的保护包含两部分：一是对已发生损害的处置，包括赔偿、修复等事后救济；二是对未发生的损害进行处置，即事前预防。环境的关联性与动态性决定了环境的复杂性，进一步决定了一旦发生环境损害，就难以恢复原貌，具有不可逆性。从社会财富角度考察看，事后救济意味着社会财富的减少，而预防则不影响财富总量。②基于对预防效果的追求，海洋环境生态案件应当具有针对潜在违法者的威慑需求。

3. 自贸区战略下涉自贸区案件的制度创新需求

自贸区的核心任务是制度创新，所涉航运、贸易、海洋产业纠纷均涵盖在海事法院受案范围内。自贸区的试点任务和措施均需要对有关法律规定进行暂时调整适用。在此过程中，新型企业设立、注销而引发的法律主体问题，新型装备涉及的标的物问题，先行先试产业关联的法律关系问题，监管模式创新涉及的监管问题，相关主体对法律关系的认知和权利义务的界定都存在模糊地带，尚待司法裁判加以明晰和规范。法官需要了解该自贸区宏观总体方案，中观任务和措施，并梳理微观的当地自贸区管委会、海关、海事局等单位的具体文件规定，才能最终作出裁判。这些具有特殊性、政策性、新类型的案件需要发挥海事审判对市场行为的评价、指引和对改革创新的支持、导向作用，即制度创新需求。

4. 涉渔案件的基层治理与重大风险防控需求

在经济转型期，各类风险易发高发，甚至可能集中释放，国家对基层治理和风险防控的需求凸显。涉渔案件主要包括船员劳务合同、人身伤亡、物料供应、渔船合伙等纠纷，与人民群众民生利益密切相关。案件往往具有群发性，易形成系列案件，或具有迫切性，船员（家属）在追讨伤残、死亡赔偿全过程中情绪难以掌控，易引发次生矛盾和连锁反应，形成社会不稳定因素，故产生基层治理与风险防控需求。

---

① 参见金正佳：《海事诉讼法论》，大连海事大学出版社 2001 年版，第 207–208 页。

② 参见王晶：《环境损害的司法预防研究》，武汉大学 2019 年博士学位论文，第 14 页。

（三）派出法庭的同质化管理

派出法庭均负担着“全类型”办案职能，故派出法庭与本部之间、各派出法庭之间在案件类型、组织结构、人员组成、审判要求、考核方面存在较高的相似度，在管理上具有同质化现象。

一方面，派出法庭与本部同质化，派出法庭与本部均办理所有类型的一审民商事海事案件。另一方面，派出法庭之间同质化。在组织结构上，派出法庭一般均由同一个副院长分管；在人员组成上，都至少要求三名法官组成一个合议庭，且对法官助理和法官的配比没有特殊要求；在工作时间上，都按照国家统一工作时间（作五休二、朝九晚五）进行；在考核方面，基本都按照结案量、结案率、平均结案天数、发改数量进行。

（四）异质化需求与同质化管理之间的张力

异质化需求与同质化管理之间的张力表现在：

第一，服务国家战略的组织目标和政策使命难以明确，无法在派出法庭层面进一步推进专业化。政策导向型使命更可能出现于专业化程度较高的法院（庭）。[①] 派出法庭负有服务各项国家战略的职能，同质化管理导致派出法庭的职能目标离散。

第二，服务国家战略的职能退化，异质化需求无从满足。在以案件数量和审判质效为核心的显性指标的压力下，派出法庭法官对异质化需求的满足便势必成为隐性指标，可能陷入“坐堂办案、关门办案”的泥淖之中，导致相应职能的发挥陷入瓶颈。[②]

第三，忙闲不均，一定程度上造成司法资源浪费。在派出法庭人员难以临时增减的情况下，派出法庭的收案数量却常年动态变化，大年案件多、人员忙碌，小年案件少、人员清闲，司法资源难以充分利用。部分法院会进行案件的调流，虽然解决了数量问题，但又导致流出、流入时“挑肥拣瘦”的情况。

二、第一性原理：以空间为基础的派出法庭职能变迁

对派出法庭职能改革进行顶层设计，虽然离不开对职能配置的鉴往知来，但也不能高估成功经验在未来的适用性。对职能的分析必须拨开表

① [美]劳伦斯·鲍姆：《从专业化审判到专门法院：专门法院发展史》，何帆、方斯远译，北京大学出版社 2019 年版，第 46 页。

② 参见陈希国等：《论人民法庭职能发挥的困境突破与实践进路》，载杜万华主编：《基层基础工作与人民法庭建设（第二卷）》，厦门大学出版社 2020 年版，第 63 页。

象、揭露本质，回到其第一性原理。空间的重要性在于它是组织运行的物理基础，从根本上制约、影响运行的过程、效能。在管理学的研究中，空间距离往往意味着制度的异质性。[①] 海事法院设立派出法庭，将部分审判资源从本部城市移到派出城市，在物理上改变了空间位置，故派出法庭本质属性即在于物理空间，其开创意义在于通过调整部分审判资源的空间位置打破司法职能溢出在空间距离上的限制。

（一）一元一维职能：两便原则与派出法庭审判职能的耦合

"两便"是指便于群众诉讼、法院审判。设置派出法庭目的在于让审判组织更接近当事人。成立之初的海事法院在空间覆盖上力有不逮：中国大陆、岛屿的海岸线总长度超过 32 600 千米，仅依靠海事法院本部管辖沿海、沿江省份难以实现。部分当事人或因路途较远放弃了起诉，或就近选择地方法院起诉。管辖地域过大导致海事法院收结案数量增长缓慢。

为扭转这一被动局面，海事法院在辖区内案件多发地设置派出法庭。每个法庭一般覆盖几个地级市，对辖区内的案件"全类型"办理，以两便原则解决当事人诉讼难问题。随着派出法庭的增多，海事法院收案大幅度上升，打破了成立前十年案源不足的窘境。可以说，耦合两便原则的派出法庭完美解决了案源和专门管辖的问题。

（二）时空压缩：两便原则与派出法庭的脱耦

随着我国交通基础设施的快速发展和信息化的普及应用，人、物、信息等的流动成本、效率已经发生了巨大变化。

交通决定了社会空间相互作用的程度，交通要素对于理解社会经济现象的空间布局规律意义重大。[②] 交通技术突破和方式革新，同样深刻地影响着司法空间格局演变。派出法庭与本部距离为几十千米至三百千米。高速公路实现城市群全面覆盖，形成 2 小时交通圈 [③]；城际高铁网络已经建成，部分城市群实现了"铁路公交化"。便捷的交通引发明显的区域同城化效应，城市的基础设施、服务功能和资源要素不断扩散到周围城市。在此背景下，本部城市的日常可达性增强，派出法庭与本部城市之间的平均旅行时间缩减到可接受度临界值以下。以青岛法院为例，日照、烟台、威海、石岛距青岛直线距离分别为 105 千米、62 千米、222 千米、204 千米，

① 参见李欣融等：《地理距离对企业社会责任的影响研究》，载《管理学报》2022 年第 2 期。

② 参见李小建：《经济地理学》，高等教育出版社 1999 年版，第 200–214 页。

③ 详见国家发展改革委、交通运输部 2022 年《国家公路网规划》。

至青岛的铁路时长分别为35分钟、62分钟、81分钟、107分钟，东营距青岛直线距离215千米，至青岛的公路时长为180分钟。[①] 如果将城市之间按1小时同城、2小时同群进行划分，除东营外均可纳入同城、同群，且即便是最远的东营也已由设立之初的朝发夕至缩短至当日往返（见图2）。

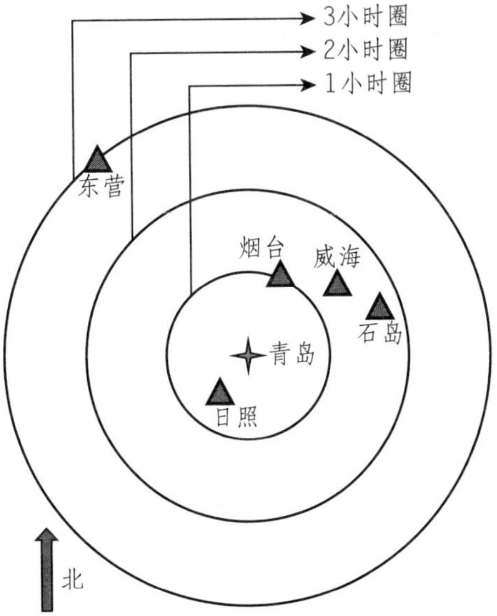

图2　青岛法院派出法庭与本部等时图分布

信息化建设让人民群众享受到智慧法院的“数字红利”，网上立案、调解、开庭等功能相继落实。[②] 所有法院均实现了在线立案、缴费、庭审、电子送达等囊括全流程的在线诉讼。同时，各法院的诉讼服务网为当事人实行了网上立案、案件检索、卷宗查询、电子送达、诉讼指南等业务。[③] 法院信息化的普及应用，使得纠纷解决机制从单一物理空间的“平面公开”，迈向了跨越物理、数字双重空间的“立体可视”。[④] 除了少数必须线下开庭的案件外，当事人和诉讼代理人完全可以在不进入法院的情况下进行诉讼活动，完全避免到法院（法庭）的空间阻隔。

① 距青岛直线距离按照百度地图为准，铁路时长按照火车时刻表中时间最短的班列为准。

② 参见陈国平、田禾：《法治蓝皮书：中国法院信息化发展报告（2022）》，社会科学文献出版社2022年版，第48页。

③ 参见黄国栋：《比较法视野下智慧法院建设的中国经验、实践困境与路径优化》，载《法律适用》2023年第3期。

④ 参见马长山：《迈向数字社会的法律》，法律出版社2021年版，第286页。

时空压缩效应在很大程度上消解了两便原则在派出法庭设置上的制度逻辑基础。如果仍旧坚持将两便作为派出法庭的审判职能要求，派出法庭将会在本部的基础上叠床架屋，造成海事司法资源的错配与浪费，故两便原则需与派出法庭审判职能进行脱耦。

（三）二元多维职能：派出法庭服务国家战略的空间优势

掌握了多种“驯服”空间的手段后，派出法庭得以从“全类型”审判职能的桎梏中解脱出来，这成为派出法庭职能从一元（审判职能）、一维（两便）向二元（审判、国家战略服务）多维（国家战略的复线性）职能转变的起点。

空间优势可以满足国家战略的时限要求。在司法融入治理的进程中，要就案件中发现的问题及时发出预警并采取措施。海洋的流动性及航运要素的国际流转性决定了海事请求保全、强制令、证据保全极强的重要性和时效性。对于驻地事务，派出法庭在信息收集和行动响应上均比本部节省1–3个小时，能在重大风险防范化解工作中及时评估、快速上报、阻断传导，也能快速实施保全，满足时限要求。

空间优势可以满足国家战略的信息高效传递要求。审判融入国家治理、社会治理进程也是信息释放的过程。从信息理论的视角看，信息发送者距离接收者越近，传递方式越多、反馈越快，传递效率越高。

空间优势可以满足国家战略的制度衔接效率要求。海事纠纷引发的风险不仅覆盖海岛、海域，还涉及城市、乡村，各地文化、风俗习惯、经济状况、道德观念和法律意识，相关矛盾纠纷的类型、激烈程度、解决途径和对法治方式解决纠纷的接受程度差异较大，故各地形成的综合调解网络体系各有不同。派出法庭主要与当地政府部门和调解组织沟通，制度衔接较为通畅。

三、空间视角下派出法庭职能的类型化构建

职能是特定组织所承担的基本职责和所能发挥的功能作用，[①] 在职能确定的基础上，才能去叠加设置条件、人员配备、运行机制。对法庭而言，审判职能是其他职能的基础。

（一）弃短取长：派出法庭的优势职能及其对应的案件种类

按照职能履行时是否具有空间优势为标准，可以将职能分为派出法庭

① 参见黎民、倪星：《公共管理学》（第三版），高等教育出版社2020年版，第96页。

具有空间优势的职能（简称优势职能）和不具有空间优势的职能（简称非优势职能）。优势职能分为审判职能和服务国家战略职能：前者包括海事保全职能，后者包括基层治理与风险防控、自贸区制度创新保障和海洋环境保护职能（见表 1）。

表 1　各类优势职能的空间优势及对应案件

	职能类型	空间优势表现	对应的具体案件
审判职能	海事保全	用时短 1–3 小时	三类案由：海事请求保全、强制令、证据保全
服务国家战略职能	海洋生态环境保护	修复信息不对称； 提高威慑效应	两类案由：船舶污染损害责任纠纷、海上污染损害责任纠纷
	自贸区制度创新保障	具备知识储备； 纳入相关单位的体系； 功能上着重于试点推广	三要素：按照地域、业务、主体要素对应
	基层治理与风险防控	当地化解纠纷； 立审执全流程防控； 与其他机关协调与配合	五类案由：海上人身损害责任纠纷、海上旅客运输合同纠纷、船员劳务合同纠纷、海上运输重大责任事故责任纠纷案件、港口作业重大责任事故责任纠纷案件。 一要素：涉渔要素对应

1. 审判职能：海事保全

一般来说，从派出法庭赶到保全地比从本部城市用时短 1–3 个小时，可以大幅提升保全的成功率，进而影响案件管辖权和执行效果。例如，对于在国内没有财产的被告，如果不能在离港前扣押当事船舶，中国法院就无法取得管辖权，原告也可能因预见到无财产执行而直接放弃诉权。

2. 服务国家战略职能一：海洋生态环境保护

派出法庭在空间上距行为地较近，能够降低法院和当事人双方的信息不对称程度，增大对污染破坏行为的威慑力。环境案件有证据保全、鉴定、检查修复情况等多个环节需要干警在审判地和行为地之间往返，地理距离会增加审理的难度。以信号理论的视角，距离的增加在审判成本和效果两方面影响着海洋生态环境的保护。

第一，信息不对称随着地理距离的增加而更加显著。空间距离意味着信息搜寻和获取面临更多不确定因素，加剧了法院干警和当事人之间的信息不对称。

第二，地理距离影响监管威慑强度，环境污染和生态破坏责任对行为人的威慑效应会随着空间距离的增加而衰减。[①]出于对经济效益的追求，行为人的自律行为需要外部提醒和威慑。距审判地的地理距离越近，行为人会更容易和更经常通过各种场合感受到法院（法庭）的存在。审判地和行为地之间的地理距离影响着威慑信号的传递，地理距离越近，威慑力度越强，自律程度越高，行为人违法的可能性越小。

由是观之，地理距离带来行为人压力异质性和信息不对称，会影响其行为选择。故相对于本部，派出法庭距离行为地更近，行为人服从规范和获取合法性的动机也越大。[②]

3. 服务国家战略职能二：自贸区制度创新保障

自贸区派出法庭在知识储备上了解自贸区经济自然条件、战略定位、任务措施、法律调整，在制度上纳入管委会、海关、海事局等单位的体系，在功能上更加突出对政策试点、推广的保障。派出法庭管辖的封闭性和人员的固定性契合了自贸区地域的独立性和政策的演进性，在制度创新保障上具有天然的优势。

各自贸区的战略目标、功能定位均有所不同，肩负不同任务指向。试验区属于政策试点的载体，是“由点到面”的“分级制政策试验”，[③]故只有当地的派出法庭才能准确把握自贸区在法律实施、监管模式、交易方式等方面的特性，充分发挥司法的示范引领规制功能。

自贸区的任务和措施需要包括海事法院、海关、海事局、出入境检验检疫、边防等港航口岸单位的业务协作，畅通信息和资源共享渠道，为自贸区建设提供政策研究、法律咨询、纠纷化解等法律服务。派出法庭人员固定，与相关单位距离近，具有协作互动的优势。

以政策试点为重要表现形式的渐进式改革趋向，是我国在四十余年改革开放进程中所总结出的重要“方法论”。[④]各自贸区的航运创新制度、产业需要新的海事司法理念给予保障：支持企业的创新做法，鼓励新的经营模式。换言之，自贸区外要以既有之法律处理纠纷，而自贸区内要保持适当的法律真空，根据纠纷解决的规则重新抽象出法律，两种裁判思维迥

① 参见王云等：《环境行政处罚能以儆效尤吗？——同伴影响视角下环境规制的威慑效应研究》，载《管理科学学报》2020 年第 1 期。

② 参见李欣融等：《地理距离对企业社会责任的影响研究》，载《管理学报》2022 年第 2 期。

③ 参见韩博天：《通过试验制定政策：中国独具特色的经验》，载《当代中国史研究》2010 年第 3 期。

④ 参见张勇杰：《渐进式改革中的政策试点机理》，载《改革》2017 第 9 期。

异。除此之外，还要考量保障贸易自由化、投资便利化与倡导诚信、合规经营的关系。故只有当地的派出法庭对该类案件集中受理，才有利于更加宽容、准确地处理因政策创新而产生的法律问题。

该职能并不按照案由对应案件，而是按照地域（标的物或法律行为发生于自贸区内）、业务（案件事实与自贸区特殊监管政策、开发经营业务相关）、主体（当事人一方或双方系在自贸区注册登记的民事主体）三要素对应案件。

4. 服务国家战略职能三：基层治理与风险防控

派出法庭的空间位置相对本部更加接近基层，这是派出法庭能够参与基层治理与风险防控的现实基础。

首先，部分派出法庭也设置于乡镇甚至村庄，处于国家审判权力延伸的末端。派出法庭避免让基层产生的纠纷上浮至高层级的司法单元。

其次，派出法庭在参与社会治理的过程中没有与其他机构形成泾渭分明的区分，相反，在长期的协调与配合中，与其他机构在基层共治的实践逻辑已稳定，在互动中形成了稳定的治理生态链。[①]

最后，派出法庭的法官职责覆盖纠纷解决的全部流程，可以将本程序、本案之外的努力成效内化于自身，从而具有更强的动力。本部负责立审执访的主体分开，法官不愿主动处理职责外工作，以免为他人做嫁衣。而派出法庭管辖的空间范围基本要小一个数量级，故派出法庭对辖区经济、社会条件的认知更加透彻，对潜在风险更加敏感，更加倾向于从过程论、系统论视角彻底化解纠纷，而不是在本次程序部分解决、一定时间内暂时解决。

（二）“切一刀”与“一刀切”：案件数量波动时的调配原则

将职能分类后，优势职能对应的案件应由派出法庭办理，其他案件由本部办理。但是，派出法庭可能也有必要承担一部分非优势职能案件来抵消案件收案数量的波动性，实现人案平衡。

海事法院应当对派出法庭辖区内的案件数量、种类进行充分调研，并将案件按照是否对应派出法庭优势职能进行划分。但是，收案数量随着时间波动是所有法庭（法院）都无法避免的客观现象，而派往派出法庭的干警又需要相对固定（派出法庭干警轮岗时间一般为两年到三年），人案之

---

① 参见熊大胜、方磊：《“乡土正义”与“法律正义”的张力之间：人民法庭的功能定位探析》，载唐力主编：《依法治国与人民法庭建设（第一卷）》，厦门大学出版社2017年版，第23页。

平衡需要一定的机制来解决。当优势职能的案件较少时，为了充分利用审判资源，可以从本应由本部受理的非优势职能的案件中“切一刀”，分流一部分由派出法庭办理；当优势职能的案件较多时，派出法庭的干警可以通过加班来缓解人案紧张的情况；当优势职能的案件过多且维持较长时间时，则必须按照“一刀切”的原则，用增加审判力量的方式保证优势职能的案件完全由派出法庭办理。

职能类型化构建后，派出法庭原则上只审理四类优势职能对应的案件，避免了低效的数量竞争，考核可以直接落实到四类优势职能上。在指标设置上，以典型案例的评选，调研成果的数量、质量，其他机构的反馈等作为考核重点。除本院考核外，职能类型化构建也为不同海事法院的类似派出法庭进行横向对比创造了条件。

四、职能类型化基础上的管理规则展开

表2　派出法庭管理规则体系

共性规则	组织方面	按照各自职能确定派出法庭和本部庭室分管院领导
	个人方面	特别强化对派出干警的组织支持力度
个性规则	海事保全	为海事保全案件制定精细化流程
	海洋生态环境保护	发挥驻地效应保护海洋生态环境
	自贸区制度创新保障	制定案件分类、定向反馈、容错纠错等自贸区制度创新配套机制
	基层治理与风险防控	融入基层治理“朋友圈”，全过程风险防控

派出法庭的制度变革，只能从派出法庭设立运转的职能逻辑对现有管理制度进行优化。职能类型化构建后，派出法庭受理案件的数量、种类，办理案件的方式、方法等都会发生巨大的转变，管理规则亦应当进行相应的调整。从更为开阔的视角来看，还应当把派出法庭职能的类型化构建置于整个海事法院中来看待，使其自洽于整体的结构体系。

（一）规定动作：派出法庭管理的共性规则

派出法庭不仅是空间层面的“法庭＋派出”，更重要的是从制度层面构建起一套与职能相适应，保障派出法庭高效运行的规则体系。对派出法庭异质性的综合比较，不妨碍提炼出管理规则的一般规律。

1. 组织逻辑：按照职能确定分管院领导

分管院领导在派出法庭指挥链中处于核心环节。就现状看，各个派出

法庭一般统一由某个院领导分管，且该院领导不再分管本部的其他庭室。笔者认为，派出法庭也应当按照主要职能确定分管，即各个派出法庭不必由同一个院领导分管，且应当与职能相同或相似的本部庭室一起接受分管，例如保全案件较多的派出法庭可以同立案庭搭配，环境案件较多的派出法庭可以跟环资庭搭配，自贸区法庭可以跟研究室搭配。

就质量而言，司法权的本质是判断权，判断的基础是包括案件事实和法律规定两个层面的信息。组织设计有助于克服有限理性的困境，通过组织的资源配置和结构系统地收集、分析信息。一般而言，组织可以通过“重叠结构”加强信息的可靠性。[①] 分管院领导个人本身就是一种信息投入，[②] 按照职能将派出法庭和本部庭室安排其分管，由其作为信息汇总、分析的节点，通过对“四类案件”监督管理提高案件质量并推进法律统一适用。例如，承担海洋生态环境保护职能的环境侵权案件多发的派出法庭可以与本部环资法庭一同接受分管，既打破了派出法庭、本部环资法庭各自地域特殊情况塑造的信息茧房，又能通过在分管院领导环节的信息交叉进行交流。

2. 个体逻辑：强化对派出干警的组织支持力度

人是组织的核心资源，其工作状态直接影响着组织职能的达成。一般而言，派出法庭位于相对更加基层的位置，派出法庭在个体层面应当强化对干警的组织支持力度，提高干警的职能自觉和履职条件。

一方面，更大的组织支持力度能够提升派出干警进入派出法庭后的归属感。在归属感的影响下，人们倾向于按照组织的要求形成职能自觉，主动履行组织职能。另一方面，在职业表现上，组织支持力度能提升幸福感，员工表现更加敬业、专注和投入，工作绩效更高。[③] 具体而言，派出法庭的干警应当获得一部分派出补贴，用于弥补其长期无法履行父母养老、配偶陪伴、子女教育等家庭责任的损失；提高干警的居住、饮食条件，为其提供宿舍、食堂或食宿补贴；更加注重派出时长在晋升条件中的比重，弥补派出法庭远离本部权力中枢的弱势。

① 参见周雪光：《组织社会学十讲》，社会科学文献出版社 2003 年版，第 161–166 页。

② 参见［美］肯尼思·阿罗：《信息经济学》，何宝玉等译，北京经济学院出版社 1989 年版，第 157–193 页。

③ 参见王雁南：《可持续外派管理研究：基于总部和外派个人的双重视角》，对外经济贸易大学 2020 年博士学位论文，第 81 页。

（二）自选动作：不同职能变量影响下的个性规则

异质性决定了派出法庭之间各项职能的权重必然有所不同，故在提炼出共性后，还应当关注其特殊性。中国幅员辽阔、国情复杂，应当在准确把握具体情境的基础上实现精细设计和“对症下药”的制度才会具有生命力。① 派出法庭的司法运作实质也是一种“有序的复杂性”，无视其具体职能，设置简单、粗暴的运行规则难免要处处碰壁。从本部和派出法庭职能关系的角度来讲，更好的应对方法是，在理顺派出法庭优势职能的基础上，结合海事法院、派出法庭、管理模式、法官之间的关系，为每项职能设置更有针对性的精准管理规则（见图 3）。

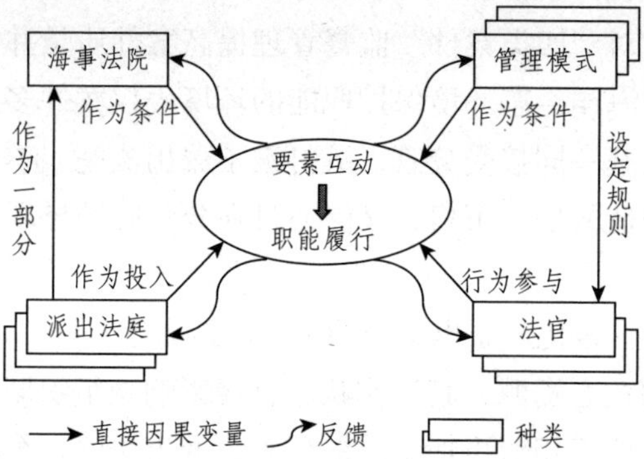

图 3　派出法庭管理规则的确定要素

1. 为海事保全案件制定精细化流程

特定保全案件的快速办理是职能履行的关键。保全案件办理主要包括两个过程：一是对保全申请的响应过程，以保全申请为起点，以裁定书制作完成为终点；二是裁定执行过程，以裁定书制作完成为起点，以保全执行完毕为终点。传统的申请人线下申请保全案件办理中，缩短保全申请的响应时间并不作为保全的重点工作，派出法庭关注点在被申请人的确认和保全措施的适当性。在这种情况下，书记员、法官助理、法官层层推进审查的科层体系确定了时效性“线下”有余、“线上”不足的特点，对于保全申请的响应，也更多表现为“线下响应”及时可控，“线上响应”耽延难测。这种制度安排的优势是可以有效提升案情沟通效率，但其劣势明显：一是外地申请人保全申请的响应时间过长；二是派出法庭同时办理多

① 参见王亚华等：《公共事物治理制度设计原则的检验与反思》，载燕继荣主编：《北大政治学评论（第 12 辑）》，商务印书馆 2022 年版，第 6 页。

个保全案件时，重要性、急迫性相对较弱的申请人请求很难得到满足。

保全案件精细化通过形成程序化、精细化的处置流程，打造契合“线上响应”特点的审查、反馈闭环，形成科层体系的内部监督和制约，实现流程再造，提升响应过程效率。例如，在流程畅通方面，申请人提交保全申请后，该请求在初审人员（一般为法官助理）的审判管理系统内自动弹出窗口，提示有新的保全案件，以便减少初审人员手动刷新案件前的等待时间；在初审人员未及时点击审查的情况下，案件自动向更高级的复审人员（员额法官）系统流转，避免流程在初审人员离岗时卡住。在监督、制约层面，针对保全申请的响应过程中可能存在的策略主义倾向，即通过要求申请人反复补充材料等拖延手段，在保全黄金时间错过后逼迫申请人撤回申请，应当对经审查保全条件不符、未正式立案的申请进行全流程留痕，完整记录申请人申请、法院审查反馈的时间节点，并允许申请人在结案或撤回后提供评价机制。这样就形成了申请审查、审查上移、全流程记录、问题反馈等多个环节的信息流程，并通过信息化系统形成可视化流转和监督，提升效率的同时消除策略主义生存空间。

派出法庭为了满足当事人在夜间、节假日的保全需求，应安排法官或法官助理值班，进行“365天*24小时”保全响应全覆盖，并在制度上给予调休、补贴、伙食、交通等必要保障。

2. 发挥驻地效应保护海洋生态环境

派出法庭审理海洋生态损害案件也具有驻地效应，[①]缩短了审理地与行为地的信息传递距离，降低法院和责任者双方的信息不对称程度，增大对污染破坏行为的威慑力。因此，依据该原理，派出法庭应当采取多种途径充分发挥驻地效应的优势。

在海洋生态损害案件高发地设立巡回审判庭，可以进一步缩短审理地与行为地的空间距离[②]；“庭审进村”“庭审进厂”能够实现针对特定地域、产业的普法，具有显著的回应性和针对性，提高审判信息传递效率；挖掘发挥“首案”的治理功能，通过规则供给、观念塑造、问题预警等方式加

① 参见陈晓红等：《驻地效应——来自国家土地督察的经验证据》，载《经济学（季刊）》2018年第1期；王惠娜等：《环保督查中心的驻地效应存在吗？——基于省级政府环境治理数据的实证》，载《华侨大学学报（哲学社会科学版）》2022年第6期。

② 2021年12月28日上午，青岛海事法院设立长岛海洋生态文明综合试验区巡回审判庭并审理一起典型外轮损害海洋环境案件。

强信息传递，对海洋生态环境进行司法治理①；编制发布海洋生态环境案件白皮书，通报案件审理基本情况，精选具有典型意义的案例，向潜在违法者明确违法成本，增加威慑力度②。

3. 制定案件分类、定向反馈、容错纠错等自贸区制度创新配套机制

自贸区海事审判需要更具有针对性的配套机制作支撑。

首先，应当对涉自贸区案件进行分类标记，奠定对其管理、培育、梳理、应用的前提条件。目前的分类标准按照行为发生地或主体登记地是否在自贸区内，这种形式标准无法准确反映自贸区案件的本质特征。应当按照实质标准即案件争议要与试验任务措施相关程度来判断案件是否属于涉自贸区案件，此种区分的意义在于，两种案件审判所应履行的职能逻辑完全不同，必须将与试验任务措施强相关的案件筛选出来才能进一步分类、梳理、应用。对于涉自贸区案件，按照试验任务措施的不同类型，还能够继续划分为与自贸区特殊监管政策有关的海事海商纠纷案件和与自贸区开放经营业务有关的海事海商纠纷案件。③此种区分的意义在于两类案件所确定的裁判规则推广场景不同，前者可以在非试验区推广，而后者仅能在具有相同业务的试验区内推广。

其次，应当建立与相关专班、管委会、行业协会等沟通反馈机制。法官除了掌握试验区内暂停适用的法律之外，还要及时了解自贸区内适用的地方性、行业性规定。相关规定的制定背景、具体要求都是法官处理案件所必需的知识储备。派出法庭获取信息后，还要将通过裁判处理的信息向外反馈。试验区制度设计是否有效，有待于实践的检验。对实践中出现的法律问题进行的司法应对将对规则固化起到重要作用。④站在更加宏观的角度，自贸试验区是国家的“试验田”，不是各地区的“自留地”，能否形成可复制推广的制度创新成果和改革试点经验，也是检验法院工作的重要标准。⑤派出法庭要系统梳理相关案件的处理情况，培育更多精品案例，确认有关规则，引导行业行为，同时做好司法建议、司法宣传，完成司法

① 宁波海事法院于2019年审理了全国首例涉海龟保护民事公益诉讼案件，参见宁波海事法院（2019）浙72民初808号民事判决书。

② 例如，2022年《厦门海事法院海洋生态环境司法保护白皮书》。

③ 参见俞建林：《论自贸海事案件的类型划分》，载屈广清主编：《涉海法律制度与自贸港区前沿法律问题研究》，人民法院出版社2019年版，第355-357页。

④ 参见最高人民法院课题组：《中国（上海）自由贸易试验区司法保障问题研究》，载《法律适用》2014年第9期。

⑤ 参见刘贵祥：《自贸试验区司法服务与保障》，载《中国应用法学》2018年第5期。

资源的反馈、投送。

最后，建立健全容错纠错机制，为审理涉自贸区案件的法官撑腰鼓劲。改革进入深水区后，只有允许试错才能保障创新。“试验式”司法在裁判结果上比其他案件存在更大的不确定性。宏观层面，要考量法律解释阶段性与重大改革前瞻性、法律适用稳定性与改革可变性、法律普适性与自贸试验区立法特殊性这三组矛盾；中观层面，要斟酌裁判结果会如何传导并影响试验任务；微观层面，要体察作为当事人的市场主体之间的权利义务分配及其在后续经营中的应对。故在对案件进行评查时，要结合法官动机态度、客观条件、程序方法、性质程度等情况，适当放宽对审判瑕疵、错误的考核、考评，以免法官的积极性遭受打击。

4. 融入基层治理“朋友圈”，全过程风险防控

派出法庭参与基层治理，需要参与构建多元化、立体化的纠纷解决机制。着眼于基层社会大治理格局和体系，建立派出法庭与其他部门的良性互动机制必不可少。由于海事、渔政、公安边防部门的特殊管理地位，渔民、船员、养殖户往往趋向于尊重、接受其调解意见。派出法庭应当积极加入以基层人民政府综治部门为主导而形成的综合调解网络体系，与特定类型纠纷相关部门或基层村镇的人民调解组织相互配合，以期多角度、全方位地解决纠纷。

融入党委领导下的矛盾纠纷源头化解工作，并不意味着派出法庭仅是其中普通的一环，应当发挥专业优势为非诉方式解纷提供司法保障。从根本上说，纠纷表面上看是利益冲突，在更深层次上则是不同群体之间思维模式和价值选择的冲突。利益纠纷的平复，价值冲突的弥合，思维方式的引领，都需要权威、严谨的司法力量介入。派出法庭需要以更为主动的态度、更为积极的方式进行参与。例如，对审判工作中发现普遍存在的船员无证上岗、渔船禁渔期作业、船东涂改船号等问题，应当通过司法建议、白皮书、大数据研究报告、合同规范文本等方式及时向党委政府或其他部门反馈。

参与风险防控，需要覆盖诉前调解、保全、审判、执行、司法救助全过程。对科层治理体系进行更为精细的流程权责划分和分工合作是风险防控的必要条件，全过程参与能够消除各个阶段之间的模糊空间。选择在纠纷链的“前端介入”方式使得纠纷化解防线前移，能够减少次生纠纷，避免矛盾激化。家庭、合伙内部纠纷如果没有妥善化解，会溢出形成连锁反应，蔓延到雇佣、融资、物料供应、侵权等外部关系，进而演变成关涉社

会整体稳定的群体案件。保全阶段的疏漏会因为被申请人转移船舶、涂改船号、虚构负担等非法手段引发链式矛盾。在审判阶段，要根据当事人文化水平低、经济活动不规范的特点合理认定事实，同时还要防范内外勾结而成的虚假诉讼损害其他债权人的合法权益。①在执行阶段，应当综合考量申请人生产生活条件、被执行人的行为表现，加强预判和应对，降低对案外群体正常生产、生活的不利影响。对无法经过诉讼获得赔偿或因被执行人没有履行能力而生活困难的当事人，也需要对其及时救助以防范引发申诉上访、酿成极端事件（见表2）。

结　语

在中国海事司法发展进程中，历史的如椽巨笔绘就了派出法庭三十年浓墨重彩的画卷。三十年间，党和国家事业经历了历史性变革，海事法院应当从服务国家战略中寻求存在依据和发展方向。派出法庭如何从制度层面因应这种职能调整，离不开其空间基础。从“两便”桎梏中解脱出来，只是对派出法庭职能进行优化的第一步，按照国家战略的空间要求对职能进行类型化构建，才能对派出法庭与本部之间的职能进行合理分配。在此基础上，便可以通过空间逻辑——组织逻辑——个体逻辑的自洽，对管理规则的共性规律加以提炼，并为四项具体职能提供量身定制的个性规则，最终呈现出派出法庭职能、制度与行为同频共振的交互图景。其他专门法院在考量派出法庭设置必要性和地域选择时，也应当借鉴海事派出法庭设置所涉及的保全紧急性、威慑信号释放必要性、既有格局体系的融入性和管辖地域的独立性等因素。

① 参见诸锐璋:《海事审判与民生保护的调研与思考》,载《人民司法》2009年第5期。

实质性理由为核心的裁判规则提炼方法研究

——以构建“实质性类案同判观”为视角

卓　玛[*]　王　静[**]　李　庆[***]

引　言

“努力让人民群众在每一个司法案件中感受到公平正义”是我国当前深化司法体制改革推进司法公信建设的目标，落实此目标的关键在于统一法律适用。[①] 裁判规则具有细化和补充制定法的功能，可在统一法律适用中发挥重要作用。案例指导制度与类案检索机制的建立，正是人民法院对推进类案同判统一法律适用的正面回应。研究发现，案例中蕴含的裁判规则所传递的并非案件本身在形式上的类似性，而是承载裁判者理性价值评判与选择的裁判之理由，即其本质上所传递的是理由适用的场景类似性。

基于此，才有可能更好地实质性推动实现案例指导的类案同判之功能。[②] 实践中就如何科学认知以及准确提炼裁判规则，仍存在一些分歧。法官是裁判规则的生产者、识别者、适用者，只有让法官“掌握这一理论武器”，才能更好地解放司法生产力。本文通过实证考察，立足法官视角，对裁判规则给予理论定位和功能分析，洞悉其生成及作用机理，探寻以实质性理由为核心的提炼方法，构建标准化操作规程，以期更好发挥裁判规则在推进类案同判统一法律适用中的独特效用。

一、现实观察：裁判规则提炼的实践现状

一方面，在相关理论文献和实务资料中经常出现裁判规则抑或裁判规

* 作者单位：西藏自治区高级人民法院。
** 作者单位：安徽省蚌埠市禹会区人民法院。
*** 作者单位：安徽省蚌埠市中级人民法院。

① 马光泽：《论指导性案例裁判规则的发现及适用》，载《法律方法》2022 年第 1 期。

② 张骐：《论案例裁判规则的表达和运用》，载《现代法学》2020 年第 5 期。

范等类似表述；另一方面，又鲜有研究者专门对裁判规则的相关基础性问题予以系统化研究。为精准界定裁判规则在司法中的应有坐标，还需首先明晰其在案件裁判中的应有价值和作用。①

（一）明晰裁判规则“用武之地”

所有法律规范系对其所涉事项的概括性表达，具象之社会生活与抽象之法律规范总会出现不能完全对接的缝隙，法律规范的“滞后性”“不周延性”等更让司法实践中的疑难案件颇为常见。②就具体司法过程而言，办案法官依据法律法规和查明的案件事实裁判案件，向人们供给解决争议的答案，但是，司法裁判并非简单机械地适用法律规范，即使是在以立法为中心的法律制度中，办案法官亦需要结合具体案件，对抽象抑或不清楚的拟适用法律规范进行具体解释。

法律的具体化在形式上终究需要存在于个案之中，因为法律的功能是指引行为，个案的事实需要法律来裁判，而具体实在的纸上的法律规范是抽象的和事先预设的，其与个案事实大都存在差距，郑永流教授针对生活事实与法律规范的相适应程度，将其大体区分为五种情形。

“事实”与“规范”相适应情形类型梳理表

序号	类型	特点归纳
A	相适应型	其指对具体案件至今查明的事实有明确规范标准可应用。明确规范标准，严格上指法律规范有清楚确切的数字规定（如年龄、时间、注册资本、盗窃数额、法律通过所需的人数等），它们不存在扩张或缩小的例外。宽泛上还包括有关明确列出的权限、程序、生效范围、效力等级、主体身份等规定，这是极少数可直接通过演绎推理方式应用法律的情况
B	相对适应型	其意谓规范总体明确，但存在一定扩张或缩小及自由裁量的例外，如在法律规范中有较为清楚定义的概念（武器、法人）、幅度规定（从重从轻减轻）、程度规定（如重伤的法定标准）、明文示例事项（如合同实质性变更），此为法律规范之大多数情况
C	不相适应型	其指法律有规定，但存在较大扩张或缩小及自由裁量的例外，如诚实信用、情势变更、罪刑法定等法律原则规定：合理期限、合理注意、显失公平、恶意串通、公共利益、内容适当等价值评判规定；情节严重或轻微、重大损失、严重后果、数额巨大、必要限度、重大误解等程度规定；事实清楚、证据确凿、内容具体确定等确定性规定；保管不善、不可抗力（不能预见、不能避免并不能克服）、明知、危险方法等其他规定

① 参见孙跃：《论类案裁判规则及其提炼方法》，载《湖北社会科学》2021年第8期。

② 杨知文：《非指导性案例的“指导性”与案例指导制度的发展》，载《清华法学》2021年第4期。

续表

序号	类型	特点归纳
D	事实缺乏规范标准型	对这类情形要么不应进行法律评价，如同事关系、朋友关系、恋爱关系、同性恋、安乐死；要么依据禁止法官在法律上沉默原则应进行法律评价，前提是法律应规定而未规定，如对依校规作出的处分不服提起的诉讼，是适用行政诉讼法还是民事诉讼法，法律未规定，但法官不能因此拒绝受理。用来评价的法律为法官所创造或选择
E	形式相适应实质不适应型	即应用形式合理的法律的结果会达到不能忍受的实质不公的程度，程度轻一些的如将商品房通过概念演绎推认为商品，因而可适用消费者权益保护法，一旦商品房有质量问题，便可要求双倍赔偿，等等

从上表可见，从B到E这四大类都存在事实与规范关系的不对称情形，都存有不同程度的法律解释需求，这便是可以进行裁判规则提炼的空间，亦即裁判规则的“用武之地”。

社会生活客观上变幻无常，加之人之理性的有限性，毫无疏漏的法律调整客观不能，所以要予以具体法律适用微观层面的裁判规则发掘与运用。①

例如，《民法典》第1090条规定“离婚时，如果一方生活困难，有负担能力的另一方应当给予适当帮助。具体办法由双方协议；协议不成的，由人民法院判决”。然而，法律条文只给具体的办案法官提供判决“有负担能力一方”对“生活困难另一方”给予“适当帮助”的一般依据，至于如何认定“生活困难”，如何“予以帮助”等等都要由法官结合具体案件事实权衡多种考量要素后综合得出。可见，法律规范所预设的只是一个“判决指南”，真正对当事人产生实质性影响和最终约束力的是法官对法律的具体理解与适用。

案例以个案裁判形式存在，法官通过对案件特定事实场景的把握将相关法律进行了具体化的阐明，生成了对法律适用的一种稳定认识，具有可被参考或模仿的价值，如此即生成了裁判规则。②研究案例的直接目的正在于有效提取出案件裁判中的裁判规则与经验，由此反作用于类似案件的审理和裁判。

① 参见郑永流：《实践法哲学：从法律1.0走向法律2.0》，载《清华法学》2022年第1期。

② 参见孙海波：《类案检索在何种意义上有助于同案同判？》，载《清华法学》2021年第1期。

（二）聚焦裁判规则提炼失范的类型化

1. 调查问卷实证结论归纳

（1）部分法官不清楚裁判规则及其作用机理。（2）法官喜好用便捷的方式解决裁判难题。（3）法官对裁判的说理论证比较关注。但普遍认为当前裁判文书网上的大部分裁判文书缺乏说理，很难直接参照。（4）部分法官识别裁判规则的意识和能力较弱。（5）法官对概括明确的裁判规则非常关注。

2. 裁判规则提炼失范的类型归纳

类型归纳裁判规则提炼失范现象，有利于问题的集中呈现与深入剖析。

（1）部分法官认知模糊不清；（2）缺少规范程序指引；（3）裁判规则提炼水平尚需提高。

3. 小结

综合以上分析可以得出：司法实践中，办案法官一方面对裁判规则存有大量现实需求，另一方面提炼规程与技艺的缺少则导致法官具体司法裁判中的裁判规则发掘难，继而衍生出缺少有效规则便于参照适用的运用难。类案智推逐步推进背景下，裁判规则在推进类案同判统一法律适用层面的应有功能远没有得到充分的激活和发挥。

二、探微解构：裁判规则的生成结构和机理

裁判规则功能定位远超个案裁判的个体需要，极具推动类案同判统一法律适用的价值面向。对裁判规则生成过程、逻辑结构和作用机理进行探微解构，系实现其推进类案同判统一法律适用、维护法治统一权威潜在功能的价值前提。

（一）以实质性理由为核心考察裁判规则的生成过程

司法裁判最后均要落脚于解决每一件具体案件的具体问题。在案件裁判中，针对事实与规范并不能严格适应的多种情形，办案法官需要运用解释的手段将事实判断阶段形成的案件事实与法之发现阶段所发现的法律规范进行匹配，并予以充分的实质性理由论证，检测它们是否具有良好的符合性，此过程亦即“法官释法”。事实上，法律规范只有由办案法官将其纳入具体案件事实语境并予以具体解释时，方能完成其对案件事实的具体涵摄。规范性表述只是表象，而此过程中所形成的实质性理由才是核心本质。

面对具体案件事实与拟适用法律规范不能完全对称的多种情形，法官需要在事实与规范间往返穿梭，通过“事实一般化”与“规范具体化”之手段，将事实与规范相互拉近与靠拢，带入一致，并给予实质性理由论证，进而实现等置之效果。其本质系法官结合特定案件事实对法律规范具体适用的一种诠释。法官通过“以案释法”的方式对类型化的争议问题依法提供解决方案并加以论证，给出实质性理由，客观上依此生成更精细化的法律适用规则。而有意识地把这些“解决方案”及“诠释论证”的实质性理由予以必要归纳提炼，即可生成能够指导类案裁判的裁判规则。裁判规则的生成实际上是法官、事实、规范共舞一曲的过程。[①]

例如，指导案例 168 号，即基于个案，通过体系解释等方式，将当时的《物权法》第 15 条规定“当事人之间订立有关设立、变更、转让和消灭不动产物权的合同，除法律另有规定或者合同另有约定外，自合同成立时生效；未办理物权登记的，不影响合同效力”作为对未办理不动产抵押权登记的不动产抵押合同效力如何认定等问题予以解释和论证的法律依据，结合案件事实予以符合性归入论证，给予实质性理由，从而提炼出“以不动产提供抵押担保，抵押人未依抵押合同约定办理抵押登记的，不影响抵押合同的效力。债权人依据抵押合同主张抵押人在抵押物的价值范围内承担违约赔偿责任的，人民法院应予支持。抵押权人对未能办理抵押登记有过错的，相应减轻抵押人的赔偿责任”等裁判规则，有效解决了审判实践中不动产抵押人未办理抵押登记导致抵押权未设立，抵押人是否应承担责任以及如何承担责任等法律适用不统一问题。

（二）以实质性理由为核心考察裁判规则的逻辑结构

掌握裁判规则底层逻辑结构是探讨其作用机理，进而科学探寻其提炼方法的基础和前提。裁判规则实质上是对法律规范适用的规范化细化表达，规范性系其本质。因此在其逻辑结构和自身表达上必然还要遵循一定的规范性要求。

1. 类型化的争议问题

规则实为法律命题，基于案件事实引发的争议问题为其题头，审判中的争议问题可以有效连接事实与规范。此处的争议问题可以集约简化为基于案件事实引发的相关法律适用难题，包括诸如因举证责任分配等引发的

① 参见张一凡:《论类似案件识别技术的实现路径——以民事类案识别为例》，载《法律方法》(第 34 卷)2021 年 4 月。

事实认定层面的法律适用难题。将基于案件事实的争议问题予以必要的类型化概括和归纳，亦即生成了类似案件的类型化争议问题。法官是在司法裁判中归纳提炼裁判规则的过程中，类型化争议问题系其提炼裁判规则的精准切入点，其亦犹如高效识别类案之标签。

2. 理性化的解决方案

理性化的解决方案，是指为争议问题依法配置给予实质性理由论证基础上的可行性法律解决方案。裁判规则的终极目的还是在归纳提炼争议问题的基础上解决争议问题。基于依法裁判要求，针对争议问题，还需法官深入法律规范中探寻有效解决方案。当然，案件之所以形成争议问题，往往正是因为法律规定不明确抑或无规定而导致具体案件裁判中的事实与规范不对称问题所造成，法官则需通过“以案释法”方式，对事实向规范予以契合性提升，对规范向事实予以延展性解释。以实质性理由论证为支撑，针对争议问题给予法律解决方案，即可形成一条内容融贯逻辑结构完整的裁判规则。

（三）以实质性理由为核心考察裁判规则的作用机理

裁判规则的规范性和强制力来自其实质性理由论证之理性，而非强制力。裁判规则犹如居于事实与规范之间具有一定韧性的“筋骨”，通过实质性理由论证有机连接具体案件争议事实与法律解决方案，承载有法官结合案件裁判在事实与规范间往返穿梭、予以等置的智识成果。

裁判规则在实质性理由支撑下，通过等置①方式，将不对称的法律规范与案件事实反复拉近、带入一致，具体外化形成法律规范更精细化的适用规则。这些规则主要包括法律规范之法律要件事实的类型化细化、基于要件事实认定后相应法律后果的类型化细化以及两者各自类型化细化后更加精准的“配置”规则，等等。通过具有司法说服力的实质性理由供给，对这些细化规则的合法性、合理性予以充分论证，即可形成有效指导类似案件解决类似争议问题的可行性法律解决方案，以此在法官群体中凝聚共识，推进类案同判统一法律适用。

① 郑永流:《法律判断形成的模式》，载《法学研究》2004 年第 1 期。

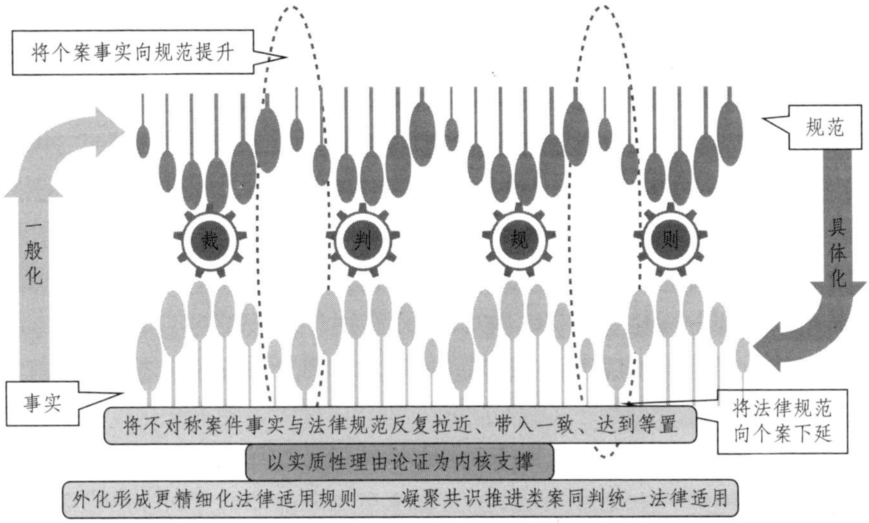

图 1 裁判规则作用机理示意

围绕实质性理由论证，根据基于案件事实的争议问题及其对应的法律解决方案，可以了解裁判规则法律解决方案的可能射程。继而对照待裁判案件中所涉争议问题法律难点以及引发它的关键事实，恰当地把握待裁判案件的关键事实，在类比归入的基础上，明晰待裁判案件的法律解决方案，实质即系为类似案件寻找类似裁判理由，此亦系裁判规则能够推进类案同判统一法律适用的作用机理。

通俗地讲，裁判规则提炼的本质目的和作用即在于通过法官裁判案件（归纳提炼并予以实质性理由论证形成规则）来教其他法官裁判类案（将类似裁判理由适用于类似案件）。通过此种持续地相互教授与参照适用，会在法官群体中就因事实与规范不对称而导致的诸多争议问题，通过实质性裁判理由这一“理性智识”载体的传递，沉淀和凝练出“持续一致的见解”。

三、系统建构：裁判规则提炼的规范路径探寻

基于裁判规则内部机理的科学揭示，立足系统化思维以及其在司法实践中的应有定位，明晰其发掘提炼思维路径、探寻可行方法，推动裁判规则应有价值功能真正渗透司法实践深处。

（一）明晰思维逻辑：以实质性理由为核心的类推适用

裁判规则的发掘提炼过程实际是法官在具体案件事实与拟适用法律规范之间进行目光往返流转的诠释过程，系由经过专业法律训练的法官以其特有的法律思维和司法方法，去发掘具体案件事实与相应法律规范之间的“中点”暨“事物本质”，进而依法确定具体裁判方案的过程。探寻事实与规范之间的“中点”暨“事物本质”之理由的核心要义在于寻求两者之间的“意义同一性”。之所以讲两者之间存在“中点”，源于对事实与规范的比较应被理解为两者之间存有不同之处，亦存有相同之处。

从法律规范所关切的要点来看，两者在本质上具有相同之处；而就法律规范主旨而言，两者之间的不同之处则会显得无足轻重。所以，事实与规范在法律所拟评价要点及其所欲追求的效果上具有完全相同的意义，此亦即两者之间的“意义同一性”。“事物本质”亦即“意义同一性”揭示了案件事实与法律规范是以何种“类似性”的方式联系在一起的。从本质而言，法律原本即内涵有类推的性质，法的现实化本身即根基于一种类推，而具体的法律认识本质上是一种类推性的认识。所以，从法律规范到案件事实、从案件事实到法律规范，均是在实质性理由论证基础上的有关事物本质的一种类推。类推是法律规范与案件事实之间的互推和相互调适。法官在案件裁判中，不仅需要了解每一条法律条文所欲规范的事物之理亦即法条背后的“法理”，而且也应把握住具体个案所代表的意义亦即“事理”，通过充分的实质性理由论证，把具体案件与正确的法律规范归于一起“带入一致”。

就“事物本质”的观点而言，解释和类推并不存在本质性的区别。解释在本质上即系一种探求具体规范之法律意义的活动，而该种法律意义绝非像传统法学方法论所理解的那样，认为其仅隐匿于具体的法律规范和空洞抽象的概念之中。恰恰相反，为了探求此种法律意义，法官应当回溯到具体的生活事实。只有将具体的法律概念和法律规范置入具体案件事实的“关联情景”，进而在所拟建构的大小前提间不断地予以“目光往返流转”，才能精准理解其蕴含的法律意义。而此种使法律规范与案件事实“带入一致”的过程正系类推的过程。

具体司法裁判中，事实与规范很多情形下难以严格契合，均需要法官在案件事实与法律规范间进行目光巡视，并予以反复拉近和诠释，以发现案件事实与规范之间的“中点”亦即“事物本质”，进而在等置基础上形成合法、合理、合情“可接受性”之裁判。① 这种使事实与规范通过诠释论证在“事物本质”意义层面归入一种可以相互等置状态的过程正是类推的适用，而该类推背后的内核支撑即为实质性理由论证。

从逻辑学上讲，类推过程中要点之间相似性的比对要在“比较中项”的范围内进行。例如，对于狮子和狗是否相似的判断结果取决于比较中项是什么，若比较中项是“哺乳动物”则狮子和狗相似，若比较中项是“猫科动物”则狮子和狗不相似。② 于成文法国家而言，该比较中项应当是具体实在的法律规范。③

例如，指导案例13号，即王某某等非法买卖、储存危险物质案，其裁判要点1，从一个角度看，系将《刑法》第125条第2款规定的“毒害性”物质覆盖到了“氯化钠等剧毒化学品”上；从另一个角度看，亦系选取了“易致人中毒或者死亡，对人体、环境具有极大的毒害性和危险性”这一相似性比对要点，将“氯化钠等剧毒化学品”置于《刑法》所规定的“毒害性”物质这一比较中项范围内予以类比分析，在论证类比结论成立的基础上，《刑法》所规定法律后果自然亦对其得以适用。

（二）明晰具体方法：以实质性理由为核心的细化延展与抽象归纳

1. 基于案件事实“细化延展”法律规范明确适用范围

依法裁判要求裁判规则应当在既有法律规范体系下予以发掘提炼。具体司法裁判中，事实与规范并非严实对称又导致诸多案件难以被现有规范直接予以调整。此时，需要经过必要推理与解释，通过实质性理由论证，将相关法律规范细化延展至具体案件事实，继而才能实现对规范适用存有争议等疑难案件事实关系的法律调整。实践中，可以基于案件事实所揭示的争议问题，在给予实质性理由论证的基础上，将现有法律规范予以细化延展，对相关争议问题的“解决方案”予以理性建构。实践中，可以具体延展出“排除相应法律规范适用型”“肯定相应法律规范适用型”以及“细化相应法律规范适用型”等类型化的规范适用“模型”，通过“以案释法”方式明确界定出相应法律规范适用范围，减少理解争议，推动适法统一。

---

① 参见雷磊：《方法和限度：回到事情“本身”——解析考夫曼〈类推与“事物本质”〉》，载《法哲学与法社会学论丛》2006年卷。

② [德]阿图尔·考夫曼：《法律获取的程序：种理性分析》，雷磊译，中国政法大学出版社2015年版，第12页。

③ 雷槟硕：《指导性案例适用的阿基米德支点——事实要点相似性判断研究》，载《法制与社会发展》2018年第2期。

基于案件事实“细化延展”法律规范的具体方法主要有三种：

（1）通过增置一定关键要素，排除法律规范的适用。例如，指导案例148号，直接在裁判要点中明确“公司股东对公司法人与他人之间的民事诉讼生效判决不具有直接的利益关系”，实质增置“公司股东”这一关键要素，明确其不具有第三人撤销之诉的原告主体资格，并给予实质性理由论证，排除了《民事诉讼法》第56条法律规范对其的适用。

（2）通过细化论证，肯定法律规范的适用。例如，指导案例144号，在裁判要点中明确对于使用致命性凶器攻击他人要害部位，严重危及他人人身安全的行为，应当认定为《刑法》第20条第3款规定的“行凶”，在结合案情给予实质性理由论证的基础上，明确可以适用特殊防卫的有关规定，亦即明确肯定了相关法律规范的适用。

（3）基于法律规范精准适用，具体论证裁判思路。例如，指导案例62号，围绕“在数额犯中犯罪既遂与未遂并存时如何量刑”，通过“王某某合同诈骗案”对“两高”《关于办理诈骗刑事案件具体应用法律若干问题的解释》第6条规定，在给予实质性理由论证的基础上予以细化和延展，确立了更加精细化的具体量刑裁判思路和规则。

2. 基于法律规范“抽象归纳”关键事实明确适用条件

可以基于拟适用法律规范所规定要件事实的指引，从具体案件事实关系着手，通过对案件事实予以必要的抽象和归纳，提炼出有规范意义的类型化事实——关键事实。判定关键事实的关键所在，在于看该事实存在与否是否能够对裁判结论产生影响。关键事实关系案例裁判规则在何种事实情形下可以且应当被适用，其构成之后比较、演绎及解释的基础，实系裁判规则的适用条件。抽象归纳是案例关键事实最主要的构建方法，可以采用归纳性语言以及借助必要通用概念等方式完成对类型化事实的涵摄，以实现对案件关键事实的概括，依此有效延伸个案裁判经验，以用于指导类案裁判。

基于法律规范“抽象归纳”关键事实的具体方法主要有两种：

（1）用归纳性语言将具体案件事实抽象表述为关键事实。例如，指导案例32号，该案例裁判要点即对案件关键事实予以了必要的抽象归纳，将“心里面想找点享乐和刺激”“在道路上穿插、超车，得到心理满足”；在面临红灯时，“刹车不舒服、逢车必超”“前方有车就变道曲折行驶再超越”等抽象归纳为“机动车驾驶人员出于竞技、追求刺激、斗气或者其他动机，在道路上曲折穿行、快速追赶行驶”之关键事实，继而明确其属于

《刑法》第 133 条之一规定的“追逐竞驾”。

抽象归纳本质上系对具体案件事实剔除个性，提取共性，继而将具体案件事实类型化的过程。归纳提炼的关键事实越抽象，保留的个性就越少，所属范畴也就越大，越容易与类似案件找到共性，但其对法律规则适用的精准度亦会变小。因此，抽象归纳关键事实抽象程度应介于法律规范所规定要件事实与具体案件事实之间，寻求合适的中点，以实现规则的细化和精准适用，有效指导类案同判统一法律适用。

（2）根据需要予以必要的概念替换。为了更加简便，有时还可以对归纳性语言予以概念替换，再通过概念之定义对其所代替的原有含义予以还原。对案件事实的抽象归纳，可以有不同的程度，用归纳性语言概括表述相应事实是对具体案件事实的第一次抽象，而用概念替换归纳性语言，是对此归纳性语言的再一次抽象。对案件事实的一定程度的概念化与类型化，既是形成裁判规则的基础，也是连接制定法规则的桥梁。① 实践中，法官可以兼顾法律规定与案件事实，妥当表达争议焦点，在裁判规则的提炼中，有时需要借助一定的通用概念，以实现对待裁判案件事实的概括和简化。因此，裁判规则的文本表达，应该在案件中的具体概念与法律规范所规定的高度抽象概括的概念之间寻求“中位概念”。可采取从案例事实具体概念入手予以概念上位的方式，探寻裁判规则建构所需的“中位概念”。其实质是由种概念过渡到属概念的过程。例如，狗的上位概念是“动物”，结合具体案例，予以精准提炼和修正，鉴于狗与动物之间还存有“饲养动物”这一概念，而其或许正是法官所要苦苦探寻的介于案件事实与法律规范之间的“中位概念”。

（三）明晰操作规程：以实质性理由为核心的规范释明体系构建

从本体上看，裁判规则是对法律规范更加精细化适用的释明论证，从法律方法运用的角度看，裁判规则的提炼可以遵循以下规程：

① 张骐：《论案例裁判规则的表达和运用》，载《现代法学》2020 年第 5 期。

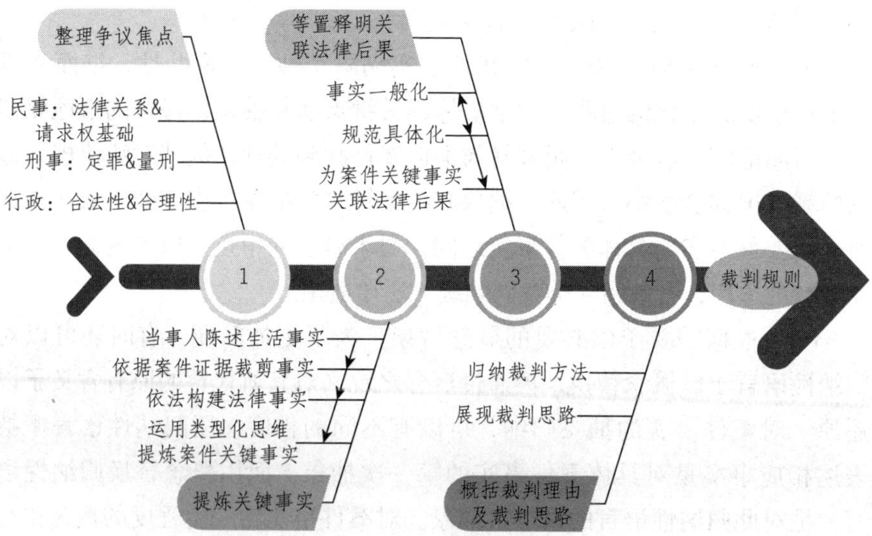

图 2　操作规程具体流程

1. 第一步，整理案件争议焦点

有效解决类似案件最核心的争议问题系构建裁判规则的核心目的。案件争议焦点正是案件在裁判中形成的“关键问题”，裁判规则正系直接回应这些关键问题的“解决方案”。在裁判规则提炼中应以案件争议焦点为导向突出着力点。最高人民法院在其发布的指导性案例裁判要点中所展现的裁判规则，很多都直接回应了案件中的争议焦点问题。

例如，指导案例 74 号，在该案例裁判理由中直接列明了争议焦点：“保险代位求偿权的适用范围是否限于侵权损害赔偿请求权”，而在该指导案例的裁判要点中对此争议焦点直接依法给予了明确回应和解答，依此统一了类似案件裁判中对该争议问题的理解和适用。

具体而言，在民商事案件裁判中，一般运用“法律关系分析法”和“请求权基础分析法”来归纳整理争议焦点。在运用“法律关系分析法”过程中，应注重对案件所具体争讼的法律关系性质以及因其变动而产生的法律后果予以分析和判断，继而归纳整理出争议焦点。运用“请求权基础分析法”过程中则要围绕当事人请求权所具有的相应法律规范基础及该请求权能否依法获得支持予以分析和研判，继而归纳整理出争议焦点。行政案件裁判中的争议焦点归纳整理，则可重点围绕相应行政机关行政行为的“合法性”与“合理性”予以展开。而刑事案例裁判中的争议焦点归纳整理，则可重点围绕控辩双方基于被告人定罪量刑而展开的实质性争议来进行。[①]

2. 第二步，运用类型化思维提炼案例关键事实

虽然从法律渊源性质上分析，裁判规则且不能算立法意义上的法律，但就其结构构成而言，实与法律条文结构并无本质区别。从文本表达来看，“关键事实”+“法律后果”方能构建起一条结构完整的裁判规则。基于具体案件事实归纳提炼案例关键事实，系构建结构完整裁判规则的先决条件。实践中，关键事实的提炼一般需从当事人“陈述生活事实”入手，经由案件证据证明裁剪出“证据事实”，再在依法构建“法律事实”的基础上，围绕争议焦点提炼确立“关键事实”。

裁判规则关键事实的提炼需要运用类型化思维对“法律事实”予以进一步裁剪和加工。运用类型化思维提炼关键事实尤需注意两方面问题：一是需有效区分出构成要件类型之依据。首先确定好分类标准才能对事物予以归类，不然则会致使所分类型混乱。具体案件事实与具体法律规范相结合方可产生裁判规则，因而关键事实类型划分依据即“类比中项”应系具体案件所拟适用的法律规范。具体而言，要在明确具体案件所应适用法律规范的基础上，再行提炼关键事实，要以该具体法律规范所规定要件事实及法律后果等法律要件为参考标准，进而对具体案件中的法律事实予以分类。二是类型化思维是介于抽象司法与具体事物之间的“中间性”思维模式，具有一定的开放性特征。因此，案例关键事实可以根据需要采用“典型类型集合或示例”[②]的方式予以归纳和表述，以细化法律规范，增强其具体适用的可操作性和精准度。

例如，指导案例3号的裁判要点即针对当时受贿案件出现的新情况，对“合办公司”“低价购房”等更具复杂性和隐蔽性的新受贿手段予以列举，对新类型受贿行为予以细化，明晰罪与非罪的界限区分，提出明确具体的裁判意见，有效解决了具体实践中针对类似案件存在的理解分歧以及由此导致的“类案异判”问题。

3. 第三步，经“等置释明”关联法律后果

在提炼案例关键事实形成裁判规则构成条件或曰要件后，还需要对其予以法律评价暨为其关联法律后果，才能形成结构完备的裁判规则。[③]实

① 参见孙跃：《论类案裁判规则及其提炼方法》，载《湖北社会科学》2021年第8期。

② 参见孙跃：《论类案裁判规则及其提炼方法》，载《湖北社会科学》2021年第8期。

③ 参见雷磊：《方法和限度：回到事情“本身”——解析考夫曼〈类推与“事物本质”〉》，载《法哲学与法社会学论丛》2006年卷。

践中，案件事实与法律规范只是司法裁判的“原材料”，法律规范属于具有普遍性和抽象性意义上之“应然”，而承载有诸多具体生活事实之案件，则属于杂乱无章的无定形之“实然”。两者实际上处于不同层面的范畴之中，只有对这些“原材料”予以必要的加工，才能对其相互归类。法官在具体案件裁判中，应当推动法律规范与案件事实相互适应，以通过对其两者之间的目光“往返流转”与相互拉近等创立性行为予以等置。而等置是法律规范评价的起点，其核心要旨在于通过法官在具体案件事实与法律规范之间的往返穿梭、反复拉近等智识性劳动，为其后的“三段论”推理提供具有更强推论力的“大前提”和“小前提”。将如上智识性思考予以外化，即系该类案件应然“裁判方案”的实质性理由之内容。

等置的具体路径则表现为规范的具体化和事实的一般化。规范的具体化系指把法律规范向具体个案予以下延，看其是否能够满足并适用于具体个案继而将其涵摄。事实的一般化是指将具体个案向拟适用法律规范予以提升，看其是否蕴含符合法律规范所规定的要件事实。而通过上述规范与事实的反复拉近和靠拢，具有更强推论力的大前提亦即具体拟适用裁判规范和具有更强推论力的小前提亦即具体个案事实成功得以构建，等置正是规范和事实两者之间逐步深化交融、彼此得以建构的过程。实践中，等置中的行为构成与事实行为形塑得以同时进行。将等置过程予以外化正是事实与规范如何以及为何“相互适应”的释明与论证，实际即系实质性理由的供给内容和论证过程。以相关法律规范为大前提，以归纳出的案件关键事实为小前提，将大前提与小前提予以等置得出结论，这种具有法律评价性质的结论可将裁判规则之关键事实与法律后果予以关联。具体而言，若大小前提经等置可带入一致，则规范所规定法律后果应适用于该案，反之则排除适用。

4. 第四步，概括调整实质性裁判理由突出裁判思路

归纳提炼出关键事实并经过等置为其关联法律后果后，一条可以指导类案裁判的裁判规则即可初步形成。为充分发挥案例独有的论证说理以及推动类案同判的特有作用，对有些案例裁判规则所蕴含的实质性裁判理由，可以根据实际需要予以综合表述调整。[①] 例如，当法官遇到裁判方法或思路具有新颖性的案例时，除根据如上规程归纳具体裁判规则外，还可以通过概括调整实质性裁判理由的方式，突出其裁判方法或思路，以便于

① 参见孙跃:《论案例裁判规则及其提炼方法》，载《湖北社会科学》2021 年第 8 期。

裁判规则参考适用者更易于理解掌握该类型案件的裁判方案与理由，亦可从中习得更深层次的裁判智慧与启迪。

例如，指导案例63号，即在裁判要点中对《刑事诉讼法》第284条[①]规定的“有继续危害社会可能”之法律要件审查判断的考量要素和具体方法进行了归纳和梳理，实现了案例裁判理由的完整概括与展示。

结　语

当前，案例指导制度和类案检索机制已借力于类案智推等平台，从工具价值层面打破了个体法官有限理性及自我封闭的知识垄断，推动具体个案中对社会构塑和引领之规则性知识得以融贯，逐步构筑起职业共同体间司法知识的动态有序竞争环境。司法案例中蕴含的裁判规则所传递的核心要义并非案件本身形式上的类似性，而是承载有裁判者理性价值评判与选择的实质性理由，即其本质上所传递的是理由适用的场景类似性。把握住实质性理由这一核心，一方面有利于提纲挈领构建一种“实质性类案同判观”，为实践中诸多形式符合性“类案”未能得以“同判”正名。另一方面，更能在本质上把握、高效识别、相互参照适用裁判规则过程中沉淀和凝练出“持续一致的见解”，为实现类案同判统一法律适用、推动审判体系和审判能力现代化奠定法官群体司法能力层面的“元”基础。

① 对应2018年《刑事诉讼法》第302条。

司法裁判援引司法政策的思辨与规范

——以《人民法院报》发布的63个典型司法政策为分析样本

詹 亮[*] 吴广哲[**]

一、实践审视：司法裁判中司法政策应用的现实状况

2010年至2021年《人民法院报》连续评选发布“十大司法政策”共计140个，其中，司法解释77个、司法政策63个。本文拟将前述63个司法政策性文件作为分析样本，根据所涉审判领域，区分民商、刑事和行政执行三种类型，在“中国裁判文书网”上分别以“司法政策全称+民商事/刑事/行政执行一审、判决书、重庆市”为综合关键词，进行全文检索，最终获得有效样本。

（一）直接应用司法政策的司法实践

1.民商事司法政策的运用

在63个样本文件中，民商事司法政策共计11个，其应用特质如下：第一，既涉及具体条文的援引，亦涉及文件精神的适用。以《全国法院民商事审判工作会议纪要》为例，有的案件直接援引具体条文作为裁判说理依据，比如在“杨某与被告重庆某酒店管理公司房屋租赁合同纠纷案”中，法官根据前述纪要第47条的规定，对原告要求解除合同的请求不予支持。[①]有的案件进行裁判则系根据文件精神，比如在“唐某、李某与被告重庆某咨询公司房屋租赁纠纷案”中，法官则系根据前述纪要精神，针对不同时间段依法调整利息计算标准。[②]第二，在案件审判中的功能作用呈现明显的多元性。有的解释法律概念，比如在“重庆某物业公司与被告刘某抵押权纠纷案”中，法官援引前述纪要第53条之规定对“职业放贷

---

* 作者单位：重庆市南岸区人民法院。

** 作者单位：重庆市南岸区人民法院。

① 详见重庆市渝北区人民法院（2021）渝0112民初8185号民事判决书。

② 详见重庆市渝北区人民法院（2021）渝0112民初23584号民事判决书。

人”进行解释。[①] 有的作为说理依据，比如在“王某、李某等知识产权合同纠纷案”中，法官即是借以《关于全面加强知识产权司法保护的意见》第3条的规定，对“原告存在违反诚实信用原则，存在恶意抢注商标的行为”进行论证说理。[②] 有的则作为判决依据，以《民事诉讼程序繁简分流改革试点实施办法》为例，在绝大部分适用简易程序审理或普通程序独任审理的案件中，该实施办法第12条和第16条均被直接作为裁判依据使用。第三，司法政策的适用集中于规定内容更为明确的条款。一方面，集中于特定的司法政策。诸如适用比例排名前三的《民事诉讼程序繁简分流改革试点实施办法》《最高人民法院关于进一步加强金融审判工作的若干意见》和《全国法院民商事审判工作会议纪要》，而其他样本文件的适用均甚少。另一方面，集中于某一或小部分具体条文。比如《最高人民法院关于依法妥善审理高空抛物、坠物案件的意见》主要集中于第11条和第12条；而《最高人民法院关于进一步加强金融审判工作的若干意见》等文件则仅限于个别条款。可以看出，法官依然习惯于法条主义的裁判进路及其司法政策适用的审慎态度。

2. 刑事司法政策的运用

在63个样本文件中，刑事司法政策共计21个。整体而言，刑事与民事司法政策在适用上存在共性特征，但亦呈现独特属性：第一，用司法政策创制法律概念。创制法律概念是一个从无到有的过程，是涉及法律概念的生成过程。以《最高人民法院、最高人民检察院、公安部、司法部关于办理黑恶势力刑事案件若干问题的意见》为例，该文件在刑法及相关司法解释未规定恶势力犯罪的情况，在第4条和第11条分别创设了“恶势力”和“恶势力犯罪集团”的法律概念，并明确规定了相应的认定规则。比如在“徐某、田某等强迫卖淫案”中，法官即是依据前述意见，依法认定三被告为“恶势力”。[③] 第二，用司法政策为犯罪行为提供入罪标准。法官在进行罪与非罪判定时，特别是在法律和司法解释未有明确规定时，即会依据司法政策的规定标准区分罪与非罪。以《最高人民法院、最高人民检察院、公安部关于办理电信网络诈骗等刑事案件适用法律若干问题的意见》为例，该文件第2条明确了利用电信网络技术手段实施诈骗的入罪标准。

① 详见重庆市合川区人民法院（2021）渝0117民初2959号民事判决书。
② 详见沈阳高新技术产业开发区人民法院（2021）辽0192民初3533号民事判决书。
③ 详见西藏自治区林芝市中级人民法院（2019）藏04刑初3号刑事判决书。

在“安某、陈某诈骗案”中，[①] 法官直接根据前述意见认定二被告人骗取他人 42 500 元，属于犯罪数额巨大，构成诈骗罪。第三，适用司法政策更注重其论证说理作用的发挥。刑事案件审理对证据审查及案件事实的认定更加严格。实践中，法官在依据法律及司法解释的基础上，往往会借助司法政策为证据采信和事实认定提供客观支撑。以《最高人民检察院关于办理死刑案件审查判断证据若干问题的规定》为例，在“姚某故意杀人案”[②] 中，法官认为“现有在案证据无法证实姚某在主观上具有故意杀人的动机和目的”，为论证前述意见，其援引前述规定第 5 条进行论证补强，认定本案现有证据不能得出被告人具有故意杀人的唯一排他性结论，被告人致人死亡行为系“过失犯罪”。

3. 行政执行司法政策的运用

在 63 个样本文件中，行政执行司法政策共计 4 个，其适用呈现两个特点：一方面，适用进行论证说理居多，甚少作为裁判依据，以《最高人民法院关于进一步保护和规范当事人依法行使行政诉权的若干意见》为例，该意见相关条文在 242 份行政判决书中均有体现，但仅有 13 件案件（占比 5.4%）适用前述文件的规定进行论证说理。另一方面，援引行政司法政策作为裁判依据时与法律法规呈现明显差别。在适用法律法规时，通常表述为“依据 ××”或“根据 ××”，而适用司法政策时则一般直接注明“参照 ××”且作为法律法规的补充。比如在“杨某不服被告鹤壁市人民政府行政复议案”中，法官首先是依照《行政复议法》第 17 条第 1 款规定，而后参照适用了《最高人民法院关于进一步保护和规范当事人依法行使行政诉权的若干意见》第 12 条和第 13 条的规定，作出“被告应不予受理原告的行政复议申请”的认定。[③] 前述涉及对行政司法政策的引用，可以作如下界定：其一，行政司法政策在我国法律体系中的效力与地位是低于法律和行政法规的，其适用必须不能与法律和行政法规的规定和精神相抵触。其二，行政司法政策可以在行政裁判中适用，但不能作为直接法律依据，其仅能作为辅助性依据，对行政行为合法性认定起补充作用。

在上述司法政策类型之外，还有部分涉及服务保障、改革规划及内部管理等综合性司法政策，共计 24 个。以前述综合性司法政策的文件名称为关键词，在中国裁判文书网进行全文检索（截至 2022 年 12 月 22 日）

---

① 详见重庆市南岸区人民法院（2020）渝 0108 刑初 649 号刑事判决书。

② 详见山东省枣庄市市中区人民法院（2012）市中刑初字第 561 号刑事判决书。

③ 详见河南省安阳市中级人民法院（2018）豫 05 行初 86 号行政判决书。

并作如下分析：第一，综合性司法政策较少在司法裁判中适用，更甚少作为说理或裁判依据使用。其一，在裁判文书援引较多的文件中，多系案件当事人主动提请适用，最终被法官采纳得较少。其二，在裁判文书援引较少或未予援引的文件中，因其总量较小或基数为零，作为说理或裁判依据的文件比例自然受到较大限制。第二，综合性司法政策作为说理或裁判依据适用呈现高度集中性。适用的“集中性”特质在综合类司法政策的适用中更加明显。以《最高人民法院关于人民法院进一步深化多元化纠纷解决机制改革的意见》为例，被援引适用的数量 19 006 件，而被作为说理或裁判适用的数量亦达 16 722 件，但具体适用条文主要集中在第 38 条的规定。第三，法官对综合性司法政策的适用除有明确条文规定外，倾向于依照文件精神和原则进行说理或将其作为裁判依据。比如在“刘某、张某非法捕捞水产品案”中，法官直接依据司法政策性文件精神，责令被告人进行生态修复并分别作出书面保证。[①] 对司法政策进行概括适用而非具体适用的原因可以归结为以下三个方面：其一，因司法政策性文件没有具体条文规定而作出的退让选择；其二，认识适用司法政策的目的不是“找法”，而是为裁判提供政策方向的最新指引；其三，纯粹对司法裁判的技术性处理。

（二）间接应用司法政策的司法实践

实践中，法官也会采用隐性的运用方式，将司法政策的规定精神及相关条文内容与裁判说理糅合在一起。一是通过使用“根据司法政策的规定”或“违反了相关司法政策”等进行提示，但并不涉及具体的司法政策名称和条文规定。比如在“中航科工集团某中心与被告上海某钢铁公司等企业借贷纠纷案”中，法官认为，第三人的行为违反了金融法规及司法政策的规定，前述各方之间以买卖形式实际形成的借贷关系应认定为无效。[②] 二是没有任何关于司法政策适用的提示性语言，直接将司法政策的相关规定深度融合在裁判说理当中。比如在“李某某故意杀人、强奸案”中，综合各方披露信息，二审改判的核心依据是《全国法院维护农村稳定刑事审判工作座谈会纪要》，所涉及的具体规定为“对于因婚姻家庭、邻里纠纷等民间矛盾激化引发的故意杀人犯罪，适用死刑一定要十分慎重，应当与发生在社会上的严重危害社会治安的其他故意杀人犯罪案件有所区别”。但二审判

① 详见四川省江安县人民法院（2018）川 1523 刑初 147 号刑事判决书。
② 详见上海市高级人民法院（2018）沪民初 86 号民事判决书。

决文书中并未直接体现前述具有司法政策性质的纪要文件的相关规定。

二、理性思辨：司法裁判援引司法政策的正当性

司法政策是党和国家政策在司法领域的具体化，其因应司法实践之需，反哺实践之要，从而彰显司法政策的实践品格。

（一）进行法律解释

法律之所以需要解释，端在于人类创造的法律先天存在着诸多不足。[①]如此，司法政策作为既定有效的解释工具即派上用场。一是运用司法政策对法律概念进行解释。法律概念并非一成不变的，其必然伴随经济社会发展而被赋予新的内涵和外延。司法政策作为国家政策在司法领域的具体化，往往反映了国家在处理司法问题时的最新导向、立场和态度。司法者运用司法政策对法律概念进行解释并作出裁判结论，能够更好地将国家大政方针和时代需求融入司法审判工作当中。如《最高人民法院、最高人民检察院、公安部关于依法适用正当防卫制度的指导意见》，该文件对“防卫行为”和“相互斗殴”的法律概念进行了明确解释，区分三种不同情形对“防卫行为”作出界定。二是运用司法政策对法律条文进行解释。法律条文含义的确定，不仅与法律概念密切相关，也与词语组合及法体系密切相关。[②]运用司法政策解释法律条文主要是对法律进行文义解释。如在前述《最高人民法院、最高人民检察院、公安部关于依法适用正当防卫制度的指导意见》第13条对“造成重大损害”的认定，即是对现行《刑法》第20条第2款规定，“正当防卫明显超过必要限度造成重大损害的”中“重大损害”所作的文义解释。

（二）填补法律漏洞

在我国，对法律漏洞的补充方法较多，诸如制定司法解释、出台司法政策、发布指导性案例等，但制定司法解释的程序和标准较为严格，指导性案例亦仅具有参照适用效力。因而，在出台司法解释条件尚不成熟或者司法解释未予规制时，最高人民法院即借以制定发布系列司法政策，填补法律的漏洞，为解决司法现实问题提供参考依据。比如前文所述《全国法院民商事审判工作会议纪要》，即是在民法典尚未出台且亦未制定相关配套司法解释的情况下，对涉及公司人格混同、股东出资加速到期等共计

① 魏治勋：《为什么法治必然要求法律解释》，载《求是学刊》2016年第6期。

② 彭中礼：《论法律学说的司法运用》，载《中国社会科学》2020年第4期。

130个前沿疑难争议问题作出的裁判思路和标准的统一。在此过程中，司法政策不仅有“救急”的功能，还可以发挥“试验”的作用，即通过司法政策的实施，可以为后续制定司法解释乃至修改和出台新的法律积累经验。[①] 事实上，《民法典》颁布实施后，最高人民法院在其配套实施的《最高人民法院关于适用〈中华人民共和国民法典〉有关担保制度的解释》中即吸收了《全国法院民商事审判工作会议纪要》中关于担保的具体规定。

（三）创制裁判规则

法律具有明显的滞后性与先天性缺漏，使得法院在适用法律时可能需要进行某种程度的法律规则变通甚或改变。司法政策在创制法律规则方面能够发挥重要作用：其一，直接创制新的法律规则。此种创制方式往往发生在党和国家对司法工作提出新要求但当前法律确实没有相关规定的情势下。比如我国《刑法》并未对恶势力犯罪作出规定，而最高人民法院等制定的《关于办理黑恶势力犯罪案件若干问题的指导意见》，则创设了关于“恶势力”和“恶势力犯罪集团”的认定规则。其二，间接创制新的法律规则。此种创制方式主要发生在既有的法律规则与当前现实要求不相契合而不能直接适用时。比如《最高人民法院关于充分发挥审判职能作用为企业家创新创业营造良好法治环境的通知》第5条规定：“对商业银行、典当公司、小额贷款公司等金融机构以不合理收费变相收取高息的，参照民间借贷利率标准处理。”该条从实质上是对商业银行等收取利息行为裁判标准的间接改变，属于对裁判规则的间接创制。

三、突围之道：司法裁判援引司法政策的规范建构

（一）司法政策文件自身层面：由“间接指导”向“直接规范”

1. 明确司法政策的法律地位及适用效力

首先，将司法政策入法，从而使其于法有据。通过宪法，或者至少通过全国人大、人民法院、人民检察院的组织法，把司法政策概念升华为法律规定和法律概念。[②] 其次，明确司法政策的效力范围。在《人民法院组织法》第18条增加“最高人民法院可以制定和发布司法政策”，并在第37条中增加“制定发布司法政策应当由审委会全体会议讨论通过”。最后，对司法政策的适用效力进行明确。比照司法解释、案例指导等制定“关于

① 参见李红勃：《通过政策的司法治理》，载《中国法学》2020年第3期。
② 谢晖：《论司法政策及其法治使命》，载《法学杂志》2022年第3期。

司法政策工作的规定”，明确司法政策的“附条件”的法律效力，即各级法院在司法裁判中可以引述司法政策作为裁判理由，原则上不得作为案件的裁判依据，但当法律和司法解释规制缺漏时，可以将其作为案件处理决定的直接依据。

2. 增强司法政策的规则产出

一是增强司法政策规则的直接产出。在制定司法政策时，对于法律和司法解释无规定或规定不明的，应当增加具有明确指导性和操作规范性的规定，提供相对具体的规则和标准。唯有如此，才能在直面现实问题的试错实施中，为制定司法解释和法律规范积累经验。二是增强司法政策规则的间接产出。增强司法政策规则的间接产出，亦即增强司法政策的“指导性”：其一，政治方向的指导性。制定司法政策应当充分反映“当前形势下”国家的目标任务和方针政策的变化及要求，将党和国家的任务和方针政策要求转化为司法审判工作的具体要求。其二，法律解释的指导性。司法政策要对“法律概念”进行科学合理的界定，“要根据具体法律规定的目的、意义与体系地位对之进行解释”，[①] 尽可能清晰、准确地厘清其内涵和外延。要对法律条文的适用情形尽可能地进行明确，尽可能消减不同语境下理解存在的差异性甚至歧义性。其三，社会控制的指导性。司法政策要对社会主流民意进行充分考量并予以制度化，诸如关于正当防卫、高空抛物等司法政策性文件均是民意引入司法政策的典型。同时，要充分体现社会主义核心价值观的内容和要求，从而为个案裁判提供价值判断的方法指引。

3. 推动司法政策精神要求向法律规范转化

司法政策性文件的出台主要是服务于特定时期的特定目标，具有灵活性和较为突出的阶段性，但是其对国家大政方针的贯彻落实，对司法裁判的个案指导，均具有经验和模式的可复制性。故此，应当在实践检验的基础上，经由法定程序，将司法政策性文件的精神和要求，特别是实践总结提炼的裁判规则指引转化为最高人民法院的司法解释，甚至转化为法律规范，赋予其直接规范效力。

（二）司法政策实施主体层面：由“被动选择”向“自觉适用”

1. 矫正法官的裁判思维与观念认知偏差

一方面，矫正法官的“找法”习惯。在严格依法审判原则下，法官要

① 陈禹橦：《刑事违法性判断必须遵循法秩序统一性原理》，载《检察日报》2023 年 2 月 8 日，第 3 版。

形成对司法政策的考量自觉，特别是在法律和司法解释未有相关规定时，要主动从司法政策的具体规定中寻找说理和裁判依据，从司法政策的精神和目的中固定价值指引的标准和自由裁量的范畴限度。同时，要尽可能避免直接向上级法院请示以获得案件办理的倾向性意见或指导建议，要自觉维护案件当事人的审级权益，切实发挥上级法院裁判监督职能作用。另一方面，矫正法官“全有全无”观念。虽然《民法典》颁行后，国家政策不再具有正式法源地位，但是这并非等同于否定了其在调整法律关系和司法裁判中的作用。法官不能因此对司法政策避让甚至排除适用，而应在法律规范的框架和逻辑下，以司法政策为指引，对现有的模糊规定进行合理解释，甚至针对没有规定的内容创制出新的裁判规则和标准。

2. 注重法官个体价值观的养成

对法官个体价值观的养成应当作为司法政策个案适用的前提和基础性保障。一方面，加强司法政策性文件的专项性和系统性培训，确保法官对文件的内容、要求及出台的背景和目的等充分理解和准确把握，具备根据司法政策的精神和要求进行法律规范解释并将其合理融入个案裁判的能力。另一方面，加强对个案适用司法政策性文件的引导，增强其应用司法政策性文件引领个案裁判的行动自觉。要让法官认识到相对于个体价值理性，司法政策性文件凝聚了更多的集体智慧，其所蕴含的价值理性更具普适性，借以司法政策对个体价值理性的补强和矫正，所作的个案裁判更容易被社会所认同。

3. 克服绩效考评下案件裁判的功利化趋向

其一，坚持结果考核与过程考核并重。对诸如“发改率”等的评估考核不应当仅仅关注裁判结果，还应当关注案件审理和裁判过程中法官的行为表现，包括证据审查、事实认定、法律适用和释法说理等。坚持“结果＋过程”并重的绩效考评模式，能够较大程度地解决法官“唯结果论”的功利性倾向，推动法官将更多精力和智识投入案件审理和裁判的过程当中，且致力于确保裁判结果是裁判过程的必然反映。其二，对考核指标的运用要区分不同情形。具体来讲，对于发回重审或改判案件不应全部作否定性评价，要区分上级法院发回重审和改判的原因，是因为发现了新证据，还是因为事实认定和法律适用存在错误。当然，即便是因为后一原因导致案件被发回重审或改判，亦应当留出合理的容错空间。综合而言，对绩效考评模式的优化调试，目的在于让法官从“唯结果论”的束缚中解放出来，从对上级法院倾向意见或建议的依附中解放出来，复归在案件裁判中的主体地位。

（三）司法政策适用方法层面：由“结果验证”向“规则续造”

1. 将裁判结论带入司法政策中进行验证

一方面，将裁判结论带入司法政策中进行政治效果的验证。就是要在遵守法律规则的基础上，对裁判结果是否符合司法政策中政治形势的分析和判断，是否符合司法政策中政治目标和政治需要的定位及要求，是否正确体现了司法政策中政治价值的导向等进行检视和论证，确保司法裁判的政治正确性。① 另一方面，将裁判结论带入司法政策中进行社会效果的验证。就是要将“包括利益衡量、社会共识、伦理道德、社会政策、人情常理等”② 要素纳入司法裁判的考量范畴。实践中，前述非法律规范要素可能会超越规则限制，甚至导致司法裁判存在“脱法审判”的现象。如此，在运用司法政策进行社会效果验证时，要确保在法律规制框架内考量非法律要素并追求社会效果，“只有在特殊情况下，并在严格的规则和程序导向下才可以为实现社会效果而变通适用法律”。③

2. 在司法政策适用中催生新的裁判规则

其一，在试点改革中推进规则续造。试点改革往往是由问题倒逼而产生的，其目的系立足现有操作规则之上，探索总结更加科学有效且符合时代和民众要求的新的尺度和标准。在试点改革中推进规则续造，必须是被实践证明有效且可复制的规则创造，而非仅限于试点地区或试点领域，且应当仅限于对成功结果中的规则进行法律规范的转化，对于不成功的或者需要继续试点的，则继续维持现有裁判规则。其二，在个案裁判指引中推进规则续造。一方面，根据司法政策的精神、目的和具体要求，对现有的法律概念和法律条文进行限缩或扩张解释，并固定形成最能体现正义要求的裁判规则和标准。另一方面，在法律和司法解释均没作出规定时，如果司法政策中存在相对具体的规定和标准，可以将其作为裁判依据，但若司法政策亦未有明确的可操作标准，则应结合立法精神和目的创制新的裁判标准。其三，在应用评估中推进规则续造。对于经由评估认为，适用效果

① 江必新：《司法审判中非法律因素的考量》，载《人民司法》2019 年第 34 期。

② 胡田野：《论“三个效果”有机统一的司法理念与裁判方法》，载《中国应用法学》2022 年第 3 期。

③ 江必新：《严格依法办事：经由形式主义的实质法治观》，载《法学研究》2013 年第 6 期。

较好的规则应当及时推进向法律和司法解释转化，对于法律和司法解释没有规定，但规则创制能力不足的司法政策要进行调整，加强对裁判规则和标准的生成及实践验证，而对于经实践检验，尚不成熟的裁判规则和标准应及时废止或修改。

3. 对司法政策的应用保持必要的条件和限度

一方面，司法政策性文件的适用必须在法律许可的框架下进行。司法政策的适用，应当坚持法律规则优先，“法官在说理的时候，必须首先以最具体的规则作为涵摄的大前提，只有当具体规则欠缺时，才可以一般规则作为大前提”。[①] 结合司法实践，对于存在生效法律规范或者司法政策已经转化为法律规范时，则优先适用，而对于尚未转化的司法政策，只有在特定情形或满足严格条件时才能适用，即“其在司法裁判中的适用力只能限于填补法律漏洞的需要；其适用必须不会构成对公平、正义等社会价值、法治价值的威胁和损害；其只有在不违背现有法律规范以及法律授权其自由裁量权目的的情况下始得适用”。[②] 另一方面，司法政策适用应当进行充分论证。具体而言，“法官需要对为什么要适用司法政策、司法政策对本案的可适用性等方面提出充分的、让人信服的理由”。[③] 其中，对为什么适用司法政策进行充分论证，包括适用条件和适用目的的正当性；对司法政策对个案的可适用性进行充分论证，主要体现为司法政策与个案裁判所存在的实质关联性和交叉关系，包括司法政策是否对个案裁判具有现实指导性和行为规范意义，以及个案中的待决事实是否反映和体现了司法政策的内容和要求且需要援引司法政策进行裁判指引和说理补强等。这里应当注意避免走入三个误区：第一，不当适用司法政策制造“冗余说理”。第二，过分追求个案裁判的社会效果而适用司法政策。第三，假借司法政策之名滥用自由裁量权。

（四）司法政策适用机制方面：构建系统规范的应用制度体系

1. 司法政策适用的程序规则的规范化

首先，规范启动程序。当事人对于是否运用司法政策享有自主选择权和处分权。但是，法官作为居中裁判者，其应当主要是依职权启动对司法政策的适用，即便是当事人已经提请适用某个司法政策，且要求法官对其

① 丁宇翔：《缺位、错位与归位：民法方法论在民事判决中的“谦抑”表达》，载《中国应用法学》2018 年第 4 期。

② 参见袁明圣：《公共政策在司法裁判中的定位与适用》，载《法律科学》2005 年第 1 期。

③ 李红勃：《通过政策的司法治理》，载《中国法学》2020 年第 3 期。

诉求进行回应，但最终确定是否运用司法政策则需要满足前文所述的相应条件。其次，建立审查程序。一方面，对当事人提请援引适用的审查。主要审查当事人所提请适用的司法政策的性质和效力。另一方面，对依职权决定援引适用的审查。这里主要涉及对司法政策适用条件进行审查。具体包括三个问题：一是关联性审查，即司法政策与案涉事实认定和法律适用问题是否相关以及关联程度如何；二是正确性审查，即司法政策是否被正确适用，是否存在不当理解或者变通适用情形；三是正当性审查，即被援引适用的司法政策的内容是否科学且合理。最后，建立回应和论证程序。在司法裁判中，对于当事人提请适用司法政策支持其诉请的行为，应当予以关注并从程序上作出回应。同时，不管是当事人还是法官在援引适用司法政策时，均要对其所适用的司法政策与本案的关联性进行论证阐述。

2. 建立司法政策应用的监督激励机制

一是对于当事人提请适用司法政策性文件的，原则上法官均应在裁判文书中作出回应，因未适用司法政策性文件或者未将已生成裁判结果带入司法政策中进行验证而导致案件裁判错误的，或者对于当事人的适用诉求未予回应而最终案件裁判错误的，应当作为绩效考评负面评价项目。同时，如若上级法院将明显偏离司法政策要求作为适用法律错误的参考要素，势必大幅增强法官适用司法政策的主动性。二是法官在进行案件审理和裁判时，如果作出了与司法政策的精神和要求不相一致甚至相冲突的判决结果的，除了在裁判文书中充分说理和论证外，“应当向本院审委会作出书面报告和说明，并将裁判结果及理由层报上级法院至最高人民法院备案”。[①] 三是建立司法政策适用的激励机制。各级法院应当及时发现并积极培育援引适用司法政策进行个案审理的典型案例，特别是明确援引司法政策指导案件裁判并充分论证说理，或者对当事人援引适用司法政策请求给予充分回应的案件，由所在法院层报最高人民法院遴选确定为典型案例甚至指导性案例统一发布。同时，加大正向激励，对于政治效果、法律效果和社会效果较好的案件进行重点宣传推介，充分发挥典型示范和引领作用。

3. 司法政策应用评估机制的引入

其一，评估主体。对司法政策应用情况进行评估的主体应当系最高

① 詹亮、张庆庆：《从“适用不足”到“充分适用”：刑事指导性案例司法适用的困境与突破——以56份涉“指导性案例”刑事判决书为分析样本》，载胡云腾主编：《司法体制综合配套改革与刑事审判问题研究——全国法院第30届学术讨论会获奖论文集（上）》，人民法院出版社2019年版，第327页。

人民法院。作为国家最高司法机关，有其作为评估主体，能够确保评估活动的规范、有序开展。而在评估工作中，可以交由最高人民法院政策研究部门具体组织对司法政策的执行情况和实施效果进行评估。其二，评估内容。对司法政策评估的内容包括援引数量及适用效果。一般情况下，司法政策在裁判文书中的引述情况是司法政策司法适用的直观体现，其系从“量”的角度对司法政策的应用进行评估。而对司法政策适用效果的评估，则更多地体现为“质”的视角，具体包括是否通过对法律概念和法律条文的解释确保了法律的正确理解和适用；是否发挥了司法政策精神、目的和条文规定的指导作用并有效弥补了法律漏洞；是否创制新的裁判规则和标准为案件审理和裁判提供依据等。其三，评估程序。司法政策应用的评估程序具体包括评估启动程序、评估实施程序和评估结果生成程序。首先，评估启动程序。可以由司法政策的制定机关最高人民法院根据实际需要适时依职权启动。同时，地方各级法院、联合发文机关和各级部门、其他相关部门和社会公众也可以提出司法政策应用情况评估的申请，最终由最高人民法院综合情况进行确定。其次，评估实施程序。这主要涉及司法政策应用评估活动的具体开展，包括评估信息的收集及对应性的整理和分析。在信息收集时，要注意信息来源的广度和深度，同时要注意信息来源的可靠性和完整性。[①] 既包括最高人民法院掌握的信息，又包括援引适用司法政策的法官和当事人掌握的信息，还包括社会公众所掌握的信息等。在信息整理和分析时，“要对评估信息进行真实性、可适用性验证……进而得出有效的评估结论”。[②] 最后，评估结果生成程序。司法政策应用情况评估报告，是评估结果的最终体现，其集中反映了所评估的司法政策的适用情况、存在的问题及完善意见建议等。需要注意的是，评估结果应当报告最高人民法院分管副院长或院长，必要时需向审判委员会报告并经确认后向社会公布。其四，评估结果的运用。通过评估能够确认哪些是司法政策自身的问题，哪些是司法政策适用中的问题。对于前者，“应当全面总结经验，适时启动相应的立、改、废工作……不断提高质量并推进有效实施”。[③] 对于后者，则应当通过规范和完善司法政策援引适用的程序和配套制度机制进行解决。

① 汪全胜：《立法后评估研究》，人民出版社 2012 年版，第 189 页。
② 参见江国华、张莺：《指导性案例评估机制》，载《甘肃政法大学学报》2020 年第 6 期。
③ 参见吴学安：《构建评估机制给司法解释体检》，载《法制日报》2016 年 1 月 13 日。

从“件”到“案”：全流程案号制度的思辨与建构
——以跨程序、跨法院、跨层级的案件连续管理为视角

刘 奕*

引 言

案号是案件的“身份证”，在案件管理中发挥着标识、检索、流转、管理等不可替代的基础作用。2015 年，最高人民法院出台《关于人民法院案件案号的若干规定》，廓清了案件编号的依据和方法，标志着案件信息标准体系的初步建立。[①] 从司法运行情况看，现行案号制度主要是出于“以法院管理为中心”的初衷，并在一定时期很好地配合司法责任制改革，发挥了审判管理、绩效考核等作用。然而，时代洪流滚滚向前，在案件量急剧上升、人民群众司法需求愈加多元化，以及 5G 时代司法信息化急速发展和审判管理现代化的客观背景下，若现行案号制度不能在“百年未有之大变局”中适时而变，即如“刻舟求剑”。

进入新阶段，特别是在抓实“公正与效率”的主题之下，当前案号管理制度运行状况如何、革新和提效的路径是什么，亟须引起我们的再重视、再思考。

一、理路与维度：“一案一号”制度革新的合理性辨析

“人民群众来法院不是走程序的，是来解决问题的”，[②] 虽然案号仅能起到“器物性”的审判管理作用，而并非直接作用，但只要纠纷还在法院，则时时刻刻需要管理。面对一些实际问题，进行“一案一号”制度革新正

* 作者单位：四川省遂宁市中级人民法院。

① 同时，发布《人民法院案件类型及其代字标准》《各级法院代字表》《人民法院案件收、立案信息登记表》，作为配套。其将案件类型分为 10 大类、52 中类、131 小类，归纳了 115 个类型代字，对案件类型进行三层级的体系化构建。2018 年 12 月，最高人民法院又作了 4 个条文的修改。

② 参见《理念一新天地宽——全国大法官研讨班系列评论》，载《人民法院报》2023 年 7 月 14 日，第 1 版。

是强有力的抓手。

（一）“一个纠纷一个案件”的管理理念

司法审判工作的现代化，首先是司法理念的现代化，而“一案一号”的案号制度改革与“一个纠纷一个案件”理念相契合。在统计上，如表1所示，若实际纠纷仅不到案件表征数量的50%，那么紧凑程序、提升实效、强化责任就是亟待解决的问题。需要强调的是，案号仅能起到“器物性”的审判管理作用，而并非直接作用。即通过统一案号，从诉前调解、立案收案、排期开庭、保全、裁判、执行等各个司法流程上，规范流转程序、打通信息壁垒、强化环节责任、提升运转效率，从而间接作用于纠纷解决。“一案一号”从器物条件上保障了“纠纷一次性解决”，尽最大可能促进案结事了，落实各环节、各层级主体责任，减少上诉、申诉等衍生案件发生，激发全流程纠纷调处化解功能，形成诉内治理闭环。

（二）“以人民群众感受为中心”的思想基调

司法的“人民性”是习近平法治思想的核心要义之一，而“一案一号”的案号制度改革，是“以人民为中心”司法理念在诉服智能化、办案无纸化、纠纷管理全程化、案件财物管理高效化需求下的重要抓手，是一场具有历史意义的“中国式现代化”革新。对当事人而言，无论经历多少程序环节、给多少个案号，从诉状递交到执行到位才算案结事了，这始终是一个案件。因而“努力让人民群众在每一个司法案件中感受到公平正义”不是一句空谈，而必须站在人民群众的视角和立场考虑问题。那么，如何做好新旧案号制度的衔接，让新的“一案一号”制度更加有利于人民群众，尽量消解改革变动带来的阵痛和不适，则很大程度上需要通过考评体系和信息化技术进行配套调适。

（三）“整体质效观”的考评体系

审判管理现代化，是法院工作现代化的前提和保障，而“一案一号”的案号制度为整体化、全流程的审管考评体系奠定了基础。近年来，从最高人民法院到各地法院，均在探索跨程序、跨法院、跨层级进行考核的评价体系（见表1）。并且，在最高人民法院发布的《人民法院审判质量管理指标体系（试点）》中，考核体系向实效化、实质化转变，“案件比”“案访比”作为效果评价指标中的重点、“诉讼链均时间”作为效率参考指标中的要点，均明确了变“到期结案”为“均衡结案”，变“单案考评”为“整体评价”，变“一院一评”为“全流程多院一体”，变“单轨问责个案”为“全过程多案一体多轨问责”，让“一案一号”的案号制度所代表的整体质效观，具备了从构思变为现实的条件。反而观之，“一案一号”的案号制度也让整个考核体系更加有序，成为服务于解决一个时代法院“案一件”问题的轴心和原点。

表1　跨程序、跨法院、跨层级纠纷解决与评价实践

主体	时间	主题	主要内容	目的
最高人民法院	2023年	“案件比”与“诉讼链均时间”考核	一个待决争议（案）立案后需要经历多少诉讼程序（件）才能解决；一个诉讼从一审立案到最后程序案件结案的总用时，能够综合反映出人民法院的司法水平和办案能力，全面衡量人民法院办案的质量、效率和效果	“一次性解决纠纷”是人民群众对公平正义最朴素的需求与期待
四川高院	2022年5月	“案件审理期间—纠纷在院时间”双向考评试点	围绕双向考评机制，做好案件流转、诉内治理、裁判尺度统一、“数助决策”、“四类”监管、执行规范，控制不同诉讼程序间、不同法院间、同一法院不同部门间的流转间隙时间	将法院内部的审判指标与人民群众感受做到一致和同步
浙江高院	2021年10月由宁波法院向全省推开	“当事人一件事”集成改革	围绕“当事人一件事”看“法院的一件案”，让“立审执”统筹兼顾，进一步精简立案材料、压缩审理时间、优化诉讼流程，总结推广集中管辖、集中审理的经验，探索以便民利民为宗旨的并案审理和提级审理，“一揽子”解决当事人的核心诉求	强化内部流程管理，既防止滥诉，又防止一事多判，避免程序空转、增加讼累，确保裁判统一，实现解纷“最多跑一次”
广西高院	2020年	“尽可能一次性解决纠纷”实践活动	把每一个司法环节工作做到最好，深化矛盾纠纷源头预防机制体系，法院诉讼程序内部更加高效、实质化解纠纷案件，特别是加强衍生案件治理	依法将案件相关联问题一并解决，实质性化解纠纷，提升司法效能，减少当事人诉累
安徽高院	2018年	“均衡结案管理”	推动各法院、各业务部门及各法官之间的办案质效均衡；在个案维度上，更要求办案程序上紧凑高效、不拖延，并对海南、宁夏、湖北等地法院形成了辐射效应	初衷是通过优化配置审判资源，合理分配审判时间来提升效率，又通过公正及时和精准高效审判执行，实现收结案动态平衡、未结案相对稳定的良性循环状态

（四）“司法信息化”的基础保障

“一案一号”的案号制度，是司法信息化和管理现代化的时代产物。“网信事业代表着新的生产力和新的发展方向”[①]，司法信息化是人民法院一场深刻的自我革命，为穿透诉前调、保全、一审、二审、审判监督、执行

① 参见2016年4月19日习近平总书记在网络安全和信息化工作座谈会上的讲话。

等的各个司法流程的层级壁垒、考核分层、信息梗阻，为精准诉讼服务、完善绩效考核机制、规范卷宗档案管理、提高程序运转效率提供了管理智慧。[①]“案件负担增长的压力导致法院体系发生简化或俭省”[②]，而业务流程数字化、审判方式集约化、审判工作智慧化、审判管理精细化，都为“一案一号”案号改革提供了坚实的技术基础。同时，“一案一号”制度也具有推行落实的时代性、迫切性和现实性。

二、优化与逻辑：审判管理现代化下“连续体思想”引入案号编制的可行性

在域外，不论是英美法系还是大陆法系国家，对案号的认识还停留在识别和管理层面。而本文提出的“一案一号”案号制度，是在借鉴档案管理学中“连续体思想”前提下进行的构思和完善，在上述理念、制度、技术等各方面支撑下，既符合我国的基本国情，同时又是中国式现代化在法院案件管理上的一种展现。

（一）“一案一号”与“连续体思想”管理理论的契合

文件连续体思想（records continuum）是在数字化时代对电子文件管理新要求下，从“全生命周期理论”进化而来，其强调文件（案件或件）性质、管理行为、管理过程、特定环境中文件（案件或件）之间的关系，具有包容性、多目的性、现行和历史价值，是一定历史时期或一定地域范围内具有社会互动关系的若干文件（案件或件）集合（纠纷或案）。[③]而“一案一号”的案号制度发挥着对纠纷解决全过程、全要素、全业务运作的增值作用，这与档案管理学中的文件连续体思想理论在本质上相契合。

（二）“连续体思想”可借鉴的优势

诉讼程序开始后，一个纠纷就具有了“一案”的基因，纠纷与案件不是线性时间历程的两个端点，而是纠纷在不同时间、空间、程序结构中呈现出的不同状态；二者之间是一个连续体，没有明确分野。因此，要消除现有“案”与“件”在考评管理和信息采集中的二分现象，二者没有明

① 参见黄文俊主编：《司法信息学》，人民法院出版社 2019 年版，第 286–287 页。

②［美］理查德·A. 波斯纳：《联邦法院挑战与改革》，邓海平译，中国政法大学出版社 2002 年版，第 189 页。

③ “文件连续体思想”理论，是由澳大利亚档案管理学者弗兰克·阿普沃德和苏·麦克米什等在 20 世纪 90 年代提出的文件管理新范式。参见陈兆祦、和宝荣、王英玮：《档案管理学基础》（第四版），中国人民大学出版社 2021 年版，第 373–376 页；连志英：《档案与共同体记忆建构》，载《中国人民大学学报》2023 年第 2 期。

确分野，不应被看作两种完全不同的行动并在管理考评、信息采集等方面进行单独评价，而应当形成一个跨程序、跨法院、跨层级、全过程、全要素、全业务的价值网络。其优势在于：（1）突出了“案”与“件”的连续性和整体性，运用立体、多维的方式，看待和实质解决纠纷。（2）满足出于多种目的对相关纠纷信息使用和程序控制的同步性和包容性。（3）符合数字化时代对案件信息进行掌握和管理的现实需求。

（三）“连续体思想”可在“一案一号”体系中的运用

这一跨程序、跨法院、跨层级、全过程、全要素、全业务的价值网络，以其“四维”充分体现了纠纷（或案）运动的时空延伸性：从内向外看，模型如涟漪般向外延展；自外向内看，每个维可视为级联区域，作为集体记忆的文件也可能螺旋式向内促使相关文件的形成、捕获和组织（见图1）。①

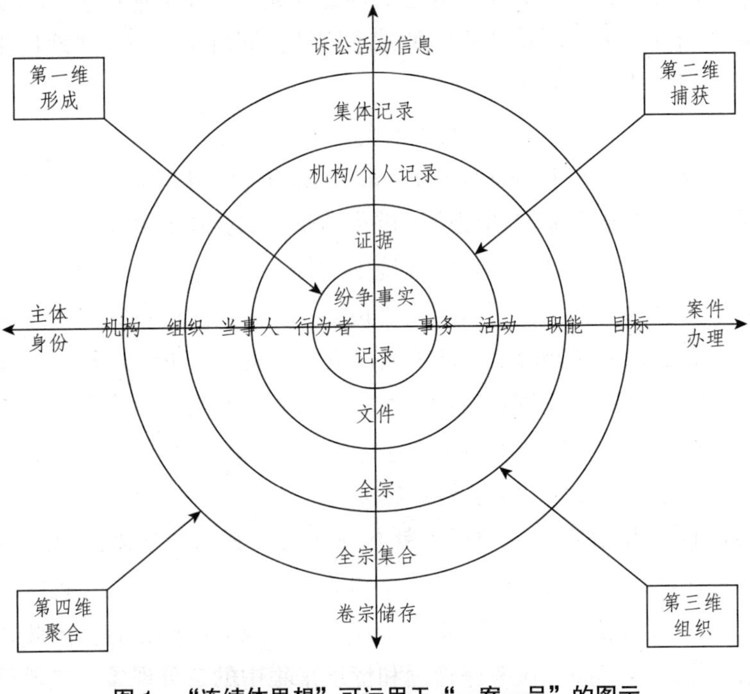

图1 “连续体思想”可运用于“一案一号”的图示

1.“形成维”可视为纠纷（或案）运动时空延伸性的开始，当事人在特定时空因纷争事实，产生了“记录”，但记录尚未与纷争形成背景及其

① 参见陈兆祦、和宝荣、王英玮：《档案管理学基础》（第四版），中国人民大学出版社2021年版，第373-376页；连志英：《档案与共同体记忆建构》，载《中国人民大学学报》2023年第2期。

他相关记录建立链接。

2. 一旦“记录”被捕获进第二维“综合管理系统”——诉讼活动，建立起各种关联，成为“纠纷（或案）”，即与其最初的形成时空相脱离，因为捕获的须是有保存价值的记录；同时，纠纷（或案）在时空中也具有多重生命，可同时作为证据存在。

3. “组织维”是对捕获“记录”的整理、编目、归档和管理等，体现了组织在某案件中的“角色职能”的履行。

4. “聚合维”是各个组织机构或行动者产生的权利与义务、权力与职责，聚合在一起形成的“集合”，能反映某一体制和机制的概况、目的及功能。

三、建构与应用：“二元双层”的“一案一号”制度构造

一个纠纷是否终局性解决，汇聚了审判共同体在各个环节的集体劳动和智慧，可通过案号所蕴含的信息价值予以体现。建构一个“二元双层”的“一案一号”制度，让每个程序的工作人员既对各自负责具体阶段履责，也对纠纷终局性解决负有综合性义务，通过“基底编码＋衍生编辑”的编制逻辑，让一个固定案号贯穿始终，如同案件的“身份证号”，从而构建一个穿越案件生命周期的“连续体”管理体系。

（一）设置逻辑：“基底编码＋衍生编码”的案号编制

案号最基本的作用就是标识案件，以其信息功能反映案件的基本情况。我国现行案号编制规则是由收案年度、法院代字、类型代字、案件编号等基本要素构成，而本文认为可以通过“基底编码＋衍生编辑”的方式，实现“案”与“件”在案号信息上的关联性。

1. 基底编码

在我国四级两审制的基础审级框架下，案件自下而上呈“金字塔”结构，因此由作为“塔基”的一审案件案号作为基础，形成基底编码，如“（2023）川0903民1号”。第一，关于基底编码中的“类型代字”，即“民”，明确了案件类型，以方便诉讼引导、分案处理、识别承办部门等，本文认为可让其合并“同类项”，如“民初、民终、民再，行初、行终、行再，委赔监、委赔提、委赔再，执、执恢、执保、执异”等简化为仅由“民、行、委赔、执”等作为基底的类型代字。第二，关于基底编码中的“收案年度”，即“2023”，以一审案件收案年度反映纠纷进入法院的时间节点。第三，关于基底编码中的“法院代字”，即“0903”，以一审法院行

政区划代码为基础，识别承办法院。

2. 衍生编码

第一，关于衍生编码中的“类型代字”，在合并“同类项”的基础上，将其中的“不同项”移至衍生编码处。如“（2023）川 0903 民 1 号 – 初”，表明 2023 年四川省遂宁市船山区人民法院（“川 0903”）受理的第 1 个民事一审（“初”）案件。在类型要素的编码中，“–”后面可为各种程序类型的代字。“民辖”“民辖终”“终”“监”“申”“再”等，如“撤”表示第三人撤销之诉，“重初”则表示发回一审法院重审等。

第二，关于衍生编码中的“收案年度”，可以省略，只需基底编码中最初立案的时间。原因在于：一是年份本是一个粗略时间，作用多为标识和统计；二是一个纠纷尚未解决，有立案时间足矣；三是后续程序的收案时间和结案时间等信息，会在系统他处载明。

第三，关于衍生编码中的“法院代字”，应当再次明确。虽然基底编码中的“法院代字”已经明确后续程序的承办主体，如“（2023）川 0903 民 1 号”，显然是由四川省遂宁市船山区人民法院（“川 0903”），那么二审法院即为四川省遂宁市中级人民法院（“川 09”）、再审法院可为四川省高级人民法院（“川”），但是也要将指定管辖、向原审法院申请再审等情形不能被基底囊括的情形考虑在内。因此，要在衍生编码中再次明确“法院代字”，如“（2023）川 0903 民 1 号 –09 终”（见图 2）。

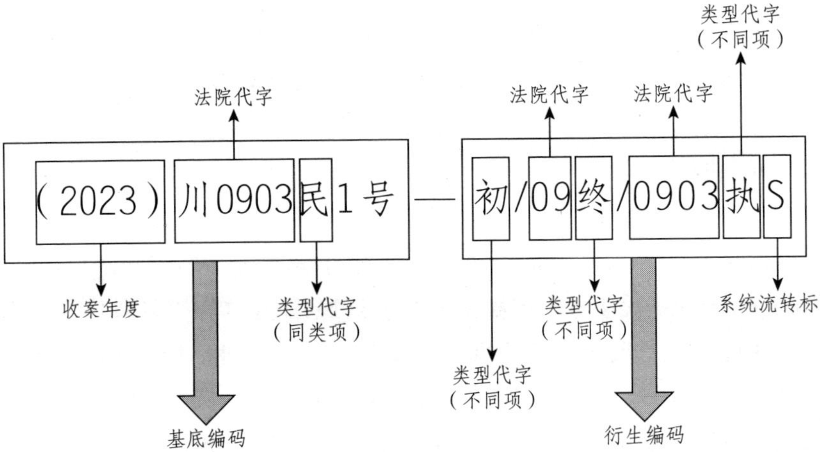

图 2 案号编制逻辑

3. 场景使用

（1）独立使用。在各类法律文书中，为保持案号的明确性和简洁性，仍应以单个程序案号面向当事人，如在民事二审判决书上载明"（2023）川 0903 民 1 号 -09 终"（见表 2）。

表 2　独立场景使用的案号示例

案件类型	类型代字	建议案号（独立使用时）
民事管辖上诉案件	民辖终	（2023）川 0903 民 1 号 - 辖终
民事一审案件	民初	（2023）川 0903 民 1 号 - 初
民事二审案件	民终	（2023）川 0903 民 1 号 -09 终
民事二审发回重审案件	民重初	（2023）川 0903 民 1 号 - 重初
民事审判监督案件	民监	（2023）川 0903 民 1 号 -09 监
民事申请再审审查案件	民申	（2023）川 0903 民 1 号 -09 申
民事再审案件	民再	（2023）川 0903 民 1 号 -09 再
特别程序案件	民特	（2023）川 0903 民 2 号 - 特
首次执行案件	执	（2023）川 0903 民 1 号 - 执
执行异议案件	执异	（2023）川 0903 民 1 号 - 执异
刑事一审案件	刑初	（2023）川 0903 刑 3 号 - 初
行政一审案件	行初	（2023）川 0903 行 4 号 - 初
行政赔偿一审案件	行赔初	（2023）川 0903 行 5 号 - 赔初

（2）全流程载明。在智慧法院统一信息综合平台中，随衍生案件而铺开，有多少个衍生案件，就载明多少流程，全流程留痕、全流程管理。示例"（2023）川 0903 民 1 号 - 初 /09 终 / 重初 /09 重终 / 川再 /0903 执 /0923 执"，说明一个 2023 年四川省遂宁市船山区人民法院（"川 0903"）受理的一个民事一审（"初"）案件，经历了遂宁中院二审（09 终），并被发回船山区法院重审（重初），又经历二审（09 重终），当事人申请四川高院再审（川再），案件被一审船山区法院执行（0903 执），后又指定至大英县法院执行（0923 执）。

（3）二维码识别。主要面向当事人，采取"一案一码"模式，即每一个案件一审立案后都有唯一的二维码，如同医院患者的诊疗卡。无论案件进展到哪一步，当事人只要在最初扫描并关注了这个二维码，就能随时看到案件信息、立案进展，受理通知书、举证通知书、文书送达等都会及时在微信中提醒查阅。一方面，方便当事人随时随地掌握案件推进情况，促进司法公开；另一方面，利于文书电子送达，当事人点开，即被后台记录。

（二）管理机制："分节点＋全流程"的质量管控体系

"一案一号"制度既承继了司法责任制改革的成果，明晰各阶段责任划分，同时又向全流程、连续性、实时化管理转变，各流程的办案质效均向前、向后兼容考量。

1. 分节点——明确各阶段的办理责任

（1）明确司法责任制。司法责任制改革的目标是"让审理者裁判，由裁判者负责"，根据最高人民法院发布的《关于完善人民法院司法责任制的意见》《关于深化司法责任制综合配套改革的实施意见》等文件，均强调了法官在职责范围内"对办案质量终身负责"，严格区分了办案质量瑕疵责任与违法审判责任，法官和审判辅助人员的责任划分标准等，因此应承继各阶段责任的划分。

（2）系统流转符号标识。在"基底编码＋衍生编码"的案号制度之外，为了填补各流程流转的间隙和管理漏洞，可以在一开始法院间流转时，就在系统中的案号后以字母代码同步显示，以作提醒。例如，"（2023）川 0903 民 1 号－初"在判决作出后，当事人向一审法院提交上诉状，一审法院收到上诉状就应在系统中标注"S"（表明已收到上诉状），一审法院移送至二审法院则标注"Y"（表明已移送），到二审法院接收材料则标注"J"（表明已接收），二审法院进行二审立案标注"L"（表明已立案），并设置向一、二审法院系统提示功能。

2. 全流程——兼顾连续体的综合性义务

（1）兼顾前端"未病"，避免衍生案件。"一次性解决纠纷"要求"治疗"一个案件相关联的"未病"，尽可能避免程序空转、产生衍生诉讼案件。这要求审判人员在办案时认真梳理全案，而不仅针对单个程序的司法案件，要跳出案件看纠纷，通过充分调解、释明、引导等工作，前瞻性地把即将发生的、可能引发的、已经存在的诉求或案件，尽可能依法纳入一并实质考量和解决。

（2）兼顾效果迟延，避免投机行为。受审级制度、监督制度、审限周期等影响，案件质效不可能在同一年度内完全显现，依托"一案一号"使审判质效在更大时空范围内得以统计，激励法官对其决定的可执行性负责，切实增强司法运行的有机性，避免人为控制收案、阶段性突击结案等投机行为。

（3）兼顾后续进展，强调“附随义务”。每个阶段承办人的职责不能是片段式的，应向后附随。这种附随义务是在自己这段程序事务办理时，要判断判项是否具有可执行性、完成后如何使辅助人员让其快速流转、是否在本阶段做到防止“一案结而多案生”等，避免机械化运转使实质解纷“脱节”。

（4）兼顾各个环节，强调全流程最优。传统审判管理往往强调个体最优，包括对个案进行审判监督、对法官个人进行绩效评估，但是个体最优不一定是全流程最优，或者说是小于等于全流程最优的。[①]要求管理者理顺和优化流程，每一个环节都要尽可能使价值最大化，以消除本位主义和利益分散主义，在公正的前提下提高流程整体效率。

（三）评价机制：“评价性＋参考性”的评价体系

1. 从“到期结案”到“均衡结案”

均衡结案不仅关乎效率，更关乎公正。从到期结案率的硬性评价，到整体均衡解纷的评价，通过优化配置审判资源，合理分配流转和审理时间，以个案均衡带动整体均衡，把重心放在案件繁简分流、分案是否均衡、紧凑办案程序、积案清理与院庭长全流程把控上，进而依法公正及时和精准高效地审判执行案件，实现收结案动态平衡、未结案相对稳定的良性循环状态，进而保障司法活动的公平正义，实现案件办理法律效果、政治效果和社会效果统一的内在要求。

2. 从“个案考评”到“解纷综评”

从对各案件程序片段的评价，向纠纷的“节点效果＋终局性解决”的评价过渡，通过精准评估一审、二审、申请再审、执行等诉讼程序的办理以及各诉讼程序间、不同法院间流转所耗时长，解决实质解纷过程中的司法服务痛点、监督管理盲点、审判执行堵点、司法救济难点，促进案件审理更高效、流转更紧凑。

3. 从“个体评价”到“全域一体”

着眼于一个纠纷的全程化解，往往包括一审、二审以及可能产生的再审和执行，涉及辖区不同层级的法院，转变以往单个法院独立考核模式，把辖区两级法院作为一个整体来评估和考量，实行一体捆绑考核。同时，

---

① 王潇：《智慧法院视野下审判管理流程再造路径》，载《司法体制综合配套改革与刑事审判问题研究——全国法院第30届学术讨论会获奖论文集》，人民法院出版社2019年版，第394页。

在考核指标权重上，降低每个法院年度结案率和“案件平均审理天数”的单独考评权重，增加一体考评指标的考核权重。通过全域一体考核，促使各级法院凝聚解纷强大合力。

结　语

在“百年未有之大变局”中安常守故，用老办法解决新问题，无异于“刻舟求剑”“乘船失钵”。在法院审判管理现代化理念下，需要对传统案号管理进行再思考。通过以“一案一号”制度革新为轴心和原点，完善顺应司法规律的案号信息系统，实现“案”与“件”从基于价值链条的“线性”管理，走向基于价值网络的“非线性”超越，构建一个跨越案件生命周期的“连续体”新体系，实现跨程序、跨法院、跨层级的全过程、全要素、全业务运作增值。“一案一号”的案号制度革新是指引人民法院抓住数字化变革机会窗口、实现跨越式发展的信息标识供给，引导更多审判管理“价值点”实现更高维度价值共创，也将在司法实践中展现出强大的生命力。

电信网络诈骗犯罪定量证明之综合认定规则优化

——以诉讼内外部认知过程为分析路径

周战武*

网络犯罪大都属于法定犯。法定犯的定罪量刑大都采用“定性＋定量”的模式，[①] 在当前的网络犯罪治理进程中，部分案件中犯罪对象、结果等事实要素均呈现出基数大、调查取证难、无法精准核实等特点，如电信诈骗案中被害人数以万计，待证事实海量化。[②] 在网络犯罪新语境中，基于长期对传统犯罪的认识所形成的事实精确印证认定机制运行不良，刑事证明方法已出现了新发展动向，“综合认定法”强调“包容涵摄”式的处理，可以较好地适应海量待证事实的情形。然而，方法的适用场景、与传统证明论之间的关系、证明标准等问题都存在较多模糊地带，案件事实综合认定的准确性与正当性引起了不少质疑。有鉴于此，对定量证明综合认定规则合理建构等问题作出进一步探索，并为网络犯罪的治理和证明理论的澄清提供一定镜鉴。

一、适用偏差：电信网络诈骗犯罪定量证明综合认定现状实证研究

“犯罪事实所涉的对象、手段、后果等已经越来越呈现出堆积化、难以计量化、不可逐一核实化等特征。”[③] 在这种个体向海量的飞跃中，如何完成证明规则下的定量评价逐渐成为一种普遍性问题，同时基于网络犯罪治理政策考量，2016 年“两高一部”发布《关于办理电信网络诈骗等刑事案件适用法律若干问题的意见》（以下简称《意见》），该意见提出可对被害

---

* 作者单位：江西省抚州市中级人民法院。

① 参见高艳东：《网络犯罪定量证明标准的优化路径：从印证论到综合认定》，载《中国刑事法杂志》2019 年第 1 期。

② 最高人民检察院工作报告指出，“2022 年度检察机关起诉网络犯罪共计七十余万人，其中共起诉电信网络诈骗犯罪接近二十万人”。最高人民法院工作报告指出，“2022 年度共审结电信网络诈骗犯罪案件共计二十余万件”。

③ 张平寿：《网络犯罪计量对象海量化的刑事规制》，载《政治与法律》2020 年第 1 期。

人人数以及诈骗数额综合认定，2022年“两高一部”颁布《关于办理信息网络犯罪案件适用刑事诉讼程序若干问题的意见》（以下简称《新意见》）承认适用抽样取证的合法性，同时增加了可按照账户接收金额认定犯罪数额，其在本质上仍是对综合认定适用的解释说明。本文以“电信”“诈骗”“网络”为关键词，案由选择诈骗罪，通过中国裁判文书网检索到近六年372份判决，从中考察电信诈骗案犯罪数额海量待证事实司法综合认定实践和适用偏差情况和风险。

（一）海量待证事实认定偏差

“在司法证明中，由于人的认知能力缺陷、主观偏见及司法活动本身的时效性、政策性等因素的影响，导致准确认定事实成了司法裁判活动的难题。”[①] 在电信网络诈骗犯罪中，证明对象快速增长加剧了事实认定困境，使得刑事治理路径面临着合理有效的难题。在“综合认定法”的适用中，因相对证明不能而不得不进行“打包”处理，无法消除认定的事实可能会与客观情况不符的疑虑。例如，在刘某、邢某某、刘某1等诈骗罪一案中，一审法院作出判决后，被告人刘某上诉，其辩护人认为，公诉机关搜集的相关交易记录与被害人陈述不符，二者之间存在矛盾。可见，辩护人的本意在于公诉机关指控的诈骗数额中存在不能排除他人诈骗的可能性。但是二审法院对这一辩护意见不予回复，而是认为原判已结合本案电子数据及言词证据予以印证，因此可对诈骗数额综合认定，驳回了此辩护意见。在温某某、殷某等诈骗罪一案中，其中被告人林某的辩护律师提出原判所认定的部分诈骗数额缺乏转账记录，因此不能排除由其他犯罪团伙诈骗的可能性，而二审法院以结合本案搜集的全部证据能够综合认定被告人林某的诈骗数额为由驳回这一辩护意见。从以上案例可以看出，在类案中，被告人对否认案件部分诈骗事实，控方难以对此有效反驳，法庭出于慎重可能会默许辩解的成立，也可能因办案压力和辩方难以提出有效证据而笼统地以综合认定予以驳回，存在说理上的不充分性。综合认定的模糊适用使得裁判说理具有随意性，论证不充分从而难以使当事人信服。所以，综合认定因无法实现一一证实，而存在违背客观事实的可能。从而，有学者认为，“综合认定方法是对司法成本与公正的合理考虑，它降低了证明的难度与标准，可以通过调解量刑幅度予以补偿”。[②] 这种观点待商榷，

① 张伟：《论事实认定的模糊性——一种怀疑主义研究进路》，载《河北法学》2017年第3期。

② 张平寿：《刑事司法中的犯罪数额概括化认定研究》，载《政治与法律》2018年第9期。

证明的核心是事实证据认定的准确性，以量刑从优的代价来换取事实认定标准的降低，可能会进一步扩大被告人被处罚的风险。

精准地认定案件事实是海量犯罪事实待证案件司法公正审判的基础。我国长期将客观真实当作刑事诉讼证明的任务，其要求实事求是，主张待以查明的真相具有客观性、唯一性，并坚信人的认识能力可以无限接近于客观真实，但海量待证事实要素的案件中事实认定仍可能存在较高的不确定性。在放弃精确印证的极致追求时，应防止“综合认定法”与法定证明标准的背离。

（二）刑罚权不当扩张风险

近年来，以共同犯罪为组织形式的跨境犯罪不断涌现，在一定程度上加大了侦查机关取证的难度，案情的复杂性给司法证明带来了极大挑战，此种情形下，综合认定有了更广泛的适用空间。以部分判断整体的“打包式”认定方法极大拓展了法官内心确信的宽度。从判决结果来看，法官采用综合认定方法本身就是一种概括化认定，是一种以类比推理弥补证据不足的方法，但对被告人定罪量刑却不因此认定方法而享受优待，却在本质上与查明确证数额处理结果相同，导致权利保障功能的失衡。

《意见》的出台，在海量事实要素的电信网络诈骗案件中，司法机关一般采取综合认定予以定量证明。在北大法宝类案检索平台全文选择“诈骗电信”，案由选择诈骗罪，对《意见》实施六年以来的电信网络诈骗案件进行了筛查，得到总体判决刑期分布，另，全文选择“诈骗电信综合认定”，案由选择诈骗罪，得到此类判决的主要刑期分布（见下表）。

电信网络诈骗案件刑期分布表

刑期分布	判决中此刑期的比例（%）	综合认定判决中此刑期的比例（%）
小于一年	29	11.77
一年至三年	24.88	11.76
三年至五年	27.28	33.33
五年至七年	7.7	13.73
七年至十年	3.33	5.88
十年至十五年	7.44	19.61
十年五至二十年	0.37	3.92
二十年至二十五年＜	＜ 0.01	＜ 0.01

从以上统计图表中，我们可以看到近六年的电信网络诈骗案件，海量

待证数额事实采用综合认定法判决三年以下刑期的比例远低于总体判决比例，在三年至五年刑期的判决中，前者略高于后者，而综合认定判决刑期分布在五年至七年以及七年至十年的比例相比总体案件比例较高，而前者在十年至十五年刑期分布的比例比总体案件比例高一倍左右，最后，在十五年至二十年刑期分布上，综合认定判决刑期分布比例远高于总体比例。

网络犯罪本身所具有的犯罪对象海量化特征也使得定罪的数量标准难以有效发挥刑法的谦抑性与限制刑罚权扩大的功能，在司法实践中容易造成轻刑条款被架空和虚置。上述因素所产生的叠加效应进一步加重了在电信网络诈骗案件中刑罚权的过度扩张的风险。

（三）变相不当转移证明责任

在电信网络诈骗案件中，辩方易陷入反驳不能的困境，从而导致证明责任的变相转移。主要表现为两种样态：第一，基于计量对象海量化的特征，辩方无法反驳，因此放弃反驳。第二，辩方提出反驳，但失败率较高。

1. 辩方放弃反驳

计量对象海量化的特征在电信网络诈骗案件中尤为明显，主要表现为犯罪手段以及对象的海量化，[①] 在电信网络诈骗案件中，犯罪嫌疑人对散布在全国各地不特定的被害人拨打诈骗电话或者发送短信，形成数以亿计的聊天记录以及转账记录，被害人的数量可以达到上百甚至上千人。一方面，此种计量对象海量化的特征对传统的精确印证模式带来了冲击，控方无法一一搜集案件的全部证据，而更多采用大数据分析方法对诈骗数额进行较为模糊概括的认定，此种认定必然蕴含着错误认定的风险。另一方面，犯罪嫌疑人、被告人虽是犯罪行为的实施者，但是受限于计量对象海量化，在信息获取方面甚不如侦控机关有优势；同时电信网络诈骗案件常以共同犯罪为主要表现形式，由于内部等级森严、分工严密，犯罪嫌疑人、被告人掌握的证据具有碎片化特征，对共同犯罪的诈骗数额也难以精确认知，面对控方基于模糊认定下的数额指控反而无法针对性地提出疑问。因此，在上述两方面原因的共同作用下，一些被告人放弃反驳，自认公诉方的指控以求在量刑上获得宽大处理，被告人基于利益衡量而不断妥协也导致认罪认罚从宽制度在电信网络诈骗案件中所占比重不断提高。

① 参见张平寿：《网络犯罪计量对象海量化的刑事规制》，载《政治与法律》2020 第 1 期。

2. 辩方反驳，但失败率较高

在被告人不供述诈骗数额的海量事实待证情况下，电子数据在电信网络诈骗案件定量证明中占据主导地位，从相关案例的检索中，大部分鉴定意见是基于案件形成的电子数据推定得出的，其必然存在错误认定的风险，但是司法实践中鉴定意见往往具有了不容置疑的真实性、合法性，法官倾向于驳回辩方质疑。在电子数据未经鉴定的案件中，大部分侦查机关在搜集电子数据的过程中，不会主动剔除具有重复性以及不具有关联性的证据，而以电子数据最终反映的数额推定为被告人的诈骗数额，当辩护人提出疑问时，大多数法官会以较为笼统的综合认定予以驳回。

二、追本溯源：电信网络诈骗案件定量综合认定适用偏差困境逻辑

综合认定除存在将其与证明标准降低错误连接外，也存在一些正当程序方面的风险，如精确印证理论的束缚、综合认定的模糊性、电子数据实质审查缺少等。

（一）精确印证理论的束缚

1. 精确印证下的机械司法

刑事印证证明指的是利用不同证据内含信息的同一性来证明待证事实，同一性既包括内含信息内容的一致性，也包括涵盖信息指向的同一性。[①] 对于印证证明的定位，学术界众说纷纭，有证明方法说、证明规则说以及证明模式说。但是毫无疑问，印证证明在我国司法实践中具有广泛的适用空间以及深厚的实践根基，精确的印证证明脱胎于传统犯罪中，它强调证据信息间的相互验证，[②] 不同于论证的互动性与动态性，印证证明的推理过程具有扁平化、单向性以及静态特征，它强调静止两个证据之间内涵信息的同一性，且无须引入辩论机制就可达到证明目的，从而限制了证明手段的多样性，在适用过程中具有形式化、机械化特征，印证证明的上述特征导致其在查明案件事实方面具有一定的局限性。[③] 而随着信息时代的发展，精确的印证证明早已满足不了司法实践对于打击犯罪的要求，不过受制于传统的印证证明理念，理论与实践之间的滞后性将导致传统的精

① 参见龙宗智:《刑事印证证明新探》，载《法学研究》2017 年第 2 期。

② 参见龙宗智:《刑事印证证明新探》，载《法学研究》2017 年第 2 期。

③ 向燕:《论刑事综合型证明模式及其对印证模式的超越》，载《法学研究》2021 年第 1 期。

确印证理念与新兴的网络时代产生冲突。

2. 客观真实论的进一步强化

精确印证理念只是表象，深层次的原因则与我国刑事诉讼证明任务、证明标准密切相关。刑事诉讼证明指的是由证据证明待证事实的认识论过程，受辩证唯物主义认识论的影响，将客观真实当作刑事诉讼证明的任务，主张得以查明的真相具有客观、唯一性，并坚信认识能力可以无限接近于客观真实，但这是一种过于理想化的目标。基于人认识能力相对性的限制，回溯性的诉讼证明很难达到主客观完全一致的程度。[①] 同时在客观真实论的指导下，证据标准也具有客观性要求，其寄托于证据间的相互印证，以求达到“案件事实清楚、证据确实充分”的要求。[②] 印证证明更强调证据间的外部印证，并催生了对口供（包括言词证据）的过度依赖，强调“供证一致”，要求其他证据与口供以及言词证据能够相互印证。但是过度强调精确印证则会导致法官的内心确信受到绝对限制，怠于发挥主观能动性，极度追求证据间信息的印证而忽略整体性判断，不敢轻易通过间接证据定案，最终导致事实认定的僵化。[③] 在电信网络诈骗案件中，犯罪对象海量化特征尤为明显，以共同犯罪为主导的犯罪集团分工明确、组织严密，被害人人数众多且分布广泛，犯罪数额甚至以亿计算，案件产生的电子数据也超出人力计算的极限，若坚持与传统犯罪相配套的精确印证证明模式，既导致耗费大量资源或者陷入证明不能的境地，又与我国刑事诉讼追求效率与打击犯罪的刑事政策相悖。

（二）综合认定的模糊性

模糊性是指人类对认知对象的客观性类属以及存在样态的不确定。[④] 语言自产生之日起便具有复杂性与多重性含义，对某一现象的描述无法做到完全精确。明确、具体的法律文本无法适应快速发展的司法实践，因此语境的适用空间较小，而法律文本的模糊性赋予了其特殊的法律功能，它具有抽象性与概括性，可以适应变迁中的社会发展，并保留国民对法律的可预测性。但与此同时，模糊性的法律文本也必给实践带来司法难题，其所具有的开放性解释空间使司法实践没有具体明确的标准，若缺少有效的

---

① 参见卞建林、郭志媛：《论诉讼证明的相对性》，载《中国法学》2001 年第 2 期。

② 参见杨波：《我国刑事证明标准印证化之批判》，载《法学》2017 年第 8 期。

③ 参见杨波：《我国刑事证明标准印证化之批判》，载《法学》2017 年第 8 期。

④ 参见张玉洁：《法律文本中的模糊语词运用研究》，中国政法大学出版社 2018 年版，第 22 页。

监督机制，则可能导致法官自由裁量权的肆意性，导致类案不同判的现象产生，最终将引起公民对司法权威性产生怀疑。

（三）电子数据缺少实质审查

电子数据是法定证据种类之一，在电信网络诈骗案件中，电子数据在定量证明体系中处于核心地位，主要表现形式有通话记录、银行交易明细、第三方支付平台转账记录、微信等媒介聊天记录。控辩双方对于数额认定的争点也集中在电子数据分析的结果上，然而部分司法机关对电子数据的实质审查缺位加强了辩方反驳不能的困境。电子数据海量化特征加大了司法机关实质审查的难度，而其他因素的介入进一步加剧了电子数据的实质审查缺乏。

1. 电子数据的“去电子化”开示

电子数据载体的完整性、同一性是决定电子数据内容真实性的前提条件。《电子数据规定》确立了“原始介质存储规则”，这不仅要求侦查机关对电子数据取证时需要固定原始存储介质，而且要求检察机关在庭审时也应向法院移送原始存储介质。不过笔者通过检索大量案例发现，有大量电子数据在庭审中的展示形式为鉴定意见、书证、勘验检查笔录，或者不归入任一种法定证据种类，电子数据在庭审中的展示形式已经脱离于原始存储介质甚至摆脱电子数据的原始呈现方式，此种去电子化的开示方式，使得法官无法从整体上窥见电子数据的全貌，只能片面了解电子数据。另外，将电子数据以传统证据提交形式展示在庭审中会破坏其完整性进而影响实质审查的效果，例如，以视频或者音频为形式的电子数据，当以书证形式固定时，建立在动态基础上的实质审查被淡化，造成电子数据审查的不完整性与片面性。[①] 还有一些与证明要件待证事实无关，但是可以辅助事实认定的电子数据删减、修改形成的后台记录或者网络运营商处形成的证据，但这些证据并不会提交到法庭，导致电子数据不能全面展现。

2. 法官对电子数据专业知识的欠缺

由于专业知识壁垒的限制，法官对电子数据的审查往往仅限于程序上的形式审查，缺少实质审查。电子数据以是否经过鉴定为标准可分为经鉴定的电子数据和未经鉴定的电子数据，对应法官的两种认知经验模式。法官对鉴定意见的审查主要集中于鉴定人资质、鉴定机构资质、电子数据的

① 参见陈贤木、张启飞、虞纯纯：《刑事电子证据审查判断难题与破解》，载《检察调研与指导》2019 年第 5 期。

提取与固定等程序性事实的形式审查上。

三、优化构建：电信网络诈骗案件定量证明综合认定规则体系

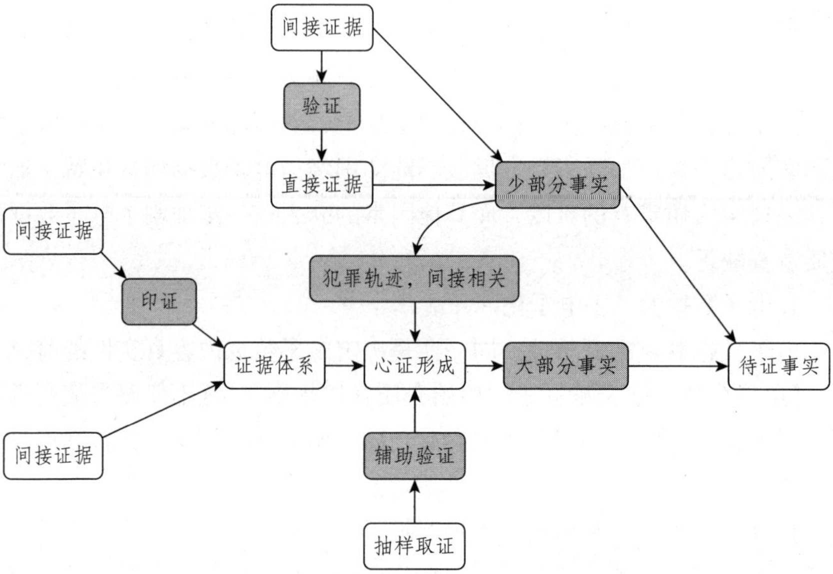

图 1　综合认定基本机制

除了“综合认定法”的性质、内涵尚未得到清晰揭示外，质疑声多集中于“综合认定”无法达到现有的证明标准。“综合认定正是有限理性假设和效益最大化假设理论的适用结果。”① 对电信网络诈骗综合认定的讨论实质上涉及诉讼认识论的问题，诉讼认识活动分为外部认知活动与内部思维过程两部分，外部认知活动是法官对证据的感知活动，内部思维过程则是法官根据经验知识进行的推理活动。规范法官诉讼内外部认知过程中综合认定，合理适用方法与有效防范风险，以“合理怀疑的排除”来避免刑罚的扩大适用，对于顺利实现网络犯罪的证明是大有裨益的。

（一）诉讼认知过程下综合认定

1. 外部认知活动下的综合认定：整体主义思维模式

（1）主张概括式印证。法官的外部认知活动主要基于法官对全案证据的认识，法官对诈骗数额的认定需要分析全案证据，这在被告人自认数额

① 杨帆:《海量证据背景下刑事抽样取证的法治应对》, 载《法学评论》2019 年第 5 期。

下的电信网络诈骗案件中较为简单，在此类案件中，法官通过获取被告人供述以及部分被害人陈述、被害方以及被告方的电子数据，并通过上述证据间的印证完成诉讼证明，但是在此类案件中法官运用的综合认定也并非追求每一笔诈骗数额都得到被告人的供述，而是强调在整体上得到印证。即使此类案件无法获取全部被害人陈述，基于打击犯罪的刑事政策考量，综合认定有了大展身手的舞台。在证据层面，综合认定追求的并非全部待证事实均有证据形成闭合的证据链，而是强调概括式印证。①网络犯罪对象海量化导致待证事实难以得到一一具体印证，但是所获取的证据之间只能得到一种整体上的、模糊性的印证，尤其对于小额诈骗犯罪而言，对每一笔诈骗数额并非都有被害人供述、被告人供述可以与电子数据之间形成闭合的证据链。因此，从诈骗数额的认定结果上来说可能存在错误的可能，故赋予当事人反证的权利尤为重要。

（2）追求实质整体主义。印证证明在司法实践中由于存在“路径依赖”而被异化，其片面强调有罪证据信息之间的相互印证，缺少对矛盾证据的关注，机械追求证据链条的形成进而完成对待证要件事实的证明，而导致适用僵化与错误定案风险的增高。综合认定在本质上并不脱离印证证明，但是是对印证证明的进一步发展与超越。综合认定所追求的是一种实质上的整体主义，其需要注重矛盾证据的分析，要关注案件中全部证据以及信息，综合判断在共同犯罪与集团犯罪的背景下，更要积极关注案件整体发展脉络，注重犯罪成员之间的互动性，建立整体认知的证明观。还需要关注更为广泛的“故事”或者“叙事”。②

2. 内部思维过程下的综合认定：类比推理以辅助心证形成

综合认定的本质是即使电信网络诈骗案件中对于待证事实的证明存在短缺证据，但仍可以基于综合思维认定诈骗数额。但综合认定罪犯的诈骗数额并非无源之水，无本之木。首先，综合认定要求法官基于诉讼外部认知下整体主义思维模式，对案件的全部证据以及信息考量，建立在全景式、整体式的框架下，对案件产生概括认知。其次，综合认定诈骗数额本质上要受到类比推理的约束。类比推理可以通过以下符号进行说明，类比推理即若A有要素a，b，c，d……B有要素x，y，z，k……其中，a与x

① 参见王彪、易志鑫：《网络犯罪定量证明方法研究》，载《长沙大学学报》2021年第3期。

② 参见向燕：《论刑事综合型证明模式及其对印证模式的超越》，载《法学研究》2021年第1期。

相似，b与y相似，c与z相似，d与k相似，那么可以推出A的其他要素与B的其他要素也相似。在电信网络诈骗案件中也基于此种类比推理，表现为若已经查找到被害人A，B，C，D，E，F，G–Z……A描述的诈骗方式、数额以及提供转账记录与被告人处获取的聊天记录、银行流水记录等电子数据能够对应，同时B描述的……也能够与被告人处获取的电子数据等对应；C–Z描述的也能与之对应，那么有理由认为对于未查找的被害人也满足此种一一对应关系，能够依据本案已经获取的被害人陈述以及从被告人处获取的电子数据综合认定本案的诈骗数额。

（二）规范适用综合认定

1. 坚持法定证明标准

有学者主张网络犯罪案件的定量证明无须坚持事实清楚、证据确实充分的证明标准，并主张对定性和定量问题采取不同的证明标准，在定量问题上降低证明标准而采优势证据证明标准。[①] 笔者并不赞同这种观点，首先，司法解释采取综合辅助定量证明在一定程度上已经降低了证明难度，不能再通过降低证明标准再次降低证明难度，在定量证明领域更应发挥法定证明标准的守门员作用，避免综合认定的肆意运用。其次，网络犯罪案件呈现与传统犯罪不同的特点并非其可以降低证明标准的理由，缺乏正当性依据。另外，有学者对综合认定能否达到案件事实清楚、证据确实充分的证明标准产生担忧，这种担忧并非基于综合认定而产生，也非基于网络犯罪案件而产生，而是基于司法证明本身的特性以及对客观确定性的极度追求所导致的必然结果。由于对案件事实的证明是一种回溯性证明，不确定性风险必然存在，因此司法证明具有似真性，追求完全的客观真实超越了人类认知的极限，换言之，对于所有的案件证明都有能否达到法定证明标准的担忧与质疑，与采取何种方式、案件性质无直接因果关系。与此同时，为缓解证明标准的过于客观化所带来的不利影响，我国刑事诉讼法引入了排除合理怀疑的主观标准，力求证明标准达到主客观相统一的效果。有学者将其总结为中体西用式的证明标准，甚至在司法实务界并列模式的运用有进一步扩大的趋势。[②] 注重法官的主观判断，在一定程度上加强了控辩审三方的互动性，而互动性的加强使合理怀疑拥有了更大的形成空

① 参见高艳东：《网络犯罪定量证明标准的优化路径：从印证论到综合认定》，载《中国刑事法杂志》2019年第1期。

② 参见李训虎：《刑事证明标准"中体西用"立法模式审思》，载《政法论坛》2018年第3期。

间，最终更利于达成证明标准。

2. 赋予辩方反证的权利

综合认定在外部认知活动下是基于整体主义思维模式，主张概括式印证，不可避免地具有出错的可能性，此时赋予辩方反证的权利具有正当性基础，既是保障权利的应有之义，又有助于最大可能降低出错风险，提高事实认定的准确性。具体表现为控方基于综合认定得出诈骗数额之后，辩方提出反证，可以使法官重视反向信息，注重矛盾证据间的分析，进而使法官产生合理怀疑，对原有诈骗数额予以修正，由此，司法证明具有动态性和交互性，可进一步提高诈骗数额认定的准确性。对于如何赋予辩方反证的权利，需要注意的有以下三点。首先，辩方有反证的权利并非意味着需承担证明责任，控方基于综合认定得出诈骗数额，即表明控方对被告人诈骗数额承担证明责任，辩方的反证不是承担证明责任，而是提出合理怀疑的一种方式。其次，提出反证的形式多种多样，并不局限于证据。反证的目的在于提出反向信息，既然提出反证非辩方承担证明责任，因此也无须对证明的程度以及证明标准作出要求，只要能引起法官对诈骗数额认定的合理怀疑即可，因此辩方可以提供证据，也可以提供线索或者其他信息，甚至仅仅提出辩解。最后，法官应重视辩方的反证，重新审视诈骗数额的认定。无论辩方是否提供证据提出反证，抑或仅为单纯地辩解，法官也不应简单以综合认定为由驳回抗辩，而应本着审慎严谨思维与查漏补缺态度，重新审查案件的全部证据及相关信息，若无法排除合理怀疑，则应剔除对应的诈骗数额。

3. 规范证明方法

各种证明方法的运用目的在于辅助综合认定，因此有必要对其进一步规范。底线证明是应对诈骗数额难以计量的一种比较好的方法，司法实践中不存在规范难题，但是其适用范围较为有限，例如，对于小额多笔电信网络诈骗案件而言，底线证明难以发挥优势。最应加以规制的抽样取证法是本点欲重点讨论的内容。

随着网络犯罪的进一步发展，电信网络诈骗案件被害人分布广且人数众多的特点将越来越突出，抽样取证也是应对证明难题的有效措施，具有较大发展空间，因此有必要对抽样取证的操作规范进行详细规定，《新意见》的出台对抽样取证适用的前提条件进行了宏观限制，但是对于以下几个方面，有必要结合司法实践对其进一步完善。

第一，抽样取证的前提条件的具体规定。在数量层面，只有当被害人数超过具体的量，确实存在取证困难时才允许采取抽样取证方法。在证据层面，要求能够依据本案获取的电子数据、书证等认定诈骗事实的基础上才可以进行抽样，而不能对客观性证据不足，仅能依靠被害人陈述得到诈骗数额的案件进行抽样取证。

第二，抽样取证的样本选择和方法。需要保障抽样的样本具有相似性，可根据被害人被诈骗数额的大小分为几组，即采取分层抽样，对每组随机抽样，并需规定科学的抽样比例，同时需进行多次抽样，观察结果之间的差异性，采取平均值方法缩小随机带来的不确定性，保证抽样的可代表性与典型性。另外，在抽样取证中应保障辩方的知情权，被告人及其辩护人有权对抽样取证程序提出异议。控方应对抽样的代表性与典型性承担证明责任。

第三，抽样取证的主体条件。抽样主体应选择独立的第三方，保障抽样的公正性，同时需对抽样的程序进行全程记录，以抽样笔录形式固定。由于抽样取证在我国的发展还处于初级阶段，有待立法和司法实践对其不断完善，以期待其在电信网络诈骗以及其他网络犯罪案件中有更广泛的适用空间。

（三）重视间接证据体系模式的证明进路

在电信网络诈骗案件中无法全面搜集被害人陈述是综合认定提出的，但在本质上表明司法实践对于直接证据过度依赖。直接证据与间接证据区分的标准在于其能否单独直接证明案件主要事实，据此可将刑事证明模式划分为以直接证据为核心的验证模式和完全使用间接证据的体系模式。①在被告人自认诈骗数额的情形下，定量证明主要以被告人的口供为核心，并结合案件其他证据予以印证，这属于前种模式，且此定量证明模式多与认罪认罚从宽制度相结合。有学者希望构建全方位辩诉协商机制以期解决定量证明难题。②不过，认罪认罚制度无法从根本上解决电信网络诈骗案件的定量证明难题。以间接证据为主的证明进路是电信网络诈骗案件定量证明难题的突破点。

---

① 参见褚福民:《刑事证明的两种模式》，载《政法论坛（中国政法大学学报）》2015 年第 2 期。

② 参见何邦武:《“综合认定”的应然解读与实践进路》，载《河北法学》2019 年第 8 期。

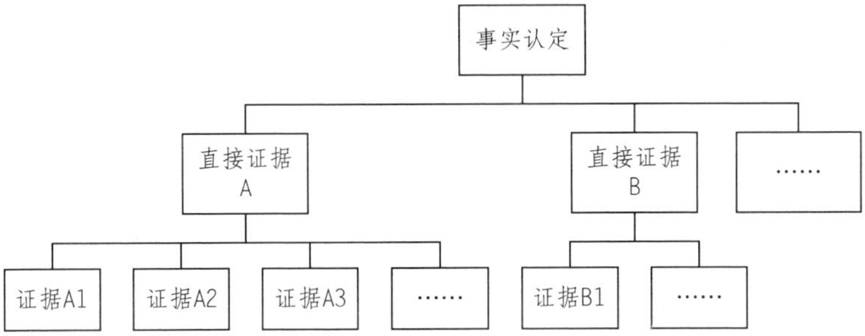

图 2　存在直接证据的事实认定

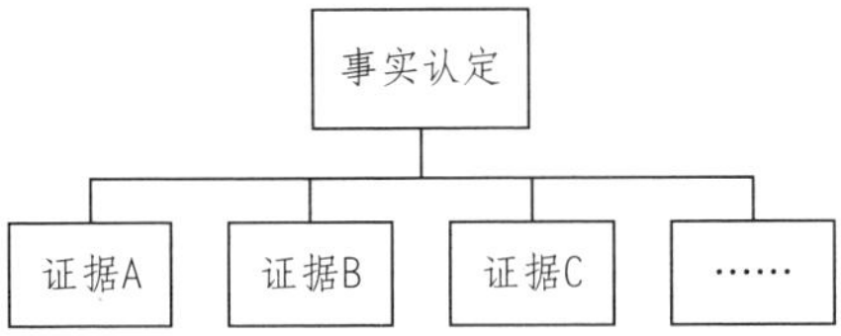

图 3　不存在直接证据的事实认定

电信网络诈骗案件证据呈现以间接证据为主的特征，对于待证事实诈骗数额的认定，其由每一笔诈骗数额共同构成，虽然被害人陈述对于每一笔诈骗数额的认定而言是直接证据，但是对于成千上万笔诈骗数额而言其只能反映总体诈骗数额的某一片段，被害人陈述更应被视为间接证据，定量证明难题的突破口不得不转移到间接证据视野之下。刑事诉讼法解释对间接证据证明进行了详细规定，可以消除间接证据形成证据链证明力的疑虑。首先要求证据之间相互印证，并能形成完整的证据链；其次需达到证明标准，结论具有唯一性；最后在间接证据之间的缝隙下，要善于用逻辑推理和经验补足，通过以上几个方面对间接证据定案进行了限制。由于每一个间接证据仅能证明待证事实的某一片段，但是通过相互印证与佐证，全案间接证据的证据信息链条之间可以相互验证，最终形成较为完整的证据链，可以使待证事实得到证明。[①] 其推理过程用符号表示即为：

P 是 M（M1 ∧ M2 ∧ M3 ∧…∧ Mn）

S 是 M（M1 ∧ M2 ∧ M3 ∧…∧ Mn）

∴ S 是 P

① 参见刘曼：《从逻辑学角度看刑事诉讼中间接证据的运用》，载《法律逻辑与法学教育——第十五届全国法律逻辑学术讨论会论文集》2007 年卷第 211 页。

需要注意的是，利用间接证据定案也存在风险，因此尤其对于辩方提出异议的诈骗数额，法官应分笔论证，将异议数额对应的间接证据分笔罗列，严格遵循逻辑和经验法则。

（四）加强对电子数据的实质审查

司法实践中，电子数据在法庭上以“去电子化”开示的案例屡见不鲜，要从根源上解决电子数据实质审查缺位的问题，则需去除电子数据“去电子化”开示的弊病，并加强对电子数据合法性与真实性并重的实质审查。

1. 去除电子数据的“去电子化”开示的弊端

保留电子数据形式上的电子化特征。即要求电子数据的直接开示，司法实践中，直接开示有两种方式：一种是直接展示电子数据的原始存储介质；另一种是将原始电子数据复制到存储设备中，例如存储至U盘、硬盘、光盘等。第一种在法庭上直接展示原始存储介质的较为少见，因为可能导致电子数据的篡改；第二种出示方式更具有可行性，例如对于视频、音频类的电子数据，可以通过U盘固定等方式在法庭上播放、展示。另外，对一些过于专业的电子数据，还应根据庭审需要，请求专业技术人员协助出示。

出示的电子数据应具备完整性。为保证客观中立，避免断章取义，需全面展示电子数据的整体状态，例如对于视频类、录音类电子数据，需要把全部相关的电子数据都提交给法庭。但法庭展示应具有针对性，并非需要全部播放上述电子数据，而只需要将与案件具有相关性的部分展示。在电子数据数量众多的案例中，可对电子数据采取归纳出示的方法，将能够反映同种信息的电子数据串联起来，形成一条完整的证据链，可更清晰直观地展示证据直接的关联，增强证据的说服力。

给予辩方获取和审查电子数据的权利和机会。去除电子数据“去电子化”开示的弊病不仅要开示原始的电子数据，还要充分开示相关电子数据。充分开示电子数据可以使辩方获取电子数据背后的信息，例如一些元数据信息或者数据指纹，这对于其提出有效质证的重要性不言而喻。[①] 可见，电子数据的最终目的不在于开示，而在于使辩方可以亲自接触原始电子数据，从而便于质证。

---

① 参见刘波：《电子数据鉴定意见质证难的破解之道》，载《重庆邮电大学学报（社会科学版）》2018年第1期。

2. 合法性与真实性并重的实质审查

对电子数据的实质审查包括合法性和真实性两个方面，合法性审查主要是从形式要件对电子数据进行审查，而真实性审查主要是从实质要件对电子数据进行审查。

第一，加强对电子数据的合法性审查。合法性审查包括合程序性和合正当性两个方面：合程序性主要集中在审查电子数据收集、提取、固定、冻结等程序是否符合法律规定；合正当性审查则关乎电子数据的非法证据排除问题，需要对法律所承载的人权保障等功能进行审查。① 电子数据的合程序性问题可以通过瑕疵证据补正规则弥补，则具有证据能力，但违反合正当性规则，电子数据则丧失证据能力。因此，法官在审查电子数据时尤其需要注意对电子数据合正当性的审查。合规范性审查是当前司法实践中的审查重点，而合正当性审查则处于薄弱地带，未来的合法性审查重点应以合正当性审查为核心展开，而在电子数据的搜查、扣押中易突破的一项正当权利是隐私权，有必要限制侦查机关取证的电子数据范围，建立起以关联性为判断标准的区分要件，并加强对侦查取证过程的监督。

第二，加强对电子数据的真实性审查。电子数据的真实性审查可分为三个层面，包括电子数据载体的真实性、自身的真实性以及包含内容的真实性。② 首先，从微观视角对数据三层面的审查进行解读。电子数据载体真实性的审查集中于其存储设备的同一性；电子数据的隐蔽性与高科技性决定了其易被篡改，数据自身真实性的审查则需要关注数据是否完整。侦查机关在查封、扣押相关电子数据时可通过直接审查方法检查，确保电子数据完整性。另外，也可以通过间接审查方法，对电子数据存储设备的正常运转形态以及系统的完整性检验确保其内部存储数据的完整性。③ 法院在审查电子数据真实性时，除了需关注侦查机关提交的上述材料，也应关注电子数据生成的辅助信息，包括电子数据生成以及修改时间、地点、环境以及经手人信息等；对电子数据包含内容的真实性审查则关乎电子数据的可靠性。法院在审查判断时应注重电子数据的内外部印证，判断其是否

① 参见褚福民：《电子证据真实性的三个层面——以刑事诉讼为例的分析》，载《诉讼法学、司法制度（人大复印）》2019 年第 1 期。

② 参见褚福民：《电子证据真实性的三个层面——以刑事诉讼为例的分析》，载《诉讼法学、司法制度（人大复印）》2019 年第 1 期。

③ 参见潘申明、万世界等：《电子数据审查判断与司法应用》，中国检察出版社 2017 年版，第 257 页。

存在逻辑上的矛盾，进而判断能否排除合理怀疑。其次，从宏观视角对电子数据三层面审查进行指导性建议。法官在审查电子数据真实性时，应根据三层面之间的逻辑关系建立起先后审查顺序规则，先审查电子数据载体的真实性，再是电子数据自身的真实性，最后是电子数据内容的真实性，同时应建立系统明确的审查规则。①

结 语

信息科技革命将我们带入了信息网络社会，网络犯罪正呈爆炸式增长态势。网络犯罪刑事治理成了重大课题。网络犯罪对象、后果等呈现海量化的趋势，其中以电信网络诈骗犯罪最为典型。综合认定法作为一种简化证明方法被应用到电信网络诈骗案件数额定量证明，并非就能一劳永逸地解决，更需要网络犯罪的刑事司法治理模式的建立仍需要理念与制度上的协同更新，深层次证明观念的转变以及相关配套措施、方法和制度的不断完善，包括但不限于抽样取证、底线证明方法、间接证据证明制度、法庭技术配套措施、专家辅助人制度、鉴定人出庭作证制度等构建与严格贯彻落实。同时定量证明也不应完全固守传统，而应顺应时代发展不断更新、改进和审慎进行，破解网络犯罪治理难题。

① 参见褚福民:《电子证据真实性的三个层面——以刑事诉讼为例的分析》，载《诉讼法学、司法制度(人大复印)》2019 年第 1 期。

第二部分 二等奖论文摘要

协同主义诉讼模式下类案释明回应的机制构建

朱鑫壤[*]　张　奎[**]

内容摘要：类案释明回应作为法官释明权在类案运用过程中的具体表现，为明确有效的诉求提出，构建平等的类案论辩，进而提高裁判结果的可接受度具有实质意义。这与协同主义诉讼模式强调通过法官与当事人之间的协作，共同发现案件事实、实质化解私权纠纷的目的一致。实证考察类案释明回应的司法实践运行现状，发现规范层面的规则指引缺位、认识层面的内在驱动不足、技术层面的客观障碍，一定程度上束缚了类案释明回应机制的质效发挥。基于协同主义诉讼模式的视角考量，本文提出应当将明确角色定位、实现良性互动、保障诉权行使，作为类案释明回应的理想路径。为适应公正司法的要求，构建回应型司法机制的现实需要，在厘定诉辩审三方角色定位、明确释明回应全流程贯通的前提下，围绕“提出类案——辩论类案——回应类案——判后释疑”四阶段，解析法官释明权的行使范围和侧重内容，构建类案释明回应的理想运行方式。

给“程序”瘦身：民事纠纷“另案处理”的规制路径

——以实质性化解纠纷为视角

樊思迪[***]　屈露露[****]　邱　江[*****]

内容摘要：司法实践中存在一些“另案处理”式裁判，即法官对当事人的部分诉讼请求不作出实体判决，而是告知其另案起诉。在某种程度上，“另案处理”裁判可以加快案件审理进程，但是无规制的“另案处理”裁判会导致当事人的诉累，造成“程序空转”，不利于纠纷的一次性解决及实质性化解。全文共分三部分。第一部分“另案处理”裁判的现状考察，选取全国法院 16 811 份民事判决书及 B 市法院 312 份民事判决书作为

---

* 作者单位：北京市第二中级人民法院。
** 作者单位：最高人民法院。
*** 作者单位：北京市第三中级人民法院。
**** 作者单位：北京市第三中级人民法院。
***** 作者单位：最高人民法院。

样本，从宏观层面和微观层面梳理分析“另案处理”式裁判的数量变化、案由分布、类型特征，力求描绘出“另案处理”式判决的现实图景。第二部分“另案处理”裁判存在问题分析，从理论研究薄弱、制度规范缺乏、司法能力不足三个角度对“另案处理”式判决存在较多的原因进行深入分析和论述。第三部分“另案处理”裁判的规制路径，借鉴域外国家相关制度的经验做法，在我国民事诉讼语境下，从厘清性质标准、实现审判权与诉权的动态平衡、完善裁判程序三个方面，探寻“另案处理”裁判方式的应然出路。

污染环境刑事附带民事公益诉讼程序的系统性检视与效能激活路径

石　魏[*]　马媛婧[**]　李　思[***]

内容摘要：污染环境刑事附带民事公益诉讼综合了性质迥异的刑事诉讼、民事诉讼和公益诉讼的要素、功能及程序要件，拓宽了我国对环境公益的保护渠道，但仍面临着起诉主体多元共治格局尚未形成、启动条件模糊不清、证明标准经纬不明、责任主体范围不一的四大异象。本文在深入剖析阻抑污染环境刑事附带民事公益诉讼程序功能发挥根源的基础上，以制度功能为引领，结合司法实践，提出激活污染环境刑事附带民事公益诉讼程序的体系化建议：一是形成检察机关为主导、社会组织积极参与的多元启动主体；二是从构成要素和限定因素正反两个维度明确启动条件；三是明确刑民参与主体的举证责任及证明标准；四是明确“一并裁决”模式下的多元责任承担主体。

*　作者单位：北京市东城区人民法院。

**　作者单位：北京市东城区人民法院。

***　作者单位：最高人民法院。

ChatGPT 生命全周期之安全风险及法律规制

——以内核优化外核规制为视角

石　魏* 　李　思** 　江珞伊***

内容摘要：ChatGPT 的横空出世标志着人工智能有了跨越式的发展。以大数据、强算法、大算力为基础的 ChatGPT，在高效形塑网络空间动态结构的生命全周期伴随着各种侵权犯罪隐患，基于总体国家安全观的统筹视域，围绕内核优化、外核规制的并行应对模式，在强化数据库、算法技术、运算规则、生成机制等内核机制的基础上，着眼于构建实体与程序相结合、刑事与民事相衔接的外核法律风险应对体系。民事方面，围绕责任承担主体、举证责任、证明标准、责任承担方式等多角度、多方面地构建应对路径；刑事方面，通过完善旧罪名、构建新罪名、强化前置法与专门法之间的衔接、完善刑罚制度等，提升 ChatGPT 规制的法治化水平及规范化程度。

直播带货虚假宣传行为责任认定的司法困境与完善

干潘亭****　张　锐*****

内容摘要："直播带货"作为数字经济的新模式、新业态，已经成为推动经济社会高质量发展的新引擎。传统模式中对虚假宣传行为责任认定的司法裁判标准，在直播带货模式下出现"水土不服"的现象，存在虚假宣传认定标准泛化、责任主体模糊的问题。通过分析，目前的直播带货模式可分为自营式、助营式和引流式，相关法律规制主要表现在对虚假宣传的认定、主体和责任三方面。在虚假宣传行为的认定标准上，通过区分"虚假"与"引人误解"、分析消极的"引人误解"，本文提出以"行为"确定实施主体、回归"引人误解"的核心要件和立足"一般消费者"后果

* 作者单位：北京市东城区人民法院。

** 作者单位：最高人民法院。

*** 作者单位：北京市第四中级人民法院。

**** 作者单位：北京市密云区人民法院。

***** 作者单位：最高人民法院。

要件的建议；在直播带货虚假宣传的责任承担方面，通过分析，明确主播、MCN 机构和平台的法律定位，本文建议强制主播进行“实质性关联”信息披露，依合作方式划分 MCN 机构主体责任，依参与行为规范平台法律义务。

合议庭内部业绩考核的理性思辨与机制构建
——以绩效评估三层次三核心为视角

梁代杰 * 史江伟 ** 陈 欢 ***

内容摘要：实践中，合议案件的业绩考核通常归于承办法官名下，合议庭其他法官的业绩考核呈现“从有到无”“各自为政”“少见寡闻”三种“隐形化”处理模式。该隐形化处理模式造成合议庭内部业绩考核困境。这种隐形化的处理机制无法匹配落实司法责任的要求，普通独任制下合议庭内部业绩考核存在契机。笔者认为，合议庭内部业绩考核实质是对合议庭法官的审判行为进行评价，可借鉴组织行为学中“绩效”的概念及绩效评估体系的理论，选择“庭审”“评议”两个合议庭关键事件以及“身份关系”这一合议庭特质构成三核心，加之三层次的贡献，组成合议庭内部业绩考核指标，并辅助三阶段的考核流程、两阶层的考核结果运用，构建合议庭内部业绩考核机制。

民事案件简式文书适用的现状审视和规则完善
——以基层法院为视角

王 硕 **** 王媛媛 ***** 慈映涵 ******

内容摘要：本文在从实践层面论证简式文书适用的现实需求，理论层面论证简式文书适用的合理性，时机层面论证完善简式文书适用规则恰当其时的基础上，确定简式文书适用应遵循正当性、最大化、协同性“三原

* 作者单位：最高人民法院。
** 作者单位：北京市高级人民法院。
*** 作者单位：北京市西城区人民法院。
**** 作者单位：最高人民法院。
***** 作者单位：北京市顺义区人民法院。
****** 作者单位：北京市顺义区人民法院。

则”，明确社会影响、案件本身、当事人三方面的判断因素，对简式文书适用案件范围进行清单化，明确三类简式文书适用的条件和建议适用的案件范围，并提出开展裁判文书繁简分流改革试点工作等一系列配套举措，通过完善简式文书的适用规则，进一步提升案件繁简分流效能。

展示与回应：刑事裁判文书援引法律学说的思辨与规范
——以构建“对话援引方式”为路径

周晨曦[*]　张子星[**]　黄　燕[***]

内容摘要：2018年6月1日最高人民法院出台了《关于加强和规范裁判文书释法说理的指导意见》。该指导意见第13条规定，法官可以援引“通行学术观点”作为辅助论据释法说理，以提高裁判结论的正当性和可接受性，为法官大胆援引法律学说释法说理提供了依据。本文对不同时段刑事裁判文书法律学说援引案件进行全国性、地方性大数据统计以及具体案例的归纳分析，检视当前我国刑事裁判文书援引法律学说的现状，发现存在援引不规范、法官主动援引少、援引未产生实质意义、对话参与度不高等问题。探索发现法律学说在刑事裁判文书的现实困境来源于援引对象难界定、法官对援引持保守态度、援引条件不明、援引规范缺失等四个方面的成因，并通过界定援引对象、厘清援引条件、构建“对话援引方式”来规范刑事裁判文书援引法律学说。

“撤销与许可执行之诉”的思辨及构建
——以规制被执行人恶意转让责任财产为视角

丁奕涵[****]

内容摘要：被执行人通过虚假离婚、借名登记、利用关联交易低价或者无偿转让等恶意方式转移财产以逃避执行，是影响债权人权益兑现及执行顺利进行的主要难题。就当前救济路径即撤销权诉讼之困境检视，理论

* 作者单位：最高人民法院。
** 作者单位：江西省奉新县人民法院。
*** 作者单位：江西省奉新县人民法院。
**** 作者单位：北京市大兴区人民法院。

层面，其面临给付功能定位不清、判项内容不明确之难题；司法实务层面，则存在与执行程序衔接不畅、时间成本高、落地困难等问题，运行效果不佳。就未来解决方案之选择，对撤销权诉讼的主要修正思路为“搭”主债权执行程序之“便车”、代位权撤销权诉讼合并进行、扩大法官释明权三种方案，均存在较大的现实障碍。本文分析了撤销与许可执行之诉为解决被执行人恶意转让责任财产困境的最优路径。制度定位上，其具备“撤销 + 给付”的双重功能；体系架构上，其与收取诉讼一同组成执行领域的债的保全体系；价值衡平上，其减轻了当事人诉累，利于债权人权益的真正落地，兼顾了公正与效率。需在“强制执行法”中以新增立法条款的形式明确规定该制度，以破解被执行人恶意转让责任财产的困境，确保债权人权益兑现。

消极确认之诉证明责任分配规则构建

——“规范说”在非常规诉讼逻辑中的分类适用与调适

周　珍[*]　毛金虎[**]

内容摘要：消极确认之诉呈现案件类型扩张和案件数量增长的双重趋势。基于对 519 案的归纳，发现非常规诉讼逻辑下的证明责任分配难题突出，缺乏有效统一的规则指引，裁判分歧严重。大陆法系国家和地区在消极确认之诉中确立了以“规范说”为基础的证明责任分配方法，规范说较之消极事实说、利益衡量说具有独特优势，在我国亦具有实体法与程序法的双重适用基础，以要件事实为证明核心更符合消极确认之诉的特殊诉讼逻辑，是该类案件证明责任分配的更优解。本文探索规范说在消极确认之诉中的分类适用方法，细化程序法和实体法视角下的证明责任分配规则，关注消极确认之诉的特殊诉讼逻辑，通过个案中主客观证明责任的合理分离、减轻当事人完成证明责任的难度、不负证明责任的当事人的事案解明义务、对方当事人的具体化义务等主观证明责任延伸方法对规范说的适用予以调适补漏，构建消极确认之诉证明责任分配的规范化路径，为类案裁判提供具体可行的适用规则。

* 作者单位：北京市第二中级人民法院。
** 作者单位：北京市第二中级人民法院。

全面注册制背景下上市挂牌公司未披露的对赌协议效力规则优化
——基于机构投资者、融资企业与公众投资者的利益平衡

李　雪[*]　孙　盈[**]　赵　桐[***]

内容摘要：以往关于与PE/VC签订的对赌协议之效力讨论，主要集中在非公众公司领域，缺少围绕上市挂牌公司进行的论述。然而，资本市场关于对赌协议有特殊的披露或清理要求，当公司违反上述规定时，被隐藏的对赌协议效力如何，实践中存在的分歧不应被忽视。尤其在以信息披露为核心的全面注册制背景下，对该问题的回答显得更为迫切。究其本质，是商事交易自由与社会公共秩序之间的利益博弈，是经济发展效率与社会成员公平之间的价值衡量。本文基于机构投资者、融资企业与公众投资者的利益平衡，对于效力认定，构建以禁止性规章作为引介的“两步走”判断方法，通过公序良俗条款实现公法对私法领域的适当干预。通过考察对赌条款的具体类型和实际影响，对效力认定进行类型化分析和精准化判断，并提出关于上市挂牌公司对赌协议效力规则的建议拟制条款，以期为全面注册制改革提供坚实的司法保障，维护金融交易的自由、效率与公平，树立资本市场的诚信风气。

指导性案例裁判理由的功能定位与编纂方法
——以增强案例适用性、指导性为目标

孙　盈[****]　李　杰[*****]　何　琴[******]

内容摘要：指导性案例的生命在于适用。案例指导制度是为统一法律适用而创设的司法类案适用制度。指导性案例的参照适用集中在裁判要点，但若把裁判要点当作如同抽象司法解释的一般规则对待，则会模糊指

*　作者单位：北京市第二中级人民法院。
**　作者单位：北京市第二中级人民法院。
***　作者单位：北京市第二中级人民法院。
****　作者单位：北京市第二中级人民法院。
*****　作者单位：北京市第二中级人民法院。
******　作者单位：北京市高级人民法院。

导性案例与司法解释的界限，案例指导制度的独特价值亦难以发挥。指导性案例之适用不等同于简单援用裁判要点，而是应从实质意义上进行相似性判断。指导性案例裁判理由可辅助裁判要点发挥作用，其主要功能是为类案判断提供比较基准，延伸功能是助力法官司法能力提升。就指导性案例的各要素关系而言，裁判理由是对裁判要点的形成和适用最为重要的部分，案例指导工作不能疏忽对裁判理由及其内容编纂的重视。指导性案例以母本文书为基础编纂而成，裁判理由编纂时应保持一定限度，在承袭母本文书与超越母本文书间保持平衡。指导性案例裁判理由的编纂应是整体性过程，应以有助于类案适用为目标，要立足争议焦点搭建推理结构，利用多种方法对裁判要点之合理性予以充分论证，以此提升指导性案例的适用性和指导性。

平台“违规用户处理规则”审查路径重构

葛媛媛*

内容摘要：平台依据“违规用户处理规则”对用户施以制裁而引发的冲突日益剧烈，但一些法院目前对此类规则的审查未能有效矫正双方业已失衡的权利义务关系。原因在于法院在平台自治与司法干预之间，面临审查理念、审查标准、审查强度三重困惑。欲解决上述困境，以权力视角重新审视平台规则是更为切中肯綮的方式。作为“私权力”主体，平台与用户存在权力势差，并借由“违规用户处理规则”行使“准处罚权”。基于此，法院应在公正司法引领下革新审查理念，拓展公私法协同审查工具，并从形式、实质、程序、强度四个层面重构审查路径：通过转换提示说明义务的审查视角实现形式控制，适用比例原则“三阶理论”优化实质控制，以正当程序原则规制平台不当行权，并在审查强度上综合考量平台“私权力”三重权源、处理措施对用户权益的影响程度、平台分级分类情况等，更好促进平台规则自我完善，保障平台经济创新活力。

* 作者单位：北京市第一中级人民法院。

劳动关系中算法性别歧视的现状检视与侵权救济

刘连康[*]　李彦宏[**]

内容摘要：人工智能时代，算法决策在劳动领域开启了新型的人力资源管理模式。在给用人单位及劳动者带来便利的同时，却也因其加剧了女性数字化生存的歧视风险而备受争议。劳动关系中算法性别歧视的认定关涉女性数字化权益、保护劳动者权益等核心命题，故本文尝试从算法性别歧视更具隐蔽性为切入点，提出具体的司法侵权救济路径。

行政赔偿案件财产损害事实证明责任规则完善研究

周　扬[***]　朱彬彬[****]

内容摘要：行政赔偿案件双方证据不足以证明财产损失的具体情况，导致损害事实真伪不明，系案件审理中的常见问题，此时法官需适用证明责任规则确定裁判结果。然而实践中法官在适用证明责任规则时存在证明责任主体、范围不明确，证明标准不统一，以酌定赔偿替代证明责任审查等问题。对此，应立足行政赔偿案件的特殊性，兼顾“监督行政机关依法行政”和“解决损害赔偿争议”两项价值，进一步明确行政赔偿案件“主客观证明责任”理论基础，完善行政赔偿案件败诉风险负担的基础证明责任规则，厘清证明责任规则和酌定赔偿规则在解决当事人举证不能问题上的作用顺序，明确“优势证据”及“明显优势证据”证明标准的适用对象，为法官适用证明责任规则审理行政赔偿案件指明路径，统一行政赔偿案件裁判尺度。

*　作者单位：北京市东城区人民法院。
**　作者单位：北京市东城区人民法院。
***　作者单位：北京市房山区人民法院。
****　作者单位：北京市第二中级人民法院。

执行异议中股权让与担保裁判的理性思辨与规则构建

张海波* 常　萌** 刘　泽***

内容摘要：在股权让与担保的框架下，因实际股东将股权变更登记在名义股东名下，股权归属外观与实质的不同，导致在执行领域产生了大量针对真实股权所有权的权益争夺。如公司债权人提起执行异议追加名义股东为被执行人、实际股东提起执行异议排除诉争股权强制执行、各方债权人提起执行异议争夺股权变价款。本文为解决因现行法不足造成的诸多纠纷，一是主张重塑股权让与担保下的名义股东追加程序，以此解决名义股东追加程序中的理论分歧；二是提出建立股权让与担保“登记生效”规则，以此解决股权让与担保在执行异议中股权归属认定不统一的问题；三是构建“三级信赖利益保护分级法”体系，以此解决司法实践中名义股东一般债权人与实际股东一般债权人申请强制执行时股权变价款分配难的问题。

以技术与法益的双重视角界分厘定破坏计算机信息系统罪

张　鹏**** 尹黎卉***** 李春华******

内容摘要：破坏计算机信息系统罪在司法实践中与其他相关罪名容易混淆，界分难点在于存在对“破坏”行为的认定易“泛化”、对“数据”的理解分歧大等问题，原因在于犯罪行为方式具有隐蔽性、复杂性，技术本质特征难挖掘等。新时代人民法院的刑事审判工作应当认真践行公正司法要求，一方面应用技术透视，抓住行为的“破坏性”程度这一关键点，找准“对通信协议进程产生实质影响”这一落脚点；另一方面应用法益分析，从法益保护的内容、范围、属性三个方面进行分析厘定，完善界分厘定规则，从而准确适用本罪与相近罪名。

* 作者单位：北京市丰台区人民法。
** 作者单位：北京市丰台区人民法。
*** 作者单位：北京市丰台区人民法。
**** 作者单位：北京市海淀区人民法院。
***** 作者单位：北京市海淀区人民法院。
****** 作者单位：北京市高级人民法院。

证券虚假陈述中会计师事务所侵权责任司法认定
——以“多因一果”的识别、界分与校准为视角

余周祺[*]　廖　钰[**]

内容摘要：与以单个侵权行为、单一时间、单个损失构建的传统侵权模式相比，证券虚假陈述责任纠纷中会计师事务所侵权责任具有鲜明的多因一果特点。该类责任中侵权主体交互多、时间跨度长、损失构成复杂，因果链条需要在更宽视域下进行识别。同时，会计师事务所工作具有核心基础性，涉及财务核心信息的调查、判断和表达，纵向贯穿证券发行、上市、交易和退市全过程，横向连接证券公司、律师事务所等其他证券中介机构，责任认定时需要对其特殊地位配比相应权重。目前，“部分比例连带法”渐成司法界的主流裁判方法，但其更多限于责任承担的“末端”分配，对于因果链条中“多因一果”识别、界分、校准没有更为直观、好用的分析框架。本文拟从“行为层面、行为内部”两个角度出发，就因果关系、过错程度和行为内容等方面，延展“部分比例连带法”的适用维度、形成全过程的裁判方法，以期统一裁判尺度，公正、高效维护证券市场各主体的合法权利。

行政裁决案件中变更判决的适用与规制
——以破解权属类纠纷“循环诉讼”怪圈为视角

王　芹[***]

内容摘要：健全行政裁决制度，完善矛盾纠纷多元化解机制，重点做好自然资源权属特别是土地权属争议行政裁决工作，是党中央全面推进依法治国重大战略部署的重要举措。行政裁决程序是土地山林权属诉讼的必经程序，就救济途径而言，对于行政裁决不服的，当事人应当按照法律的规定申请行政复议或者行政诉讼。本文从正、反两起典型权属类纠纷行政裁决案件的审理效果出发，对司法审查权属类行政裁决纠纷的现状进行

* 作者单位：北京市西城区人民法院。
** 作者单位：北京金融法院。
*** 作者单位：北京市延庆区人民法院。

分析，发现在司法实践中权属类行政裁决纠纷一定程度上存在程序空转、“循环诉讼”等问题，这不利于当事人之间纠纷的实质性化解。文章通过分析该类案件存在的“循环诉讼”的成因，结合行政审判理念现代化背景下行政纠纷实质性化解的要求，提出应当在行政裁决案件中赋予法院司法变更权，以减少当事人诉累，实现高效实质解纷的司法目标。同时，也提出法院在适用变更判决时要有一定的边界，并具体讨论了司法变更权的介入限度问题。

“三阶九步法”：民事案件适用习惯裁判的规程构建

毛 琳*

内容摘要：《民法典》第10条以法典形式明确了“习惯”可作为裁判依据予以适用的法源地位，但民事习惯司法适用却在实践中“遇冷”，其根源在于目前缺乏一套科学合理、可供操作的方法论指导，导致法官因把握不住适用标准而不当适用、隐性适用，为规避烦琐的论证负担和可能的错案责任而不愿适用、不敢适用。为进一步激活习惯法源条款，本文在对习惯进行类型化区分基础上，分“证明——审查——援引”共“三阶九步”探索民事习惯司法适用之道，以明确适用准入门槛、畅通查明路径、规范文本表达，其中每一步受阻均能随时终止司法适用进程，以在实现思考经济性的同时最大限度发挥习惯提升裁判“三个效果”的公正司法作用，助推习惯适用从“无序”走向“规范”、从“事实层面”走向“实践层面”。

不当酌定之实证演绎与矫正路径

——基于酌定裁量四要素与裁判文书论理互动关系的分析

李新亮** 刘 畅***

内容摘要：“以事实为依据，以法律为准绳”是法官裁判案件的基本遵循，然而司法实践中会遭遇法律及事实冲突，导致法定裁判结果的逻辑推导过程出现断层，出现案件搁置、裁判结果失衡等不当行使酌定裁量权

* 作者单位：北京市怀柔区人民法院。

** 作者单位：北京市大兴区人民法院。

*** 作者单位：天津市第二中级人民法院。

之情形，进而引发不良连锁效应。由于酌定裁量中，法官或囿于审判精力不足，或因酌定依据单薄淡化说理，造成酌定裁量偏差、论理失衡，致使裁量权运行失当。基于酌定裁量四要素与裁判文书论理互动关系，提出保障法官履职、引入评价和正向激励考核机制等制度保障，注重法律共同体的参与，实现自由裁量的过程规制，结合酌定裁量四要素搭建文书论理之架构，通过论理验证解决民事酌定裁量运行失范现象，实现规则运行与社会价值的良性互动。

从依附走向独立：刑事涉案财物处置程序的重构
——基于 738 件非法吸收公众存款罪案件的实证分析

常　燕* 　龙　立** 　雷天歌***

内容摘要：涉案财物处置是检验刑事司法实效的关键指标，也是衡量群众司法获得感的重要参考。虽然法律规范层面的刑事涉案财物处置规则不断优化完善，但是司法实践中检察机关起诉疏失、人民法院处置标准不统一、利害关系人救济不足等问题依然存在，伴随着涉案财物性质与权属认定的日趋复杂，财物处置程序的独立价值不断凸显。为寻求破解之策，应汲取刑事附带公益诉讼、刑事附带民事诉讼、违法所得没收程序的有益要素，探索将刑事涉案财物处置作为“对物之诉”从刑事“对人之诉”中抽离出来，将之作为一种具有独立价值的特别程序，通过明晰涉案财物审理的程序启动、审查受理、庭前准备、庭审结构、证明标准、救济程序等实质化要素，构建起涉案财物审理的完整程序规则，助推涉案财物处置在刑事诉讼全流程衔接的科学高效。

*　作者单位：北京市第二中级人民法院。
**　作者单位：北京市第二中级人民法院。
***　作者单位：天津市第二中级人民法院。

刑事证明四步法：印证证明的反思与重构

——以增强裁判文书说理的可接受性为视角

樊 仪[*] 付洪运[**]

内容摘要：印证证明是刑事领域的基本证明方法，裁判文书的“印证”与“说理”亦关系密切。但考察发现，刑事证明过于强调“印证”，忽视“说理”充分性，即“印证”在一定程度上架空或挤占了“说理”的空间。相应地，印证证明中忽视分析单个证据、忽视逻辑推论、忽视排除疑点的理论局限，反映到裁判文书中，出现了“弱化对证据本身的分析、弱化对证据到事实的推论、弱化对合理怀疑的排除”等说理问题。因此，应当针对性优化印证证明的证明路径，强化裁判文书“说理”充分性，具体以最佳解释为基点，以裁判文书的说理可接受性为目的，构造“构造叙事、分解推论、识别疑点、形成结论”的四步法则，细化从证据到事实的说理过程，强化司法公信力。

谁在制造不同：二审案件法律统一适用的制度经济学分析

侯华北[***] 杨学秋[****]

内容摘要：作为审级监督的关键一环，二审案件对建立统一法律适用秩序至关重要。通过引入制度经济学分析方法，萃取了建立法律统一适用秩序的关键性因素：信息的快速流动便于共识的达成、社会距离的缩短降低了异化识别成本、单位化延长了针对异议行为的惩罚力度。但二审案件法院的组织结构环境在一定程度上削弱了上述因素对法律统一适用秩序维护的功效。二审法院的法律统一适用约束完善路径可从以案件链为中心的信息平台建设入手，加速信息的快速流通；建设一审法院异议反馈通道，强化对二审法院的监督；通过增加针对个案类案不同判论证负担，提高“惩罚”程度。

* 作者单位：北京市门头沟区人民法院。
** 作者单位：天津市第三中级人民法院。
*** 作者单位：天津市滨海新区人民法院。
**** 作者单位：天津市第三中级人民法院。

电信网络诈骗“洗钱”帮助行为实务争议解决与类型化定性

刘晓霞 *

内容摘要：诈骗犯罪既遂时间理解不一、关联犯罪主观明知标准规定不明、支付结算外延界定不清，是电信网络诈骗“洗钱”帮助行为定性差异的主因。“占有说”解释诈骗既遂，较“失控说”，在行为结构、罪质特征、财产认定等方面具有优势，应当被肯定。主观明知认定的三种情况，即只知是违法犯罪且长期与境外组织联系或长期提供的“洗钱”帮助行为、对上游犯罪持放任态度的“洗钱”帮助行为和无事前通谋，但明知上游犯罪是电信网络诈骗的“洗钱”帮助行为，应以《最高人民法院、最高人民检察院、公安部关于办理电信网络诈骗等刑事案件适用法律若干问题的意见（二）》提出的综合标准认定之。行为人提供“刷脸”认证，解锁金融机构设置的安全测验，为信用卡实际操作者提供便利，发挥了代替信用卡“套装”的部分功能，应界定为“提供支付结算帮助”。从行为整体优化定性司法标准，帮助行为人主观分类、帮助行为与犯罪类型对应关系三个方面，类型化电信网络诈骗“洗钱”帮助行为定性。

金融合同背俗无效裁判思维之辨析与完善

——以“三个效果”有机统一为视角

马　捷 **　王丽英 ***

内容摘要：对违规金融合同进行效力审查，是法院在金融风险防范背景下，克服金融立法供给不足等缺陷而回应现实需求的典型表现，也是金融民商事审判集中体现“三个效果”有机统一的典型问题。随着实践发展，对监管政策考量的质疑有所弱化，但公序良俗概念不确定性所带来的问题以及实践中存在的理念、思维和具体衡量方面的不足仍应引起重视。本文以“三个效果”有机统一为视角，立足金融合同背俗无效认定的裁判困境，通过实证分析梳理突出问题，并以裁判思维模式为切入点，回归公

---

*　作者单位：河北省承德市鹰手营子矿区人民法院。

**　作者单位：河北省高级人民法院。

***　作者单位：北京市朝阳区人民法院。

序良俗和司法认定过程本源加以辨析，进而以行为、风险、利益为三个基点构建裁判思维体系，从判断标准、识别规则、衡量重心等角度构建基础规则，为此类案件裁判思维完善提供参考和进一步统合的可能。

平衡与保护：瑕疵股权受让人承担民事责任的裁判规则审视与重构

邢会丽* 徐 冲** 尚 飘***

内容摘要：司法实务中对于抽逃出资是否能够适用《最高人民法院关于适用〈中华人民共和国公司法〉若干问题的规定（三）》第18条要求受让人承担责任观点不一。“抽逃出资”与“未履行或者未全面履行出资义务”应属不同概念，直接适用该规定第18条规定要求抽逃出资股权的受让人承担责任实为不妥。本文通过对样本案例的分析，认为要求瑕疵股权受让人承担责任有理论基础，判断其是否应当承担责任的关键在于其受让股权时的主观状态，从而明晰瑕疵股权的概念，从构建受让人是否善意的识别规则，细化举证责任分配等角度提出相应建议，不断提升司法审判的质量、效率、效果。

互动评查：发改案件上下一体衔接机制的路径探析

——以S省实践为例

靳 超**** 薛思洋***** 刘冬梅******

内容摘要：全面准确落实司法责任制要求实现审判机制现代化，审判权运行要符合司法权判断权属性这一司法规律。新审判质量管理指标体系对于发改审理、考核、分析研判以及上诉案件上下一体衔接机制等工作都提出了更高的要求。本文通过对S省案件质量互动评查的实证分析，提出适宜推广的优化流程，认为互动评查机制的理论基础在于主体间性与交往

* 作者单位：河北省高级人民法院。

** 作者单位：北京市丰台区人民法院。

*** 作者单位：北京市丰台区人民法院。

**** 作者单位：山西省晋城市城区人民法院。

***** 作者单位：山西省太原市中级人民法院。

****** 作者单位：山西省高级人民法院。

理性，作为上诉案件上下一体衔接机制，具备树立公正司法理念、统一裁判尺度、强化释法说理、发挥审级职能、便于人才培养等多重功能。

我国数据跨境流动域外管辖问题及应对
——基于统筹推进国内法治和涉外法治的思考

刘　燕[*]　纪玉琳[**]　张亚婷[***]

内容摘要：数字经济飞速发展，数据跨境[①]行为与日俱增，一些国家通过实施数据领域的长臂管辖，实现对数据的掌控和利用。在数据跨境的实践中，我国逐渐暴露出域外管辖[②]的一些问题，如何应对数据跨境域外管辖中的各种威胁，值得探讨。本文第一部分从内部不足、外部威胁两部分展开讨论现有制度的问题；第二部分以问题为导向挖掘其背后存在的原因；第三部分以习近平法治思想为指导提出立法理念转变之必要性及渐进式路径并提出了立法原则；第四部分通过短期、中期、长期三个阶段分别论述了各阶段的司法、立法应对策略，以渐进形式推动构建数据跨境域外管辖“中国方案”，从而增强国际争端解决中的法治软实力。

何以“恶人先告状”：知识产权恶意诉讼中“恶意”的识别与认定

杨智勇[****]　叶何铭[*****]

内容摘要：知识产权恶意诉讼司法认定的关键及难点均在于“恶意”的判断，实践中恶意认定存在基本概念分歧、过错类型认定偏差、具体推

*　作者单位：内蒙古自治区高级人民法院。

**　作者单位：北京市东城区人民法院。

***　作者单位：北京市东城区人民法院。

①　一般将数据跨境理解为“数据从一法域被转移至另一法域的行为”或“跨越国界对存储在计算机中的机器可读数据进行处理”。

②　域外管辖可以理解为“一国在其境外行使主权权力或权威”。参见联合国大会第六十一届会议正式记录，补编第10号，A/61/10，第390页。域外管辖实际上不同于一般的管辖，不属于独立的管辖权，而是国家行使管辖权的一种具体方式，与一国国内法域外效力和域外适用密切相关。

****　作者单位：内蒙古自治区高级人民法院。

*****　作者单位：北京知识产权法院。

定规则失序等问题。为解决认定困境，将“恶意”在知识产权诉讼视域下进行特殊化解构，分为两个因素：认识因素为行为人明知无“诉的利益”，具体表述为“恶意利用知识产权合法权利外观与实质权利基础之间的空隙”和“恶意利用知识产权保护范围的模糊性”；意志因素为损害他人利益的不当动机，具体表达为“恶意利用知识产权特性及诉前禁令等程序‘以小博大’”。个案中对“恶意”的认定本质上是实证到心证的过程。在特殊化解构“恶意”的基础上应构建起整体认定框架，指导裁判者将纷繁的客观行为有序地纳入框架中进行认定。为此，必须明确“恶意”的核心判断事实为行为人“明知无事实和法律上的依据”，并围绕“是否明知无合法权利基础”和“是否明知无侵权事实”两方面提出了具体认定规则；以意志因素即不当动机的外化表现为边缘事实，补强认定核心事实的判断结论。最后，为警惕“恶意”不当泛化，通过坚持谦抑原则和诚实信用原则为指导、厘清认定误区、加强程序保障等手段，从另一角度为恶意认定划定边界。

论抵押房“带押过户”交易模式的实现障碍

张文夫[*] 李 欢[**]

内容摘要：较于传统的“解押过户”，“带押过户”有降低购房门槛、缩减购房周期、降低交易风险、提振市场信心的功能，因此中央和地方协同推进该政策落地执行。但是，该政策在《民法典》出台后始终未能规模性展开，原因在于银行的同意权以及与之相对应的限转约定登记带来的实践障碍。《民法典》第406条虽采取抵押财产自由转让的立场，但仍留有限制抵押财产转让约定除外的阙口，这与《自然资源部关于做好不动产抵押权登记工作的通知》《最高人民法院关于适用〈中华人民共和国民法典〉有关担保制度的解释》第43条关于限转约定登记后可以对抗抵押财产物权变动效力的规定相互加持，产生了“带押过户”物权变动与否仍归银行同意权支配的实践问题。因此，障碍消解方法应就此展开。

* 作者单位：辽宁省高级人民法院。
** 作者单位：中国政法大学。

探寻法律规范与社会期待的平衡
——类案同判的理论定位与实践反思

黄　聪*

内容摘要：法律的平等原则要求司法裁判能够保持一致性，尤其对于社会公众而言，类案是否能够同判成了评价当前司法制度最为易感的依据。然而从法律专业角度来考虑，类案能否同判需要衡量的因素不仅是案件的基本事实，还要综合衡量与之相关的法律规范与社会背景，这就有可能导致法官在依法裁判的前提下得出了不同的裁判结论。要理解这两者之间的分歧，首先，要能辨别出什么情形可以构成类案，这不仅涉及客观的事实认知还需要主观的法律评价，形式上的“类案”未必就能被归到同一法律关系。其次，类案为何应得到同判，它需要结合立法理念与当前的司法政策来分析，只有在此基础上才能恰当评价类案同判。最后，虽然类案同判对于实现法律统一、树立司法权威有着显性的表征作用，然而它并不是绝对的，尤其是与个案正义发生冲突时更要审慎对待。

以债权转让方式变更申请执行人司法审查制度反思与重构
——兼评《最高人民法院关于民事执行中变更、追加当事人若干问题的规定》第9条与“强制执行法（草案）”第21条

贾宏斌**

内容摘要：对以债权转让方式变更申请执行人的司法审查标准，存在注重效率的形式审查和追求公正的实质审查“以何为先”的认识分野，《最高人民法院关于民事执行中变更、追加当事人若干问题的规定》第9条规定的司法审查确认标准，侧重于执行效率优先的形式审查原则；而执行法院特别是中基层法院，一定程度上仍呈现坚持公正优先的实质审查原则，从严审查债权转让真实性和合法性，排除合理怀疑后方予确认的做法。两者在立论逻辑、实践路径、目标效果、举证证明责任分配等方面均

* 作者单位：辽宁省沈阳市和平区人民法院。
** 作者单位：辽宁省沈阳市中级人民法院。

存在差异。通过司法实践反思，重构以债权转让方式变更申请执行人审查审理标准，有助于维护当事人的诉讼权益，规范市场交易秩序，保障当事人的司法救济，杜绝虚假诉讼转移财产逃避执行。具体说来，改变现行司法解释形式审查执行异议复议程序单链条模式，建立区分金融机构和自然人作为申请主体并与之相对应的宽严相济审查标准，赋予异议当事人提起执行异议之诉的救济诉权，即形成以形式审查为原则，以实质审查为补充，以异议之诉为救济的债权转让变更申请执行人司法裁判新模式。

网络社会司法治理视域下的角色参与：人民法院网络司法信息传播力的现状检视与完善路径

林楠楠* 李　攀** 李　勇***

内容摘要：我国正处于网络经济蓬勃发展和网络传播迭代升级的重大历史时期，网络空间不再是“虚拟空间”，一个有别于传统社会的网络社会已形成。网络司法信息是人民法院面向网络社会成员表达立场、展示形象、输出文化和传递声音的重要载体，信息传播力的强弱直接决定被有效引导的受众人群基数，并反映出人民法院参与网络社会治理的实效。本文以人民法院现有网络新媒体矩阵中的网络司法信息传播力为研究对象，检视当前网络司法信息的传播现状，剖析影响网络司法信息传播的核心因素，并针对网络司法信息的生产、加工和传播模式进行靶向改造，促进司法信息在网络空间中快速、高效传播，进而提高人民法院在网络社会治理领域的话语权和影响力。

* 作者单位：吉林省高级人民法院。

** 作者单位：重庆两江新区（自贸区）人民法院。

*** 作者单位：重庆市长寿区人民法院。

新时代法官政治能力全链条提升体系构建
——基于实证调查与“胜任力模型”分析

周元卿[*]　李婧怡[**]　黄　玲[***]

内容摘要：法治工作是政治性很强的业务工作，也是业务性很强的政治工作。推进司法能力现代化，政治能力在“六大能力”中居于首位。在全面依法治国这场国家治理的深刻革命中，法官只有在执法办案中不断提升政治判断力、政治领悟力、政治执行力，才能实现案件办理“三个效果”的统一。本文基于对法官政治能力进行的宏观、中观、微观三层解构，以140份调查问卷进行实证研究，发现法官政治能力存在三项突出问题。基于组织行为学“胜任力模型”剖析影响法官政治能力实效的“三族群六要素”。为有效提升法官政治能力，本文设计自我修养和组织培养两条进路：从认知上，引导法官明确自身角色、能力标准和责任要求；从实践上，设计要素化清单、全流程规范和组合型输出模式，构建法官政治能力的全链条提升制度体系，为新时代新发展阶段司法审判工作储备长久动能。

虚假诉讼案外债权人救济程序之调和

李佳润[****]

内容摘要：经济动因常催生诉讼道德难题，虚假诉讼对案外债权人的损害更为显著。当前的四大救济机制存在适用障碍，有优化及调和之必要。第三人撤销之诉与再审各具特色，建议在扩大原告资格的同时，相辅相成。对于执行异议之诉，宜完善诉的合并制度，使受害人一并解决实体争议。对于另行起诉，应引入“既判力相对性”原则，借鉴“自然遮断理论”来替换前诉判决。在程序衔接方面，不宜约束第三人撤销之诉与再审的程序选择权。在撤销之诉结束后，可通过另诉来解决实体权利义务。随

---

*　作者单位：北京市海淀区人民法院。
**　作者单位：北京市海淀区人民法院。
***　作者单位：黑龙江省高级人民法院。
****　作者单位：黑龙江省高级人民法院。

着既判力相对性制度的日渐确立，可以采取自然遮断理论以另诉判决替换前诉判决。

“正常经营买受人规则”的法律适用研究

张旭泽 *

内容摘要：“正常经营买受人规则”中的“动产”仅限于“存货”且不包括机动车等特殊动产，界定正常经营活动，要从买卖双方的角度对交易行为进行实质判断，不可机械引用司法解释条文，但必须排除以物抵债、担保等行为适用该规则；买受人需支付合理价款并取得抵押财产，在以占有改定的方式进行交付时，必须同时满足买受人查询抵押登记且在交易前有效通知抵押权人的要求，否则不产生阻断抵押权的法律效果。此外适用该规则必须考量买受人的主观状态，但与善意取得中认定“善意”的标准不同，只有买受人明知交易行为损害抵押权时才认定为“恶意”，可引用第三人代为清偿或恶意串通的规定以排除“恶意”买受人适用本规则。

关联案件视域下实质解纷评价指标的适用需求与规则构建

孙宝光 **

内容摘要：对于基于同一法律关系而产生的关联类案进行质效评价时，现有指标体系无法将矛盾逐案转移、虚假结案与一案化解多案矛盾、后案解决先案争议等实质解纷情况进行有效区分，即在现有案件质量管理中存在着给予形式结案和实质解纷相同评价的考核困境。而在审判管理实践中，以实质解纷评价来衡量关联案件的审理质效，虽然能够进一步深入反映诉讼案件的审理质量，但其指标描述与既有体系中的他项数据具有部分功能重合性；同时，将实质解纷指标应用于审判实践，亦受限于当前的统计规则与检索技术而落地困难。在审判管理现代化建设议题下，应从明确质效指标的评价范围、清晰测算的统计标准和落实指标评价的成果转化等层面完善实质解纷指标的统计口径，并将之构筑为置于审判质效评价体

* 作者单位：黑龙江省高级人民法院。
** 作者单位：黑龙江省齐齐哈尔市龙沙区人民法院。

系之内的可操作考评方式。

反制裁诉讼受理规则的理论证成与规则设计
——以一起涉制裁案件的潜在衍生诉讼为切入点

杨　娴*

内容摘要：近年来，中央高度重视以法治推动涉外关系治理，运用法治手段开展国际斗争。党的二十大报告明确提出，“要健全反制裁、反干涉、反‘长臂管辖’机制”。《反外国制裁法》第12条在公法中设立了一种全新的私人诉权，亟待建立起具体的司法实施规则，当务之急即为案件的受理规则，在“立案”环节破除理论障碍、细化规则设计。司法实践中已出现涉制裁因素的潜在衍生诉讼，符合反制裁诉讼的基本形态。以此为切入点，在设计反制裁诉讼的受理规则时，应首先明确其在民法上的法理基础，当事人可提起违约之诉或侵权之诉。在管辖规则上以本次民事诉讼法修订为契机，利用“其他适当联系”填补反制裁诉讼管辖规则空白，并明确以部分中院集中管辖为原则的过渡性管辖规则。在受理模式上，宜将反制裁诉讼明确为直接起诉模式，注重就“歧视性限制措施”的解释和认定与行政机关建立适当的衔接和协调机制。

涉港澳区际平行诉讼的处理失衡与纠偏
——以“两便权重法”重塑协调体系为进路

刘子娴**

内容摘要：涉港澳特别行政区民商事纠纷中的区际平行诉讼是指同一争议同时在内地法院和港澳特别行政区法院分别诉讼从而造成管辖权冲突的现象。平行诉讼的处理作为此次《民事诉讼法》修改的亮点，不仅关乎司法资源的合理配置，更关系跨法域纠纷的公正高效解决。然而，部分法院在适用不方便法院原则等处理规则时存在处理态度不明确、利益保护倾斜、沟通协调欠缺的情形。对此，应从以下三个方面根据“两便权重法”

* 作者单位：上海海事法院。

** 作者单位：上海市第二中级人民法院。

重塑区际平行诉讼协调体系：一是区分一事两诉的主观动机，规制压迫纠缠型平行诉讼；二是建立便民和便审的双重考量标准，比较确定更适宜审理法院；三是采用合作协调冲突的方式，构建处理区际平行诉讼的司法协助机制。以期解决区际平行诉讼中当事人滥用起诉权的问题，推进涉港澳司法规则和机制的衔接。

司法程序空转的现象解析及其治理

叶　锋*

内容摘要：程序空转是对司法审判中出现的程序低效运转现象的概括提炼，需要运用具体的司法实践经验予以填充丰满。根据不同的判断基准，程序空转分为三个层级的类型，分别是一案多程序型和一案生多案型空转、程序内部型和程序流动型空转、法官引发型和当事人引发型空转。程序空转是由多种因素共同交织作用的结果，既有宏观社会环境背景、结构性制度约束等促进因素，也有法官、诉讼参与人等具体行动主体不同行为方式等直接原因。从法官技术理性的行为框架看，在案件处置中具体时空、情境消失了，法官囿于消极司法角色的定位，运用形式理性机械办案。从诉讼参与人司法认同的过程看，情感因素缺失，法官和当事人之间的协力不足。程序空转有效治理，需要把以往欠缺的时空、情感和协动要素纳入程序空间，坚持公司司法理念，整体把握案件纠纷时空脉络，推进法官与当事人良性互动，通过扩容诉讼程序、扩大释明范围、扩充程序体系联动“三扩”，推动纠纷“一揽子”解决、实质性化解。

诉前调解案件智能识别分流机制的审视与构建

——以S市J区法院四年诉前调解数据为样本

顾　全**　吴　晶***　孔　晨****

内容摘要：诉前调解作为基层矛盾纠纷源头化解的有力抓手，由于法

---

* 作者单位：上海市高级人民法院。

** 作者单位：上海市嘉定区人民法院。

*** 作者单位：上海市嘉定区人民法院。

**** 作者单位：上海市嘉定区人民法院。

律未提供明确规范指引，实践中存在功能异化、分层过滤失调、解纷成效失衡等困局。以实现诉前调解案件的智能分流为导向，探索数字时代案件智能化分流的运行逻辑与应用限度，本文基于司法大数据的分析挖掘，选取影响诉前调解成功率的案件特征，应用机器学习中的XGBoost算法构建诉前调解案件的智能分流模型。以算法为工具搭建司法大数据与实践应用的桥梁，完成案件智能分流模型的构建与初步应用，并延伸拓展智能分流的应用场域，提高诉前调解成功率，助力基层矛盾纠纷源头化解。

家事审判视域下居住权设立规则的检视与完善

王　伟*

内容摘要：《民法典》颁布已三年有余，居住权制度作为一项新设制度从应然变为实然。而无论是从居住权制度产生的基础，还是从现今的司法实践来看，居住权与婚姻家庭和继承都有密切联系，《民法典》实施后设立居住权的判决也集中在家事审判领域。本文通过对《民法典》实施后家事审判中的643个居住权案例进行筛选分析，揭示司法实践中存在的居住权规范能否溯及适用、居住权设立方式超出法律规定、居住权登记是否作为生效要件等居住权设立法律适用中的共性问题，并力图以解释论为基础，着重从功能主义释义层面，回归居住权设立的社会背景和立法目的，提出允许居住权规定个案溯及适用、增设法定居住权完善适用依据、通过法院裁判文书设立居住权、类型化居住权登记的法律效力等完善建议，以补阙居住权设立路径与法律适用的相关规则，赋予和规范法官结合个案因素考量的解释权，从而助推审判能力现代化。

区块链智能合约法律适用的问题解构与路径新探
——基于“三维度”视角分层研析

马晨贵**

内容摘要：区块链作为数字经济的重要底层支撑技术，其应用于合同

*　作者单位：上海市闵行区人民法院。
**　作者单位：上海市闵行区人民法院。

领域产生的区块链智能合约，具有不可逆、自动执行、去中心等传统合同所不具备的特征与优势，在提高交易效率、构建可信交易环境等方面具有广阔的应用前景。但作为全新的合同形态，囿于同传统合同制度的抵牾以及代码自治规制的缺陷等制约因素，其入法与落地实践还需细化规范。本文论证了区块链智能合约本质上属于法律合同，应受合同法律制度规制，再以公平与效率均衡理论为支撑，平衡合约的“契约恪守”与“私法自治”，同时借鉴域外做法，探索“强”“弱”不同模式下的对应监管路径，以“效用”为砝码，平抑合约的信用风险与操作风险。最后从公平与效率“均衡”、技治与法治“相融”、应然向实然“转化”这三大维度分层研析合约应用之困，建构区块链智能合约法律适用的鼎新之路，包括灵活适配传统合同法律制度、厘清合约自治与集中监管边界、探寻调控操作风险的最优解等，并以司法解释的形式进行呈现。

裁判“三个效果”相统一的经验尺度与制度约束

——以征收拆迁行政案件为视角

张　龑[*]　殷　勤[**]

内容摘要：实现裁判三个效果相统一，需要法官兼具技艺理性与司法智慧的输出，属于经验判断的范畴，但经验判断及其效果实现的开放性也会带来裁判结果的任意性和不确定性。地方法院法官审理征收拆迁案件还存在机械理解法条、放松合法性审查标准和就案办案的倾向，在回应地方政府核心关切的同时，对基本权利的保障不足。如何让开放的经验判断带来正确的裁判，需经由三个效果相统一的系统化思维、制度化约束和方法论指引，包括裁判依据的整全性、裁判视野的包容性、裁判方法的穿透性、裁判模式的回应性和裁判功能的终局性。行政诉讼应当形成整体性、一次性、实质性的争议解决模式，以此彰显对权利的有效保障、对权力的有效监督和法秩序统一。

* 作者单位：江苏省高级人民法院。

** 作者单位：江苏省南通市中级人民法院。

法定犯时代刑事司法“反常识化”的现象与破解路径
——“系统司法观”命题之提倡

陈　洁[*]　刘　琪[**]

内容摘要：法定犯时代已经到来并深刻影响社会的发展和进步。在法定犯时代，刑事司法呈现出“反常识化”情形，司法公信力建设面临巨大挑战。在法定犯时代，刑事司法“反常识化”主要表现为刑事司法对行政法规依赖程度较高、刑事审判中事实查明还不够以及法域交叉案件中处置方式的单一化倾向。在原因论上，主要存在法定犯行政化色彩加深、司法机关适用法律的保守等主客观因素。为有效破解法定犯时代的刑事裁判“反常识化”困境，应大力提倡“系统司法观”立场，强调刑事审判肩负社会治理功用，力求对法定犯的处理具备位阶思维，兼顾全法域立场，以穿透式思维和审慎原则反复求索客观事实，科学适用法律，实现案件处理达到法律效果、社会效果和政治效果的统一。

环境行政公益诉讼中“不履行法定职责”的司法审查与裁判研究

朱晓军[***]　顾　倩[****]

内容摘要：“不履行法定职责”的判断与认定，是环境行政公益诉讼中法院司法审查的难点堵点问题，有必要加以研究。论文首先通过数据统计和案例分析，提出所要研究问题。其次阐述“不履行法定职责”在审查标准、要件性质和实践认定上的争议困境。最后，从规范审查标准、统一裁判规则和推进机制创新等三个方面提出完善路径。在完善路径上具体建议，对“不履行法定职责”审查，适用综合性司法审查标准；“不履行法定职责”要件不成立的，实体判决驳回检察机关诉讼请求；行刑交叉案件可判决行政机关履职组织代为履行；完善环境行政公益诉讼审判专门化专业化机制。

*　作者单位：江苏省苏州工业园区人民法院。
**　作者单位：江苏省苏州工业园区人民法院。
***　作者单位：江苏省扬中市人民法院。
****　作者单位：江苏省扬中市人民法院。

公益诉讼刑民行三合一审理程序之建构
——以环境公益诉讼为视角

徐力英* 吴佳乐** 刘春燕***

内容摘要：环境公益诉讼中，刑事附带民事公益诉讼以及行政附带民事公益诉讼均已有相应的法律规范和实践运作，而刑、民、行三审合一模式虽然早在2013年便开始提出，但是当前的司法实践中只是将有关环境资源案件简单合并，由同一审判庭审理，并没有实现诉讼程序的实质整合。尤其是行政诉讼与刑事诉讼是否可以合并审理、是否有合并审理的法律依据及必要性、如何合并等均存在较大争议。本文通过梳理当前环境公益诉讼三审合一形合实不合的现状，依据公益最大化原则、共同诉讼原理以及判决的确定性等法理基础，基于司法资源的节约与诉讼成本的减少来达到提高诉讼效率的现实需求，提出因同一事实引发的环境资源公益诉讼中将刑事、行政及民事诉讼真正合并在一个审理程序中解决，以协同原则为基础，构建环境公益诉讼"一元启动、三诉合并、共同审理"的审理程序，对环境公益的整体救济提出新的实践模型。

裁判结果与裁判效果统一的实现路径
——兼论"三个效果"有机统一的裁判方式与思维模式

陈伟科****

内容摘要：在社会转型加剧与司法能力现代化要求越来越高的时代背景下，疑难案件不断涌现，司法裁判的正当性和可接受性备受考验也极具挑战。如何提高司法裁判结果的可接受性，增强民众对司法裁判的信任感和满意度是当前所面临的一大难题。本文从历年来的经典案例切入，着重分析了导致裁判效果不佳的三种主要类型，即司法认知、司法逻辑及司法技术中制约社会信任的原因。在此基础上，通过宏观与微观两个层面，

* 作者单位：浙江省宁波市鄞州区人民法院。

** 作者单位：浙江省宁波市鄞州区人民法院。

*** 作者单位：浙江省宁波市鄞州区人民法院。

**** 作者单位：浙江省台州市椒江区人民法院。

对赢得民众普遍赞誉的三个效果有机统一的经典裁判方法进行解构，从中汲取值得借鉴的经验并总结规律；对建构三个效果有机统一的思维模式进行多视角、多维度的分析、整合，最后提出三个效果有机统一的检验路径。

司法何以确认：调解协议审查检视与虚假风险防范机制构建

唐　甜*

内容摘要：司法确认制度作为诉前调解制度的有效衔接，在实现高效经济解纷、缓解司法资源之紧张上具有不可替代的功能。然而当前存在不诚信诉讼行为、虚假司法确认问题。该问题的产生既有制度层面指引规范的失灵，也有主体意识、行为能力脱嵌的缘故。但问题的核心在于公正与效率统一的认识偏差与实践脱轨。要确保司法确认制度更强的生命力，必须面对现实不断完善和调整。要在公正与效率原则指导下，建立形式审查为主、实质审查为辅的审查标准，并通过加强诚信引导与智能识别系统建设、建立勤勉履职监管体系、落实严格责任追究制度，构建起虚假司法确认风险防范的铜墙铁壁。这亦是确保司法权威与公信力的现实需要和必然要求。

顾此不能失彼：如何实质性解决行政争议

——基于规范主义与结果主义的实践与思考

陈　斯**　宋　燕***

内容摘要：本文从近年来人民法院发布的实质性解决行政争议典型案例入手，经过分析归纳出当前理解及践行该审判理念的模式可以划分为两种：规范主义和结果主义。规范主义思路为“尊重既定法定秩序＋行政行为合法性审查”，结果主义思路为“追求争议事实终结＋当事人实质诉求”。两者在理念、操作方面存在一定的关联，且有各自的优势和不足。本文通过案例分析比较分析这两种主义形成的原因、特点和差异，以及存

---

*　作者单位：浙江省绍兴市柯桥区人民法院。

**　作者单位：浙江省绍兴市上虞区人民法院。

***　作者单位：浙江省绍兴市上虞区人民法院。

在的困境，最终在规范主义的模式上提出建议。相较而言，规范主义坚持在法律框架内落实实质性解决行政争议的审判理念，更符合当下建设法治国家的要求，也更符合既有的审判经验，而结果主义有时候一味追求稳定的结果必然导致诸多问题。实质性解决行政争议作为当下整体环境所倡导的审判理念，无论何种纠纷解决方式都应当纳入现行法律秩序进行操作，因此在实践中有必要进一步明确司法理念，完善行政审判制度和审判方式，完善考评和辅助化解机制。

商标恶意诉讼损害赔偿的规则构建及制度探索
——以平衡法益救济与秩序维护为视角

卞岩岩* 刘晓慧**

内容摘要："因恶意提起知识产权诉讼损害责任纠纷"案由设立已久，现行法未正式将其纳入侵权范畴，也未结合商标领域的特殊性予以独立规范，以至于在商标恶意诉讼损害赔偿案件中出现法概念界定模糊、法规范援引不足、法效果体系不明的适用困境。本文深挖比较法经验，结合我国现行规范及实践资源，提出商标恶意诉讼损害赔偿应当坚持"法益救济"与"秩序维护"的价值原则、"审慎认定"与"严厉打击"的认定原则、"市场原则"与"比例原则"的赔偿原则。在实体上，厘清商标恶意诉讼损害赔偿的三重递进逻辑。在程序上，对启动要素进行了概要性设计，并调整证据收集规则和证明标准适用。在衔接机制上，提出建立商标权效力的司法审查及商标无效案件联络机制，力求形成较为完备的损害赔偿制度框架。

理清与构建：行政赔偿中直接损失赔偿标准的再考量
——以法解释学为视角

沙娟娟***

内容摘要：2022年《最高人民法院关于审理行政赔偿案件若干问题的

* 作者单位：安徽省亳州市中级人民法院。

** 作者单位：安徽省亳州市中级人民法院。

*** 作者单位：安徽省芜湖市繁昌区人民法院。

规定》以列举方式对行政赔偿直接损失赔偿范围进行了扩展，但必得利益损失等间接损失是否纳入赔偿范围并未回答。本文基于立法、实践两维度探寻出“赔偿范围不断扩大”的突破信号，通过分析赔偿标准设立的立法理念及适用困境，指明赔偿标准继续合理提高的发展趋势。在分析重新厘定行政赔偿标准正当性的前提下，提出在现有法律框架下通过法解释学方法重新解释“直接损失”赔偿标准的稳妥方案，并在新拟考量因素以及合理扩张原则指引下，构建包括必然可得利益等合理损失的“直接损失”赔偿范畴。通过相对“平和”之策最大限度实现行政赔偿标准理论上的自洽与事实上受害人范围的融合，也找寻到遵循现有法律规定和扩大相对人财产权益保护之间的平衡。

民事诉讼依职权移送管辖制度的现状审视与完善路径

——以基层法院的司法实践为视角

张慧子*

内容摘要：我国民事诉讼法中规定了依职权移送管辖的适用情形，但司法实践中仍存在适用法律错误及滥用该制度的情形。本文基于笔者近年来在基层法院从事民事审判一线工作的实践经验和心得为基础，全面整理民事诉讼中的依职权移送管辖制度在目前司法实践中普遍存在的问题，以依职权移送管辖制度背后保护的法益作为价值导向，依据相关的学术观点、指导性案例的做法、最高人民法院的司法观点及相关文献资料，再结合自己的理论创新，提出可行性的建议，以期能够使依职权移送管辖制度的运行更加流畅、完善，避免程序空转，提高审判效率，从而推进其立法宗旨进一步地实现，给人民群众带来更加公正、权威的司法感受。

* 作者单位：安徽省利辛县人民法院。

功能主义释意模式下居住权裁判的逻辑证成与规则续造
——兼论民法典居住权之人役权属性向度

桂月亮* 陈 刚**

内容摘要：在人役权属性之下，居住权对具有婚姻家庭关系等的特定人无偿设定权益，权利存续期限一般为自然人的生存期间，同时具有不可转让和不可处分性。居住权的人身专属性体现为不得转计、继承，允许居住权有偿设立并非否定其人役性。通过权能结构嬗变、裁判结果偏歧、强制执行难题角度实证透视居住权司法实务样态，结合居住权的权利发生规则、行使规则、权利消灭规则等，提出权利冲突衔接中的保护顺位关系、裁判规则重塑中的归纳生成机制、强制执行排除中的利益平衡调适等优化进路，促进居住权制度保障功能的实现。

预查封商品房在执行中的利益冲突与实质化解
——以《最高人民法院关于商品房消费者权利保护问题的批复》为视角

盛亮亮*** 薛 伟**** 庞 娟*****

内容摘要：《最高人民法院关于商品房消费者权利保护问题的批复》背景下，当购房人作为被执行人时，对预查封商品房的执行将面对复杂的法律关系、繁多的执行程序以及冲突的利益关系。执行中需要做到厘清执行程序、明确法律适用、平衡各方利益，才能实现案件执行的公平、公正和效率。本文按照以下四个方面探讨预查封商品房的执行路径：一是实践考察，通过交易背景和案例，揭示预查封商品房执行所面临的困境。二是分析问题，提炼出执行中路径受阻、执行中优先权灭失、执行中权利对抗、执行中分配不清的难题，分析其背后成因。三是提出策略，通过厘清

* 作者单位：安徽省马鞍山市雨山区人民法院。
** 作者单位：安徽省马鞍山市中级人民法院。
*** 作者单位：安徽省涡阳县人民法院。
**** 作者单位：安徽省涡阳县人民法院。
***** 作者单位：安徽省涡阳县人民法院。

预查封商品房的路径转换、限制商品房买卖合同的解除、涤除抵押权和建设工程价款优先受偿权三种方式，解决房产的处置问题。四是分配案款，在房产处置完成的基础上，明确清偿对象与顺序，根据不同情况提出两种分配方式，完成最后执行工作。

需求和回应：股东债权劣后清偿规则的本土化建构

冯韵东 *

内容摘要：本文运用比较、历史研究法和案例分析法对域外两大法系相关制度进行深挖，对其制度中具有普遍适用性质的法理和范式进行了提炼。而后对股东债权劣后清偿规则的深层逻辑进行了探究，对该规则的功能、价值和本土意义进行了论证。最后，对股东贷款劣后清偿规则进行了本土化构建，对适用主体进行了内涵和外延界定，设计了递进双层客体集焦认定模式、类型并弹性化判断标准“情形菜单”，建立了操作流程图，以应对司法实践挑战。

检视与回归：商标侵权纠纷中合法来源抗辩的审查与认定
——以裁判文书网 185 份判决为样本分析

肖　珍 **

内容摘要：当前，被法院审查与认定合法来源抗辩事由成立的案件数量明显偏少，合法来源抗辩司法认定标准不统一。集中表现在商标权利人和销售者举证责任分配不统一，合法来源抗辩成立的证明标准问题不清晰，销售者合理注意义务审查判断不明确等。为解决审判实践中的困惑和难题，便于法官在具体案件审理中的判断和操作，设计了合法来源抗辩事由认定的具体流程，确立销售者对合法来源抗辩事由中主观“不知道”承担举证责任的举证规则，明确对销售者“知道”的认定标准要结合“故意”和“过失”两类主观状态进行判断。上述审查与认定的标准确定以期达到实现合法来辩抗辩制度的价值追求，为权利人和销售者寻找利益平衡

*　作者单位：安徽省芜湖市鸠江区人民法院。
**　作者单位：安徽省芜湖市中级人民法院。

点，有助于达成司法公正与效率的平衡，为商标侵权纠纷中合法来源抗辩司法认定提供一种新的路径。

困境与纾解：诉前调解中无争议事实记载机制的路径完善

王　蔓[*]

内容摘要：无争议事实记载机制可以将诉前调解过程中产生的成果有效保留，并运用于诉讼中，减少当事人在诉讼中的对抗性，不仅能够提高司法效率，还能促使纠纷更好地化解。目前，最高人民法院的司法指导文件对该机制的规定较为笼统，地方各级法院出台的试行文件又各行其是，导致实践运行中出现了困境。为此，笔者以适用该机制的裁判文书以及地方各级法院针对该机制出台的试行文件为样本，研究该机制实践运行中的整体状况、实践难点，进而剖析问题根源。再通过对该机制需要衡平的价值进行分析（公正与效率统一、遵循程序原则与尊重合意原则相统一）并对无争议事实的法律性质属于证据契约中的自白契约进行定性，进而从界定要素（明确无争议事实记载机制的构成要素）、抓好前端（提升无争议事实记载的质量）、严格审查（确保无争议事实记载的真实合法）、实行奖惩（促进无争议事实记载机制的规范化）四个方面完善该机制。

个人执行不能案件有序退出的路径优化
——基于 × 市样本数据和试点地区个债清理模式分析

陈　曦[**]　陈真炎[***]

内容摘要：在个人执行不能制约人民法院执行工作成效，以及我国“个人破产法”尚处于理论研究的现实情境下，个人债务集中清理程序为实现个人执行不能有序退出提供了有效的路径选择。但浙江温州、江苏吴江、四川宜宾等地推行的个人债务集中清理程序，存在适用主体范围和认定标准不统一、启动程序方式单一、管理人定位与授权不明等方面的不足，一定程度上制约了债务清理的功能发挥。本文以实证分析为基础，提

*　作者单位：安徽省霍山县人民法院。

**　作者单位：安徽省宣城市中级人民法院。

***　作者单位：安徽省宣城市宣州区人民法院。

出个债清理应同时适用自然人、非法人主体以及消费之债、经营之债等多种债务类型；在启动方式上，主张既可以由债权人、债务人申请启动，又可以由执行部门决定启动；在程序运行上，通过明确的授权使管理人行使职责更加主动和高效，并提出对不同意愿的债权人分类表决；加之严格的财产调查和免责控制，以期实现个人债务集中清理程序的优化和完善。

总体国家安全观下洗钱罪主观要件认定的裁判路径
——以提升裁判可接受性和综合型证明模式为进路

王信托*　李小龙**

内容摘要：在“零口供”情况下洗钱罪主观要件的认定是当前面临的最棘手问题。首先，在分析主观要件认定困境及根源的基础上，对主观要件内涵进行厘定，明确主观认识状况包括“知道必然是”和“知道可能是”七类上游犯罪所得及其收益。其次，提出洗钱罪主观要件认定的目标定位在于最大限度提升司法裁判的“可接受性”，并提倡运用“综合型证明模式”，通过最佳解释推理、组织论辩对话，作出令人信服且具可接受性裁判。最后，在“可接受性”目标指引下，遵循“综合证明”实践原理，通过“前提论证”“结论论证”“反——反驳论证”等三个步骤的论证，系统构建出总体国家安全观下洗钱罪主观要件认定的裁判路径。

“枫桥经验”视域下农村相邻关系纠纷化解难题的破解之道
——以乡土资源融入乡村治理为切入点

杨玲娥***　庄慧虹****

内容摘要：农村相邻关系纠纷是当前司法裁判的难点，亦是乡村治理的痛点。本文将以乡土资源融入乡村治理为切入点，以100份农村相邻关系的裁判文书作为分析样本，剖析农村相邻关系纠纷的审理现状，探寻农村相邻关系矛盾化解僵局，试从程序上的诉前调解、诉中调解、诉后回

* 作者单位：福建省福州市中级人民法院。
** 作者单位：福建省福州市中级人民法院。
*** 作者单位：福建省南安市人民法院。
**** 作者单位：福建省南安市人民法院。

访、执行和解等层面及实体上的原则适用、习惯适用等层面出发，结合当前社会从熟人社会向半熟人社会转变的现状，优化、吸纳农村“乡贤”“耄老”等乡土社会优质力量，协同、融合法庭与村、镇、市的各层级、各部门资源，借力互联网发展的平台，构建诉前调解对接App平台，探究“枫桥经验”下化解农村相邻关系矛盾难题的破解之道，依靠群众，坚持双赢多赢共赢理念，将矛盾化解在基层，筑牢基层治理的“桥头堡”，实现社会治理的共建共治共享。

从孤岛到弥合：预重整制度的程序优化与规则新构

王丽菊*

内容摘要：预重整法律制度不仅是《企业破产法》修订的重要议题，而且是当前司法实务中的前沿热点问题，还是“公正与效率”在破产领域能否践行的关键环节。本文立足当前破产法体系下重整制度规范现状，回溯预重整制度价值本源，思辨预重整法律定性和司法机关在“私法程序”与“司法程序”融合时的角色定位，并在“社会本位”视角下厘清预重整适用实践中的基础性问题，建构一种可以“按图索骥”的简明、要素式规则，提出修改建议稿，优化机制与路径，希冀对正在修订的《企业破产法》关于预重整法律制度的建构有所裨益。

股权代持效力认定的实证考察与规则重构

汪女需**

内容摘要：股权代持是传统资本投资方式的一种异化形态，其繁盛于当下金融创新，并与公司法人及法律安排中的受益所有权有着内源性的逻辑联结。实务中，股权代持效力认定不仅关乎实际出资人和代持人双方的利益，也是处理后续一系列问题的基础，但现有法律对其规定有所欠缺，且存在不同法律位阶适用上的难题。以“公序良俗”条款否定违规股权代持效力成为当前主要裁判倾向，公法领域的监管规章通过该条款渗入私法

* 作者单位：福建省厦门市中级人民法院。
** 作者单位：福建省福州市中级人民法院。

领域而拥有对合同效力的影响力。为此，本文从实务中696份裁判文书出发，调研梳理股权代持效力认定在司法层面的争点，通过对既有裁判立场的归纳和反思，提出应采用利益衡量方法对股权代持效力认定中涉及的私法利益和公法利益进行比较，以确定利益保护的优先次序，并在比例原则的指导下对影响股权代持效力判定的因素进行考量。在具体规则构建上，对合法有效的股权代持行为应当充分尊重和保护，对违反监管规则的股权代持行为应坚持穿透式审判思维，对适用“公序良俗”等条款否定合同效力的无效事由需由裁判者进行充分的说理论证，在立法上可寻求填补《公司法》相关规则的空白，在制度保障上建议完善金融登记管理制度，最终实现整体规则的探索与重塑。

超越个案：行政诉讼中“参照规章”的实践演绎与论证路径

王锦熙[*]　林秋萍[**]

内容摘要：1989年《行政诉讼法》创设出“参照规章”这一独特提法，几经调整后仍保留相关条款，但如何“参照”却始终未能形成规范。本文以法教义学切入，梳理了“参照规章”的法律规范渊源，厘清“参照规章”的内涵，在分析“参照规章”司法现状的基础上，归纳当前已形成的有益经验和存在问题，就实质论证薄弱问题，区分重复性规章、细则性规章和创制性规章三种不同类型分别提出“合法有效”论证的思维和路径，以期为司法实践提供理论支持和操作指引。同时为应对违法规章持续侵害潜在相对人合法权益的问题，提出立法上设立案涉规章相关条款的“冷冻期”制度。

*　作者单位：福建省宁德市蕉城区人民法院。
**　作者单位：福建省宁德市蕉城区人民法院。

审视与优化：行政指导性案例司法适用的实践困境与路径探寻

——基于513件援引行政指导性案例的分析

甘岚儒[*]　章　龑[**]　周　钊[***]

内容摘要：从2011年至今，指导性案例制度在我国已实施十余年，指导性案例在总结审判经验、指导审判、提升司法能力方面发挥着不可替代的作用。理论界和实务界对指导性案例制度的关注程度也不断升温，但由于指导性案例的规范援引制度尚欠完善，行政指导性案例的援引仍不规范，学术界现对行政指导性案例的实证研究也较少。因此，有必要对行政指导性案例的适用现状进行考察，分析制约行政指导性案例制度适用的瓶颈，明确行政指导性案例法源地位，以关键性事实、裁判规则的双重对比、综合情势的权衡实现案件相似性判断，建立行政指导性案例制度的功能增值应用机制。以期待行政指导性案例的准确适用，实现案例制度的“泯法律见解之分歧，保裁判效力之尊严”之根本目的。

行政滥诉风险防范与实质化解：话语转换与程序构建

喻德红[****]　洪发胜[*****]

内容摘要：立案登记制改革以来，一直存在滥用行政诉权的现象。尽管对“滥诉”行为危害性的认识趋于统一，但关于概念、逻辑及基础理论的争议，导致行政滥诉行为界定难、规制手段适用难。从落实“抓前端、治未病”理念以及实质性化解行政争议角度出发，治理滥诉有必要从“规制滥诉”迈向“防范化解滥诉风险”。通过分析J省193名当事人提起的2616件一审行政诉讼案件，归纳滥诉风险案件所涉及的核心争议包括职业打假类、批量式行政处罚类、信访类、民事纠纷衍生类、征收拆迁类、其

* 作者单位：江西省奉新县人民法院。

** 作者单位：江西省奉新县人民法院。

*** 作者单位：江西省宜春市袁州区人民法院。

**** 作者单位：江西省高级人民法院。

***** 作者单位：江西省高级人民法院。

他实体类等类型。不同类型案件在上诉率、裁驳率、败诉率、化解率等审判指标上呈现出不同特征。经过对衍生行政滥诉风险的制度因素进行溯源后，提出了防范化解行政滥诉风险的路径：一是构建行政滥诉风险甄别及预警程序；二是构建以审判流程为视角的多元化解程序；三是构建核心争议类型化处置程序；四是构建行政滥诉行为的惩处程序。

法官裁量权应对非谦抑性民事检察监督权的策略研究
——以共同维护司法公平正义为视角

冷喜娜[*]

内容摘要：随着《民事诉讼法》修改，我国检察权逐渐扩展至民事诉讼全过程，民事检察权与审判权矛盾加剧。本文以两者冲突为契机，在梳理272篇民事再审案件基础上，归纳出检察院监督裁量权的四种表现形式，从民事检察监督功能定位及现有规范出发，探讨其应严格限制在“确有错误”的判决、裁定范围内。立足于法检两院共同的政治责任和法治责任，本文认为可构建法检协同监督模式，强化法检沟通，民事检察监督应明确权力范围和边界，细化裁量权“行使失当”类别及标准，法院则应加大对裁量权规范力度，共同促进司法公正和法治进步。

揭开“样板公证”面纱：足以推翻公证证明的司法认定
——以知产纠纷中购物保全公证为分析视角

陈　苏[**]　黄　毅[***]

内容摘要：我国法律及相关规定仅规定了公证证明的反证需达到“有相反证据足以推翻”的程度，但怎么才能达到“足以推翻”的程度，却没有明确，这使得司法实践中在认定反证是否“足以推翻”时出现了证明标准适用混乱、证明责任分配不当等情形。因法条释义的理解偏差、证明标准的混淆适用以及公证证明内部证立标准的比对偏差，导致对公证证明反证的认定脱离了一般证据认定规则。本文通过厘清法条释义，确定公证证

*　作者单位：江西省九江市中级人民法院。
**　作者单位：江西省萍乡市中级人民法院。
***　作者单位：江西省萍乡市中级人民法院。

明反证的两步法适用规则，结合刻度盘理论对证明标准的适用进行量化，以侵权事实构成要件为切入点，通过机制设置间接制约法官内心确信的适用，促使法官科学运用审判权，以期为司法实务中“足以推翻”的认定提供参考性思路。

解除被执行单位法定代表人限制消费机制的困境审视与调适路径

——以代表能力的真实性为视角

占子明*

内容摘要：通过对被执行单位法定代表人限制消费措施（以下简称“限消”），督促被执行单位履行生效判决，能有助于化解“执行难”问题。鉴于商事环境的复杂多变，被执行单位法定代表人时有变更，变更后原法定代表人申请解除“限消”与日俱增。实践中，“限消”解除机制的运行并未与理论预设一致，是否解除呈现较大差异。要准确理解和适用解除“限消”的规范条件，应回归“限消”的规范目的，在确定解释依据、形成解释结论和明确解释路径的基础上，围绕被执行单位法定代表人的真实代表能力，宏观上应在重申“限消”救济程序及其独立性的基础上，引入言词审查方式和进行真实代表能力的层级穿透审查，并在微观上明确经营管理需要、实际控制人和影响债务履行的直接责任人员的审查标准，实现审查的合理和可接受性。

论网络犯罪海量待证事实要素的整体认定法

易志鑫**

内容摘要：信息技术的聚合效应使得网络犯罪待证事实要素海量化，影响着严格印证证明的具体展开，以传统犯罪为蓝本而设计的“一事一证”精准司法模式并不适合网络犯罪。对此，司法解释明确整体认定法，以“整体印证结合推理”为主要适用进路，强化综合形成心证，在不降低

* 作者单位：南昌铁路运输中级法院。
** 作者单位：山东省济南市中级人民法院。

证明标准的前提下，突出间接证据定案与主观逻辑推理，转变以高度精准印证为追求的证明方法。在功能上，方法代表着微观层面上的司法工作现代化，推动网络犯罪治理；在具体内容上，电子数据等间接证据处于证明核心地位，犯罪危害结果等统合全部结果要素，辅以抽样验证进行概括式认定，最终以“排除合理怀疑”为审查标准。

行政协议案件适用变更判决的现实困境与规则建构
——以行政、民事双重法律规范的交叉、融合为视角

戴亚男[*]　路　姗[**]

内容摘要：因应行政争议实质化解的深层诉求，2014年修改的《行政诉讼法》扩大了变更判决的适用。然而，行政协议案件是否及如何适用变更判决莫衷一是。司法实践中存在诉请变更行政协议案件是否属于受案范围、审查适用的法律规范选择及可变更条款理解均不一致的裁判困境。诉讼规则不明确、审查要素难把握、变更判决被慎用等因素，共同造成了行政协议案件诉、审、判之间的杂糅与错位。重构适用条件——审查顺序——审查对象——审判机制“四位一体”的审判路径，融合、转换行民双重诉讼规则，识别行政协议案件适用变更判决的条件，运用要件事实理论厘清审查要件及证明规则，构建变更判决的“两层三步”审判法，采用典型案例演示行政协议应否变更及如何变更，提升权利救济效果。

证据失权制度与民事再审程序的结构性矛盾及消解
——以“足以推翻”的动态具体化解释为展开

袁　菁[***]

内容摘要：我国已逐渐建立起以证据失权为基础，训诫、罚款、费用制裁等多种措施并举的逾期举证规制机制，但部分法官在面临再审“新证据”这一迟来的证据时，慎用证据失权已逐渐成为符合情理的“防卫措施”，由此致使再审程序门槛降低，进而诱发诉讼程序空转。为确保民事

[*] 作者单位：山东省济宁市中级人民法院。
[**] 作者单位：山东省济宁市任城区人民法院。
[***] 作者单位：山东省乳山市人民法院。

再审定位与证据失权价值的理性回归，关键在于动态界定“足以推翻”的标准：以逾时提交的行为界限、归责标准与形态，以及是否违反诉讼促进义务的行为外观探知主观可责难性，并在判断提交的行为是否显失公平的基础上，结合证据价值严格限定“基本事实”的外延。回归于诉讼程序，以诉讼促进说赋予证据失权的多重价值为逻辑范式，通过确定相对人的信赖利益是否得到保护、是否具备可归责性、是否导致诉讼延滞的法律后果，于当事人间施以动态配置，从而构筑起一个多层次、多因素的综合考量机制。

行政公益诉讼中适用履行法定职责判决的反思与重构

——从具体法益修复到秩序公益维护的转变

高　慧[*]　张晓阳[**]

内容摘要：行政公益诉讼中适用履行法定职责判决突出秩序公益维护功能，既满足与共同体利益耦合之需，又有协同权力形成功能秩序之功。但司法实践中，存在偏重具体法益修复而忽视秩序公益维护的现象，具体表现在偏重个案问题修补、以“履行法定职责”将行政作为义务笼统概括、由具体法益侵害后果要件倒推认定行政不作为。为解决上述问题，需立足客观诉讼机制，突出秩序公益维护，补齐履行法定职责判决双重功能，对行为标准适度改良的同时，准确解码各阶段行政行为法律构造并予以类型化演绎，明确行政行为静态要素规范履行判决内容，以法律现实主义裁判思维强化履行判决实践理性。

破解量刑倒挂：上下游犯罪量刑均衡机制优化探究

——以“法益恢复”适用为视角

王艳英[***]　梁　坤[****]

内容摘要：对同一财物对象，对下游犯罪的量刑应低于上游犯罪以确

---

* 作者单位：山东省无棣县人民法院。

** 作者单位：山东省无棣县人民法院。

*** 作者单位：山东省菏泽市中级人民法院。

**** 作者单位：山东省菏泽市中级人民法院。

保量刑均衡，但因犯罪数额对上游犯罪和下游犯罪的影响存在失衡，使下游犯罪与部分上游犯罪结合时易出现量刑倒挂的困局。本文以法益恢复适用为视角，分析认为下游犯罪存在法益恢复的空间，并据此论证可以认罪认罚从宽制度为依托，参照愈加丰富的法益恢复立法映像，提出法益恢复性认罪认罚情形，并将其附条件地升格为法定从轻、减轻情节，进而为避免上下游犯罪量刑倒挂提供具体方案，同时列出了下游犯罪中法益恢复性认罪认罚情形的阶梯式量刑层级清单及对量刑的不同影响。

社会主义核心价值观融入行政裁判文书说理的功能进路
——面向行政治理的规则与价值引导

李春玲*

内容摘要：社会主义核心价值观融入行政审判，将良法善治融入法治政府建设，推动国家治理体系和治理能力现代化进入新阶段。实证发现，核心价值观在疑难案件和普通案件裁判说理中发挥着填补空白事实与法律漏洞、法律解释、补强论证与观念引导等功能的同时，存在多元价值取向案件未强化价值观说理、价值推定事实的主观任意风险、形式规范受到冲击、价值观说理阐释不充分等问题，导致司法助推主流价值观念参与行政治理的整体效能未能充分发挥。需要构建“案件识别—功能匹配—说理证成”之程式，通过共同善识别案件，以正当性为限度进行功能匹配，通过实践效果证成情理法融合。运用长叙事和修辞方法将法官价值判断的心证过程具象化，在与当事人、公众的协商中达成重叠共识，从而提高裁判结果的接受度和核心价值观参与行政治理的效能。

财产保全侵权损害赔偿中“过错”的司法认定
——以申请人的注意义务为视角

孙照君**　杨红云***

内容摘要：司法实践中财产保全侵权纠纷基本形成过错责任归责原则

* 作者单位：山东省临沂市兰山区人民法院。
** 作者单位：河南省开封市祥符区人民法院。
*** 作者单位：河南省开封市祥符区人民法院。

的观点，但因过错和过错程度混淆、申请人注意义务不明等原因导致过错认定规则不统一。过错认定应以申请人是否尽到合理注意义务为基准。申请人一般不承担胜诉可能性判断义务，但应提出优势证据证明基础诉讼的请求合法合理；并对拟保全的实物财产和无形财产的价值负担评估义务，以纠正超标的保全乱象；被申请人对保全造成的轻微损失有适度容忍义务。财产保全侵权的过错认定应在诚实信用原则和比例原则指导下，从注意能力、利益平衡、法经济学多维度分析注意义务的合理限度，同时考察财产保全的合法性要素及合理性要素，并细化银行存款、实物财产、无形财产等不同类型被保全财产的过错判断规则。

院庭长监督视野下阅核机制构建的基础证成和实现进路

侯晓宏* 郭亚丹**

内容摘要：张军院长明确提出要探索试行院庭长“阅核机制”以压实院庭长监督责任。本文以院庭长审判监督权力运行中出现的问题为导向，在当前司法责任制改革客观要求和司法实践现实需求下建立实施阅核机制以完善院庭长审判监督路径的必要性和可行性为理论依据，探索建立具有牵引整合现有院庭长审判监督机制功能的阅核机制，以期实现构建符合司法审判规律的院庭长审判监督新路径之司法改革目的。

企业数据财产权的侵权判定规则构建

——以数据生命周期为视角

闫　宝*** 李季灿****

内容摘要：在数字经济时代，企业数据所蕴含的经济价值日益凸显，“数据之争”愈演愈烈，侵犯企业数据财产权的案件屡见不鲜。由于数据财产有别于传统“物”的特性，在司法实践中依靠传统的侵权行为类型化分析视角进行侵权判定时，存在司法审查粗疏、判定标准宏观、损害后果

* 作者单位：河南省平顶山市中级人民法院。

** 作者单位：河南省平顶山市中级人民法院。

*** 作者单位：河南省平顶山市中级人民法院。

**** 作者单位：河南省平顶山市中级人民法院。

难定等问题，亟须构建出更行之有效的判定规则。而回归企业数据财产本身，鉴于企业在对数据财产的管理过程中主要采用数据生命周期管理策略，不难发现数据生命周期理论高度契合三元划分下各类企业数据财产的特性。因此可以从数据生命周期的新型视角出发，在创建与存储、共享和使用、归档及删除的周期阶段，分别从企业数据财产的来源、范围、传播、处理等方面设计侵权判定标准。并结合诉讼双方对企业数据财产的固有行为与个案中数据财产价值的动态变化来明确损害后果，以构建企业数据财产权的侵权判定规则，助力司法实践。

公正司法导向下发改率的考核体系转型与路径优化
——兼议《审判质量指标管理体系》发改率的功能定位

杨长坡[*]　曹秋凤[**]　戴远哲[***]

内容摘要：法院对发改率的考核由来已久，旨在提高审判案件质量，促进公正裁判，提升司法公信力。从发改率的功能定位出发，需要对发改率指标设置与考核模式进行体系重构，即确定评价标准，确保质量考核导向正确；设置发改率替代性指标，多层次评价案件质量，确保客观科学全面；建立一、二审分离式考核方式，实行差别化管理，保障审级职能；完善考核结果运用，确保指标考核具有运行实效。

家事案件超诉讼请求判决的识别和规制
——以全国法院 320 份民事裁判文书为样本

程　光[****]

内容摘要：超诉讼请求判决是法官审判权侵蚀当事人处分权后产生的裁判现象，也是《民事诉讼法》第 207 条中法院应当再审的情形之一。数据统计与个案分析表明：个别法院或对该争议置之不理，或在裁断该争议时流于形式，存在类案不同判的情况，未形成体系化识别模式。家事案件

* 作者单位：河南省平顶山市中级人民法院。
** 作者单位：河南省平顶山市中级人民法院。
*** 作者单位：河南省鲁山县人民法院。
**** 作者单位：湖北省武汉东湖新技术开发区人民法院。

超诉讼请求判决具有双重属性：实体属性为“人身与财产交叉”；程序属性为“诉讼与非讼并行”。在识别方式上，以不得裁判被告对人身权益和财产权益提出的单纯主张为前提，再以新诉讼标的理论之一分肢说与二分肢说分别厘定家事诉讼案件与家事非讼案件的判决范围，形成两个依次递进的识别层次。在规制路径上，未来家事立法应实现处分原则法定化、强化法院释明义务、宽待合并审理条件，完善规制家事案件超诉讼请求判决的程序设计。

断供风波下房屋预售合同解除权行使研究

龚彦铭*

内容摘要：商品房预售制在风险设计上存在失衡，开发商为转嫁保证风险，在商品房预售合同中创造性地增订了保证责任下的解除条款，该解除条款应结合抗辩事由审慎适用。解除条款的适用不受房屋预查封状态的影响。预售合同的解除、预告登记的失效应视为开发商就案涉房屋提出执行异议的正当理由，从而实现合同解除之诉与执行异议制度相互衔接。结合保交楼、保民生、保稳定工作要求，针对购房者提起的合同解除之诉，人民法院应做好矛盾纠纷源头化解工作，积极配合地方政府以行政手段和金融手段解决烂尾楼问题和“断供风波”，审慎处理购房者在立案、保全、执行等诸多诉讼环节面临的政策阻力。为衡平保护各方利益，应联立房屋预售合同和按揭贷款合同，鼓励银行作为有独立请求权的第三人参与房屋预售合同审理过程，一并处理两类合同的解除争议和财产返还问题，充分发挥司法活动定分止争、实质性化解社会矛盾的作用。

劳动争议案件中经济赔偿金与经济补偿金的转化适用探究
——以395份生效判决作为研究样本

范雪婷**

内容摘要：劳动争议案件中，为保护劳动者权益及减少当事人诉累，

*　作者单位：湖北省襄阳市中级人民法院。

**　作者单位：湖北省武汉市武昌区人民法院。

《人力资源社会保障部、最高人民法院关于劳动人事争议仲裁与诉讼衔接有关问题的意见（一）》（人社部发〔2022〕9号）第5条规定，劳动者提出经济赔偿金诉请时，裁判者审查认为应当支付经济补偿的，可以依法判决用人单位支付经济补偿。该条款为经济赔偿金到经济补偿金的转化适用提供了法律支撑，但同时也存在条款适用空置化、适用界限模糊与规避“违法性”判断风险等问题。为了准确适用该条款，在厘清条款性质、分析法律适用利弊基础上，应明确该条款并未赋予裁判者反向转化适用的权利。适用该条款时应坚持“违法性判断”优先、明确审查范围、区分适用情形几点要求，以此实现该条款的立法初衷。

公正与效率背景下人民法院司法统计工作的反思与优化
——以某省32个法院与105份司法统计分析报告为样本

汪媛媛[*]　彭珊珊[**]　郑思琦[***]

内容摘要：司法统计数据既是认识司法、评价司法的重要依据，也是实现公正司法、提升司法效率的重要前提。研究考察32个法院司法统计工作的运行现状，包括统计信息化的提速、构筑垂直的信息化网络平台、统计的人工智能化程度加深、数据参与社会治理的态势明显。但现状背后的深层问题不容忽视。统计工具的不足，偏重自动化提取，数据深度分析欠缺；数据的共享机制有待改进，交互平台较分散；统计成果应用较单一，偏重绩效考核；统计数据的外溢效应较弱，参与社会治理效能还需提升。追本溯源在于思维上注重管理者，用户的体验不足；统计制度的调整较慢，难以适应改革发展；采用技术外包，导致使用与开发有摩擦；统计机制待改进，特色型人才欠缺。应对这些问题，需要更加注重用户体验的“大数据”思维；全面丰富与完善司法统计的标准体系建设；改善统计的管理机制，推动数据全生命周期管理；拓展统计职能，深化大数据的应用。

*　作者单位：湖南省常德市中级人民法院。
**　作者单位：湖南省常德市中级人民法院。
***　作者单位：湖南省株洲市渌口区人民法院。

缺乏视听资料时防卫情境查明路径的反思与优化

——以“差异校正法”的提出为核心

谭　华* 　刘小武** 　李　邦***

内容摘要：正当防卫案件中，因案件本身证据较少、法官思维局限、证据采信不合理等原因，致使防卫情境查明不清的案件占据一定比例。所谓的防卫情境查明不清，最初表现为被告人与被害人对事实阐述出现了“差异”，而传统的审理模式无法有效应对因这种“差异”而产生的疑难案件。有必要通过更为契合防卫情境查明困难案件的审查路径，在适配性标准规范和“差异”思维引导下，对“差异”进行校正，及时修正“差异”中偏离案件事实的部分，达到查明防卫情境的目的。为此提出“六步法”，即对比被告人与被害人双方言词证据探求“差异”，再依次运用证人证言、物证不同特性、法官勘查案发现场及细化勘验笔录、充分掌握案件信息后提审被告人和询问被害人、优化庭审聚焦“差异”这五个流程，将“差异”中偏离事实部分进行校正。

司法治理视域下首案制度功能的优化

——兼论首案效应的新类型案件识别与监督机制完善

左　牧**** 　陆银清*****

内容摘要：司法裁判的功能不仅是解决纠纷与救济当事人的诉讼权利，更是推动基层社会治理的重要一环，而法院审理的“首案”在发挥指导性、示范性功能的属性同时，也成为法院与社会治理的行为空间，意义远超个案本身，是司法助推社会治理的重要场域。本文通过考察法院审理的各类“首案”情况，发现其存在治理功能阐释不足、需求回应不全。案例适用环境不优等困境。基于“首案效应”内向型治理和外向型治理功能

*　作者单位：湖南省郴州市中级人民法院。

**　作者单位：湖南省永兴县人民法院。

***　作者单位：湖南省永兴县人民法院。

****　作者单位：湖南省怀化市中级人民法院。

*****　作者单位：湖南省怀化市中级人民法院。

的不同，应对首案制度进行重新定位，通过反向排除模式、涵摄识别模式、利益衡量模式对具有首案司法治理功能案件进行识别，同时通过适用新事态指引新型裁判、风险合理性提醒以及社会治理功能的达成，优化其生成，特别是完善首案的院庭长管理机制，以期更好地发挥“首案”在法院参与社会治理中的独特效应。

心证融合视野下类案作为客观化裁判方法的反思与重构

张　品[*]　尹　俊[**]

内容摘要：司法裁判过程包括内部证成和外部证成，类案可以为裁判的外部证成提供规则，提供事实推理与法律要件解释方法。与在学术界热烈讨论的具体类案裁判的相似性判断、推理方法运用等形成对比的是，类案裁判在司法实务中表现出独有的客观化裁判特征，以客观上的类案印证替代裁判理据本体上的具体证成。表现在重视内部证成的客观印证忽视外部证成的逻辑正确性，类案的来源和说理表达形式化。类案作为客观化裁判方法简单快捷、风险低、逃避说理，但也存在脱离案件情境、逃避心证、论证不足的问题，容易陷入机械司法的怪圈。究其原因，由于信息认知存在情境依赖、认知主因、真实情境三重因素，导致类案相似性标准空洞化和裁判过程虚化。应当在裁判过程中融入心证，在类案裁判介入前进行必要性判定，在类案印证方法上融合主观判断，区分心证融入的不同场景，将一般案件与证成困难案件的具体情形类型化，依照从内部证成到外部证成的两步法，适用多层次主观印证标准的动态适用规则。

交易链延长时的风险分配
——基于《民法典》第584条的分析

张飞律[***]

内容摘要：在交易链延长的合同关系中，一旦出现合同风险，守约方仅依据《民法典》第584条的规定并不能确定损害赔偿的金额。实务中，

* 作者单位：湖南省宁乡市人民法院。
** 作者单位：湖南省怀化市中级人民法院。
*** 作者单位：湖南省益阳市中级人民法院。

不同风险情形造成的损害不同，从理论界与实务界的具体操作来看，损害范围应当包括直接损失、可得利益损失、因违约而落空的费用、非财产损失等。而关于损害金额的计算，不同情形下可选择差额法、约定法、类比法、估算法、综合衡量法中的一种或者多种。其中差额法是通过对比合同约定价格与后合同价、市场价或替代履行价格计算；约定法是按照双方关于违约金金额或违约金计算方式计算；类比法则是参照市场价或合同已履行部分价格或过往交易价格计算；估算法则是法官根据证据优势对损害进行估算；综合衡量法则是法官综合考虑案件各种因素，依据公平原则认定损失金额。此外，损害赔偿的完全赔偿原则应当受减损规则、过失相抵规则、损益相抵规则的限制。

从公私分治到公私融合：网络环境下避风港规则与人格权侵害禁令的衔接与适用

——兼评人格权侵害禁令司法解释征求意见稿第4条

胡剑涛[*]　彭蓓蓓[**]

内容摘要：在网络侵害人格权中，避风港规则作为相对成熟的私力救济途径，能否与《民法典》新增的人格权侵害禁令衔接以及如何适用，法律尚未明确。人格权侵害禁令与避风港规则来自公私救济的不同领域，在公私分治的思路下，分化路径应用于实践遭遇双重失灵，衔接规则缺失也使衔接陷入窘境，制约了网络背景下人格权救济体系功效的发挥。因此，亟须转变思路，打破公力救济和私力救济各自为政的局面，探寻避风港规则和人格权侵害禁令在理论依据、价值原则、救济方式上的统一性和重叠性，为两者衔接奠定基础。同时，从程序、功能、制度、规则等多维度印证两者衔接的实效性和有益性。循此为进，明确倡导避风港规则优先序位，构建以网络服务提供者为中心的衔接机制，强化网络服务提供者衔接的主体责任的路径选择。最后，对最新人格权侵害禁令司法解释征求意见稿第4条进行评析，提出网络暴力情境下避风港规则和人格权侵害禁令从立法层面衔接的突破，为网络环境下人格权保护筑牢屏障。

*　作者单位：湖南省永州市冷水滩区人民法院。
**　作者单位：湖南省永州市冷水滩区人民法院。

行政公益诉讼履行判决的司法审查路径
——以组织公共职能与公共资源为视角

李卫东 [*]　袁斯潮 [**]　宋梓嘉 [***]

内容摘要：行政公益诉讼关联社会公共利益修复，行政主管机关如何落实检察建议这一行政任务，凸显裁判智慧。本文在初步勾勒行政公益诉讼中行政机关继续履行判决实证的基础上，从行政机关抗辩的主要原因出发，提出立法体系中的路径依赖、部分检察建议任务行政效能较低，认为检察建议偏离既定行政政策，资源配置强度不足；检察、行政缺乏合理性沟通，任务手段不匹配等问题。通过探寻政府角色与功能，检察建议优先顺位、行政组织效能的可检验性、情境适配原则、有效性原则。在此基础上，评估行政机关的隐形边界，根据效率——能力、权力——职责维度，进一步判断行政机关继续履行的可能性，厘清受损公共利益中的核心利益；在复数公共利益中选择妥当公共利益；结合具体情境探寻公共利益，避免公共利益顺位误判，从而构建出严格审查、中度审查、合理基础审查的差异化审查标准。

涉税海商事案件法律预期评价的定式与思辨
——以服务 BEPS 治理改革为视角

肖　芳 [****]　黄　亮 [*****]

内容摘要：BEPS 是财政能力扩张与跨国企业逐利两种法律预期冲突形成的焦点，改革举措因企业筹划手段所具备的制度温和性与对策隐蔽性而遭遇治理梗阻，同时也证明了法律预期的良好表达并非弥合预期隔阂的有效手段，正当预期的甄别更需介入妥善恰当的评价机制。需要重视和发挥默会知识在评价依据选择上的优势，树立公正司法的正确观念，探索引

*　作者单位：湖南省岳阳市岳阳楼区人民法院。
**　作者单位：湖南省岳阳市岳阳楼区人民法院。
***　作者单位：湖南省怀化市中级人民法院。
****　作者单位：湖南省株洲市石峰区人民法院。
*****　作者单位：湖南省株洲市石峰区人民法院。

入民间法的裁判规则，融合矛盾纠纷源头化解和消费环境升级的具体举措，稳健提升涉外海事商事案件审理水平，将BEPS的危害遏制在筹划端，为探索税制改革，深化对外开放的国家策略保驾护航。

结构功能主义视阈下“执转破”制度的反思与重构

铁　麟*

内容摘要：最高人民法院出台《关于执行案件移送破产审查若干问题的指导意见》至今已逾六年，“执转破”制度呈现渠道功能不畅、化解功能不力，以及各地法院出台的完善措施偏离制度预设框架的情况。对制度的完善应以重塑结构、调和冲突、保障功能为逻辑起点，一是树立彼此尊重、相互接纳的合作理念；二是打造“人员互联——移审共商——资源分享”的合作平台；三是优化配套措施与程序细节保障制度运转。

房地产企业破产下抵押预告登记优先受偿规则的构建
——以商品房预售场景三方主体利益平衡为视角

陈　坚**　齐志龙***

内容摘要：商品房预售场景下，《最高人民法院关于适用〈中华人民共和国民法典〉有关担保制度的解释》第52条第2款规定购房企业破产时，无须审查建筑物是否办理首次登记，参照破产债权加速到期规则，抵押预告登记拟制为抵押本登记。结合抵押预告登记破产保护效力本源、本条背后隐藏的拟制规范基础以及对破产管理人待履行合同解除权在解释论上进行补救，可确定房地产企业破产下不同的认定规则：一是在首次登记认定上，破产时商品房已建造完成并已竣工验收完毕的，应推定首次登记成立。二是在商品房预售合同效力对抵押预告登记失效的影响上，只有合同被确认无效或可撤销，因欠缺登记条件，抵押预告登记不能拟制为抵押本登记。但如存在《民法典》第159条等拟制规范情形，房地产企业才可直接作为抵押人破产适用《最高人民法院关于适用〈中华人民共和国民法

* 作者单位：湖南省株洲市中级人民法院。
** 作者单位：湖南省株洲市中级人民法院。
*** 作者单位：湖南省株洲市中级人民法院。

典〉有关担保制度的解释》第52条第2款。三是在利益平衡上，无论何种情形，规则构建的基石均需以平衡房地产企业、购房人、银行三方主体利益为归旨，明确其权利的优先顺位。

数字社会中的财产：网络游戏虚拟财产的认定和处置规则
——以价值平衡为研究视角

周　龙[*]　资衍黎[**]　刘佳佳[***]

内容摘要：进入数字经济时代后，“虚拟财产”频繁出现在人们的视野中，网络世界和现实世界的联系日益紧密。与此同时，网络游戏虚拟财产相关的纠纷数量呈激增趋势。司法实践中，对于网络游戏终止运营产生的虚拟财产纠纷案件，人民法院对虚拟财产性质的认定、赔偿的范围、估值的考量等争议焦点问题存在不同观点，存在类案不同判的现象，引发争议。基于价值视角分析，其背后隐藏着人民法院对游戏玩家与游戏运营商的权益保护价值的深层考量。为充分实现社会治理的公正效率价值平衡，追求社会治理效能最大化，妥善化解游戏玩家与游戏运营商的权益保护价值冲突，有必要超越法的价值冲突和价值对立，通过构建停服正当性审查机制、多元处理机制以及清算机制在内的全流程多元制度矩阵，以实现网络游戏虚拟财产处置效率最高，并厘定司法认定规则，回应财产性质、厘定赔偿范围、重构估值标准等争点问题，为网络游戏虚拟财产的认定和处置提供系统的解决方案。

行政诉讼类型化路径下对“具体诉讼请求”的再解释
——以实质解纷为导向

张颂恩[****]　柯常国[*****]

内容摘要：在以“公正与效率”为主题的司法理念下，行政审判理应

* 作者单位：湖南省衡山县人民法院。
** 作者单位：湖南省衡山县人民法院。
*** 作者单位：湖南省衡山县人民法院。
**** 作者单位：广东省佛山市中级人民法院。
***** 作者单位：广东省佛山市禅城区人民法院。

更注重纠纷实质化解。审视当下行政案件处理过程，因对规范“具体诉讼请求”的内容理解存在偏差，表现为结果层面诉判分离、审理技术层面“探知不足”“释明失灵”“回应失当”的缺陷。针对实践痼疾，本文以探寻成因为切口，针对现状因立案登记与起诉审查冲突、“唯法是从”理念固化、“一行为一诉”原则适用依赖导致的案件办理与实质解纷背离后果，尝试以现有成熟的行政判决类型化理论为起点，结合诉权理论，提出行政诉讼类型化的可行方向，重塑行政案件审理流程，分析行政诉讼原告提起给付之诉、确认之诉、形成之诉的意图法效，以行政诉讼类型为连接，构造行政判决实际评价有效回应原告诉请意图的应然路径。最后，以行政案件诉判对应的进路为依托，从“具体诉讼请求”的法律解释延伸至个案审查解释，梳理案件审理过程中当事人参与权保障、庭审释明方式与判决回应思路，以求达成行政案件处理的理论重构与实践落地，实现实质化解行政纠纷的制度目的。

何枝可依：系统论下诉前调解指标体系之重构

——从司法统计口径十年变迁谈起

黎晓婷[*]

内容摘要：21世纪初，调解作为古老的解纷手段，乘构建和谐社会的东风，以诉前调解的全新面貌扶摇而上，为世界司法体制贡献了“东方经验”。十年来相关司法统计口径的变迁，体现了诉前调解机制从融“和”诉调系统到提升社会治理，再到推进司法减负的功能定位。但是在实际运行中，现行诉前调解考核机制存在不遵循系统论规则的问题：一是遵循系统封闭性不到位，即强调人民法院的干预与管理，不利于保障调解系统本位价值；二是遵循开放性不到位，即考核的对象、项目、激励有限，未能实现有效衔接，还未形成有效的社会治理合力；三是遵循自创生性不到位，片面强求人民法院化解纠纷的功效，却忽视了司法裁判提供规范性期望的功能，使得矛盾纠纷源头化解实效达不到预期。有鉴于此，需要运用系统思维重构诉前调解考核机制，进一步激活与释放诉调对接机制的潜能。

* 作者单位：广东省广州市番禺区人民法院。

化解民商事群体性纠纷的多元路径
——以构建“示范诉讼”融合解纷机制为中心

印　强[*]　唐亚玲[**]

内容摘要：当前，民商事群体性纠纷呈大幅增长趋势。民商事群体性纠纷的化解质效，是检验审判体系和审判能力现代化水平的重要一环，也是人民法院服务大局能力的重要体现。我国现有民商事群体性纠纷解决机制存在一些不足。本文从多元解纷和缓解人案矛盾的角度出发，探索构建以示范性诉讼为主体的中国特色“示范诉讼”融合解纷机制，完善示范诉讼机制具体规则，以及融合示范诉讼与多元解纷的程序设计，以期找到符合我国国情的民商事群体性纠纷化解机制“最优解”。

“先问题而后主义”：关键词广告隐性使用他人商业标识的正当性判定
——动态系统论视角下竞争利益考量体系建构

蔡丹琪[***]

内容摘要：关键词广告隐性使用他人商业标识的行为是否构成不正当竞争，实践中存在类案不同判的现象。追根溯源，是由于关键词隐性使用行为未被竞争法类型化，依赖于一般条款进行裁判，而具化一般条款的进路缺乏共识。有必要立足于竞争的动态性和所涉利益的多元性，引入兼具弹性规范和体系构造的动态系统论，为竞争行为的正当性判定提供利益考量框架。具体而言，以要素选定、要素评价、要素权衡为步骤建构“三级框架”；明确将竞争秩序、经营者利益、消费者利益作为考量要素；分别提取考量要素背后的原理作为评价基准；并以社会福利最大化为导向进行损益分析和综合权衡，由此决定关键词隐性使用行为的正当性。

*　作者单位：广东省广州市中级人民法院。

**　作者单位：广东省广州市天河区人民法院。

***　作者单位：广东省汕头市中级人民法院。

中国法院参与全球治理的实践检视与功能优化

——以最高人民法院发布的“一带一路”倡议典型（指导性）案例为样本

李宇洁*

内容摘要：中国法院近年来以“一带一路”倡议为基础实践平台，通过审理涉外案件、分配跨国司法治理权、发展完善国际规则等实践活动，正日益成为中国参与全球治理整体实践中一支重要而独特的力量，但观念的局限、能力的掣肘一定程度上限制了法院参与全球治理功能的发挥。本文以最高人民法院发布的32个“一带一路”倡议典型（指导性）案例为样本，考察、检视参与全球治理功能运行存在的问题，并在功能机理的分析基础上，从明确职能定位、提升解决国际纠纷能力、加强与国际法良性互动等方面着手，充分释放中国法院在参与全球治理中的优势和作用，并为中国法“走出去”提供涉外典型案例要素选取及机制构建的可行性建议。

数字经济背景下企业公开数据权益保护的模式选择与路径优化

栾　媛**

内容摘要：数字经济背景下，企业数据成为一个独立的研究课题，其中，处于公开状态但又缺乏独创性的企业公开数据处于规制盲区。在立法对此类数据未作出明确规定的情况下，司法实践对企业公开数据的保护路径做出了有益探索，尤其是保护路径的变迁给制度构建提供了指引。企业公开数据主体多元、动态演进、利益交织的特征决定了对企业公开数据产权制度构建的基本路线是在类型化的基础上进行结构性分置，采用行为规制和类型化赋权互补的复合保护路径。在数据共享理念和利益平衡理念的指导下，企业公开数据类型下的原始数据以“三重授权原则”解决数据来源合法性的前置问题；数据资源因尚缺乏清晰的权利边界，可在纠偏的基

* 作者单位：广东省深圳市龙岗区人民法院。

** 作者单位：广东省深圳市罗湖区人民法院。

础上继续沿用竞争法的保护路径；数据产品因与知识产权的价值目标、客体、发展轨迹等基本吻合，在现有知识产权体系下增设数据产品权，以知识产权保护路径构建数据产品相关法律规范，是最为合理的选择。

所限何审：民事审限制度的精细化构造
——以审判权行使期间认定为视角

邓舜怡[*]　张丁方[**]　翟　墨[***]

内容摘要：在司法改革不断推进的背景下，民事审限制度逐渐无法适应司法审判实际，出现审判效率评价结果与实际审判效率不符的“效率评价悖论”现象，不利于法官真实效率的反映，降低法官工作积极性。为了推动审限制度向适应民事审判分工精细化的方向改革，本文按照以下三个层次探索审限制度的优化路径：一是从审限制度的理论基础出发，揭示审限的根源是制度与法官审判权力行使脱节，制度优化的关键是重新建立起审限制度与审判权行使之间的连结关系；二是在理论与实践的对接层面，通过对审判权行使进行步骤拆解，实现抽象化审判权行使与具象化审理流程之间的对应。三是实践层面，对现有整体性时限规定进行细化分解，同时探索对现有审限计算期间依据审判权行使区间进行限缩，充分排除非审判权行使在审限中对审判权行使时间的挤压。

从保护走向竞争：数据抓取行为司法实践之失范与调适

潘旭东[****]

内容摘要：互联网竞争背景下，数据日益成为大数据经营者的重要生产资料，数据抓取行为屡见不鲜。通过对数据抓取不正当竞争纠纷的实证考察发现，审裁理路上，困囿于“权利侵害式”的侵权法认定逻辑造成不正当竞争认定率偏高；法条适用上，过度依赖原则性条款导致商业道德论证泛化；利益评判上，各方权益平衡不周未能实现社会整体利益最优。有

* 作者单位：广东省深圳市中级人民法院。
** 作者单位：广东省深圳市中级人民法院。
*** 作者单位：广东省深圳市中级人民法院。
**** 作者单位：广东省肇庆市中级人民法院。

鉴于此，应当回归竞争的本质，从对象、方式、目的三个维度厘清抓取行为的正当性边界，综合运用竞争效果评估、多元利益衡量等裁判方法对抓取行为的正当性予以认定，确证“行为谴责式”的判断范式，以期实现数字市场互联互通的竞争法治理。

类型肖像刻画：府院互动视角下司法建议服务政府工作高质量发展的类型识别和瞄准路径

黄淑娴 *

内容摘要：破解制约高质量发展的司法痛点，实现精准司法服务以高质量法治保障高质量发展是关键。府院互动型司法建议是人民法院推动政府健全治理体系、提升治理能力的有效工具。立足1000份全国政府司法建议用户调查数据，揭示政府需求向高质量精准供给转变，利用类型化思维，根据政府治理语境对司法建议的功能期待，在“事实—效能”维度下对其生成路径予以类型化。聚焦府院互动型司法建议，设计不同识别标准和流程、制作主体、文书样式，在必要之处作出细致化区分，刻画价值导向、规则供给、风险预警、协同互动、裁判互动五类可参照性司法建议肖像，赋能高质量发展图景，为法院融入国家发展大局和完善府院协作治理机制提供新的参考视角，具有实践和理论双重意义。

审级职能定位改革下民事案件事实查明的范围厘定和限度判断

——“要件事实＋辅助事实”之多层次事实体系构建

蒙秋仲 **

内容摘要：发回重审案件集中反映了两审在事实查明范围上的分歧。欲减少两级法院在案件事实查明范围上的认知差异，应在要件事实理论的基础上构建“要件事实为主＋辅助事实为补”的多层次事实范围体系，并以该事实体系具体分解常规案件、疑难复杂案件和敏感案件的事实查明范

* 作者单位：广东省珠海市斗门区人民法院。
** 作者单位：广东省珠海市香洲区人民法院。

围，明确一审应提供等于或大于要件事实的事实范围供二审裁剪，而二审则应秉持谨慎发回原则，以“三个标准”审查一审查明事实的限度。

检视与探索：关于涉港澳民事诉讼特别规则的体系化构建研究

贺晓翊*

内容摘要：本文从涉港澳民事诉讼之现状描摹出发，通过法律梳理和实践检视，对构建涉港澳民事诉讼特别规则之必要性和紧迫性进行深入分析，以问题为导向，契合粤港澳大湾区实践发展的司法需求，探索体系化构建涉港澳民事诉讼特别规则的进路，起草了《涉港澳民事诉讼特别规则（代拟稿）》，对司法实践有所裨益。

刑事涉财执行异议的实践困境与程序再造
——以345个执行审查类案件为样本

黄　云**

内容摘要：刑事财产执行是打击犯罪、弥补犯罪所造成损失的重要制度，与民事执行具备相对完备的规范体系不同的是，刑事财产执行目前尚无专门法律予以规制，制度运行上以参照民事执行的规范为主。因为刑事财产执行民刑交叉的特征以及坚持审执分离的理念、刑事审判财产处理的不规范性等原因，刑事涉财执行异议案件的处理出现了实质审查推进难、司法实践不统一、案件审查不规范等问题，并且应通过审判监督程序处理的异议，其再审程序也难以启动。以价值均衡和实质主义为原则，为善意取得的处理途径、审监程序的适用范围及民刑冲突的处置方法提供相应的判断框架，并对推进案外人异议实质审查的不同方案进行详细对比，根据案件审理的需要对审判监督程序进行二元建构，以及提升刑事涉财执行异议案件审查的规范性，有利于厘清法律规定的疑义，破解司法实践中存在的难题，促进刑事涉财执行异议处理中高效规范统一法秩序的形成。

*　作者单位：广东省珠海市中级人民法院。
**　作者单位：广东省广州市花都区人民法院。

分类救济：行政相对人不履行行政协议救济规则的反思与重构

——以170件非诉执行审查案件为切入点

韦雯馨 * 谭利倩 **

内容摘要：通过统计2020年至2022年的非诉执行案件发现，在适用非诉执行制度解决行政协议相对人违约纠纷仍存在几方面的问题：如直接将行政协议作为执行名义，法院审查的事项缺乏规范性，未邀请相对人参与听证。本文针对相对人不履行行政协议的情况提出类型化解决方案：首先，以行政协议签订目的将其分为等级关系协议和对等关系协议。其次，针对等级关系协议引起的纠纷采用执行回转机制，但在回转过程中要保障相对人的合法权益。对等关系协议引起的纠纷采用双向诉讼制度，提出完善双向诉讼制度相关配套机制的建议。

刑事申诉制度中当事人诉权的保障

——基于1301份驳回申诉通知书的分析

赖奕曲 ***

内容摘要：在威权型司法向亲民型司法转变的背景下，刑事申诉需更关注申诉人诉权保障，法院应从律师强制代理提升申诉人诉讼能力、合理把握申诉审查证明标准、强化申诉实质性审查三方面发力，畅通经由申诉启动再审的诉讼进程，以对正当申诉理由的充分说理回应，提升申诉人对驳回申诉结果的认可与信任，真正发挥刑事申诉保障诉权、疏解矛盾、启动再审的创设价值。

* 作者单位：广西壮族自治区东兰县人民法院。

** 作者单位：广西壮族自治区罗城仫佬族自治县人民法院。

*** 作者单位：广西壮族自治区高级人民法院。

区分与融合：虚拟货币交易纠纷司法裁判规则的实践反思与重构

——以民事法律规范和部门规范性文件的衔接适用为视角

郭定选*

内容摘要：在法律法规对虚拟货币无明确规定的情况下，虚拟货币交易纠纷司法裁判规则适用分歧主要体现在法律行为效力认定和无效后责任承担方面，并衍生出虚拟货币本身是否违法、法律行为效力的认定是否应当分类、法律行为无效后责任如何承担、是否可以判决折价返还及如何折价等问题。裁判冲突产生的原因是民事法律规范和部门规范性文件的适用范围模糊，主要表现为立法供给不足和裁判规则的缺失、对虚拟货币的法律属性认定不一、对部门规范性文件的理解偏差。明确虚拟货币的法律属性和交易法律行为效力认定依据是处理虚拟货币交易纠纷裁判冲突的两大前提，应坚持民事法律规范和金融法规则的区分与融合的理念。在此基础上按不同类型区分法律行为效力；明确损失和过错责任范畴以及部门规范性文件“损失自担”和民事法律规范“返还财产”的适用条件；谨慎判决返还虚拟货币，结合个案判决折价返还，明确折价方式等。

审判群体中审判话语权的异化与重塑探析

熊文镇**

内容摘要：在各地法院的审判群体中，基于领导职务或资历而成为审判权威的现象并不少见。为了探究审判权威的生成以及对审判群体的影响，本文根据来源的差异，将审判权威分为领导型、资历型、成果明显型以及专研型；根据知识积累与审判思维模式，将审判群体中的法官分为系统周全思考型、临时系统思考型、临时思考应付型。经对比分析发现：一是领导型、资历型审判权威比例较高；二是在同一群体中，审判权威与法官的类型对应性较高。之所以如此，就在于基于行政权、司法监督

*　作者单位：广西壮族自治区桂林市七星区人民法院。
**　作者单位：广西壮族自治区柳州市柳南区人民法院。

权等因素产生的话语权挤占了审判话语权的空间。为了消除异化现象，就应当重塑审判话语权主体，从审判专家制度入手，设立层级化审判专家评审标准，构建预备审判专家养成机制，在各级法院内部构建审判专家的话语权保障机制，并成立中级以上审判专家委员会，赋予审判专家的参与话语权。

审判效率的“求快”与“防拖”之辨析

——以多重效率指标考核下的异化现象为视角

梁 黛*

内容摘要：加强审判效率应当不在于数据上的“求快”，而在于合理制度保障之下的“防拖”。审判效率的“求快”只能在确保可比性基础上有限进行，重点应当以层级制审限为关口，加强审限评查，并以案情实际需要标准，实现当事人对审判效率的参与异议权。

去伪存真：裁判思维中信念定势之偏失与规制

付凡胜**

内容摘要：根据“异见理论”，削弱裁判自我中心倾向、警惕易得启发式判断、强化异见约束等为纠偏方向。纠偏具体路径如下：一是在主体层面，规范话语权运用，追求理性认知和知识多元；二是在方法层面，建立反常识案例库使易得事例多元化，引入“图尔敏模型”以开放判断逻辑；三是在制度层面，构建“角色扮演”对抗式讨论，以削弱情感和群体认同对异见的压制。

* 作者单位：广西壮族自治区柳州市柳南区人民法院。

** 作者单位：广西壮族自治区柳州市柳南区人民法院。

审判质效考核视域下案件评查制度的转型与体系化重塑

卢楚越[*]　杨雪莹[**]　韦君宜[***]

内容摘要：案件评查能够通过检视案件实际运行过程，反映案件的真实、整体情况。案件评查制度为数据内卷做减法，为提高可比性做加法，其关建在于合理分配数字考核与案件评查的比例，实现评查组的人员资质相称、人员隔离、地域隔离，实行分层抽样，以确保评查结果公正。具体制度上实施“背对背”的隔离制度与“初评复评”的评查模式，完善案件评查结果运用的配套机制。

阻滞与纾解：刑事案件事实认定中法官认知逻辑与纠偏路向

韦兰情[****]

内容摘要：通过借助心理学家卡尼曼提出的“双重加工系统”理论模型，以当前刑事法官事实认定中认知运用的偏差失序及非理性启发偏差为逻辑起点，从刑事法官内部的自我修正与外部控制双重施策的角度，提出认知偏差的防偏路向，以对当前的司法阻滞现象进行纾解，不失为另一条助推司法改革、提升裁判质量与效率、实现司法公正价值追求的应有路径。

环境民事公益诉讼案件执行机制规范化研究
——破解“执行难”目标下对144件代表性案例的分析

蒋　辉[*****]　李　兴[******]　黄建林[*******]

内容摘要：环境民事公益诉讼制度已经成为当前司法机关保护生态环

*　作者单位：广西壮族自治区柳州市柳南区人民法院。
**　作者单位：广西壮族自治区柳州市柳南区人民法院。
***　作者单位：广西壮族自治区柳州市柳南区人民法院。
****　作者单位：广西壮族自治区宜州区人民法院。
*****　作者单位：广西壮族自治区桂林市象山区人民法院。
******　作者单位：广西壮族自治区桂林市象山区人民法院。
*******　作者单位：广西壮族自治区桂林市象山区人民法院。

境的重要手段，与日趋成熟的审判制度不相适应的是，该类案件的执行制度仍然停留在粗线条、原则性的框架内容上。相较传统民事案件执行，环境民事公益诉讼案件执行具有公益性、专业性、长期性和执行标的转化性等鲜明特点，这也造成该项工作存在执行规范供给不足、执行启动不及时、执行手段乏力、执行质效不佳等短板。本文以环境公益诉讼案件执行机制为视角，深入剖析该制度在司法实践中面临的困境，检视问题形成的原因，并从规范执行依据、执行启动、执行措施、资金管理、执行监督和执行保障六大环节的视角探求一条破解生态环境领域“执行难”的路径。

反思与重构醉酒型危险驾驶罪的治理困境与司法纠偏

——以缓和的违法一元论为视角

李静云[*]　熊新宽[**]　洪泉寿[***]

内容摘要：在刑事违法性判断路径上，缓和的违法一元论建构了“形式违法性判断 + 实质违法性判断”二重判断模式，该模式对醉酒型危险驾驶罪的治理具有天然优势，不仅弥补了司法实践中对醉驾行为只进行违反刑法规范的形式违法性判断的弊端，还有利于缓解醉驾治理中的“过罪化”问题；同时，醉驾行为侵犯道路公共安全法益的实质违法性判断路径的建构，有效解决了“唯酒精论”带来的机械司法问题，有助于建构起统一的醉驾入罪、量刑、出罪标准。鉴于此，本文从刑事违法性的判断路径着眼，引入缓和的违法一元论学说，以危险驾驶罪的抽象危险司法认定为基础，提出从人物、时间、空间三个方面进行实质违法性判断，建构起完善的刑事违法性判断模式，从正向对醉驾行为入罪进行限缩。同时，针对醉驾行为实质违法性判断的需要，在司法程序上设立反证制度，在反向上对进入司法程序的醉驾行为进行排除，保障实质违法性判断的司法运用成效。再结合前科消灭制度，实现治罪与治理并重的司法工作目标。

* 作者单位：海南省高级人民法院。
** 作者单位：江西省高安市人民法院。
*** 作者单位：广东省湛江市中级人民法院。

续审主义视野下劳动争议一裁终局制度的重塑

——以设立“附带起诉”为进路

蒋怡琴* 蒋小马** 李 亮***

内容摘要：宏观上剖析劳动仲裁和诉讼是目标有区别、职能有分层的有机构成，劳动仲裁是劳动争议实质意义的第一审，诉讼对劳动仲裁应承担监督职责，裁审关系与民事诉讼一、二审关系最具相似性，借鉴二审审理模式，裁审关系应从复审主义迈向续审主义，实现诉讼经济与发现案件真实的统一。微观上在续审主义视角下重新定位一裁终局制度目标，提出创设“附带起诉”制度构想，解决用人单位诉权缺失问题，避免法院诉外裁判，建立“附带＋起诉撤裁”的用人单位二元救济体系，形成符合劳动争议特点的分层化多渠道救济结构。

体系解释下保证金担保之区分认知

——以法释〔2020〕28号第70条为裁判解析对象

杨江涛**** 罗文利*****

内容摘要：在“法律不经解释不得适用”裁判理念要求下，裁判者在具体个案中对法律和司法解释中抽象条文进行裁判解释有其必要性和正当性。保证金担保之性质既非动产质押亦非权利质押，而是新型非典型担保，并应基于此性质设计其要件、效力及其权利实现途径，以使之制度化。创新提出区分说观点，以体系解释为视域，《最高人民法院关于适用〈中华人民共和国民法典〉有关担保制度的解释》第70条应按照不同情形区分为保证金账户担保和保证金让与担保，前者为担保人将其货币存入自己于金融机构开设之专门账户并交由债权人实际控制之情形，后者为担保人以将其货币存入债权人账户形式转移至债权人名下之情形，分别受该司

* 作者单位：北京市大兴区人民法院。

** 作者单位：海南省海口市中级人民法院。

*** 作者单位：海南省海口市中级人民法院。

**** 作者单位：四川省资阳市中级人民法院。

***** 作者单位：成渝金融法院。

法解释第 70 条和第 68 条第 1 款调整，以使之体系化。

刑法规制非法第四方支付的实践偏失与二维重构

何仕林 * 胡 银 ** 陈俊颖 ***

内容摘要：非法第四方支付在帮助网络黑灰产业转移资金、逃避监管过程中，形成了组织管理者、搭建运维者和下端参与者三个层级。囿于运营模式复杂多变、主体行为层次多样、法律规范竞合冲突以及办案实践的功利性，非法第四方支付提供网络支付结算帮助行为的罪名适用存在类案裁判相龃龉、裁判背离规范等问题。为妥当规制行为人非法利用第四方支付流转资金，应以罪刑法定原则和罪刑均衡原则为指引，以支付结算帮助型帮信罪为基础罪名，厘清基础罪名与关联犯罪共犯、支付结算型非法经营罪和掩隐罪的界分，同时立足三个层级主体的罪行、罪责，从实体和层级维度优化非法第四方支付提供网络支付结算帮助行为的罪名适用。

公正与效率之维：刑事二审案件开庭率低的深层省思与矫正路径

陈峻潇 **** 刘 璐 *****

内容摘要：本文从制度、程序、认知、实践条件四个维度对刑事二审案件开庭率低的问题进行深层省思，逐项剖析、层层检视深层动因，在此基础上，从充分关照司法现实、有效回应审判实践需求的立场出发，提出制度完善、程序优化、流程管控、配套提升四位一体的矫正方案，形塑刑事二审审理新模式。

* 作者单位：重庆市第二中级人民法院。

** 作者单位：重庆市长寿区人民法院。

*** 作者单位：成渝金融法院。

**** 作者单位：重庆市第一中级人民法院。

***** 作者单位：重庆市第一中级人民法院。

大数据时代司法公开个人信息的合理限度与规范路径
——以信息公开边界厘定为视角

卢　君[*]　黄　晨[**]

内容摘要：在“以公开促公正”目标指引下，司法公开伴随改革深化持续推进，近年来，随着大数据时代信息技术更迭迅速、个人信息保护重视程度提升、对司法公开规律认知渐趋深化，“全面、及时、实质”的公开理念已逐渐显现与个人信息保护不协调的弊端，出现个人信息过度披露、信息脱敏标准有待统一、公开对象扩大化、第三方数据还原等困境。实践困境的症结在于个人信息权利与知情权、数据共享安全等公共利益存在冲突，为此需引入比例原则从合法性、适当性、必要性角度综合权衡，确定个人信息公开合理边界的标准指引。与之同步，在公开机制方面，需要从公开理念转型、公开边界合理确定、完善公开程序保障三个方面，构建契合大数据时代信息传播特点的个人信息司法公开规则。

提级管辖案件推进统一法律适用的现状检视与实践进路

王法强[***]　吴　小[****]

内容摘要：为促进功能发挥，应立足提级管辖案件推进统一法律适用的功能原理、价值优势等理论基础，对案件体系进行合理类型化以作区分指引。具体实践进路上，可建构正面清单与反向排除并行的二元模式对“三类情形”案件进行识别，以科学方法加强完善院庭长对“三类情形”案件培育的监督管理，并明确“提级管辖+”机制为功能发挥的具体应用途径，最后通过健全当事人外部监督参与机制对推进功能发挥全过程进行评价反馈。

* 作者单位：重庆市第一中级人民法院。
** 作者单位：重庆市第一中级人民法院。
*** 作者单位：重庆市垫江县人民法院。
**** 作者单位：重庆市第三中级人民法院。

刑事再审抗诉制度运行中检察权与审判权的冲突与平衡
——以1212件刑事再审抗诉案件为研究样本

蒋佳芸*

内容摘要：经实证研究，在“以审判为中心”的诉讼制度改革以及监察体制改革的时代背景下，检察机关发动刑事再审抗诉大幅增加，在纠正刑事错案方面起到一定的积极作用。但同时，检察权存在不当扩张的趋势，再审抗诉制度运行存在一定程度的价值偏差，有必要对再审抗诉进行合理限制。本文以检察权与审判权的冲突和平衡为视角，围绕再审抗诉的合理限制问题，以检察权和审判权双向权力回归为基础，切入再审抗诉权消耗理论，探讨构建刑事再审抗诉的审查机制，从检察权的限制和裁判权的“松绑”两个层面展开，丰富再审抗诉制度的理论基础，从制度层面和司法运行层面提出具体措施及建议，以完善我国刑事再审抗诉制度。

撤销“消极不作为”父母监护权的司法实践检视与完善路径
——基于134份裁判文书的分析

秦丹丹**

内容摘要：父母监护权撤销制度是未成年人权益保护工作中的重要一环。《民法典》规定了两类撤销监护人资格的法定事由：积极侵害和消极不作为。消极不作为的侵害性一般不如“作为”那般直接强烈，撤销消极不作为父母监护权的司法适用标准值得探讨。本文从法院审理的消极不作为父母监护人资格撤销案件中，梳理出纯粹行为路径下撤销监护权制度易被滥用、行为与结果相结合路径下类案不同判、对抚养费承担主体避而不谈、对失职严重父母追责缺位等问题，从法律解释、法官价值判断、思想观念等方面深入分析成因，提出采用阶层认定裁判路径、穷尽其他救济手段进行完善。

* 作者单位：重庆市高级人民法院。

** 作者单位：重庆市南川区人民法院。

过程论研究范式下自动化行政裁量的司法审查

——以电子警察执法纠纷为例

赵小雨*

内容摘要：自动化技术的深度嵌入对行政裁量从实体到程序进行了结构性重塑，使得传统上作为单一行为的“行政行为”显现出动态和过程性的新特征。现有的审查模式基于“行政行为”概念而展开，具有静态、固定的局限性，无法适配行政行为的新特征，加上“知识困境”“裁量惰性”等原因，法官难以对涉技术难题的自动化行政裁量进行整体评价。过程论研究范式的引入使得法官将行政过程中各种相互关联的行为全部纳入审查范围，以全景敞视的动态视角审查自动化行政裁量的形成过程，借助专家证人和公众理性实现审查的科学化和民主化，确保非技术专家的法官能对涉技术难题的自动化行政裁量进行全面、动态的审查与控制。

从“幕后”到“台前”：刑事裁判回应类案参照的检视与规范

谭　卫**　胡　银***

内容摘要：类案检索制度中的类案参照“回应机制”是司法审判努力践行司法公开、促进司法公正和树立司法公信的有力举措，从而推动法律“成文法”与公众“心理法”的融合发展。然而，在类案参照回应需求极为旺盛的情况下，刑事裁判一定程度上显现出总体回应不足、回应方式不一、回应详略失当和回应目的异化等问题。究其原因，主要有控辩提出参照的类案不明确、类案显片面、时间未限定和方式不规范；法官回应类案参照受制于制度的非强制性和缺乏回应说理方法等因素影响；规范层面也存在回应时间、内容和载体不明等。因此，保障类案参照的程序实现，明确类案的供审程序；从案件类型维度和刑罚轻重维度扩充应予裁判文书回应类案参照的案件范围；建立以“要素比对＋演绎推理”模式的裁判文

*　作者单位：重庆市潼南县人民法院。

**　作者单位：重庆市长寿区人民法院。

***　作者单位：重庆市长寿区人民法院。

书回应说理方法为主，告知笔录、类案参照告知书为辅的类案参照回应方式，可以有效推动和完善刑事裁判回应类案参照机制的建构。

类案检索的“三环七法” 以关键词检索为引

程乃善* 王菊芳** 张 颖***

内容摘要：“效率与公正”命题下的法律适用统一与类案同判是司法公正的必然要求，而高效的类案检索机制和方法无疑对实现公正尤其重要。关键词是类案检索的“钥匙”和“密码”，找到准确的关键词是精准类案推送的前提。随着中国裁判文书网的日益完善，以关键词为切入点进行类案检索，能够有效衔接“案件事实类似、争议焦点类似、法律适用类似”的类案基本要素。然而，高效准确的类案检索思路和方法尚未形成。本文拟构建类案检索的“三环七法”，即通过对关键词的提炼、筛选、限缩等，从归纳核心案件事实、法律适用焦点等环节的特殊因素、阻断常规事由、案由、法条关联、焦点提炼等重要节点来寻找关键词，最后通过结果分析找到“类案”，以服务于法官认知和司法裁判。

“枫桥经验”语境下人民法庭执行案件模式探究

吴玉明****

内容摘要：人民法庭作为基层治理的重要机构，在乡村振兴与社会治理现代化进程中发挥着不可替代的作用。人民法庭参与执行程序在现阶段被重新提出和重视是强制执行理念、立法、实践三者互动的新阶段，是社会治理现实需要与执行司法实践对理念的一次校正。尽管人民法庭执行案件并非新生事物，但实践中依然面临理论争议和规范供给不足的困境，因此，本文将从理论上证成人民法庭执行案件的正当性与合理性，在坚守审执分离与审执衔接的限度与边界的前提下，探索建立更为合理的人民法庭执行案件工作机制：以“叠加效应”“协同效应”及“系统论”等原理为参

* 作者单位：重庆市铜梁区人民法院。
** 作者单位：重庆市铜梁区人民法院。
*** 作者单位：重庆市铜梁区人民法院。
**** 作者单位：重庆市渝北区人民法院。

照，提出建立“全流程执行效应覆盖机制”与“一体化运行模式下协助执行机制”相结合的人民法庭执行案件参考模式。

裁判文书公开由“全”至“优”的限缩路径构建
——以从“全面公开”向“选择性公开”转化为视角

郭琳佳 *　叶　潇 **

内容摘要：中国裁判文书公开经历了从选择性公开逐步到全面公开的过程，有力提升了司法透明度及公信力，与此同时，逐渐带来公开速度与公开质量失衡、公开信息与客观需求失配等问题，基于此，本文以提高文书公开质效、更好发挥司法职能为目标，提出当前裁判文书公开模式宜从应上尽上的“全面公开”向择优而上的“选择性公开”回归与转变的观点，并从文书公开价值驱动在依法依规前提不变的情况下，从“及时、真实、规范”向“全局、必要、优质”转变出发切入，进一步提出“选择性公开”的“三层面、三阶段、一核查”具体实操模型，并对该模型的具体运行方式进行论述及证成。

民事诉讼中区块链证据风险的全流程辨识与系统性规制
——基于 2018 年 1 月至 2023 年 8 月的 991 份民事裁判文书的实证考察

许世强 ***

内容摘要：随着数字时代的到来，越来越多的区块链证据进入民事诉讼程序并普遍得到采信，建构在“技术自证”之上的“真实性神话”逐步形成。但其风险也贯穿取证、存证、质证、认证全流程，出现源头失真风险、平台技术性风险、质证弱化风险、认证虚化风险，规制不当会损害司法公正和公信。规制区块链证据风险，实现理性回归，关键在于将技术治理与法律治理相结合，坚持分级分类原则，针对关键环节和重要风险点，强化源头治理，夯实程序控制，优化规则供给，以规范取证过程规制源头

* 作者单位：四川省成都市金牛区人民法院。
** 作者单位：四川省成都市金牛区人民法院。
*** 作者单位：四川省成都市郫都区人民法院。

失真风险，以技术前端控制规制平台技术性风险，以正当程序设置规制质证弱化风险，以理性审查规则规制认证虚化风险。

AI时代“深度伪造”技术滥用行为的刑法应对
——以“链式协作结构”为视角展开

周 斌* 王洪儒**

内容摘要：“深度伪造”是一种可通过算法合成虚假音视频的AI技术，具有高仿真、易操作的特点，已成为诸多新型网络犯罪的行为手段，对公民人身财产权利、公共秩序、国家安全带来巨大风险。“深度伪造”犯罪可划分为前、中、后三阶段，现有打击模式对前端行为适用侵犯公民个人信息罪、对后端行为适用其触犯的具体罪名，一定程度上忽视了中端行为即滥用“深度伪造”技术合成虚假音视频的独立危害性。在“链式协作结构”下，不同主体意思联络消解，中端行为规制阙如。中端行为实质是对个人信息的非法使用，侵犯法益为“个人信息使用自主”。建议在侵犯公民个人信息罪中新增一款，优化入罪标准，厘清“链式协作结构”不同环节下的定罪量刑规则，以实现罪责刑相适应，达成对“深度伪造”犯罪的全链条治理。这也是在AI时代防范个人信息被大规模滥用，保障好公正、效率等法的基本价值的应然选择。

十四年回首：终本案件财产不能处置认定标准的调试与完善
——以买卖合同效力为视角重塑财产处置能与不能新体系

徐贵勇*** 马聪聪****

内容摘要：终本作为一种结案方式已走过十四年历程，以财产不能处置为由违规终本结案问题较为突出。解决上述问题不仅是切实解决执行难的应有之义，更是人民群众感受公平正义的关键一步。究其根源在于，立法缺失、理论不足、认识不到位导致重结案轻财产处置，错误认定财产不

---

* 作者单位：四川省成都市新都区人民法院。

** 作者单位：四川省成都市新都区人民法院。

*** 作者单位：四川省成都市中级人民法院。

**** 作者单位：四川省成都市中级人民法院。

能处置的情形。为此，回归处置财产的本源即买卖财产，借鉴买卖合同无效认定标准，从两个层面改变过去以法院为中心的处置不能认定逻辑，建构以财产为中心的不能处置认定标准，将财产不能处置限制在两种类型，将处置失败与不能处置相区别。同步构建以财产处置为核心的评价体系，建立财产清单并动态维护，提出监管建议。提出立法建议，草拟《关于认定执行案件中财产不能处置的指导意见》。

“司法碳汇”模式下生态损害修复路径的探索与优化
——以 13 家高院发布的碳汇替代性修复首案为切入

易凌波 * 闫宇飞 ** 敬良鑫 ***

内容摘要：随着“双碳”理念逐步走入公众视野，多地法院在审理涉环境资源类案件时，通过判定由侵权人认购“碳汇”进行替代性修复，“司法碳汇”模式作为生态损害赔偿的一种新路径逐渐走进人们视野。通过对公开资料的梳理发现，截至 2023 年 7 月，已有多个地区发布了碳汇修复典型案例。本文以 13 家高院发布的碳汇修复首案为切入，并结合全国多地法院的探索实践，发现当前碳汇修复司法实践中还存在适用范围界定不明、鉴定流程不够规范、交易后端监管缺失等问题，影响了修复的效果和推广应用。对此，笔者借助当前环境司法领域的最新研究成果，结合司法在参与生态治理中的作用，提出“前端规范碳汇修复适用标准与修复方式”“中端明确碳汇损失鉴定标准与碳交易价格认定”“后端健全司法修复生态补偿机制与风险管控”的链条式全流程碳汇生态修复模式，以期为完善多元化生态损害赔偿模式提供借鉴。

*　作者单位：四川省崇州市人民法院。
**　作者单位：四川省崇州市人民法院。
***　作者单位：四川省崇州市人民法院。

实体和程序双重视角下无受审能力案件审判规则的全链条构建

周兴复[*]　游　鹛[**]

内容摘要：实践中被告人无受审能力成为案件长期未结的主要原因之一，此类案件的处理面临着证据、程序和实体上的三重障碍。重疾型缺席审判在启动条件上应注意界定“严重疾病”内涵，厘清“被告人、法定代理人、近亲属申请或同意”的顺序和人数，明确“被告人、法定代理人、近亲属均不申请或同意”时的处理方式；在审理程序上应注重被告人权利保障，确保控辩不失衡，在对被告人所作证据的审查上应综合被告人疾病发生发展规律、证据实际情况、诉讼阶段等多重维度，并可结合鉴定人出庭、专家论证等辅助方式来加以判断；在被告人判后执行上应关注被告人的服刑能力和社会危险性，根据不同情况作出类型化处理。本文针对被告人无受审能力案件所构建的审判规则对今后此类案件的审理具有重要参考价值，对重疾型缺席审判的立法完善也具有一定的启发意义。

拒不执行判决、裁定罪中“情节严重”认定的动态体系思辨与规范

——基于“定罪——量刑——说理”的三重涵摄

胡浪波[***]

内容摘要：“情节严重”作为《刑法》第313条规定的拒不执行判决、裁定罪的入罪、量刑、说理的客观规范要件，在司法认定中存在一些问题。借鉴动态系统论对本罪入罪—量刑—说理构成要素的价值位阶与判断标准进行界分可为上述困局探寻出纾解路径，即从法益要素，厘清拒执罪“情节严重”入罪的逻辑认定顺序及刑责转化衔接程序；从行为要素角度以金额大小和主观恶性制定规范的量刑标准；从结果要素角度以事实和法律相结合对个案裁判说理融贯证成，清晰列明条文依据，辅助法官在模糊

* 作者单位：四川省乐山市中级人民法院。

** 作者单位：四川省乐山市中级人民法院。

*** 作者单位：四川省泸州市中级人民法院。

泛化的法律命题中寻找个案答案，借此为法官适用拒执罪提供切中肯綮的体系化认定范式与形态注解。

从“有力”到“有效”：体系解释视域下毒品犯罪中“无论数量多少”的适用误区及其匡正

——基于2085份一审裁判文书的实证研究

程德栋*

内容摘要：毒品犯罪并非最严重的罪行，严刑峻法更非治理毒品犯罪的有效路径，毒品犯罪被告人与国家、社会之间不是简单的“物理对抗”关系，而是复杂的“化学融合”关系，从严治毒的本质内涵是强调刑罚的严密性与确定性，极个别情况下突出严厉性。为此，笔者认为对“无论数量多少”应进行体系解释，入罪阶段应受到《刑法》第13条但书“情节显著轻微”的制约，量刑阶段应遵循《刑法》第5条罪责刑相适应的基本原则，行刑阶段应考量《刑法》第72条缓刑的适用条件，推动“无论数量多少”与其他刑法条文的契合与融洽，并在刑法整体框架下理性运作。

涉案财物与定罪量刑脱钩办理的现实需要及理论可能

——遏制“重罪刑，轻涉案财物”理念作用的设想与论证

龚建元**　孙祥建***

内容摘要：一直以来，涉案财物必须与定罪量刑绑定办理，因而二者对办案力量形成竞争关系且由办案人员主观调度，这为“重罪刑，轻涉案财物”理念提供了空间：涉案财物应分配到的办案力量被转移给定罪量刑，因而被削弱；监督重点也聚焦于罪刑部分，使涉案财物得以避开监督的火力而可滥竽充数。因此，涉案财物长期非实质化办理，其判项内容与规定不符。“重罪刑，轻涉案财物”理念难以短期消灭，故遏制该理念的关键在于解除绑定关系。脱钩办理可避免涉案财物办案力量被侵夺和滥竽充数可能，是对症之药，且有质效优势和理论可能：涉案财物与罪刑无关

* 作者单位：四川省南江县人民法院。

** 作者单位：四川省攀枝花市中级人民法院。

*** 作者单位：四川省攀枝花市中级人民法院。

联，证明标准也不同，赃物另行处理、继续追缴等规定实际上就是脱钩办理；行政处罚也有涉案财物处理，非刑诉独有；行为人逃匿、死亡案件违法所得没收程序开了脱钩办理之先河。脱钩后设立“对物诉讼”或“脱刑入行”是两大方向。

预防性环境民事公益诉讼中重大风险的识别与量化标准确定

尹翠萍*

内容摘要：预防性环境民事公益诉讼将生态环境风险预防提升至事前，有力阻断严重或不可逆转的生态环境损害的发生。识别是否具有损害社会公共利益的重大风险是预防性环境民事公益诉讼的核心。然而，相对于已发生的损害，重大风险具有不确定性。样本检视发现，何为“重大风险”，实践中形成不同的判断标准，对公正司法预防环境风险形成桎梏。本文从法律、环境等因素分析了重大风险出现差异化判断的原因，基于巨蟒峰案的思考对重大风险进行定性分析，引入概率理论对重大风险构建量化设想：厘定风险发生概率、判断风险影响程度，结合风险概率——影响矩阵量化重大风险，并辅之以利益衡量等，从而破解重大风险识别困境，发挥公正司法预防生态环境风险的作用。

从幕后到台前：行政争议实质化解视域下行政诉讼调解制度的反思与重构

——以全国法院2018-2022年行政调撤案件为分析样本

李烈菊**

内容摘要：自1989年颁布的《行政诉讼法》明确规定人民法院审理行政案件不适用调解，至今历经几次修订虽实现了从完全禁止调解到仅三类案件可进行调解的转变，但均未实现“解禁”。当前，行政诉讼案件数量逐年上升，并存在“三高两低”的突出问题，实质性化解行政争议已成为时代命题，人民法院在行政审判中注重调解工作的开展。本文提出顺应

* 作者单位：四川省什邡市人民法院。

** 作者单位：四川省安岳县人民法院。

社会转型发展及司法实践需要确认行政诉讼调解的合法地位，使行政诉讼调解从幕后到台前，通过厘定拓展行政诉讼调解的案件范围并逐步解除限制调解以契合司法实践、回应社会需求；建立调前会议释明制度、引入调解协议的司法确认、畅通诉非衔接渠道、建立监督配套机制以革新行政诉讼调解程序。在坚守法治的框架下，重构符合我国国情的行政诉讼调解制度，全面激活行政诉讼调解的制度效能，实现行政争议实质化解。

司法裁判参引法律学说：问题审思与规则建构

何良彬*

内容摘要：法律学说与司法裁判之间有着悠久且深刻的互动关系。我国民法典虽未将法律学说列入正式法源，《最高人民法院关于加强和规范裁判文书释法说理的指导意见》首次将“法理及通行学术观点”列入七种裁判论据之一，但未作具体规定，司法裁判参引法律学说之价值功能与操作研究仍有待深化。本文在梳理法律学说法源性历史、近代以来法典化演变基础上，剖析司法裁判参引法律学说的不足，肯定法律学说对司法裁判之价值功能，提出构建完善司法裁判参引法律学说的体系化共性规则建议。

论案件权重系数机制与法官办案数量考核的冲突与变革

——以人员分类管理改革为研究视角

颜　源**　祖　鹏***　王艳华****

内容摘要：本文第一部分，提出该机制在实践中存在的“与日常审判管理有些脱节”“在法官业绩考核中作用发挥有限”“理论和实践质疑一直存在”的运行困境。第二部分，指出运行困境的根因在于该机制与我国法官业绩考核遵循的目标管理的理论逻辑不匹配。首先，介绍了“目标管理论”的基本内涵、特征。其次，从我国集体行权模式的审判权配置、监督

*　作者单位：四川省成都高新技术产业开发区人民法院。

**　作者单位：贵州省高级人民法院。

***　作者单位：北京市丰台区人民法院。

****　作者单位：北京市丰台区人民法院。

规范保障审判权运行的必要、法院队伍属于典型的知识型结构人才等三个角度，论证我国法官绩效考核与目标管理论的契合。最后，分析案件权重系数机制与目标管理的三大核心冲突，得出案件权重系数机制不适合我国司法实践，反而会干扰公正司法实现的结论。第三部分，聚焦影响法官办案数量考核的“人”这一因素，立足人员分类管理的改革要求，提出在法官办案数量的业绩考核中量化考核各类人员贡献度的思路，并结合基层法院五年的探索实践提出“人力资源系数”考核机制，突出强调组织领导下的法官个体权力、责任、利益融为一体，将不同人员的职责权限量化到审判团队的办案工作量上，同步建立起以审判团队为主体的法官助理业绩考核体系，最终找到符合中国特色社会主义司法制度的一套低成本、易操作、有实效、可复制的法官办案数量业绩考核方案。

物业纠纷前端化解机制研究

——以 × 市法院裁判为例

史顺宁* 贺 欢** 卢红军***

内容摘要：随着越来越多的城镇居民进入小区化的居住模式，居民法治意识的不断增强，小区业主与物业公司①之间的矛盾凸显，由此引发的物业纠纷呈骤增态势。物业纠纷具有涉众广、影响大的特点，若处理不当，容易激化矛盾，影响人民群众安居乐业，不利于社区的和谐稳定和平安城市建设。对物业纠纷前端化解机制进行研究，力求将纠纷化解在萌芽阶段，从根本上解决物业纠纷频发的现实难题，切实提高居民生活幸福感，对当下城市治理能力现代化的提升具有积极意义。

* 作者单位：贵州省兴义市人民法院。

** 作者单位：贵州省兴义市人民法院。

*** 作者单位：贵州省兴义市人民法院。

① 《民法典》中规定物业服务人包括物业服务企业和其他管理人，司法实践中，涉物业纠纷案件主体多为物业公司，故本文主要以物业公司作为陈述对象，不再进行细化。

财产保全损害赔偿请求权构成要件的司法判断
——基于对最高人民法院和各省高院 59 份生效判决及 4 份公报案例的分析

孟荣钊[*]　王蕙巧[**]

内容摘要：无救济则无权利，财产保全损害赔偿请求权是被保全人合法权益的重要保障。损害赔偿之债最重要且最复杂的部分是其归责问题。本文以请求权基础方法为理论框架，剖析了最高人民法院和各省高院近六年 59 份生效判决及 4 份公报案例，探讨财产保全损害赔偿请求权重点构成要件的司法判断标准。首先，梳理理论观点和司法实践明确应适用过错责任归责原则认定“申请有错误”，结合一般侵权过错责任归责原则的四个共性构成要件与财产保全损害赔偿责任纠纷的个性特征，归纳了财产保全损害赔偿请求权构成要件的“两阶三层四步”检视程式。其次，针对实务中存在认定困难的“行为违法性、主观过错、损害结果、责任范围因果关系”这四个构成要件，详细剖析了样本判决的判断标准。最后，根据分析结果提炼出四个重难点构成要件的权威性判断标准。

互动与博弈：“替代性”司法的困境及进径

马　伟[***]　陶　杰[****]　李睿熙[*****]

内容摘要：社会多元解纷体系下，执法、司法具有自身的功能和定位，在彼此的互动中共同实现纠纷化解。本文第一部分通过安阳“狗咬人”事件中侵权者和执法者共同选择“司法模式”的反常现象，以及司法替代现象的多发高发，分析“替代性”司法的表象及特征。第二部分通过对司法“替代”现象突出的涉“违建”类排除妨害案例进行梳理和数据解构，分析“替代性”司法的危害和无效。第三部分以布迪厄的场域理论为

* 作者单位：贵州省遵义市红花岗区人民法院。
** 作者单位：中国政法大学。
*** 作者单位：贵州省安顺市中级人民法院。
**** 作者单位：北京市怀柔区人民法院。
***** 作者单位：北京市怀柔区人民法院。

模型，解析“替代性”司法源于场域中主体博弈的失衡。第四部分从场域的边界、场域的资源、场域的规则三维度，构建司法嵌入社会治理的方式和渠道，发挥司法与其他治理主体互相连接、补给与形塑功能，实现社会治理系统内部结构有序关联、有效运转。

个人信息保护公益诉讼的生成机理、适用困境与规范进路

——基于210份裁判文书的实证分析

陈　圳*

内容摘要：个人信息遭泄露、违法收集、利用等事件严重影响人民群众的获得感、幸福感和安全感，加大了社会公共安全治理难度。司法机关作为社会治理中的关键主体，在个人信息治理中主动适应新时代发展要求，个人信息保护公益诉讼应运而生。作为一项新生的、独具中国特色的制度，当前无论是学术界还是实务界对其的研究成果和实践均显得凤毛麟角。本文重新梳理了个人信息保护公益诉讼法理基础的相关理论，依托全国范围内的210份裁判文书，实证分析了当前司法实践中存在基本适用条件不明确、民事责任适用混乱、诉讼程序有待优化等问题，影响公正与效率；在公正司法理念的指引下，就如何解决相关问题、规范此类诉讼的审理提出意见和建议。

裁判文书“尾部”的正义：离婚案件诉讼费用负担机制重构

——兼论败诉方负担诉费规则的修正

郑　丽**　高春乾***　黄慧婧****

内容摘要：诉讼费用负担因居于裁判文书“尾部”未引起理论界与实务界的足够重视。《诉讼费用交纳办法》第33条系针对离婚案件诉费负担的特别规定，属于“败诉方负担诉费规则”的例外，但适用中一定程度上存在不知用、不会用、用不好的问题。其成因既在于细化规范供给的不足

* 作者单位：云南省盐津县人民法院。

** 作者单位：西藏自治区高级人民法院。

*** 作者单位：北京市第一中级人民法院。

**** 作者单位：北京市第一中级人民法院。

与离婚案件考量的多元，又源于诉费负担论证义务的缺位与异议救济的虚化。在分析诉费性质与功能的基础上，本文厘清了离婚案件的形成之诉形态、司法耗费较高、实体规范目标及审判改革导向特性是使其诉费负担有别于一般案件的根源，进而设计其诉费负担的实体规则和程序规则。其他案件中，案件属性特质、司法成本耗费、负担主体局限等构成修正“败诉方负担诉费规则”的正当基础，可从特种诉讼中的诉费共担原则、悖于诚信时的负担义务强化、瑕疵审判时的负担主体转移及适当情形下的实体价值渗透等方面充实例外规则体系。

售后回租型融资租赁中“租赁物”的权利内容和实现方式
——以功能主义担保观为视角

刘　群[*]　贺　洁[**]　管辉寰[***]

内容摘要：在售后回租型融资租赁这一典型的将物作为债权担保的交易模式中，租赁物的所有权构造在严格意义上并不完整，物的处分权能和担保功能在具体交易中难以同时实现，且租赁物变现后的债务清偿问题及优先权顺位同样难以确定。造成这一困扰的主要原因是仅以形式主义来界定租赁物的构造和权能，显然无法与融资租赁交易逻辑与商业目的准确匹配，而解决思路之一是采用功能主义的视角分析租赁物的法律意义，以物的担保权能为锚点，重新解释租赁物的权利内容和实现方式。

农村宅基地上共建房屋权属司法认定标准探究
——基于对中国裁判文书网上相关判决的考察

何文涛[****]　崔吟楠[*****]

内容摘要：共建农房权属司法认定的争点在于农村宅基地使用权具有身份专属性，农村村民与非集体成员协议共建农房并进行分割，非集体成

*　作者单位：陕西省延安市中级人民法院。
**　作者单位：陕西省延安市中级人民法院。
***　作者单位：西安交通大学。
****　作者单位：陕西省周至县人民法院。
*****　作者单位：陕西省周至县人民法院。

员取得部分房屋所有权是否违反农村宅基地政策。因此主要存在共建农房全部由“村民所有”和双方依分割协议对房屋“区分所有”两种认定标准。“村民所有”标准否定共建农房行为的合法性，不利于裁判公正。“区分所有”标准确认双方按照分割协议各自对所建房屋的一部分享有所有权，是建筑物区分所有权理论在共建农房权属司法认定中的具体适用，该标准指出共建农房行为并不违反农村宅基地政策，恰与宅基地保障农民居住权宗旨相一致。以此认定农房权属还有利于平等保护当事人财产权，实现裁判结论合理可接受性的同时，亦能发挥司法裁判促进社会治理的服务型司法功能。

“三审合一”背景下知识产权刑民交叉案件审理模式的选择

孙　那* 赵　媛** 鲍一鸣***

内容摘要：知识产权刑民交叉案件体现了多层次的法律评价及法秩序统一的要求。重点在于刑民责任承担、证明和刑民程序衔接等标准制定的问题，以明确罪与非罪的界限、协调民刑赔偿数额及责任承担方式，厘清“先刑后民”“先民后刑”“刑民并行”逻辑顺位和适用情形。在回应知识产权刑民交叉难点争点的基础上，规范刑事民事认定同一法律事实或同一法律关系的界分标准和统合程式，形成构成要件的类型化体系化逻辑闭环和内在链接。刑民交叉审理顺序不得简单依据私权让位于公共利益的传统理念，应当结合知识产权司法审判和检察经验，依据利益保护原则、刑法谦抑性原则和类型化方法，规范民刑程序举证、证明标准及责任承担衔接，保障权利人获取及时救济和避免对行为人重复评价。

* 作者单位：西安交通大学。
** 作者单位：陕西省西安市雁塔区人民法院。
*** 作者单位：西安交通大学。

新效率评价指标："法定审限内状态率"构建研究

高　波[*]　刘秦瑜[**]　祝仁虹[***]

内容摘要：本文在找出问题症结的基础上，提出合理构建办案评价指标大体系、辅助合成效率评价小体系、设立新指标"法定审限内状态率"，评价全部（已结未结）案件的办案效率三个针对性解决方案；随后以 2022 年度 S 省 T 中院辖区的办案数据为样本，在三个不同层级法院进行实证分析，推导出设置新指标合理区间为 89.1% ≤ "法定审限内状态率" ≤ 91.3%，既能确保结收比指标不低于 1.0，又兼顾评价了未结案件是否在法定审限内的状态。该结论符合实际情况，遵循司法规律，是对办案效率评价指标体系的有力完善和补充，具有一定的推广应用价值。

论离婚协议中不动产归属约定对强制执行的排除力

——以夫妻共同财产执行为视角

李　勇[****]

内容摘要：外观主义是民商法领域为了维护市场稳定、保障市场交易而确立的基本原则，而物权公示原则就是外观主义在财产法领域的反映。近些年，外观主义有逐渐扩大适用的趋势，尤其在确权之诉和执行异议之诉类案件中表现得较为明显。物权公示其中要义在于对信赖利益的保护，是确定所有权的基本依据。夫妻双方在离婚时就共同财产的约定实际上是对共同所有权所作的处分，体现出夫妻双方的意思自治，但是实践中往往会出现意思自治与物权公示的冲突，尤其在强制执行领域如何调和"显名权利人"与"隐名权利人"之间的利益表现得特别突出。夫妻双方协议将共同所有的不动产分割给另一方，但未办理产权转移登记能否排除强制执行？如不能排除强制执行该如何实施执行？是执行实施中常遇到的问题。如何保障隐名权利人的权益亟待澄清。本文通过调研大量的司法案例，归

* 作者单位：西安铁路运输中级法院。
** 作者单位：西安铁路运输中级法院。
*** 作者单位：西安铁路运输中级法院。
**** 作者单位：陕西省西乡县人民法院。

纳出实践中对协议离婚中涉案分割房产执行的两种模式，分析了实践中存在的离婚协议约定房产权属执行中的路径解释困惑及执行扩张力困境，针对上述困境提出了四个路径方向：（1）坚持用权利位阶理念衡量权利冲突；（2）细化离婚协议约定不动产归属排除强制执行的要素；（3）细化离婚协议约定归属不动产的执行程序；（4）夫妻共同财产可操作的执行路径。

从无序到规范：执行分配方案异议之诉裁判的现状审视与规则续造

——基于B市法院118份裁判文书的考察

刘彦荣* 余　淼** 张　焱***

内容摘要：在我国有限破产制度下，为解决不具备破产能力公民或者其他组织向所有债权人公平有序地清偿，分配方案异议程序发挥着重要的作用。但目前，我国法律对执行分配方案异议之诉的规定较为笼统，导致司法实践中异议人提起的异议事由多样、诉讼请求混乱、审理范围不明及裁判结果不一，影响了案件执行的效率，损害司法的严肃性。本文通过研究B市法院近五年涉执行分配方案异议之诉案件的裁判文书，归纳总结文书中存在的实际问题，分析执行分配方案异议之诉作为执行案件的延伸程序，应当以执行效率作为优先考虑价值，并以诉讼的性质及判决的效力等作为理论支撑，通过引导异议人提出规范的诉讼请求，最终确立该类案件的裁判规则，充分保障异议人异议权的实现，促进执行案件的顺利执行。

出售式重整的理论证成与规则完善

王　芳**** 王玲芳*****

内容摘要：出售式重整系以重整计划为载体出售债务人有活力的营业事业，此种模式是我国近年来破产重整实践中的一种新类型。由于对其规

* 作者单位：甘肃省高级人民法院。
** 作者单位：北京市昌平区人民法院。
*** 作者单位：北京市昌平区人民法院。
**** 作者单位：甘肃省高级人民法院。
***** 作者单位：北京市第一中级人民法院。

制的法律规范不足，出售式重整面临如何界定清算与重整制度适用、债权人保护、重整计划执行等问题的挑战，其既与存续式重整在出售标的、范围上存在区别，又在重整属性与效果上保持一致。债务人财产在采用出售式重整时，也可同时适用我国《企业破产法》破产清算程序中“出售营业和资产”的相关规定，由管理人对部分资产进行先期出售，或者在重整计划批准后出售剩余资产。重整中对部分财产进行清算出售仅限现金一次性交易处置范畴，否则应当通过重整程序进行。出售式重整本质上仍是重整，接收营运事业而新设的主体仍为“债务人”范畴，其参与重整计划执行，执行完毕后对新申报债权亦应按照重整计划同类债权进行清偿；如果重整计划不能执行或不执行，新设主体亦应被宣告破产，从而切实保障全体债权人权益。

新时代“枫桥经验”指引下家庭教育令的司法优化及治理完善路径

——以构建“阶梯式”的适用体系为核心

周红霞[*]　宁　韬[**]　孙　慧[***]

内容摘要：2023年5月30日《最高人民法院关于开展家庭教育指导工作的意见》发布后解决了实践中开展家庭教育指导存在的一些问题，但该项制度在运行方面仍需进一步完善。本文第一部分分析人民法院开展家庭教育指导过程中呈现的六大特点四项问题；第二部分从“查情难、施压难、对症难、效用难”四个方面揭示问题存在的原因；第三部分以“行为+后果”为坐标，建构家庭教育令的“阶梯式”司法适用体系；第四部分将“枫桥经验”的理念融入家庭教育令中，引入社会综合治理的理念，分别从打造“共性+个性”的家事审判职能延伸路径。

*　作者单位：甘肃省高级人民法院。

**　作者单位：北京市第一中级人民法院。

***　作者单位：北京市第一中级人民法院。

诉讼系属中当事人注销登记后的程序应对

马超雄 [*] 孙启英 [**]

内容摘要：司法实践中，公司等法人组织在诉讼过程中注销登记的情形时有发生，对此有必要探讨具体的程序应对。本文以公司注销登记为具体对象展开探讨，通过检视司法实践对“中止诉讼＋诉讼承继”模式的不同态度，归纳出分歧的基本原因是对法律条文中权利义务“承受人”范围的认识分歧。以统一法律适用为基本目标，本文通过分析民法视角下公司注销登记后的权利义务变动，认为《民事诉讼法》中的法定“中止诉讼＋诉讼承继”模式的适用范围仅限于公司因合并或者分立而注销登记的情形。但是，本文的讨论并未止于对现行法律的解释。针对公司在诉讼中非因合并、分立而终止的情形，从程序法面向看，以贯彻诉讼经济和实质性解决纠纷原则为目的，以程序保障和处分原则为正当性，可以根据不同诉讼阶段和当事人意愿并结合“诉的利益”因素，以扩张适用“中止诉讼＋诉讼承继”模式作为应对。

区块链虚拟货币合同的效力与责任承担

李洪威 [***] 朱丽梅 [****]

内容摘要：区块链虚拟货币因其匿名性、防篡改性、交易便捷性等特点，被众多用户接受和使用。虚拟货币的本质是使用群体共同记录并维护的账本信息，其价值根源于安全高效的支付功能。2021 年中国人民银行等十部门《关于进一步防范和处置虚拟货币交易炒作风险的通知》等规范未明确非经营性交易虚拟货币的效力和责任，导致司法实践中对虚拟货币买卖、借贷、委托投资等纠纷处理产生了分歧，形成了支持返还请求、驳回返还请求、驳回起诉、损失各半承担等多种裁判路径。虚拟货币严重扰乱金融秩序，影响金融稳定，司法应当与金融监管政策保持一致，认定虚拟

* 作者单位：北京市大兴区人民法院。

** 作者单位：青海省高级人民法院。

*** 作者单位：北京市第一中级人民法院。

**** 作者单位：宁夏回族自治区高级人民法院。

货币交易合同因违背公序良俗而无效。合同无效后，综合考量规范目的、实质公平、法秩序统一等因素，因合同取得的人民币应予返还，造成的人民币损失应由双方按过错承担。虚拟货币无合法定价，法律应视其价值为零，司法不应以人民币折价赔偿虚拟货币损失，否则将变相支持虚拟货币的交易和流通。为从源头上遏制虚拟货币交易，虚拟货币不受法律保护，应适用不法原因给付不得返还之规则，合同无效后因合同给付的虚拟货币不予返还。

民事禁止重复起诉规则的检视与修正

刘文欣*

内容摘要：民事禁止重复起诉规则面临着立法不足的困境，有必要予以检视和修正。在功能定位上，破除私益与公益之分野，实现二者有机统一；在识别机制上，确定“主体标的诉因”的“新三同”标准；在既判力范围上，以“主体客观时间”为维度，界定效力区间。另外，应严格限定再审的启动条件，尝试建立分级终审制。在非典型性诉讼形态下，对一部分请求予以适当限制而非完全肯定，对抵销抗辩则要视其是否被纳入审理对象并获得支持，区分认定是否构成重复起诉。

从实然到适然：数据动态流动下的民刑协同法律保障体系构建

许　芳**　李嘉菲***

内容摘要：大数据时代，我国数字经济发展逐渐步入深水区，针对个人数据、企业数据乃至国家安全数据的违法犯罪行为日益凸显，严重影响社会生活的多个层面。数据具有鲜明的动态流动特性，内在体现为从产生到销毁的全生命周期，外在体现为个人数据基础的“元数据”向上汇聚，并最终形成商业数据库或国家数据，单独依靠民法或刑法均难以有效规制，构建刑民结合的立体保障体系势在必行。安全与发展是数据动态流动

* 作者单位：新疆维吾尔自治区乌鲁木齐市天山区人民法院。
** 作者单位：新疆维吾尔自治区高级人民法院。
*** 作者单位：北京市东城区人民法院。

的两大核心命题。本文在辨析数据概念及其动态流动属性的基础上，主张以民刑双层视野进行数据治理。在立法上关注数据独立法益，在实体上明晰刑民交叉案件审理规则，在程序上完善公益诉讼制度，从而既保障不同主体数据权益，又激活数据创新价值。

数字经济视域下金融消费者个人信息保护问题研究

——以259份裁判文书和33份行政处罚决定为样本

徐宇翔* 刘慧慧**

内容摘要：数字经济的发展对金融业的影响极为深远。在金融消费者个人保护领域，本文通过对相关司法案件和处罚决定的汇总和梳理，发现现阶段存在相关纠纷数量较大、审理难度较高、侵权行为集中，纠纷的产生原因在于数字经济发展带来的个人金融信息保护与企业数据权益的边界不清，消费金融机构“合理”使用金融消费者个人信息的尺度难以把握，以及数字化的金融消费者个人信息网络监管能力有待提高的特点。这些表象原因的背后，关涉金融消费者个人信息保护法学理论中金融隐私权的细化、金融消费者权益保护理论的限缩，现有法律规范中消费金融机构“合理”使用的标准、个人信息保护法律责任划分的明确性不足及信息监管中监管机构多头执法问题突出、信息技术监管措施需要协调等问题。为应对数字经济背景下的诸多挑战，应在理论上重构个人信息保护原则，在规则上划定个人金融信息保护法律责任，在监管上规范监管主体和监管方式。

长期未结案考核机制运行的效果检视与重塑路径探析

——以A市F区法院考核数据为分析样本

孙 琳***

内容摘要：司法考核是法院审判管理的“体检表”。通过反思长期未结案考核机制对A市F区法院长期未结案监管的表层效果和实质效果发现，当前司法实践中，法院清理长期未结案存在一些问题。指出其背后隐

* 作者单位：北京金融法院。

** 作者单位：新疆生产建设兵团巴里坤垦区人民法院。

*** 作者单位：中国社会科学院大学。

含的是，长期未结案考核机制亟须完善、法院以长期未结案考核为中心的监管机制，以及法官以提升长期未结案考核指标值为目的的清理动机。就其实质而言，当前法院审判管理工作已异化为以司法考核为中心的唯“数字化”的策略性应对。因此，秉承推进审判管理现代化的理念，制定符合司法规律的考核机制并建立体系化的运用保障机制，是当前法院重塑长期未结案考核机制的首要和关键。

专业性与经验性交织：法医精神病鉴定意见可靠性判定的争议、基准与路径

周维平 *

内容摘要：要改变当前盲目信任鉴定意见、轻易启动重新鉴定等问题，对法医精神病鉴定意见的审查需要从程序规范走向实体可靠，当前可靠性判定面临着基础复杂、基准缺乏、指向不明、规则不清等障碍。对法医精神病鉴定意见可靠性审查的前提是要明确其自身复杂性，即存在医学与法学的交织、回溯性与主观性的并存和自然科学与社会评价的交错等三大特征。在此基础上需要明确可靠性判定的五项思维基准，即理念在于有责推定、模式在于选择判断、要义偏重实质判断、内容偏重行为能力及标准要兼具常理性、逻辑性与充分性等思维基准。实践中鉴定意见的可靠性判定可从五个方面展开：一是对鉴定准备重点判定鉴定资料是否全面、充分与可靠；二是对鉴定方法重点判定鉴定方法是否符合常规；三是对论证过程重点判定前提对结论的双重支持是否强力；四是对内容协调重点判定鉴定意见与在案其他证据之间是否存在无法得到合理解释的矛盾；五是对判定程序重点立足庭审并可从三条路径展开。

* 作者单位：中国政法大学。

附一：

全国法院第三十五届学术讨论会获奖名单

一等奖（部分）

行政案件争点的析出与展开
——实质解决行政争议的审判规范路径
江苏省南通市中级人民法院　高　鸿
江苏省南通市中级人民法院　张娟娟

“小案”助推基层社会治理的内生动力与培育路径探究
福建省高级人民法院　董　琦
北京市第二中级人民法院　郭　融

“查”与“明”之间：域外法法律意见书适用检视与功能修正
北京市第四中级人民法院　张　玮

互联互通视角下互联网平台“围墙花园”行为的认定与裁判路径
福建省厦门市思明区人民法院　杨　帆
福建省厦门市思明区人民法院　王　昕

家事裁判文书中的情理判词辨析与规范
江西省宁都县人民法院　刘　娇

殊途何以同归：非典型扰乱诉讼秩序行为的认定及规制
江苏省靖江市人民法院　吴　丹
江苏省靖江市人民法院　兰　垒

耦合与解耦：审判质量评估与审判业绩考核的双向互动与层次化应用
——以S市法院新指标体系的衔接和适配为研究对象
上海市奉贤区人民法院　胡静静
上海市奉贤区人民法院　王月青

从失范到纾解：法益重释视域下网络数据犯罪的规制路径研究
——以近三年相关判决为研究样本
河南省三门峡市中级人民法院　白旭春
河南省三门峡市中级人民法院　段明苒

走出“布雷斯悖论”：多元解纷工作站运行形式化现象的反思与矫正

湖南省长沙市开福区人民法院　吴　欣
湖南省长沙市开福区人民法院　文　兰
湖南省长沙市中级人民法院　周嘉欣

行政诉讼重作判决的困境与出路
——基于对178份行政判决书的实证考察

北京市海淀区人民法院　黄志勇
北京市海淀区人民法院　周　洋
北京市东城区人民法院　张萌萌

粤港澳大湾区内地法院实质性推行当事人主义送达的路径探索

广东省广州市南沙区人民法院　赵　丽
广东省广州市南沙区人民法院　刘慧娟

司法裁判中事实解释的运用偏差及修正路径

江苏省淮安市中级人民法院　解思辛
南京海事法院　姬美修

财产保全申请错误的过错审查路径研究
——基于司法统计的类型化分析

陕西省高级人民法院　张　洁

法律系统论视角下司法裁判实现“三个效果”的评价及优化逻辑

四川省高级人民法院　王　敏

由“静”到“动”：裁判规则统一适用难点与优化设计
——以最高人民法院民事指导案例的适用为视角

四川省阆中市人民法院　任雅莉
四川省阆中市人民法院　伏　瑚

三十年回眸：空间视角下海事派出法庭职能的类型化构建
——以服务国家战略为中心

青岛海事法院　匡　浩

实质性理由为核心的裁判规则提炼方法研究
——以构建“实质性类案同判观”为视角

西藏自治区高级人民法院　卓　玛
安徽省蚌埠市禹会区人民法院　王　静
安徽省蚌埠市中级人民法院　李　庆

司法裁判援引司法政策的思辨与规范
——以《人民法院报》发布的63个典型司法政策为分析样本

重庆市南岸区人民法院　詹　亮
重庆市南岸区人民法院　吴广哲

从"件"到"案"：全流程案号制度的思辨与建构
——以跨程序、跨法院、跨层级的案件连续管理为视角
四川省遂宁市中级人民法院　刘　奕

电信网络诈骗犯罪定量证明之综合认定规则优化
——以诉讼内外部认知过程为分析路径
江西省抚州市中级人民法院　周战武

二等奖（部分）

协同主义诉讼模式下类案释明回应的机制构建
北京市第二中级人民法院　朱鑫壤
最高人民法院　张　奎

给"程序"瘦身：民事纠纷"另案处理"的规制路径
——以实质性化解纠纷为视角
北京市第三中级人民法院　樊思迪
北京市第三中级人民法院　屈露露
最高人民法院　邱　江

污染环境刑事附带民事公益诉讼程序的系统性检视与效能激活路径
北京市东城区人民法院　石　魏
北京市东城区人民法院　马媛婧
最高人民法院　李　思

ChatGPT 生命全周期之安全风险及法律规制
——以内核优化外核规制为视角
北京市东城区人民法院　石　魏
最高人民法院　李　思
北京市第四中级人民法院　江珞伊

直播带货虚假宣传行为责任认定的司法困境与完善
北京市密云区人民法院　千潘亭
最高人民法院　张　锐

合议庭内部业绩考核的理性思辨与机制构建
——以绩效评估三层次三核心为视角
最高人民法院　梁代杰
北京市高级人民法院　史江伟
北京市西城区人民法院　陈　欢

民事案件简式文书适用的现状审视和规则完善
——以基层法院为视角

最高人民法院　王　硕
北京市顺义区人民法院　王媛媛
北京市顺义区人民法院　慈映涵

展示与回应：刑事裁判文书援引法律学说的思辨与规范
——以构建“对话援引方式”为路径

最高人民法院　周晨曦
江西省奉新县人民法院　张子星
江西省奉新县人民法院　黄　燕

“撤销与许可执行之诉”的思辨及构建
——以规制被执行人恶意转让责任财产为视角

北京市大兴区人民法院　丁奕涵

消极确认之诉证明责任分配规则构建
——“规范说”在非常规诉讼逻辑中的分类适用与调适

北京市第二中级人民法院　周　珍
北京市第二中级人民法院　毛金虎

全面注册制背景下上市挂牌公司未披露的对赌协议效力规则优化
——基于机构投资者、融资企业与公众投资者的利益平衡

北京市第二中级人民法院　李　雪
北京市第二中级人民法院　孙　盈
北京市第二中级人民法院　赵　桐

指导性案例裁判理由的功能定位与编纂方法
——以增强案例适用性、指导性为目标

北京市第二中级人民法院　孙　盈
北京市第二中级人民法院　李　杰
北京市高级人民法院　何　琴

平台“违规用户处理规则”审查路径重构

北京市第一中级人民法院　葛媛媛

劳动关系中算法性别歧视的现状检视与侵权救济

北京市东城区人民法院　刘连康
北京市东城区人民法院　李彦宏

行政赔偿案件财产损害事实证明责任规则完善研究

北京市房山区人民法院　周　扬
北京市第二中级人民法院　朱彬彬

执行异议中股权让与担保裁判的理性思辨与规则构建

北京市丰台区人民法院　张海波
北京市丰台区人民法院　常　萌
北京市丰台区人民法院　刘　泽

以技术与法益的双重视角界分厘定破坏计算机信息系统罪

北京市海淀区人民法院　张　鹏
北京市海淀区人民法院　尹黎卉
北京市高级人民法院　李春华

证券虚假陈述中会计师事务所侵权责任司法认定
——以“多因一果”的识别、界分与校准为视角

北京市西城区人民法院　余周祺
北京金融法院　廖　钰

行政裁决案件中变更判决的适用与规制
——以破解权属类纠纷“循环诉讼”怪圈为视角

北京市延庆区人民法院　王　芹

“三阶九步法”：民事案件适用习惯裁判的规程构建

北京市怀柔区人民法院　毛　琳

不当酌定之实证演绎与矫正路径
——基于酌定裁量四要素与裁判文书论理互动关系的分析

北京市大兴区人民法院　李新亮
天津市第二中级人民法院　刘　畅

从依附走向独立：刑事涉案财物处置程序的重构
——基于738件非法吸收公众存款罪案件的实证分析

北京市第二中级人民法院　常　燕
北京市第二中级人民法院　龙　立
天津市第二中级人民法院　雷天歌

刑事证明四步法：印证证明的反思与重构
——以增强裁判文书说理的可接受性为视角

北京市门头沟区人民法院　樊　仪
天津市第三中级人民法院　付洪运

谁在制造不同：二审案件法律统一适用的制度经济学分析

天津市滨海新区人民法院　侯华北
天津市第三中级人民法院　杨学秋

电信网络诈骗“洗钱”帮助行为实务争议解决与类型化定性

河北省承德市鹰手营子矿区人民法院　刘晓霞

金融合同背俗无效裁判思维之辨析与完善
——以“三个效果”有机统一为视角
河北省高级人民法院 马 捷
北京市朝阳区人民法院 王丽英

平衡与保护：瑕疵股权受让人承担民事责任的裁判规则审视与重构
河北省高级人民法院 邢会丽
北京市丰台区人民法院 徐 冲
北京市丰台区人民法院 尚 飘

互动评查：发改案件上下一体衔接机制的路径探析
——以S省实践为例
山西省晋城市城区人民法院 靳 超
山西省太原市中级人民法院 薛思洋
山西省高级人民法院 刘冬梅

我国数据跨境流动域外管辖问题及应对
——基于统筹推进国内法治和涉外法治的思考
内蒙古自治区高级人民法院 刘 燕
北京市东城区人民法院 纪玉琳
北京市东城区人民法院 张亚婷

何以“恶人先告状”：知识产权恶意诉讼中“恶意”的识别与认定
内蒙古自治区高级人民法院 杨智勇
北京知识产权法院 叶何铭

论抵押房“带押过户”交易模式的实现障碍
辽宁省高级人民法院 张文夫
中国政法大学 李 欢

探寻法律规范与社会期待的平衡
——类案同判的理论定位与实践反思
辽宁省沈阳市和平区人民法院 黄 聪

以债权转让方式变更申请执行人司法审查制度反思与重构
——兼评《最高人民法院关于民事执行中变更、追加当事人若干问题的规定》第9条与“强制执行法（草案）”第21条
辽宁省沈阳市中级人民法院 贾宏斌

网络社会司法治理视域下的角色参与：人民法院网络司法信息传播力的现状检视与完善路径
吉林省高级人民法院 林楠楠
重庆两江新区（自贸区）人民法院 李 攀
重庆市长寿区人民法院 李 勇

新时代法官政治能力全链条提升体系构建
——基于实证调查与“胜任力模型”分析
北京市海淀区人民法院 周元卿
北京市海淀区人民法院 李婧怡
黑龙江省高级人民法院 黄 玲
虚假诉讼案外债权人救济程序之调和
黑龙江省高级人民法院 李佳润
“正常经营买受人规则”的法律适用研究
黑龙江省高级人民法院 张旭泽
关联案件视域下实质解纷评价指标的适用需求与规则构建
黑龙江省齐齐哈尔市龙沙区人民法院 孙宝光
反制裁诉讼受理规则的理论证成与规则设计
——以一起涉制裁案件的潜在衍生诉讼为切入点
上海海事法院 杨 娴
涉港澳区际平行诉讼的处理失衡与纠偏
——以“两便权重法”重塑协调体系为进路
上海市第二中级人民法院 刘子娴
司法程序空转的现象解析及其治理
上海市高级人民法院 叶 锋
诉前调解案件智能识别分流机制的审视与构建
——以S市J区法院四年诉前调解数据为样本
上海市嘉定区人民法院 顾 全
上海市嘉定区人民法院 吴 晶
上海市嘉定区人民法院 孔 晨
家事审判视域下居住权设立规则的检视与完善
上海市闵行区人民法院 王 伟
区块链智能合约法律适用的问题解构与路径新探
——基于“三维度”视角分层研析
上海市闵行区人民法院 马晨贵
裁判“三个效果”相统一的经验尺度与制度约束
——以征收拆迁行政案件为视角
江苏省高级人民法院 张 龑
江苏省南通市中级人民法院 殷 勤

法定犯时代刑事司法“反常识化”的现象与破解路径
——“系统司法观”命题之提倡
江苏省苏州工业园区人民法院 陈 洁
江苏省苏州工业园区人民法院 刘 琪

环境行政公益诉讼中“不履行法定职责”的司法审查与裁判研究
江苏省扬中市人民法院 朱晓军
江苏省扬中市人民法院 顾 倩

公益诉讼刑民行三合一审理程序之建构
——以环境公益诉讼为视角
浙江省宁波市鄞州区人民法院 徐力英
浙江省宁波市鄞州区人民法院 吴佳乐
浙江省宁波市鄞州区人民法院 刘春燕

裁判结果与裁判效果统一的实现路径
——兼论“三个效果”有机统一的裁判方式与思维模式
浙江省台州市椒江区人民法院 陈伟科

司法何以确认：调解协议审查检视与虚假风险防范机制构建
浙江省绍兴市柯桥区人民法院 唐 甜

顾此不能失彼：如何实质性解决行政争议
——基于规范主义与结果主义的实践与思考
浙江省绍兴市上虞区人民法院 陈 斯
浙江省绍兴市上虞区人民法院 宋 燕

商标恶意诉讼损害赔偿的规则构建及制度探索
——以平衡法益救济与秩序维护为视角
安徽省亳州市中级人民法院 卞岩岩
安徽省亳州市中级人民法院 刘晓慧

理清与构建：行政赔偿中直接损失赔偿标准的再考量
——以法解释学为视角
安徽省芜湖市繁昌区人民法院 沙娟娟

民事诉讼依职权移送管辖制度的现状审视与完善路径
——以基层法院的司法实践为视角
安徽省利辛县人民法院 张慧子

功能主义释意模式下居住权裁判的逻辑证成与规则续造
——兼论民法典居住权之人役权属性向度
安徽省马鞍山市雨山区人民法院 桂月亮
安徽省马鞍山市中级人民法院 陈 刚

预查封商品房在执行中的利益冲突与实质化解
——以《最高人民法院关于商品房消费者权利保护问题的批复》为视角
安徽省涡阳县人民法院 盛亮亮
安徽省涡阳县人民法院 薛 伟
安徽省涡阳县人民法院 庞 娟
需求和回应：股东债权劣后清偿规则的本土化建构
安徽省芜湖市鸠江区人民法院 冯韵东
检视与回归：商标侵权纠纷中合法来源抗辩的审查与认定
——以裁判文书网185份判决为样本分析
安徽省芜湖市中级人民法院 肖 珍
困境与纾解：诉前调解中无争议事实记载机制的路径完善
安徽省霍山县人民法院 王 蔓
个人执行不能案件有序退出的路径优化
——基于×市样本数据和试点地区个债清理模式分析
安徽省宣城市中级人民法院 陈 曦
安徽省宣城市宣州区人民法院 陈真炎
总体国家安全观下洗钱罪主观要件认定的裁判路径
——以提升裁判可接受性和综合型证明模式为进路
福建省福州市中级人民法院 王信托
福建省福州市中级人民法院 李小龙
“枫桥经验”视域下农村相邻关系纠纷化解难题的破解之道
——以乡土资源融入乡村治理为切入点
福建省南安市人民法院 杨玲娥
福建省南安市人民法院 庄慧虹
从孤岛到弥合：预重整制度的程序优化与规则新构
福建省厦门市中级人民法院 王丽菊
股权代持效力认定的实证考察与规则重构
福建省福州市中级人民法院 汪女需
超越个案：行政诉讼中“参照规章”的实践演绎与论证路径
福建省宁德市蕉城区人民法院 王锦熙
福建省宁德市蕉城区人民法院 林秋萍
审视与优化：行政指导性案例司法适用的实践困境与路径探寻
——基于513件援引行政指导性案例的分析
江西省奉新县人民法院 甘岚儒
江西省奉新县人民法院 章 龑
江西省宜春市袁州区人民法院 周 钊

行政滥诉风险防范与实质化解：话语转换与程序构建

江西省高级人民法院　喻德红

江西省高级人民法院　洪发胜

法官裁量权应对非谦抑性民事检察监督权的策略研究

——以共同维护司法公平正义为视角

江西省九江市中级人民法院　冷喜娜

揭开“样板公证”面纱：足以推翻公证证明的司法认定

——以知产纠纷中购物保全公证为分析视角

江西省萍乡市中级人民法院　陈　苏

江西省萍乡市中级人民法院　黄　毅

解除被执行单位法定代表人限制消费机制的困境审视与调适路径

——以代表能力的真实性为视角

南昌铁路运输中级法院　占子明

论网络犯罪海量待证事实要素的整体认定法

山东省济南市中级人民法院　易志鑫

行政协议案件适用变更判决的现实困境与规则建构

——以行政、民事双重法律规范的交叉、融合为视角

山东省济宁市中级人民法院　戴亚男

山东省济宁市任城区人民法院　路　姗

证据失权制度与民事再审程序的结构性矛盾及消解

——以“足以推翻”的动态具体化解释为展开

山东省乳山市人民法院　袁　菁

行政公益诉讼中适用履行法定职责判决的反思与重构

——从具体法益修复到秩序公益维护的转变

山东省无棣县人民法院　高　慧

山东省无棣县人民法院　张晓阳

破解量刑倒挂：上下游犯罪量刑均衡机制优化探究

——以“法益恢复”适用为视角

山东省菏泽市中级人民法院　王艳英

山东省菏泽市中级人民法院　梁　坤

社会主义核心价值观融入行政裁判文书说理的功能进路

——面向行政治理的规则与价值引导

山东省临沂市兰山区人民法院　李春玲

财产保全侵权损害赔偿中“过错”的司法认定
——以申请人的注意义务为视角
河南省开封市祥符区人民法院　孙照君
河南省开封市祥符区人民法院　杨红云
院庭长监督视野下阅核机制构建的基础证成和实现进路
河南省平顶山市中级人民法院　侯晓宏
河南省平顶山市中级人民法院　郭亚丹
企业数据财产权的侵权判定规则构建
——以数据生命周期为视角
河南省平顶山市中级人民法院　闫　宝
河南省平顶山市中级人民法院　李季灿
公正司法导向下发改率的考核体系转型与路径优化
——兼议《审判质量指标管理体系》发改率的功能定位
河南省平顶山市中级人民法院　杨长坡
河南省平顶山市中级人民法院　曹秋凤
河南省鲁山县人民法院　戴远哲
家事案件超诉讼请求判决的识别和规制
——以全国法院 320 份民事裁判文书为样本
湖北省武汉东湖新技术开发区人民法院　程　光
断供风波下房屋预售合同解除权行使研究
湖北省襄阳市中级人民法院　龚彦铭
劳动争议案件中经济赔偿金与经济补偿金的转化适用探究
——以 395 份生效判决作为研究样本
湖北省武汉市武昌区人民法院　范雪婷
公正与效率背景下人民法院司法统计工作的反思与优化
——以某省 32 个法院与 105 份司法统计分析报告为样本
湖南省常德市中级人民法院　汪媛媛
湖南省常德市中级人民法院　彭珊珊
湖南省株洲市渌口区人民法院　郑思琦
缺乏视听资料时防卫情境查明路径的反思与优化
——以“差异校正法”的提出为核心
湖南省郴州市中级人民法院　谭　华
湖南省永兴县人民法院　刘小武
湖南省永兴县人民法院　李　邦

司法治理视域下首案制度功能的优化
——兼论首案效应的新类型案件识别与监督机制完善
湖南省怀化市中级人民法院　左　牧
湖南省怀化市中级人民法院　陆银清

心证融合视野下类案作为客观化裁判方法的反思与重构
湖南省宁乡市人民法院　张　品
湖南省怀化市中级人民法院　尹　俊

交易链延长时的风险分配
——基于《民法典》第584条的分析
湖南省益阳市中级人民法院　张飞律

从公私分治到公私融合：网络环境下避风港规则与人格权侵害禁令的衔接与适用
——兼评人格权侵害禁令司法解释征求意见稿第四条
湖南省永州市冷水滩区人民法院　胡剑涛
湖南省永州市冷水滩区人民法院　彭蓓蓓

行政公益诉讼履行判决的司法审查路径
——以组织公共职能与公共资源为视角
湖南省岳阳市岳阳楼区人民法院　李卫东
湖南省岳阳市岳阳楼区人民法院　袁斯潮
湖南省怀化市中级人民法院　宋梓嘉

涉税海商事案件法律预期评价的定式与思辨
——以服务BEPS治理改革为视角
湖南省株洲市石峰区人民法院　肖　芳
湖南省株洲市石峰区人民法院　黄　亮

结构功能主义视阈下“执转破”制度的反思与重构
湖南省株洲市中级人民法院　铁　麟

房地产企业破产下抵押预告登记优先受偿规则的构建
——以商品房预售场景三方主体利益平衡为视角
湖南省株洲市中级人民法院　陈　坚
湖南省株洲市中级人民法院　齐志龙

数字社会中的财产：网络游戏虚拟财产的认定和处置规则
——以价值平衡为研究视角
湖南省衡山县人民法院　周　龙
湖南省衡山县人民法院　资衍黎
湖南省衡山县人民法院　刘佳佳

行政诉讼类型化路径下对“具体诉讼请求”的再解释　以实质解纷为导向

广东省佛山市中级人民法院　张颂恩

广东省佛山市禅城区人民法院　柯常国

何枝可依：系统论下诉前调解指标体系之重构

——从司法统计口径十年变迁谈起

广东省广州市番禺区人民法院　黎晓婷

化解民商事群体性纠纷的多元路径

——以构建“示范诉讼”融合解纷机制为中心

广东省广州市中级人民法院　印　强

广东省广州市天河区人民法院　唐亚玲

“先问题而后主义”：关键词广告隐性使用他人商业标识的正当性判定

——动态系统论视角下竞争利益考量体系建构

广东省汕头市中级人民法院　蔡丹琪

中国法院参与全球治理的实践检视与功能优化

——以最高人民法院发布的“一带一路”倡议典型（指导性）案例为样本

广东省深圳市龙岗区人民法院　李宇洁

数字经济背景下企业公开数据权益保护的模式选择与路径优化

广东省深圳市罗湖区人民法院　栾　媛

所限何审：民事审限制度的精细化构造

——以审判权行使期间认定为视角

广东省深圳市中级人民法院　邓舜怡

广东省深圳市中级人民法院　张丁方

广东省深圳市中级人民法院　翟　墨

从保护走向竞争：数据抓取行为司法实践之失范与调适

广东省肇庆市中级人民法院　潘旭东

类型肖像刻画：府院互动视角下司法建议服务政府工作高质量发展的类型识别和瞄准路径

广东省珠海市斗门区人民法院　黄淑娴

审级职能定位改革下民事案件事实查明的范围厘定和限度判断

——“要件事实＋辅助事实”之多层次事实体系构建

广东省珠海市香洲区人民法院　蒙秋仲

检视与探索：关于涉港澳民事诉讼特别规则的体系化构建研究

广东省珠海市中级人民法院　贺晓翊

刑事涉财执行异议的实践困境与程序再造

——以345个执行审查类案件为样本

广东省广州市花都区人民法院　黄　云

分类救济：行政相对人不履行行政协议救济规则的反思与重构
——以170件非诉执行审查案件为切入点
广西壮族自治区东兰县人民法院　韦雯馨
广西壮族自治区罗城仫佬族自治县人民法院　谭利倩

刑事申诉制度中当事人诉权的保障
——基于1301份驳回申诉通知书的分析
广西壮族自治区高级人民法院　赖奕曲

区分与融合：虚拟货币交易纠纷司法裁判规则的实践反思与重构
——以民事法律规范和部门规范性文件的衔接适用为视角
广西壮族自治区桂林市七星区人民法院　郭定选

审判群体中审判话语权的异化与重塑探析
广西壮族自治区柳州市柳南区人民法院　熊文镇

审判效率的“求快”与“防拖”之辨析
——以多重效率指标考核下的异化现象为视角
广西壮族自治区柳州市柳南区人民法院　梁　黛

去伪存真：裁判思维中信念定势之偏失与规制
广西壮族自治区柳州市柳南区人民法院　付凡胜

审判质效考核视域下案件评查制度的转型与体系化重塑
广西壮族自治区柳州市柳南区人民法院　卢楚越
广西壮族自治区柳州市柳南区人民法院　杨雪莹
广西壮族自治区柳州市柳南区人民法院　韦君宜

阻滞与纾解：刑事案件事实认定中法官认知逻辑与纠偏路向
广西壮族自治区宜州区人民法院　韦兰情

环境民事公益诉讼案件执行机制规范化研究
——破解“执行难”目标下对144件代表性案例的分析
广西壮族自治区桂林市象山区人民法院　蒋　辉
广西壮族自治区桂林市象山区人民法院　李　兴
广西壮族自治区桂林市象山区人民法院　黄建林

反思与重构醉酒型危险驾驶罪的治理困境与司法纠偏
——以缓和的违法一元论为视角
海南省高级人民法院　李静云
江西省高安市人民法院　熊新宽
广东省湛江市中级人民法院　洪泉寿

续审主义视野下劳动争议一裁终局制度的重塑
——以设立“附带起诉”为进路
北京市大兴区人民法院　蒋怡琴
海南省海口市中级人民法院　蒋小马
海南省海口市中级人民法院　李　亮

体系解释下保证金担保之区分认知
——以法释〔2020〕28号第70条为裁判解析对象
四川省资阳市中级人民法院　杨江涛
成渝金融法院　罗文利

刑法规制非法第四方支付的实践偏失与二维重构
重庆市第二中级人民法院　何仕林
重庆市长寿区人民法院　胡　银
成渝金融法院　陈俊颖

公正与效率之维：刑事二审案件开庭率低的深层省思与矫正路径
重庆市第一中级人民法院　陈峻潇
重庆市第一中级人民法院　刘　璐

大数据时代司法公开个人信息的合理限度与规范路径
——以信息公开边界厘定为视角
重庆市第一中级人民法院　卢　君
重庆市第一中级人民法院　黄　晨

提级管辖案件推进统一法律适用的现状检视与实践进路
重庆市垫江县人民法院　王法强
重庆市第三中级人民法院　吴　小

刑事再审抗诉制度运行中检察权与审判权的冲突与平衡
——以1212件刑事再审抗诉案件为研究样本
重庆市高级人民法院　蒋佳芸

撤销“消极不作为”父母监护权的司法实践检视与完善路径
——基于134份裁判文书的分析
重庆市南川区人民法院　秦丹丹

过程论研究范式下自动化行政裁量的司法审查
——以电子警察执法纠纷为例
重庆市潼南县人民法院　赵小雨

从“幕后”到“台前”：刑事裁判回应类案参照的检视与规范
重庆市长寿区人民法院　谭　卫
重庆市长寿区人民法院　胡　银

类案检索的“三环七法”以关键词检索为引

重庆市铜梁区人民法院　程乃善
重庆市铜梁区人民法院　王菊芳
重庆市铜梁区人民法院　张　颖

“枫桥经验”语境下人民法庭执行案件模式探究

重庆市渝北区人民法院　吴玉明

裁判文书公开由“全”至“优”的限缩路径构建
——以从“全面公开”向“选择性公开”转化为视角

四川省成都市金牛区人民法院　郭琳佳
四川省成都市金牛区人民法院　叶　潇

民事诉讼中区块链证据风险的全流程辨识与系统性规制
——基于2018年1月至2023年8月的991份民事裁判文书的实证考察

四川省成都市郫都区人民法院　许世强

AI时代“深度伪造”技术滥用行为的刑法应对
——以“链式协作结构”为视角展开

四川省成都市新都区人民法院　周　斌
四川省成都市新都区人民法院　王洪儒

十四年回首：终本案件财产不能处置认定标准的调试与完善
——以买卖合同效力为视角重塑财产处置能与不能新体系

四川省成都市中级人民法院　徐贵勇
四川省成都市中级人民法院　马聪聪

“司法碳汇”模式下生态损害修复路径的探索与优化
——以13家高院发布的碳汇替代性修复首案为切入

四川省崇州市人民法院　易凌波
四川省崇州市人民法院　闫宇飞
四川省崇州市人民法院　敬良鑫

实体和程序双重视角下无受审能力案件审判规则的全链条构建

四川省乐山市中级人民法院　周兴复
四川省乐山市中级人民法院　游　鹏

拒不执行判决、裁定罪中“情节严重”认定的动态体系思辨与规范
——基于“定罪—量刑—说理”的三重涵摄

四川省泸州市中级人民法院　胡浪波

从“有力”到“有效”：体系解释视域下毒品犯罪中“无论数量多少”的适用误区及其匡正
——基于2085份一审裁判文书的实证研究

四川省南江县人民法院　程德栋

涉案财物与定罪量刑脱钩办理的现实需要及理论可能
——遏制“重罪刑，轻涉案财物”理念作用的设想与论证
四川省攀枝花市中级人民法院　龚建元
四川省攀枝花市中级人民法院　孙祥建

预防性环境民事公益诉讼中重大风险的识别与量化标准确定
四川省什邡市人民法院　尹翠萍

从幕后到台前：行政争议实质化解视域下行政诉讼调解制度的反思与重构
——以全国法院2018-2022年行政调撤案件为分析样本
四川省安岳县人民法院　李烈菊

司法裁判参引法律学说：问题审思与规则建构
四川省成都高新技术产业开发区人民法院　何良彬

论案件权重系数机制与法官办案数量考核的冲突与变革
——以人员分类管理改革为研究视角
贵州省高级人民法院　颜　源
北京市丰台区人民法院　祖　鹏
北京市丰台区人民法院　王艳华

物业纠纷前端化解机制研究
——以×市法院裁判为例
贵州省兴义市人民法院　史顺宁
贵州省兴义市人民法院　贺　欢
贵州省兴义市人民法院　卢红军

财产保全损害赔偿请求权构成要件的司法判断
——基于对最高人民法院和各省高院59份生效判决及4份公报案例的分析
贵州省遵义市红花岗区人民法院　孟荣钊
中国政法大学　王蕙巧

互动与博弈：“替代性”司法的困境及进径
贵州省安顺市中级人民法院　马　伟
北京市怀柔区人民法院　陶　杰
北京市怀柔区人民法院　李睿熙

个人信息保护公益诉讼的生成机理、适用困境与规范进路
——基于210份裁判文书的实证分析
云南省盐津县人民法院　陈　圳

裁判文书“尾部”的正义：离婚案件诉讼费用负担机制重构
——兼论败诉方负担诉费规则的修正

西藏自治区高级人民法院　郑　丽
北京市第一中级人民法院　高春乾
北京市第一中级人民法院　黄慧婧

售后回租型融资租赁中“租赁物”的权利内容和实现方式
——以功能主义担保观为视角

陕西省延安市中级人民法院　刘　群
陕西省延安市中级人民法院　贺　洁
西安交通大学　管辉寰

农村宅基地上共建房屋权属司法认定标准探究
——基于对中国裁判文书网上相关判决的考察

陕西省周至县人民法院　何文涛
陕西省周至县人民法院　崔吟楠

“三审合一”背景下知识产权刑民交叉案件审理模式的选择

西安交通大学　孙　那
陕西省西安市雁塔区人民法院　赵　媛
西安交通大学　鲍一鸣

新效率评价指标：“法定审限内状态率”构建研究

西安铁路运输中级法院　高　波
西安铁路运输中级法院　刘秦瑜
西安铁路运输中级法院　祝仁虹

论离婚协议中不动产归属约定对强制执行的排除力
——以夫妻共同财产执行为视角

陕西省西乡县人民法院　李　勇

从无序到规范：执行分配方案异议之诉裁判的现状审视与规则续造
——基于B市法院118份裁判文书的考察

甘肃省高级人民法院　刘彦荣
北京市昌平区人民法院　余　森
北京市昌平区人民法院　张　焱

出售式重整的理论证成与规则完善

甘肃省高级人民法院　王　芳
北京市第一中级人民法院　王玲芳

"新时代"枫桥经验"指引下家庭教育令的司法优化及治理完善路径
——以构建"阶梯式"的适用体系为核心
甘肃省高级人民法院　周红霞
北京市第一中级人民法院　宁　韬
北京市第一中级人民法院　孙　慧

诉讼系属中当事人注销登记后的程序应对
北京市大兴区人民法院　马超雄
青海省高级人民法院　孙启英

区块链虚拟货币合同的效力与责任承担
北京市第一中级人民法院　李洪威
宁夏回族自治区高级人民法院　朱丽梅

民事禁止重复起诉规则的检视与修正
新疆维吾尔自治区乌鲁木齐市天山区人民法院　刘文欣

从实然到适然：数据动态流动下的民刑协同法律保障体系构建
新疆维吾尔自治区高级人民法院　许　芳
北京市东城区人民法院　李嘉菲

数字经济视域下金融消费者个人信息保护问题研究
——以 259 份裁判文书和 33 份行政处罚决定为样本
北京金融法院　徐宇翔
新疆生产建设兵团巴里坤垦区人民法院　刘慧慧

长期未结案考核机制运行的效果检视与重塑路径探析
——以 A 市 F 区法院考核数据为分析样本
中国社会科学院大学　孙　琳

专业性与经验性交织：法医精神病鉴定意见可靠性判定的争议、基准与路径
中国政法大学　周维平

三等奖（部分）

数字时代法官自由裁量权行使中感受正义的实现路径
——从民事裁判的价值遵循、运行规范两个维度分析
北京市第一中级人民法院　唐　达
北京市第一中级人民法院　方　硕
最高人民法院　王　璇

司改背景下法官转岗后行政职级认定的制度厘清

北京市东城区人民法院　杨　敏
最高人民法院　陈烁宇
北京市东城区人民法院　郭　欣

数字遗产继承司法困境与优化进路探析

北京市东城区人民法院　张晓薇
最高人民法院　叶　欣
北京市东城区人民法院　卢衍璐

“三阶五问审查法”：仲裁财产保全审查制度的现状考察与制度建构
——以266件仲裁保全案例为分析起点

最高人民法院　赵　钊
北京市第一中级人民法院　孙梦青

司法裁判实现“三个效果”有机统一的偏差与校正
——基于PDCA模式构建三阶四步循环法

最高人民法院　揭　萍
北京市顺义区人民法院　刘月琼
北京市顺义区人民法院　赵智慧

程序正义视角下按撤诉处理案件原告诉权保障的困境与破解

北京市朝阳区人民法院　张　倩

“未担责无独三”上诉利益的分歧与消弭
——以裁判效力为视角

北京市大兴区人民法院　马超雄
北京市大兴区人民法院　刘　娇

社会效果视角下裁判文书叙事的优化路径

北京市第二中级人民法院　李志超
北京市第二中级人民法院　邱　波

“三力”助推政治思维融入司法三段论路径研究

北京市第二中级人民法院　郭　融
北京市第二中级人民法院　李俊晔

保理合同中应收账款多重转让优先顺位
——以《民法典》第768条的体系联动与协调为核心

北京市第四中级人民法院　李晓飞
北京市第四中级人民法院　程　娜

因时而进：经营性财产执行路径构造
——以财产所有权和经营权分置合同为突破
北京市东城区人民法院　郭海宁
北京市东城区人民法院　姚幸阳

案件评查中的瑕疵分层责任体系构建
——以适度容错为核心
北京市东城区人民法院　傅　雯
北京市东城区人民法院　刘　杰

破产管理人承担民事赔偿责任的实践检视与规则完善
——以《企业破产法》第130条的适用为中心
北京市海淀区人民法院　谢银艳
北京市海淀区人民法院　贾兆迪

三阶四步审查法：财产保全中“申请有错误”认定的检视与重构
北京市通州区人民法院　齐　茜
北京市通州区人民法院　孙之智
北京市延庆区人民法院　高雪雪

审限可视化管理机制的思辨与创建
——以不合理时间为切入点
北京市高级人民法院　王苗苗
北京市高级人民法院　刘白露

司法政务职能运行现状检视及“轮状网链式”职能体系之构建
——基于全国2447家法院办公室的实证分析
北京市高级人民法院　俞新峰
北京市高级人民法院　马元昕
北京市高级人民法院　柯奕男

诉的客观预备合并视角下请求权竞合的二审审理路径探析
——以纠纷一次性解决为基础
天津市第三中级人民法院　李　钊

“罪当其刑”：关于“两卡”案件罪名界分的一种逆向思考
——基于T市“断卡”行动以来相关案件的实证分析
天津市南开区人民法院　班耿齐

上市公司“统一偿债”模式的检视与重构
——以上市公司协同重整债务清偿规则为研究视角
河北省高级人民法院　李一鸣
北京市第一中级人民法院　周楚舒

民事裁判文书瑕疵纠正乱象及层次化规制路径

河北省高级人民法院　吴　珊

江苏省泰州医药高新技术产业开发区人民法院　夏红瑜

行政审判府院联动机制探究

——以H市行政审判实践为研究范本

河北省邯郸市中级人民法院　何　昊

河北省邯郸市中级人民法院　李贝贝

帮助信息网络犯罪活动罪司法认定的扩张与限缩

——基于刑法实质解释立场

河北省曲阳县人民法院　宋晓红

人民陪审员参审：刑事案件七人合议庭适用标准之“社会影响重大”的审视与识别

北京市第三中级人民法院　杨隽男

内蒙古自治区高级人民法院　李　耕

北京市第三中级人民法院　李　烨

农村集体经济组织权益保护优化路径探析

——从涉农村集体“资金、资产、资源”案件切入

辽宁省沈阳市辽中区人民法院　鲍怡纳

从探索到再造：完善专业法官会议构架与程式的进路探析

——以L省14个地区中级、基层法院为实证样本

辽宁省瓦房店市人民法院　霍丽君

民生司法保障问题研究

吉林省白山市中级人民法院　于青平

司法领域算法伦理风险防范与伦理制度构建

北京互联网法院　赵　琪

北京互联网法院　张亚光

黑龙江省牡丹江市中级人民法院　吴德刚

新时代司法宣传嵌入国家治理、社会治理的路径研究

——以数字化提升为切入口

哈尔滨铁路运输中级法院　赵雪婷

网络犯罪中抽样取证程序机理完善

黑龙江省高级人民法院　张劲松

滥用行政诉权的界定及治理

黑龙江省高级人民法院　董锟钰

民事裁判文书瑕疵补正的实践考察与程序重构
黑龙江省哈尔滨市香坊区人民法院　曹　辉
黑龙江省哈尔滨市香坊区人民法院　王　欢
民事群体性纠纷示范诉讼的程序优化
——以房地产群体性纠纷为研究样本
黑龙江省哈尔滨市中级人民法院　王百卉
黑龙江省哈尔滨市中级人民法院　张禹珩
审级职能定位改革下诉讼收费机制优化路径
——基于功能契合视角
黑龙江省鹤岗市工农区人民法院　张钰昊
行政裁判有效回应行政诉请的困境与出路
——以两阶层审查方式为路径
黑龙江省牡丹江市中级人民法院　蒋利龙
黑龙江省牡丹江市中级人民法院　张晓行
黑龙江省哈尔滨市道外区人民法院　王子君
代表人诉讼与示范诉讼的实践冲突与制度融合
黑龙江省农垦中级法院　毕同春
黑龙江省农垦中级法院　胡长玲
黑龙江省农垦中级法院　张　爽
挪车型醉酒驾驶案件裁判困境及突破
黑龙江省肇东市人民法院　李旭东
黑龙江省肇东市人民法院　王　岳
审判管理视角下民事审限制度运行现状审视与重塑
黑龙江省哈尔滨市中级人民法院　李志梅
黑龙江省哈尔滨市中级人民法院　胡苗苗
黑龙江省哈尔滨市中级人民法院　魏玮琦
特定案件调解前置的正当证成与程序构建
——以证券虚假陈述责任纠纷为视角
上海金融法院　胡文丰
司法责任何以成准：错案责任的动态归责模式建构
——以适用法律错误的认定为核心
上海市第二中级人民法院　顾嘉旻
“程序空转”的复合型管理破解路径探究
——以S市M区人民法院审判管理实践为视角
上海市闵行区人民法院　何　云
上海市闵行区人民法院　杨　敬

习近平法治思想引领下市场主体公平正义感知度提升进路
——以推进营商环境破产数字化改革为视角

上海市浦东新区人民法院　易　星
上海市浦东新区人民法院　岑诗韵

涉港澳民商事诉讼中公证证明制度的效率化转型
——以“一国两制”理论及其新时代实践为指导

上海市浦东新区人民法院　万　浩
上海市浦东新区人民法院　沈佳琳

缓刑案件审前调查发起、执行及规制
——以S市P区488起案件为样本分析

上海市普陀区人民法院　陈力夫

“穿透式审判”：隐蔽竞业的因应之策探寻
——基于全国613件高端人才典型案例的实证分析

上海市徐汇区人民法院　叶晓晨
上海市徐汇区人民法院　张佳佳

运输工具外的旅客人身伤亡责任认定
——兼评《民法典》第八百二十三条

上海市第三中级人民法院　赵林翔

揭开非典型担保面纱：资管纠纷中差额补足文件的性质、效力及法律责任

上海市虹口区人民法院　王　潇
上海金融法院　余甬帆
上海市虹口区人民法院　王　瑜

社会情绪调理：司法融入社会治理的切口选择与实现路径

上海市松江区人民法院　肖嘉楠

行政补救判决功能虚化风险的反思
——以实体性裁判规则构建为防范思路

江苏省东台市人民法院　夏裕峰
江苏省东台市人民法院　戴欢来

何以辐射：个案推动社会治理的识别要素与培育路径

江苏省淮安市中级人民法院　郁　奇
江苏省淮安市中级人民法院　左　霞
江苏省淮安市中级人民法院　张继森

当事人类案检索机制的优化与完善
——以“类案”比对规则构建为视角

江苏省宿迁市宿豫区人民法院　冯　莉
江苏省宿迁市宿豫区人民法院　姚　燕

审判质效评估的方法建构与体系完善
——以人民群众感受度指标的设置为切入

江苏省宿迁市中级人民法院　衡　阳
江苏省宿迁市中级人民法院　谢兆鹏
江苏省宿迁市中级人民法院　黄　乐

民事瑕疵裁判“容错性维持”标准的构建
——以知识产权侵权纠纷中的酌定赔偿为例

江苏省宿迁市中级人民法院　周　辉
江苏省沭阳县人民法院　周伟豪
江苏省泗阳县人民法院　杜义庆

省以下法院法官逐级遴选的理性归位与制度突围
——从上级法院法官助理挂职入额破局

江苏省徐州市中级人民法院　顾　庸
江苏省徐州市中级人民法院　赵　涛
江苏省徐州市中级人民法院　郭小柳

螺旋式询问法的引入：审理阶段请求权视角下“一事多诉”问题破解

江苏省扬州市中级人民法院　杨　林
江苏省扬州市中级人民法院　张丹丹
江苏省扬州市中级人民法院　王　兵

行政争议实质性化解的策略及其优化
——以最高人民法院等发布的86个典型案例为视角

江苏省仪征市人民法院　江厚良
江苏省扬州市中级人民法院　张丹丹

全周期审判效率理念的确立与指标体系的构建

江苏省常州经济开发区人民法院　谢君佩

论审委会“统一法律适用”的三个维度：审判、审判监督和审判管理

江苏省无锡市中级人民法院　王星光
江苏省无锡市中级人民法院　楼炯燕

非法集资涉案资产“刑破并行”处置路径之构建
——以集资参与人财产权利保障为视角

江苏省徐州市中级人民法院　刘建功
江苏省徐州市中级人民法院　冯　涛
江苏省徐州市中级人民法院　张　晶

举证释明“虚化”及其实质性运行的规则构建
——以Y市437件因“新证据”发改的民事案件为视角
江苏省扬州市中级人民法院　李益松
江苏省扬州市邗江区人民法院　左　慧

网络空间中“公共场所”的适用研究：教义阐释与规则探寻
浙江省杭州市西湖区人民法院　管雨阳

适用诚实信用原则规制滥用专利权行为研究
浙江省杭州市中级人民法院　傅枫雅
浙江省杭州市中级人民法院　虞艳雪
浙江省杭州市中级人民法院　李　涵

场域理论视域下法院公共法律服务组织嵌入社会治理的逻辑进路
——以司法职能的拓宽和延伸为视角
安徽省安庆市中级人民法院　蒋新林

公平与效率：预查封“责任财产”执行程序的运行困境与规则续造
安徽省蚌埠市蚌山区人民法院　许富宝

行政协议优益权的法律规制路径探析
——以集体土地征收补偿等协议为视角进行分析
安徽省合肥市中级人民法院　张　俊
安徽省合肥市中级人民法院　汪　燕

生成式人工智能技术的刑法向度：罪域样态、治理困境与完善进路
安徽省淮南市中级人民法院　王洪用

僵尸企业“公益清算退出机制”的实践考察与规则续造
——以华东地区96家法院“公益清算退出机制”运行现状为样本
安徽省郎溪县人民法院　冯悦梅
安徽省郎溪县人民法院　张　琴
安徽省宣城市中级人民法院　姚玉卓

商品房消费者价款返还请求权之立法检视及司法续造
——以《最高人民法院关于商品房消费者权利保护问题的批复》为中心展开
安徽省芜湖市镜湖区人民法院　丁玉婷

行政诉讼“双被告”制度的困境及新出路
——基于《行政复议法》修订背景
安徽省歙县人民法院　金　玲

删繁就简：民事管辖协商程序空转问题研究
——基于762件民事管辖协商案件的实证分析
安徽省宿州市中级人民法院　尤　昊
安徽省高级人民法院　谢　娟
安徽省宿州市中级人民法院　王梦圆
共犯何以成立：帮信罪向电信网络诈骗犯罪转化的“明知”推定规则之重构
福建省南安市人民法院　李晓媚
福建省石狮市人民法院　肖　宏
终本案件后续管理的实践考察与模式建构
福建省永春县人民法院　康丁岚
论债权执行中居住权保障规则重塑
——基于排除强制执行的实证考察
福建省福州市晋安区人民法院　柯建兴
福州大学　叶小卉
司法确认程序中虚假调解风险防控体系的重塑
福建省厦门市中级人民法院　张　颖
福建省厦门市思明区人民法院　朱贝妮
目标、意愿、信息：寻找破产“府院联动”机制的优化路径
——基于巴纳德组织协作理论的借鉴
福建省长泰县人民法院　蔡小兰
福建省长泰县人民法院　潘玉婷
多维视角下支付结算型帮信罪法律适用困境与重塑
江西省抚州市中级人民法院　肖　瑶
大数据时代侵犯公民个人信息刑法规制的实践困境及路径优化
——基于700份裁判文书的实证分析
江西省赣州市南康区人民法院　温金来
江西省赣州市南康区人民法院　曾宪伟
从传统到智能：类案智能推送系统在司法实践中的困境与优化路径
——以法信智推系统运行为视角
江西省高安市人民法院　付　英
平衡有度：法官助理跨领域入额的检视与调校
——以法官培养的需求与供给契合度为视角
江西省南昌市中级人民法院　熊红文
江西省南昌市中级人民法院　陈　洁
江西省南昌市中级人民法院　张　燕

证据海量化背景下信息网络犯罪抽样取证的合理限度与程序规制
——以103个抽样取证瑕疵为样本
江西省萍乡市湘东区人民法院　聂　婷

从“失衡”迈向“均衡”：非法狩猎罪量刑的规范化研究
——以野生动物价值为标准的阶梯式综合量刑规则为路径
江西省鄱阳县人民法院　吴江鹏
江西省鄱阳县人民法院　张　亮

裁判内外的实质正义：行政程序轻微违法司法审查制度的体系化改进
——行政程序轻微违法司法审查制度的体系化改进
江西省上饶市中级人民法院　张　娜

面向未知的审判：科学不确定性下证据审查与证明标准适用规则的完善
——以环境法风险预防原则适用为切入点
南昌铁路运输中级法院　杨　皓
南昌铁路运输中级法院　刘文娟

“恶意抢客”何以解：数字经济背景下流量竞争行为的现状检视与司法应对路径
——以价值评判与量化损害赔偿为研究视角
南昌铁路运输中级法院　杜蜀尧
南昌铁路运输中级法院　孙　琴

帮助信息网络犯罪活动罪“明知”的认定规则研究
——基于证明简化模式分析为切入点
江西省会昌县人民法院　张文锦
江西省会昌县人民法院　黄丽敏
江西省赣州市章贡区人民法院　李　莉

“整体性法治”视域下碳汇替代性修复责任在环境司法治理中的运用路径研究
江西省信丰县人民法院　吴　懿
江西省会昌县人民法院　李晓霞
江西省大余县人民法院　刘向平

海事司法标准供给的理论阐释与制度构建
——以涉外海事审判服务保障高水平对外开放为视角
青岛海事法院　吴锦标
青岛海事法院　郭俊莉
青岛海事法院　刘振华

何以赔偿：轻罪重判超期羁押刑事赔偿案件的理论证成与制度构建
山东省德州市中级人民法院　胡　雪
山东省德州市中级人民法院　赵瑞玲

脱域到融合：内部交流机制下法官适应性生成探究
山东省聊城市中级人民法院　董　慧
刑事判决对先关联民事裁判撤销规则的界分与再造
——以刑民同一事实类型化认定为视角
山东省青岛市市北区人民法院　张慧群
山东省青岛市市南区人民法院　赵艳霞
“小案重罚”情境下法律推理与朴素正义观的冲突与弥合
山东省青岛市中级人民法院　张　杰
司法先议制度引入我国少年审判的现实基础及路径构建
——以可沟通性为视角
山东省日照市岚山区人民法院　胡硕文
四十年回首：少年法庭审判延伸职能的路径依赖与困境突破
——基于多元主体共同治理体系的分析
山东省泗水县人民法院　毕德强
从矫枉过正到理性纠偏：院庭长“阅核”制度的实践证成与机制构建
山东省泰安市中级人民法院　刘庆伟
拨云见日：商事审判中通谋虚伪行为的穿透规则统一构建
——基于借贷类案识别比对方法
山东省威海市环翠区人民法院　长友吉
山东省威海市环翠区人民法院　时芸芸
涉众型经济犯罪刑事裁判涉财产部分独立诉讼程序构建
——以根源性解决执行难为视角
山东省威海市中级人民法院　宋京红
执行宽限期运行实践的价值衡平与流程优化
——基于“案件具体情况”的解释论与类型化
山东省新泰市人民法院　乔　莉
微罪社会罚的理论证成和规范进路
——以恢复性司法嵌入生态环境犯罪为研究范式
山东省阳谷县人民法院　闫　丹
山东省冠县人民法院　王冉冉
三阶七步法：实质解纷视角下预备合并之诉的需求语境与路径构建
——以合同类衍生案件治理为切入点
山东省滨州市中级人民法院　纪小健
审判理念现代化语境下争点整理程序的审视与优化
山东省乐陵市人民法院　王　璐

超越个案公正：认罪认罚案件“不利被告之再审”的检视与重塑

山东省泰安市中级人民法院　胡维潇

窠臼到激励：少年审判延伸工作绩效考核“两优三维”模式构建

河南省南阳市中级人民法院　陈垠君

实质解纷背景下当事人本人到庭规则的困境与纾解

——以事实认定的协同主义为视角

河南省濮阳市中级人民法院　尚学文

河南省濮阳市中级人民法院　张娟娟

民事一审独任制的实践检视与纠偏路径

——以独任制“三性”价值回归为视角

河南省汝州市人民法院　楚军荣

河南省汝州市人民法院　张好娜

河南省平顶山市中级人民法院　于　帆

行政争议诉前实质化解的指引机制探索与建立

——以创设类型化的行政示范案件裁判库为基点

郑州铁路运输法院　杨洁琳

实质解纷视角下司法确认程序中案外人权利救济渠道的完善与拓展

——基于“SWOT”分析法展开

河南省濮阳市中级人民法院　金晓华

河南省濮阳市中级人民法院　张成文

实质性化解行政争议视野下上诉率高的实践检视

——基于H省法院审理的911件样本案件的分析

湖北省高级人民法院　黄　莹

湖北省高级人民法院　周旸洋

醉酒驾驶的刑法规制：问题及其回应

湖北省京山县人民法院　郑　娟

购房者权益保护视角下案外人执行异议之诉的裁判规则

湖北省武汉市汉阳区人民法院　刘庄园

涉诉信访与司法审判“案结事不了”的双向纾困

——基于“诉访交织”现象的思考

湖北省襄阳市中级人民法院　彭云飞

湖北省襄阳市中级人民法院　梁慧星

湖北省襄阳市中级人民法院　于楠楠

行政诉讼司法建议管理制度的规范化进路

湖北省阳新县人民法院　查文君

湖北省阳新县人民法院　王峻民

混合过错情形下房产登记错误行政赔偿责任之司法认定
湖北省武汉经济技术开发区人民法院　刘庆国
湖北省武汉经济技术开发区人民法院　张亚莉
自主智能合约下意思表示“错误”规则的重构
——基于类型化分析为视角
湖南省洪江市人民法院　蔡　君
湖南省怀化市中级人民法院　谌香菊
类案融入行政争议诉前调解的困境纾解与路径选择
——以预期理论为视角
湖南省怀化市中级人民法院　谌香菊
风险社会语境下刑法规制软暴力催收合法债务行为逻辑反思与路径矫正
——基于寻衅滋事罪“口袋化”风险之检讨与启示
湖南省嘉禾县人民法院　宋孝悌
湖南省嘉禾县人民法院　胡柏茂
湖南省嘉禾县人民法院　唐　红
讲故事在未成年案件中的运用
——基于庭审叙事为视角
湖南省靖州苗族侗族自治县人民法院　石晓鹏
湖南省洞口县人民法院　贺　勃
类案何以同判：裁判规则的选择、参照与修正运用
湖南省永州市中级人民法院　龚文启
湖南省永州市中级人民法院　李　茜
控与疏：民企财产保全案件办理衡平取向探寻
——基于韧性治理的反思视角
湖南省长沙市开福区人民法院　周　舟
湖南省长沙市开福区人民法院　杨文娟
湖南省长沙市开福区人民法院　陈亦明
论证视域下帮信罪“明知”事实认定模式的检视及规则重塑
——兼论“形式入罪实质出罪”的要素式论证思路
湖南省长沙市岳麓区人民法院　王　波
湖南省长沙市岳麓区人民法院　皮艳红
司法确权制缺失下的突围：专利侵权诉讼中授权条件抗辩制度构建研究
湖南省长沙县人民法院　申　嘉
湖南省长沙市中级人民法院　刘　青

反垄断法中间接证据在合谋行为中的运用思考
——以“平行行为附加因素”的六步法为视角
湖南省芷江侗族自治县人民法院　汪　婷
湖南省湘潭市岳塘区人民法院　潘晶莹

金融合同审查中金融安全原则的司法适用困境与应对
——以穿透式审判思维为视角
湖南省株洲市中级人民法院　帅团结
湖南省株洲市渌口区人民法院　郑思琦
湖南省常德市鼎城区人民法院　李耕夫

执行如何对待家庭离婚协议约定房产归属子女对强制执行的排除力
——基于物权期待权引入适用为视角
湖南省通道侗族自治县人民法院　吴潇红
湖南省石门县人民法院　梁　素

理想与现实之间：妇女权益保障公益诉讼制度的理论探究与程序设计
湖南省湘潭市中级人民法院　陈立兵
湖南省湘潭市中级人民法院　王新龙
湖南省湘乡市人民法院　邓彰红

性侵未成年人犯罪刑事附带民事诉讼精神损害赔偿责任的适用与完善
——基于对 267 份裁判文书的考察
湖南省湘阴县人民法院　尹宣姣
湖南省湘阴县人民法院　陈肖思

大规模侵权破产重整的正当程序思考
——以康美药业重整案为切入点
湖南省芷江侗族自治县人民法院　龙虹冰
湖南省石门县人民法院　向　军

域外破产程序承认与协助制度实践考察与完善
——以示范法与协助香港破产试点意见耦合为基础
广东省广州市中级人民法院　朱　敏
广东省高级人民法院　赵玮玮

判断主文何以被穿透：执行依据主文不明之类型矫正及程序续造
——基于当事人审级救济程序保障为视角
广东省江门市新会区人民法院　李燕妮

互联网 + 语境下海量电子证据审查的适配路径
——以证明简化为内在逻辑
广东省珠海市香洲区人民法院　李宇欣

绩效考核与法官助理养成的冲突与弥合
——从司法改革框架下制度的整合出发
广东省佛山市南海区人民法院　徐斯筠
广东省佛山市禅城区人民法院　武亚男
司法助力社会共治：涉列入经营异常名录案件的审查路径
广东省深圳市福田区人民法院　阳　文
广东省深圳市中级人民法院　李桂红
“四类案件”监督范围精细化再厘定
——以识别要素体系动态化构建为视角
广东省深圳市中级人民法院　黄行之
广东省深圳市中级人民法院　张丁方
广东省深圳市中级人民法院　王菁华
现状考察与制度优化：人民法庭参与市域社会治理之路径探寻
广东省湛江市中级人民法院　洪泉寿
广东省湛江市中级人民法院　冯小瑶
金融稳定语境下“穿透式审判”与金融监管之理性调试
——以329份涉虚拟货币民事裁判文书为研究对象
广西壮族自治区高级人民法院　杨凌燕
必需设施性数据抗辩反向认定规则及路径探析
广西壮族自治区桂林市中级人民法院　黄　坤
广西壮族自治区桂林市中级人民法院　李珂银
广西壮族自治区桂林市中级人民法院　陆星君
涉企业保全的实践困境及纾解
——以分类评估企业经营状况为导向
广西壮族自治区柳州市柳南区人民法院　潘柳烨
广西壮族自治区柳州市柳南区人民法院　张　斌
衍生型群体性案件的识别与防范
——以动态衍生利益衡量为视角
广西壮族自治区柳州市柳南区人民法院　韦茜茜
广西壮族自治区柳州市柳南区人民法院　郭小媚
信息不对称下公共数据利用的检视与规范
——以商业征信平台中企业信用修复为视角
广西壮族自治区柳州市柳南区人民法院　邓　媛
广西壮族自治区柳州市柳南区人民法院　潘枝荣

回应需求：免罚清单的行政司法裁判研究
——以“以人民为中心”的法治观为视角
广西壮族自治区柳州市中级人民法院　王　维
广西壮族自治区柳州市中级人民法院　熊振雄

以“文本法”回应“内心法”：法官角色的外观、内涵与行为
广西壮族自治区南宁市江南区人民法院　谭小彤

缓刑案件中没有再犯罪的危险的认定标准框定与程序规制
——以犯罪记录封存为视角
广西壮族自治区全州县人民法院　张龙军

RCEP 背景下域外送达效率的提升路径
广西壮族自治区南宁市青秀区人民法院　陈玉洁

检视与修正：行政纠纷实质性化解路径研究
——以四级法院职能定位改革为视角
广西壮族自治区全州县人民法院　唐耀君

公司资本认缴制下追加瑕疵出资股东执行程序的完善
——兼论执行力主观范围扩张的略式审查程序保障
海南自由贸易港知识产权法院　陈宝军

论执行程序中股东出资义务加速到期的困境与出路
——以《民事执行变更、追加当事人若干问题的规定》第 17 条适用为视角
成渝金融法院　杨尚海

循“数”而治：人民法院通过大数据参与社会治理的内在逻辑与体系建构
重庆市第三中级人民法院　张景卫

赔偿委员会实体化运行的困境与突破
——以 C 市 Y 中院近 3 年赔偿委员会运行现状为分析样本
重庆市第一中级人民法院　景　象

从“模糊”到“清晰”：噪声污染中经营性财产损失的肯定与量化
重庆市南岸区人民法院　李明刚
重庆市南岸区人民法院　龚　一

“专门化”之外的补位：人民法庭嵌入未成年人审判延伸工作的路径构建
四川省成都市武侯区人民法院　杨思思

建设工程价款优先受偿权起算时间的类型化研究
——兼论《建工解释（一）》第 27 条
四川省高级人民法院　曾扬阳

情理法融合的规范传统及其现代传承
——以《名公书判清明集》等经典裁判为中心的分析
四川省高级人民法院　黄丹丹

涉外司法话语权意识下境外刑事证据的审前塑造进路
——基于诉讼交互隙差确建国际司法协助“逐案”逻辑
四川省高级人民法院　杜　茜
轻罪前科碎片化掣肘与司法统一规则演绎
——以 3407 份轻罪前科禁止政策性文件为研究样本
四川省高级人民法院　胡　佳
知识产权侵权案件惩罚性赔偿金自由裁量的限制
——以比例原则构建规范化司法适用为视角
四川省江安县人民法院　龙麓伊
司法智库完善之路：建构理性与运行逻辑
——以法答网的运行展开为视角
四川省绵阳市中级人民法院　陈　江
四川省梓潼县人民法院　刘　东
四川省梓潼县人民法院　敬　芮
政府特许经营协议司法审查困境与破解
——以“分类分步审查法”为完善路径
四川省宜宾市中级人民法院　杨　敏
四川省宜宾市中级人民法院　李焕培
四川省宜宾市中级人民法院　郝中燕
混淆行为的认定偏差与思路厘清
——以《反不正当竞争法》第六条为切入点
四川省德阳市中级人民法院　赵大杰
四川省德阳市中级人民法院　杨婧乎
四川省什邡市人民法院　尹翠萍
“失信式”拒执入罪认定困境与规则建构
——以 2322 份裁判文书实证分析
四川省中江县人民法院　陈小明
四川省中江县人民法院　杨　欢
四川省中江县人民法院　肖　李
房屋买卖合同中隐藏民事法律关系及效力认定
——以房屋买卖与民间借贷关系为视角
贵州省遵义市中级人民法院　袁晶晶
贵州省遵义市中级人民法院　张　荣
贵州省遵义市中级人民法院　聂敏杰

规则与自洽：从司法正义视角看行政法上信赖保护原则的定位与适用
——以人民法院百例行政判决为样本展开
西藏自治区高级人民法院　任卫军
北京市平谷区人民法院　张　悦

数字政府背景下公共安全视频图像信息公开的检视与探索
——基于对43份行政裁判文书之考察
陕西省高级人民法院　林　群
北京市第一中级人民法院　张梦梦
陕西省高级人民法院　杨　阳

从惩罚到复权：轻刑时代前科封存的司法应对
陕西省西安市新城区人民法院　王　永
陕西省西安市新城区人民法院　张怡净
陕西省西安市新城区人民法院　赵　晶

论SEP全球许可费率争议的解决机制
陕西省西安市中级人民法院　郑　蓉

纠偏与规范：醉驾型危险驾驶罪出罪机制研究
陕西省咸阳市中级人民法院　董晓飞

如何向当事人主义回归：虚假诉讼治理思路的再证成
——以裁判文书网2000余份案例为样本
陕西省高级人民法院　李　文
陕西省法学会　黄有星
陕西省法学会　侯召星

数字时代下侵犯公民个人信息刑事附带公益诉讼的困境与对策
——以裁判文书为中心的实证分析
陕西省高级人民法院　姚　刚
陕西省法学会　蓝章湖
陕西省法学会　李悦尔

刑事案件财产刑执行困境与完善路径
——以S省T市两级法院为分析样本
陕西省铜川市中级人民法院　毛海龙

从联立合同的视角证析按揭商品房买卖合同解除纠纷处理规则
甘肃省庆城县人民法院　李瑞媛

网络直播打赏纠纷的类型区分与法律适用问题辨析
——以法律关系分析法和请求权基础分析法为视角
甘肃省高级人民法院　杨　劼
北京市朝阳区人民法院　齐晓丹

给程序“瘦身”：行民交叉纠纷审理机制的简化与重构
青海省高级人民法院　郑　晟
北京市第一中级人民法院　唐静静
融资租赁物“自物执行”悖论的理论消解与制度落实
——以出租人债权实现为视角
青海省高级人民法院　廖海峰
北京市大兴区人民法院　王　垚
执行力客观范围的扩张与救济
——以债务人异议之诉的功能再定位为方向
青海省高级人民法院　央　措
北京市大兴区人民法院　倘钰莹
北京市大兴区人民法院　舒　畅
普通共同诉讼的实现受限与路径纠偏
——以群体纠纷一次性解决为研究视角
广东省广州市中级人民法院　叶汉杰
宁夏回族自治区高级人民法院　孙诗惠
“双碳”战略视域下碳排放权强制执行问题研究
宁夏回族自治区高级人民法院　田　禾
宁夏回族自治区高级人民法院　康　莹
网络直播带货中消费者权益保护研究
新疆维吾尔自治区阜康市人民法院　李　薛
新疆维吾尔自治区阜康市人民法院　李　颖
“公车私用”交通事故中法律适用的分歧与裁判尺度的统一
——以 476 份样本案例为研究对象
新疆维吾尔自治区高级人民法院　李马梦璐
新疆维吾尔自治区高级人民法院　杜华祥
涉他合同中合同联立法律适用问题研究
——合同联立形态下的纠纷裁判思路探析
新疆维吾尔自治区克拉玛依市克拉玛依区人民法院　华　慧
新疆维吾尔自治区克拉玛依市克拉玛依区人民法院　雷晓霁
要件检索“五步法”：行政审判案件类案检索的困境检视与路径重构
新疆生产建设兵团第八师中级人民法院　井　峰
北京市海淀区人民法院　韩　筱
北京市海淀区人民法院　闫行冉

关于提升司法建议实效性的解决路径刍议
——以最高检一号检察建议为参照

北京工商大学　赵韫淏

非法集资款流入案外人之追诉程序研究
——以检察机关支持代表人诉讼为解决路径

北京科技大学　陶朗逍
中央党校（国家行政学院）　徐　欣
北京外国语大学　赵梦影

比例原则视角下专利禁令适用的规范及展开

福建江夏学院　周　宇
福建江夏学院　李振云

碳排放配额的强制执行路径研究
——以碳排放权的属性为切入点

福建农林大学　张太洲
福建农林大学　陈文兴

论刑事附带生态环境损害赔偿诉讼的构建路径
——以《刑事诉讼法》第一百零一条为纽带的两诉融合

河南大学　吴林轶
河南大学　张东方
河南省人民检察院　郭宝刚

请求权竞合的实践困境与进路探索
——以《民法典》第186条的诉讼实施为视角

中国人民大学　徐　冰

涉众型民刑交叉案件司法应对路径探析

中国人民大学　曹　帅
中国政法大学　任永军

利益衡量在民事裁判事实认定中的运用方法研究
——以350份生效裁判文书为分析样本

中国社会科学院大学　李靖元

股权让与担保执行异议之诉的规则建构
——以利益衡平保护为视角

中国政法大学　李　娜
中国工商银行北京朝阳支行　李　甜

习近平法治思想指引下新时代人民法院文化建设的现状审视与机制重构
——基于最高法评选的50个文化建设特色项目的研究

中央财经大学　孟思遥

社会治理“烽火台”：刑事司法建议适用现状检视与长治长效机制建构
——以B市辖区法院219份刑事司法建议为实证样本

中国人民大学法治与社会治理研究中心　王文涛
中国人民大学法治与社会治理研究中心　于慧雯

优秀奖（部分）

牵连型诉求另行主张的限制语境与理性路径类型化视角下诉讼请求合并的形态归位

北京市第二中级人民法院　赵雪青
最高人民法院　杨佳瑞

生成式人工智能的数据利用行为中著作权“合理使用”适用性探究

北京市东城区人民法院　魏廉升
北京市东城区人民法院　邱若凡
最高人民法院　郑文思

论民事审判中律师调查令签发的标准审查

北京市东城区人民法院　肖明倩
北京市东城区人民法院　谭梓为
最高人民法院　郑文思

轮候查封制度的实践困境与现实转型
——以再查封制度为选择

北京市海淀区人民法院　郭丽娜
北京市海淀区人民法院　金　路
最高人民法院　黄哲雅

要素式执行：遗产债务清偿执行的实践考察与程序重构
——以法信214份被继承人债务清偿执行裁定书为样本

北京市怀柔区人民法院　邢　璐
最高人民法院　李　莎

违法建筑行政处罚相对人认定现状审视和规则完善
——以推导“状态责任”和“行为责任”适用最优解为目标

北京市怀柔区人民法院　项　曦
最高人民法院　郭家霓

“法理”概念应用于司法裁判的现状检视与路径新探

最高人民法院　刘　佳
北京市第二中级人民法院　刘欣宇

检视与重塑：有限责任公司股东查阅会计凭证的价值彰显与行权规制
——兼论公司法修订草案二稿第56条

最高人民法院　赵欣瑜
北京市第一中级人民法院　杨颜金

自媒体账号强制执行的理论基础和程序构建

最高人民法院　何雨潇
北京市房山区人民法院　张晓婷

债权人代位参与分配的正当性基础与程序构建
——以完善“民事强制执行法（草案）”有关规定为视角

最高人民法院　王晓萌
北京市顺义区人民法院　孟祥磊
北京市顺义区人民法院　刘　霞

错误执行司法赔偿案件中归责原则适用现状与规则厘定
——《关于司法赔偿案件案由的规定》第（七）项之解读

最高人民法院　何雨潇
北京市顺义区人民法院　王咏吉
北京市顺义区人民法院　牛佳雯

行政诉讼责令被告采取补救措施判决的适用困境与路径构建
——以近五年336份行政判决书为分析样本

最高人民法院　邵海强
北京市朝阳区人民法院　鞠　仁
北京市朝阳区人民法院　孙　雯

规范的逸脱：超48小时死亡工伤认定规则的厘定与廓清
——视同工伤“48小时条款”的理解、适用与规制

北京市朝阳区人民法院　徐　翔
最高人民法院　骆芳菲

民商事示范诉讼机制的实践检视与完善进路
——以既判力效力扩张为视角

北京互联网法院　刘慧超

账号型虚拟财产纠纷审判的规则重塑
——以数据权益保护的规范解释为视角

北京互联网法院　周黛鹃

公平交易理论视域下内幕交易民事赔偿责任因果关系的认定

北京金融法院　徐宇翔

单一债务复数执行依据的合并执行
——以连带保证之债的执行构造为中心
北京市大兴区人民法院 刘 朝
北京市大兴区人民法院 王占军

“双重性”视角下帮助信息网络犯罪活动罪中“明知”的司法认定
北京市第四中级人民法院 江珞伊

行政复议与行政诉讼证据衔接研究
——“程序二元、证据一体”衔接模型之提出
北京市东城区人民法院 马媛婧
北京市东城区人民法院 郭保利

“政治三力”融入法官职业思维的路径研究
——以思维可视化为视角
北京市高级人民法院 姜巍巍

众包骑手侵权案件平台责任认定的现状检视及规则重塑
——以“关系－责任”裁判路径为视角
北京市海淀区人民法院 陈美旭
北京市海淀区人民法院 吴晓晗

离婚财产申报的实践考察与程序重构
——以“逆向选择＋道德风险”行为模式为视角
北京市海淀区人民法院 杨雨洁
北京市延庆区人民法院 郑东梅
北京市延庆区人民法院 谭志华

律师调查令制度的理论探讨与规则构建
——兼论与关联取证制度的界分与衔接
北京市门头沟区人民法院 黄 锋
北京市门头沟区人民法院 樊 仪

诉讼代表人选定的实践考察与机制重塑
——以社会角色理论为研究视角
北京市顺义区人民法院 夏 天
北京市顺义区人民法院 杨秀芝

生态环境损害赔偿磋商协议的性质考辨与解纷路径完善
——以后果考量分析为视角
北京市通州区人民法院 王 静
北京市通州区人民法院 佟艳艳

侵权责任中个人信息保护惩罚性赔偿规则之构建

北京市昌平区人民法院　杨婷婷

北京市昌平区人民法院　李明月

参与分配方案异议之诉债权真实性审查的模式选择

北京市大兴区人民法院　魏泽宇

智识时代的司法“外脑”

——法院司法知识管理体系的组织化构建

北京市第二中级人民法院　石　婕

北京市第二中级人民法院　王继玉

北京市第二中级人民法院　郑成凤

“治未病”理念下聘用制审判辅助人员队伍的疴疾透视与消解理路

北京市第二中级人民法院　贾相力

北京市高级人民法院　宋卓基

数字行政纠纷的司法应对和规则建构

北京市第一中级人民法院　祝飞宇

“后员额”时代的法官养成机制

——兼论法官助理“分步进阶、分段赋能、分流发展”的分层培养模式

北京市高级人民法院　林　娜

行政诉讼诉中实质性解决争议的实践检视与规范路径

北京市第二中级人民法院　朱彬彬

北京市第二中级人民法院　陶　军

天津市河西区人民法院　刘华飞

数字经济发展与审级职能定位改革背景下知识产权管辖制度的重构和司法路径的创新

天津市第三中级人民法院　王颖鑫

天津市第三中级人民法院　庞海龙

行政争议多元化解视角下人民法院延伸司法职能的审视与完善

天津市第三中级人民法院　郑昌明

天津市第三中级人民法院　张晓晴

避风港规则的应变与求变：算法推荐服务提供者注意义务标准的司法裁量

天津市第一中级人民法院　安宝熹

案例指导制度中的知识生产与观念竞争

——以刑事司法领域为视角

天津市第一中级人民法院　张文波

审慎拒绝：民事诉讼中“另案处理”的实践考察与规范进路
天津市第一中级人民法院 王 珊
天津市第一中级人民法院 裴振宇
社会主义核心价值观融入民事裁判文书的路径优化
——基于T市法院2759份民事裁判文书的实证分析
天津市高级人民法院 赵 伟
天津市河东区人民法院 李 真
天津市河东区人民法院 刘鉴元
检视与平衡：穿透式审判思维模式下法律适用模式的构建
——以类案同判为目标
天津市津南区人民法院 高庆艳
《退市新规》背景下提升破产重整质量与效率的优化路径
——以《企业破产法》实施以来100家上市公司重整案例切入
天津市南开区人民法院 郑博涵
网络犯罪定量证明中抽样取证的适用规则
北京市大兴区人民法院 马 榕
天津法官学院 孙世超
审视与完善：彩礼返还纠纷的实践考察与路径探寻
天津市北辰区人民法院 邓 清
天津市津南区人民法院 付月新
检视与探索：多列被告行政案件裁判规则的完善
——以降低行政案件上诉率、申诉率为切入点
河北省高级人民法院 张晓鹏
所答非“问”亦非“法”：构建法答网在统一法律适用工作中的嵌入机制
河北省康保县人民法院 陈志建
从反思到消减：破解行政诉讼“程序空转”的逻辑密码
河北省临漳县人民法院 姜 霜
河北省临漳县人民法院 张丽娜
新时代人民法院执源治理机制研究
河北省灵寿县人民法院 刘梅林
河北省灵寿县人民法院 尹青江
河北省灵寿县人民法院 王德崴
基层法院事实查明的审级职能机制内省与重构
——以H省基层法院因事实问题被发改案件为研究始点展开
河北省石家庄市中级人民法院 高 青
河北省石家庄市中级人民法院 程 明

数字经济背景下格式条款规制的路径转向

河北省唐山市丰润区人民法院　杨星晨

协同效能：统一法律适用机制的反证与优化

河北省唐山市中级人民法院　王帅旗

标本兼治：帮信犯罪综合治理路径研究

河北省唐山市中级人民法院　孙晓涵

解构与塑造：行政行为的违法性继承之本土化构建

——以110份行政判决书为样本

河北省邢台经济开发区人民法院　张国政

实现“三效统一”：“穿透式审判思维”在民商事司法裁判中的功能论证与实践路径

——以古今案例的对比研究为切入

河北省张家口经济开发区人民法院　闫少婷

必要却危险：经验法则参与事实论证的机理、证成与路径

河北省高级人民法院　张俊翠
北京市第一中级人民法院　周维平
北京市第一中级人民法院　张婷婷

当事人参与强制执行程序的实践检视与规则塑造

——以金钱债权强制执行案件为样本

河北省邯郸市中级人民法院　王　玲
北京市第一中级人民法院　杜占石

定向融资计划交易行为的效力认定

——以裁判规范与金融监管规范的协调为视角

山西省高级人民法院　马云跃
北京市第四中级人民法院　马晓妍
北京市第四中级人民法院　王　翔

三阶六步法：人民陪审员参审制下法官指引机制的审视与重塑

——以“裁决路线”的借鉴为视角

山西省高级人民法院　李　强
北京市朝阳区人民法院　张　琦

在线庭审秩序失范的空间规训

——基于某基层法院半年数据的实证分析

山西省晋城市城区人民法院　靳　超
山西省晋城市城区人民法院　林育乐

反思与规范：多数人侵权量责规范化之建构
山西省晋城市中级人民法院　张沁萍
北京市通州区人民法院　吴可加
北京市通州区人民法院　宿鹏涛

平台用工纠纷示范诉讼建构路径
内蒙古自治区呼和浩特市新城区人民法院　王菊蓉
北京市石景山区人民法院　王华伟
北京市石景山区人民法院　刘　叶

速裁快审机制研究
——以 K 人民法院为研究样例
内蒙古自治区库伦旗人民法院　萨日娜

民事再审案件的防控与疏解探究
——基于对 T 中院 2020 年 -2022 年民事申请再审案件的分析
内蒙古自治区通辽市中级人民法院　张　雷
内蒙古自治区通辽市中级人民法院　特日根
内蒙古自治区通辽市中级人民法院　刘亚男

基层法院诉讼服务中心律师用户服务满意度影响因素实证研究
——基于对 H 地区 447 名律师的调查数据分析
内蒙古自治区兴和县人民法院　王彦龙

民事速裁快审机制实践探微
——以 Z 人民法院民事速裁机制运行为实例
内蒙古自治区扎鲁特旗人民法院　齐图雅

行政公益诉讼问题研究
大连海事法院　李　爽
大连海事法院　卞　鑫
大连海洋大学　杨　超

民办非企业单位破产能力与债权清偿顺位分析
辽宁省抚顺市中级人民法院　王宝伦

停止侵害强制执行法律适用问题研究
辽宁省阜新蒙古族自治县人民法院　姜钰滢

民事审判机制的理想图景
——以践行社会主义核心价值观为路径
辽宁省沈阳高新技术产业开发区人民法院　李卫国
辽宁省沈阳市沈北新区人民法院　夏铭键

论人工智能对人民法院工作的影响
——以 ChatGPT 为例

吉林省长春市双阳区人民法院　张　斌

行政诉讼中司法建议制度问题的探讨

吉林省龙井市人民法院　太成华

保全反担保制度运行的实践考察与规范路径
——以保全程序与执行程序的有效衔接为视角

北京市东城区人民法院　史　锐
北京市东城区人民法院　张海燕
黑龙江省高级人民法院　王景波

群体性纠纷“回应型”治理司法路径探究
——以“三个效果”有机统一为导向

北京市门头沟区人民法院　胡　羽
北京市门头沟区人民法院　李明红
佳木斯铁路运输法院　李瑞新

民事诉讼中基于同一事实关联案件的类型区分及进行合并审理的程序扩容

黑龙江省大庆市红岗区人民法院　张纪元

法院依职权调整违约金的规范化研究

黑龙江省大庆市萨尔图区人民法院　刘宏博
黑龙江省大庆市萨尔图区人民法院　康晓宝
黑龙江省大庆市萨尔图区人民法院　李慧馨

从组织社会学视角分析指导性案例“隐藏式引用”之因

黑龙江省高级人民法院　陈　晨
黑龙江省高级人民法院　郝英雪

从排斥与吸引：破产程序中刑事退赔的实践考察与规则建构

黑龙江省哈尔滨市中级人民法院　张　亮
黑龙江省哈尔滨市香坊区人民法院　刘夕慈
黑龙江省哈尔滨市南岗区人民法院　任振峰

新时代“马锡五审判方式”的社会治理功能再造

黑龙江省哈尔滨市中级人民法院　朝之悦
黑龙江省哈尔滨市中级人民法院　孔祥群
黑龙江省哈尔滨市中级人民法院　仲　治

量刑规范化视角下机械量刑的规制路径

黑龙江省虎林市人民法院　常　虹

刑事速裁程序“书面审”可行性路径探析
——以刑事速裁程序效用性反思与完善为视角
黑龙江省林区中级人民法院　郭雁明
黑龙江省林区中级人民法院　卞立丽

涉众型非法集资案件追赃挽损的实现路径
——以追缴与保护二元平衡为视角
黑龙江省牡丹江市中级人民法院　蒋利龙
黑龙江省哈尔滨市道外区人民法院　王子君

财产保全错误损害赔偿的现状检视与规则重构
黑龙江省农垦中级法院　李吉凤
黑龙江省农垦中级法院　罗　婧
黑龙江省农垦中级法院　臧　颖

H省环境资源案件集中审理机制构建
黑龙江省亚布力人民法院　于　潇
黑龙江省亚布力人民法院　王宏博

权利的进与退：证券纠纷示范判决机制运行的实践困境与构建理路
上海金融法院　石洋洋

如何防止程序空转：同一案件多项请求权合并审理的实践考察与规范路径
上海市宝山区人民法院　徐子良
上海市宝山区人民法院　韩　亮

渐进探索：院庭长审判监督管理考评机制的全流程构建
上海市宝山区人民法院　贾　路
上海市宝山区人民法院　刘雪婷
上海市宝山区人民法院　范　航

管理人遴选机制的检视与优化
——以提升办理破产的专业与效率为核心
上海市高级人民法院　陆　淳
上海铁路运输法院　王亚萌

纠纷实质化解视角下附对待给付判决的适用规则重构
——以双务合同纠纷三条诉讼链为解构场景
上海市金山区人民法院　阮彦宁
上海市金山区人民法院　陈育超

民事在线庭审模式的二阶化重塑
——以“在线异步准备＋一次集中庭审”为中心
上海铁路运输法院　王亚萌
上海市闵行区人民法院　周青松

行政规范性文件程序合法性的审查进路
——以全国213件行政规范性文件一并审查案件为分析样本

上海市高级人民法院　刘　琳
上海铁路运输法院　孙焕焕

行政诉讼中“明显不当”审查标准的适用困境与纾解
——基于318份行政裁判文书的实证分析

上海市静安区人民法院　胡晓涛
上海市嘉定区人民法院　张　耐

指向与导向：行政指导性案例的应用现状及优化路径
——以基层实践为视角

上海市静安区人民法院　沈　烨
上海市静安区人民法院　向　阳

慎终追远：死者人格利益保护的规则适用与规范续造
——基于《民法典》第994条“双重保护”的展开

上海市长宁区人民法院　周泉泉
上海市长宁区人民法院　赵　丹

精细化治理：多阶段行政行为司法审查的逻辑与进路

江苏省高级人民法院　赵凌峰
江苏省常州市武进区人民法院　孙　琦

公意进入司法裁判的结构、范式与理念重塑
——以刑事热点案件为视域

江苏省淮安市淮阴区人民法院　高　均
江苏省淮安市淮阴区人民法院　商雪娇

三阶五步：行政处罚事实在民事诉讼中效力的“层次化”认定

江苏省昆山市人民法院　沈　如
江苏省昆山市人民法　院欧平
江苏省昆山市人民法院　洪童寅

诉讼调解衍生执行的中间因素及其规制路径
——以经济学“二元悖论”理论为论证视域

江苏省连云港市海州区人民法院　林奕宏
江苏省连云港市赣榆区人民法院　赵　丹

论行政诉判不一致的适用及限度
——以实质化解争议为视角

江苏省南京市中级人民法院　王玉刚
江苏省南京市中级人民法院　葛明秀

规范性文件司法审查与复议审查的功能边界迷失及厘清

江苏省南京市玄武区人民法院　赵雪雁

诉讼目的融入民事诉讼程序之范式构建

——基于对“程序空转”的类型化考察

江苏省南京江宁经济技术开发区人民法院　夏志阳

江苏省南京江宁经济技术开发区人民法院　徐璐璐

事实认定中公民代理异化的困境与出路

江苏省南京市鼓楼区人民法院　李斯凡

民事诉讼中“另行主张”泛化之体系化应对

——以纠纷一次性解决为视角

江苏省南通市中级人民法院　谷昔伟

江苏省南通市中级人民法院　刘　婷

何以审查：行政诉讼中穿透式审判思维的应用

——基于上诉率、申诉率畸高的困境反思

江苏省泰州市中级人民法院　王　玮

江苏省泰州市中级人民法院　霍婷婷

江苏省泰州市中级人民法院　冯　露

强化上诉审统一法律适用功能的机构配置路径

——以中级法院繁简分流改革为视角

江苏省无锡市中级人民法院　陈靖宇

江苏省无锡市中级人民法院　刘　英

致力于“案结事了”：民事初审如何追求基于程序正义、实体正义的“解纷正义”

——基于对诉讼程序过程之分析

江苏省无锡市中级人民法院　蒋馨叶

江苏省无锡市中级人民法院　李奇才

经纬之间：法院服务民营经济的坐标定位

江苏省无锡市中级人民法院　蒋　飞

江苏省无锡市中级人民法院　戴文娜

反熵增理论视角下基层法院审判质量管理指标体系完善探析

江苏省无锡高新技术产业开发区人民法院　赵　蔚

调判之间各美其美：行政争议类型化视角下非裁判方法化解争议的路径

江苏省镇江市润州区人民法院　张传军

江苏省镇江市润州区人民法院　方一之

纠纷一次性有效解决的逻辑与进路
——以“体系化治理”为牵引重塑司法解纷模式
南京海事法院　谢新竹
江苏省高级人民法院　赵凌峰

什么是好的判决：司法公正的第三重维度
——“以事实为依据、以法律为准绳、以价值为指引”裁判范式之可能建构
南京海事法院　谢新竹
南京海事法院　邵　琼

建设工程价款纠纷类案审理方式的审视与完善
——基于要素式审判法勾勒三层级递进式要素表
江苏省高级人民法院　王　炜

偏差与回归：“事清责明”规则下规范化调解的实践错位及其矫正
江苏省连云港市赣榆区人民法院　杜兴淼
江苏省连云港市赣榆区人民法院　赵　丹

司法认同视域下法院微电影传播的路径优化
——基于“使用与满足”理论
江苏省泰州市海陵区人民法院　潘　蓉

行政案件质效单独评估指标体系的证成与指引
——以基层集中管辖法院为视角
江苏省盐城市盐都区人民法院　郝　月
江苏省盐城市盐都区人民法院　周欢欢
江苏省盐城市盐都区人民法院　李天芳

司法裁判的可接受性及实现
——以裁判说理为研究对象
浙江省常山县人民法院　徐利文

民事诉讼中重复诉讼问题探究
——基于程序公正与司法效率的分析与展开
浙江省常山县人民法院　徐　盼

数字时代“活冻结”制度的构建与运用
——以银行账户中生活必需费用保留为例
浙江省高级人民法院　邹林堃
浙江省余姚市人民法院　朱浩梁
浙江省余姚市人民法院　郑博文

论新时代基层法院督察工作机制的完善路径
——以强化内部监督，促进公正与效率辩证统一为思想
浙江省高级人民法院　厉若君
浙江省松阳县人民法院　陈伟平
浙江省松阳县人民法院　王巧利

清廉司法视角下聘用制书记员风险防控体系的探索与构建
——以Z省法院聘用制书记员为研究样本
浙江省高级人民法院　张伟强
浙江省温岭市人民法院　夏群佩

开启裁判之门的备用钥匙：论民商事审判中的事实出发型类案参照
浙江省平湖市人民法院　马德志

司法建议助力优化法治化营商环境的困境、功能及路径
——以Z省法院近五年司法建议情况为分析样本
浙江省绍兴市柯桥区人民法院　吴旺丽
浙江省绍兴市柯桥区人民法院　虞振华
浙江省绍兴市柯桥区人民法院　吴　震

行政诉讼“程序空转”现状检视及治理路径
——以“当事人一件事”理念为视角
浙江省绍兴市越城区人民法院　王丽萍
浙江省绍兴市越城区人民法院　何炳棋

轻罪治理背景下勒索“感情债”的规制：问题、辨析与回应
浙江省温州市中级人民法院　方　勇

谨防“避风港”与“效率陷阱”
——公正与效率视野下量刑建议规范化再检视
浙江省仙居县人民法院　余少威

数字法治政府视角下人工智能行政的规范化
——以行政程序与算法为路径
浙江省新昌县人民法院　潘　磊

检视与重构：行政机关单方解除行政协议条件的司法认定
浙江省新昌县人民法院　吕培英
浙江省新昌县人民法院　张梦玲
浙江省新昌县人民法院　翁洁娜

两破归一：推进方略论视野下个人与企业一站式破产的机理与进阶
——从3个案例及台州市4项数据切入
浙江省台州市中级人民法院　童明强
浙江省天台县人民法院　姚梦莹
浙江省天台县人民法院　陈中云

电子保单明确说明义务履行标准之认定
——基于实证分析的动态博弈推演
安徽省安庆市宜秀区人民法院　程希希
南京大学　曹　中

扰乱法庭秩序行为规制的实践检视与路径探寻
——以构建司法良性互动关系为目的
安徽省蚌埠市淮上区人民法院　陈小会

帮助信息网络犯罪活动罪的司法判定偏差与矫正
安徽省蚌埠市禹会区人民法院　李　恒
安徽省怀远县人民法院　孙兴丽

跳出碎片化：多元解纷体系模式检视与突破
——以A省sl镇纠纷解决为研究对象
安徽省池州市中级人民法院　徐艳阳
安徽省池州市中级人民法院　巩志俊

刑事裁判涉财产部分执行制度的完善
——以“债权人＋检察支持”为切入点
安徽省黄山市屯溪区人民法院　王驰元
安徽省黄山市中级人民法院　黄子捷
安徽省黄山市屯溪区人民检察院　凌观桦

行政公益诉讼确认违法判决“大同”之路
——基于325份裁判文书的引证分析
安徽省马鞍山市博望区人民法院　曹　彬
安徽省马鞍山市花山区人民法院　李　虹
安徽省马鞍山市博望区人民法院　汪　青

解构与续造：行政机关负责人出庭应诉制度的价值证成与机制完善
——基于布迪厄场域理论视角
安徽省马鞍山市花山区人民法院　李　虹
安徽省马鞍山市博望区人民法院　曹　彬

关联企业实质合并破产的审查标准与程序完善研究
——基于118份裁判文书的实证分析
安徽省芜湖三山经济开发区人民法院　刘　婷

环境民事公益诉讼生态损害赔偿金公益信托制度构建与完善
——基于"安全"与"效率"帕累托最优解的路径
安徽省宣城市中级人民法院　洪　骏
安徽省宣城市中级人民法院　王　娜
安徽省宣城市中级人民法院　王腾飞
知识产权损害赔偿证明妨碍规则的适用困境与具体完善
——以全国法院243份民事判决书为分析样本
安徽省合肥市高新技术产业开发区人民法院　王　颖
安徽省高级人民法院　马士鹏
刑事案外人追赃的司法困境与制度探索
——以引入物权保护机制为思辨视角
福建省德化县人民法院　徐晓璐
数助决策：司法数据服务社会治理的优化进路
——以整体性治理为视角
福建省福州市鼓楼区人民法院　陈　可
福建省福州市鼓楼区人民法院　郑怡馨
裁判要旨提取方法论的思辨与建构
——以指导性案例的司法运用为视角
福建省福州市鼓楼区人民法院　郑怡馨
福建省福州市鼓楼区人民法院　陈　可
论侵犯公民个人信息罪中"识别性"的构造及其展开
福建省高级人民法院　郑朝旭
民事判决中"另案处理"司法适用的实证反思
——以3200份裁判文书为样本
福建省南平市中级人民法院　邱方平
福建省南平市中级人民法院　王历宏
知识产权恶意诉讼的司法审查及规制
——以NPE恶意诉讼为主要考察视角
福建省泉州市中级人民法院　洪颍雅
福建省泉州市中级人民法院　廖丽娟
否定之否定：无讼理念的回归与超越
福建省寿宁县人民法院　吴啸虎
论民事衍生诉讼案件治理的优化路径
——以2023年审判质量管理指标体系试点为视角
福建省武平县人民法院　蔡　玲

三环六层分析法：民事判决法律证成的偏差与矫正

福建省仙游县人民法院　林少军

预防性环境民事公益诉讼中重大风险认定的司法适用困境与纾解

福建省永安市人民法院　游潇萍

基层法院民商事案件“分调裁审”程序空转的破解路径

福建省漳州市芗城区人民法院　林银木

福建省漳州市芗城区人民法院　许奕圣

技术调查官参与生态环境审判的逻辑基础与制度进路

福建省漳州市中级人民法院　林　微

福建省高级人民法院　袁春怡

福建省漳州市中级人民法院　李　菁

轻罪视域下危险驾驶罪恢复性司法治理模式的构建

——基于Z市数据的准经验研究

福建省诏安县人民法院　李海宝

福建省诏安县人民法院　江晓乐

福建省漳州市中级人民法院　林志梅

从单向决定到双向制约：二审拟发改案件申辩制度构建反思

福建省德化县人民法院　童彬妮

福建省德化县人民法院　颜培源

博弈论视角下民事初次送达前置机制的省思与完善

福建省惠安县人民法院　苏良伟

福建省惠安县人民法院　黄思婷

汽车行业售后回租型融资租赁的司法辨析

福建省闽清县人民法院　曹伟泓

行政司法建议参与社会治理的实践困境及匡正路径

——基于治理情境-行为的建构性诠释为视角

江西省会昌县人民法院　侯为民

江西省会昌县人民法院　李晓霞

江西省赣州市中级人民法院　何丹曦

填补与校正：行政机关单方变更解除行政协议的补偿困境与出路

——以《行政协议司法解释》第16条第1款的适用为中心

江西省靖安县人民法院　曾碧波

何为适当：民事法官调查取证启动规则的观察与深化

——以后果考量为视角

江西省芦溪县人民法院　刘　玲

审判效率与个案公正感受关系下审判质效评价体系完善研究
——基于 Logit 模型的数据检验

江西省南昌市中级人民法院　陈　力
江西省南昌市东湖区人民法院　刘　芳
江西省南昌市东湖区人民法院　游述文

民事二审不开庭审理功能实现的标准化路径
——以自由裁量权的规制为中心

江西省南昌市中级人民法院　陈　健
江西省南昌市中级人民法院　郭雨歌

少年法庭改革背景下刑民社会观护融合的路径探究
——以全国 109 家法院开展社会观护为样本

江西省上犹县人民法院　莫　然
江西省上犹县人民法院　彭修烨
江西省上犹县人民法院　黄骏逸

行政指导案例参照适用的实践检视与路径优化
——基于最高人民法院行政指导案例类型化视角的分析

江西省宜春市袁州区人民法院　周　钊
江西省宜春市袁州区人民法院　周　顺
江西省奉新县人民法院　章　龑

破除纸面修复：执行视角下生态环境修复的全周期体系构建

江西省宜春市袁州区人民法院　赵逸鑫
江西省宜春市袁州区人民法院　袁婧怡

夯实事实审：商业秘密“秘密性”的证明困境与破解
——以消极事实证明中推定规则的适用为展开

江西省宜春市中级人民法院　袁金萍

类案型司法建的运用技术与增效路径
——以类案审理与公共问题回应有机衔接为考量

江西省鹰潭市中级人民法院　孔梦娜

数字经济下流量造假行为刑法规制路径的优化
——基于 244 份相关判决的思考

江西省樟树市人民法院　熊紫雯

具体化责任理论在行政赔偿诉讼中的适用与规范
——以“被告致原告无法举证”的五阶认定展开

江西省大余县人民法院　黄中林
江西省大余县人民法院　刘向平
江西省大余县人民法院　付秋红

何以评价：审判质效指标司法统计的运行偏差和优化之道
——以多源信息融合为视角

江西省南昌市中级人民法院　田　勇
江西省南昌市红谷滩区人民法院　罗松瑞
江西省奉新县人民法院　刘　凤

诉讼抵销实践范式探析与司法展开

江西省万年县人民法院　黄正光

审前社会调查参与社区治理的功能定位与规范进路
——以回归品格证据为视角

山东省东营市中级人民法院　姜有慧
山东省青岛市市南区人民法院　张　珣

事实发现路径前置：自认制度在诉前调解阶段的扩张适用
——以平衡公正与效率为视角

山东省济宁高新技术产业开发区人民法院　张　波

网络名誉侵权纠纷中海量证据的整体性认定
——以涉公众人物网络名誉侵权案例为样本

山东省嘉祥县人民法院　赵忆雪

组织社会学视野下专家型法官养成模式探讨
——以 246 名国家级和 225 名省市级审判业务专家为视角

山东省莱州市人民法院　刘　源

从技术理性到实践理性：法答网运行机制下法院智库建设
——以专家型法官司法经验提成为主线

山东省宁阳县人民法院　蔡晓芳
山东省宁阳县人民法院　张朝阳

法院审判效率指标体系的变迁、反思和进路
——基于审判效率管理节奏的分析

山东省青岛市市北区人民法院　王　卉
山东省青岛市市北区人民法院　蒋　萌

商标侵权法定赔偿数额量定的正当性基础与规则构建
——基于司法实践的要素提炼及体系化

山东省威海市环翠区人民法院　李兆钰

正当防卫在治安管理行政处罚中的理性解读与正确适用
——从一起认定正当防卫的行政典型案例切入

山东省淄博市中级人民法院　荣明潇

人民法院审判外参与社会治理活动的制度化研究
——以司法建议、审判白皮书、联席会议机制的协同应用为切入
山东省淄博市中级人民法院　谢　莹
山东省淄博市中级人民法院　王惠越
人民法院案例库中参考案例的定位与适用
——以融入司法案例体系功能发挥为视角
山东省青岛市市南区人民法院　曲亚男
行政案件管辖改革的“下沉”与“上提”
——以征收补偿履责案件为例
山东省威海市中级人民法院　宫凡舒
进一步完善实现司法裁判“三个效果”有机统一工作机制的建议
——以当前热点刑事案件为视角
河南省高级人民法院　袁小刚
河南省高级人民法院　宋红霞
河南省高级人民法院　李　楠
“追缴等值财产”理念的扩展适用：以非法吸收公众存款犯罪追赃挽损的特殊性为视角
河南法官进修学院　聂振华
河南省郑州市高新技术产业开发区人民法院　张豪男
共同担保人内部追偿“三步走”规则的构建及适用
——以《民法典担保解释》第13条为中心
河南省济源市人民法院　张　晨
醉驾型抽象危险犯嵌入价值判断的出罪路径
——刑法第133条之1第2项规范指引及分层递进式价值判断
河南省开封市中级人民法院　高新峰
审判品质再升级：法院案件质量评价的完善路径
——以ISO9001标准为视角
河南省平顶山市石龙区人民法院　李　波
河南省平顶山市石龙区人民法院　谢纪澳
河南省平顶山市中级人民法院　刘　鑫
数字经济下平台算法决策侵权的司法审查优化
——以解耦平台算法要素为视角
河南省平顶山市新华区人民法院　王全胜
河南省平顶山市中级人民法院　王子璜
河南省平顶山市中级人民法院　赵启辉

裁判文书公开的困境反思与替代路径
——以“用户体验五层要素”下的“需求分析”为展开逻辑
河南省平顶山市中级人民法院　王　辉
河南省平顶山市中级人民法院　于　帆

轻罪化趋势下前科后果的双层治理模式构建
——以破产重整企业信用修复理念为借鉴
河南省平顶山市中级人民法院　王　辉
河南省平顶山市中级人民法院　崔天雨

刑事治理现代化视域下前科消灭分类分级制度的构建
——为建设更高水平的平安中国建言献策
河南省汝州市人民法院　楚军荣
河南省汝州市人民法院　张泰东
河南省汝州市人民法院　倪晓鹏

帮助信息网络犯罪活动罪的补充性定位重塑
——以双重属性为论证分析视角
河南省郑州市中级人民法院　陈殿福
河南省郑州市中级人民法院　宋应红
河南省郑州市中级人民法院　赵　健

醉驾型危险驾驶罪附随后果的检视与修正
——以H省司法实践为样本
河南省郑州市中原区人民法院　刘艳荣
河南省郑州市中原区人民法院　王　楠

四步分析法：涉“两卡”帮信罪的入罪路径构建
河南省周口市中级人民法院　徐　普
河南省周口市中级人民法院　倪善心
河南省周口市中级人民法院　辛勤勤

金融借款合同纠纷多元化解机制困境与重塑
——以五地法院三类金融解纷模式为切入点
河南自由贸易试验区郑州片区人民法院　葛韦言
河南自由贸易试验区郑州片区人民法院　陈阿娟

“穷尽行政救济”基础上的环境公益诉讼起诉顺位研究
——以发挥环境行政部门的专业作用为主线的展开
郑州铁路运输中级法院　吴林轶
郑州铁路运输中级法院　尚　雪

独奏到合唱：少年司法语境下家庭教育指导的全流程贯穿
——以未成年人审判融入社会治理为视角
河南省濮阳市中级人民法院　金晓华
河南省濮阳市中级人民法院　付梦艳
职务发明人奖酬权利的司法裁判适用原则与路径完善
——以中国裁判文书网近五年相关判决书为研究样本
河南省清丰县人民法院　董丽红
河南省清丰县人民法院　李志飞
民事诉讼中法官依职权调查取证的适度扩张及“三层次”反向检视
湖北省安陆市人民法院　王　晨
北京市东城区人民法院　马　莹
环境民事公益诉讼鉴定规则重构
——以设立公益鉴定为模式
湖北省汉江中级人民法院　陈忠军
司法建议参与社会治理的路径优化
——以帕森斯结构功能主义为视角
湖北省黄石市中级人民法院　柯双双
理性克制：刑事司法参与流域治理的边界把控
——以H省S市非法捕捞水产品刑事案件为样本
湖北省十堰市中级人民法院　章　丽
量力而行：谦抑司法下司法建议参与社会治理的建构与规范
湖北省十堰市中级人民法院　时青云
民事案件司法审判中诉讼调查令的现状检视与规则构建
——以725份调查令申请书和466份调查令为分析样本
湖北省十堰市中级人民法院　王　宏
湖北省十堰市中级人民法院　朱雍忌
社会治理现代化视域下民事司法建议的功能厘定与模式构建
——以嵌入“司法建议”的民事裁判文书为样本
湖北省武汉市江岸区人民法院　郑一真
类案司法适用的实践困境与规则探寻
——以司法说理论证的法律方法为视角
湖北省武汉市武昌区人民法院　宋智琪
以规范促效力：司法建议有效服务社会治理程序设计
——以2018年以来H省法院司法建议工作情况为样本
湖北省襄阳市中级人民法院　陈诗梦
湖北省襄阳高新技术产业开发区人民法院　王　晗

从“形式正义”迈向“实质解纷”
——适用行政诉讼确认违法判决的进阶设计
湖北省宜昌市中级人民法院　龚　瑜
“人民调解司法确认”制度运行模式之异化与体系重构
——以离婚纠纷排斥“调确”与调撤现象的二律背反为视角
湖北省云梦县人民法院　刘杨萍
湖北省云梦县人民法院　高　敏
财产保全损害赔偿案件归责原则研究
——基于对中国裁判文书网451份裁判文书的实证分析
武汉海事法院　吴文轩
武汉海事法院　杨洪波
合同诈骗司法认定的现实省思与路径优化
湖北省武汉市洪山区人民法院　冉　超
湖北省武汉市洪山区人民法院　吴　敏
从“诉前调”到“诉中案”的曲径通幽：民事案件诉前调解程序的实践检视与规则续造
湖北省武汉市江汉区人民法院　涂冉竹
湖北省武汉市江汉区人民法院　王　倩
湖北省武汉市江汉区人民法院　陈　爽
人工智能嵌入法院类案裁判的困局与应对
——以协同价值链模型为研究视角
湖南省高级人民法院　尹玄海
湖南省高级人民法院　李家成
湖南省益阳市赫山区人民法院　钟　婷
“四维契合”视角下法院廉政风险防控机制的优化路径
——以案件“繁简分流”改革为切入点
湖南省津市市人民法院　高　岚
湖南省常德市中级人民法院　文惠良
湖南省石门县人民法院　胡　静
无理涉诉信访的困境描述与治理路径完善
——以听证制度为切入点
湖南省浏阳市人民法院　伍玉联
湖南省浏阳市人民法院　雷　博
湖南省长沙市中级人民法院　肖　柱

人民法院庭审公开融入社会治理的实践、价值与路径重构
——以庭审场域为视角
湖南省宁乡市人民法院　唐珍枝
湖南省宁乡市人民法院　张　品

数字经济下肖像权与著作权的冲突与平衡
——以虚拟现实游戏论为视角
湖南省通道侗族自治县人民法院　戴　敏
湖南省怀化市中级人民法院　李沐芸

司法责任制改革视域下"类案同判"的实现路径研究
湖南省湘乡市人民法院　邓彰红
湖南省高级人民法院　葛伟科
湖南省高级人民法院　万玉琢

行为禁令诉讼程序统一构建初探
——以程序资源有效利用为视角
湖南省岳阳市岳阳楼区人民法院　杨　欣
湖南省湘潭县人民法院　张　清

数字平台滥用成瘾性技术的反垄断司法规制与裁判认定
湖南省长沙市中级人民法院　罗晞祯
湖南省长沙市中级人民法院　龙志宇

计算法学视角下执源治理引入人工智能的样态透析与路径阐释
湖南省衡山县人民法院　周　龙
湖南省衡山县人民法院　向文祥

行政协议中先行政行为的审查思考
——兼论行政行为合法性与行政协议有效性之关系
湖南省岳阳市岳阳楼区人民法院　李　双

情绪维度下涉诉信访矛盾的解构与化解
——以最高人民法院某巡回法庭近三年涉诉信访案件为研究样本
湖南省岳阳市中级人民法院　徐　艳

破产重整中出资人权益保护边界的规则探究
——基于"0元出局"式实用主义的反思
广东省东莞市第一人民法院　李罗超

三阶划分法：夫妻公司人格否认之司法错位与归位
广东省东莞市中级人民法院　刘冬虹

省级以下人民法院非指导性案例编撰的制度重构
——以审级职能定位为视角
广东省佛山市高明区人民法院　刘　艳
广东省深圳市福田区人民法院　杨华鹏

第三方诉讼融资的实证检视、效力审查与风险规制
广东省佛山市顺德区人民法院　黄燕芝
广东省佛山市中级人民法院　翁兰芳

互联网司法保障数字人权的逻辑展开与路径实现
广东省广州互联网法院　田　绘
广东省广州互联网法院　方　圆

走出制度陷阱：审级职能定位下民事依职权移送管辖制度重构
广东省广州互联网法院　逯彩平
广东省广州互联网法院　刘　尧
广东省广州互联网法院　沈婉婷

社会共治与均衡保障：网络平台公法审查义务的实践困境及路径优化
广东省广州互联网法院　吕巧慧
云南省高级人民法院　杨璐宾

诉与诉权的识别基准：行政法上保护规范理论的中国化型塑
广东省广州市花都区人民法院　张家齐

民事纠纷一次性解决的内涵、限度以及衡平路径
——以个案审理的“定量”标准构建为视角
广东省广州市越秀区人民法院　谢春晖
广东省广州市越秀区人民法院　黄媛媛

公司法修订背景下股东清算义务之再定位
——基于实体法与程序法融合的双重视角
广东省广州市中级人民法院　袁绿凡
广东省广州市中级人民法院　朱俊雅

小微企业重整的“骨髓”与“皮囊”
——小微企业有效重整的司法进路
广东省广州市中级人民法院　吴　翔
广东省广州市中级人民法院　石　佳

“漂流审”现象及其消减方法
——以民事繁案“剥笋式”事实争点整理模式为中心
广东省深圳市福田区人民法院　雷　敏
广东省深圳市福田区人民法院　许　娟

间接证据证明论下非证据链的证明模式思考
——以论证与故事混合方法为视角
广东省深圳市龙岗区人民法院　罗炜玮

避免迟到的公正：纠纷相对解决理念下的附条件判决的类型分析、理念归位和执行构造
广东省珠海市金湾区人民法院　黄国靖
广东省珠海市金湾区人民法院　叶文飞

法官惩戒委员会认定违法审判责任的困境及其因应
广东省高级人民法院　邵树志
华南理工大学法学院　洪丹娜

“反常识”司法案件的悖谬与弥合进路
——基于对热点案件的考察
广东省深圳市龙华区人民法院　孟凡淼
广东省深圳市龙华区人民法院　罗嘉淳

多中心治理语境下行政争议实质性解决的进路
——基于打造“B市行政争议调解中心”样本的视角
广西壮族自治区百色市中级人民法院　黄媛郡
广西壮族自治区百色市中级人民法院　李智蓉

陈年积案证据裁判规则的优化路径
——以C市46件陈年积案为研究样本
广西壮族自治区崇左市中级人民法院　梁媛媛

形实兼备：论保全案件案外人实体异议的有限实质审查
——以执行异议和复议规定第28条、第29条为中心
广西壮族自治区来宾市中级人民法院　黄启平

行政协议撤销案件司法审查的思维模型构建
——以“融贯-类型化”构建模式为视角
广西壮族自治区柳州市城中区人民法院　黄海玲

观念转变：乡村振兴背景下切实解决涉农执行难的共赢之路
——以乡治共同体的构建为视角
广西壮族自治区柳州市柳南区人民法院　杜星霖
广西壮族自治区柳州市柳南区人民法院　邓　媛

模型搭建与应用：被征地农民养老保障履责之诉中可诉行政行为的识别
广西壮族自治区南宁市中级人民法院　黄影颖
广西壮族自治区南宁市中级人民法院　李　慧

事实优先原则：新就业形态下劳动关系司法认定的路径探析
——以外卖骑手“去劳动关系化”困境为切入点

广西壮族自治区平南县人民法院　赵　珍

力素+心素：归责前证成保全错误之“错”的独立机制
——遵循比例原则的分析

广西壮族自治区平南县人民法院　黄艳华
广西壮族自治区平南县人民法院　陈厚福

公正与效率：“整体主义”视域下终结本次执行程序制度的价值张力及弥合路径

广西壮族自治区桂林市中级人民法院　何　涛

诉前阶段非诉讼纠纷解决引导机制的构建
——以西尔斯说服模型为工具

广西壮族自治区柳州市中级人民法院　覃敏思

破解诉讼程序空转难题：基于审判绩效考核指标体系优化的思考
——以西部G省情况为例

广西壮族自治区阳朔县人民法院　李　美

跨境在线诉讼的实证研究和探索展望
——以构建中国－东盟跨境在线诉讼框架为设想

南宁铁路运输中级法院　王华妍

浅议在线诉讼程序规则

海口海事法院　雷　鸣
海口海事法院　余　喆

人民法院刑事申诉立案审查处理机制的实践思考

海南省第一中级人民法院　袁华锋
海南省第一中级人民法院　张林燕

完善中国执行联动机制的路径研究

海南省高级人民法院　王　伟

司法查封闲置土地处置制度的检视与规范
——以行政权和司法权的关系为视角

海南省高级人民法院　吴佳敏
海南省高级人民法院　刘利红

执行中股东出资加速到期的法理解构与规则完善
——以股东出资义务的二元性为研究基础

北京市大兴区人民法院　蒋怡琴
海南省高级人民法院　余德厚
中南财经政法大学　庞远福

论醉驾入刑的规制效果及治理路径究

海南省万宁市人民法院　陈积雪

民事案件审理时间研究

——以民事审限制度下诉讼效率提升为视角

江西省九江市中级人民法院　毛江东

海南省高级人民法院　刘　琼

知识产权审判激励竞争：从单一化到类型化

——以知识产权主张实体治理为视角

重庆两江新区（自贸区）人民法院　曹　柯

重庆两江新区（自贸区）人民法院　段胜宝

政策性典型案例助推基层社会治理的功能、模型与路径

——基于全国15家基层法院近五年发布的1321个典型案例之考察

重庆市第二中级人民法院　吴诗翔

重庆市第二中级人民法院　沈　平

重庆市巫溪县人民法院　李　敏

治理现代化背景下管理人报酬制度的运行检视与机制重构

——以C市破产法庭692件管理人报酬案为样本

重庆市第五中级人民法院　陈唤忠

重庆市第五中级人民法院　上官俊峰

基于法律论证理论的机械司法矫正方法研究

重庆市第五中级人民法院　吴　比

重庆市九龙坡区人民法院　齐　健

开设赌场罪司法适用的困境与纾解

——以赌博类犯罪三个罪名关系再定位为解决路径

重庆市第一中级人民法院　陈其琨

重庆市第一中级人民法院　孙红涛

未成年人犯罪的性别差异及其差别化防治体系构建

——以C省2018-2022年5年间9839名未成年被告人为分析样本

重庆市第一中级人民法院　李遵礼

重庆市第一中级人民法院　詹勤艳

迈向回应型判决

——解决行政争议语境下行政诉讼判决方式的优化

重庆市高级人民法院　苏　福

重庆市江北区人民法院　王明辉

程序正义与数字正义的冲突与调试：刑民分治视野下刑事在线庭审规则构建论

重庆市江北区人民法院　彭　霞

提级管辖与示范判决衔接机制之理性思辨与制度构建

重庆市江北区人民法院　肖　瑶

建设更高水平的平安中国背景下唯一抚养人收监难题的破解思路

重庆市江北区人民法院　刘　懿

重庆市江北区人民法院　张建征

行政处罚裁量基准司法审查的实施进路

——以行政处罚案件变更判决的适用为分析视角

重庆市江津区人民法院　冷悦菊

重庆市江津区人民法院　杨漫雨

重庆市江津区人民法院　黄书勉

专业法官会议制度的运行审视与优化路向

——以C省三级法院2018年至2022年五年8845次专业法官会议运行情况为例

重庆市渝北区人民法院　周　轶

重庆市渝北区人民法院　郭蒙政

商标恶意诉讼中“恶意”认定的困境与破解

——以“穿透式审判思维”为视角

重庆市渝中区人民法院　刘星辰

区块链存证电子证据真实性司法认定的“二阶递进”审查法

成渝金融法院　马　露

成渝金融法院　王朝辉

成渝金融法院　张雪珂

如何审查刑事证据：论证据法事实作为独立证明对象类型及其证明

重庆市高级人民法院　谭中平

重庆市高级人民法院　吴美来

民事诉讼另案处理不当运用的实践检视与应对路径

重庆市九龙坡区人民法院　高继凯

民事上诉利益的理论观照与适用图景

重庆市渝北区人民法院　易夕寒

知识产权恶意诉讼司法识别困境及可行路径探析

——基于136份民事判决书的实证考察

四川省成都市郫都区人民法院　张露云

以交互式沟通机制改塑司法“鉴定人”选任模式

四川省成都市双流区人民法院　李亚曦

四川省成都市双流区人民法院　向智玲

破产管理人忠实勤勉义务的内涵厘定与认定规则
——基于"三步识别法"的提出与构建
四川省成都市中级人民法院　冯帅军
四川省成都市中级人民法院　陈奇蕾
电商平台对商家处罚纠纷之司法审查逻辑的重构
——基于原则、程序、实体的三阶段递进式审查进路
四川省成都铁路运输第一法院　余跃洋
四川省成都铁路运输第一法院　孙向霞
四川省成都铁路运输第一法院　张　博
"卡农"帮助支付结算定罪量刑标准的厘清与完善
——以八省市14 300份刑事裁判文书为研究样本
四川省珙县人民法院　周　娟
四川省珙县人民法院　罗微微
四川省珙县人民法院　蒋艳玲
网络司法拍卖撤销审查规则的检视与构建
——"法律逻辑利益衡量"之二元维度
四川省绵阳市游仙区人民法院　于欢欢
四川省绵阳市游仙区人民法院　魏　凯
四川省绵阳市游仙区人民法院　王海霞
在冲突中的抉择：刑事案件庭审阶段补充侦查机制审视与重塑
——以基层法院545件普通程序刑事案件为样本
四川省邛崃市人民法院　张圣昊
四川省邛崃市人民法院　周　森
"两卡"案件中帮信罪"明知"认定的调试及完善
——兼及与掩隐罪"明知"认定的区分
四川省自贡市中级人民法院　吴洪汛
四川省自贡市中级人民法院　陈耀森
四川省富顺县人民法院　张睿强
让陈规成规：行政惯例适用困境及司法审查路径构建
四川自由贸易试验区人民法院　纪福和
民营企业失信被执行人信用修复运行实践与优化路径
四川省泸州市中级人民法院　李　俊
四川省泸州市中级人民法院　刘　莹
复合治理视野下的人民法庭直接执行工作：机制探索、实践困境及路径优化
贵州省安顺市中级人民法院　贾梦嫣
贵州省安顺市中级人民法院　刘　涛

印证模式下刑事证明标准的实践展开

贵州省高级人民法院　朱　兴

归位与松绑：法官有限司法责任体系的续造

——以违法审判行为严格限定和法官责任豁免一体设计为视角

贵州省高级人民法院　伍席芳

北京市丰台区人民法院　祖　鹏

北京市丰台区人民法院　陈名利

认罪认罚从宽制度的适用困境与完善路径

——公正与效率背景下上诉权的保护与跟进式抗诉处理的实证探析

贵州省高级人民法院　李　露

贵州省遵义市中级人民法院　吴春彪

贵州省遵义市中级人民法院　袁茂杉

公正与效率：追诉时效延长的适用路径探析

——以跨法境下追诉时效的延长为视角

贵州省贵阳市中级人民法院　蒋竹青

贵州省贵阳市中级人民法院　范红彬

贵州省贵阳市中级人民法院　赵　娟

行政案件上诉率相关问题分析及对策研究

——以Q州中级人民法院2020至2022年一审行政案件为视角

贵州省黔南布依族苗族自治州中级人民法院　金长虹

贵州省黔南布依族苗族自治州中级人民法院　李肥羿

贵州省瓮安县人民法院　卢昌劲

空间正义：流域生态环境法治构造的新思路

贵州省修文县人民法院　彭　强

贵阳人文科技学院　徐燕飞

信赖保护原则在损益行政行为合法性审查中的适用

贵州省高级人民法院　雷　蕾

贵州省高级人民法院　杨凤池

从混同于“保险性支付”回归于“社会保障性支付”

——论工伤保险基金先行支付的司法困境与完善路径

云南省高级人民法院　何　毅

低龄老年就业者权益保障路径完善

——基于老年劳动关系确认案例研究

云南省昆明市呈贡区人民法院　赵秋平

云南省昆明市呈贡区人民法院　晋　进

在线诉讼变革下人民法院电子送达的现实图景与路径优化

云南省昆明市官渡区人民法院　蒲　婕
云南省昆明市官渡区人民法院　陆思璇

公司环境侵权下股东责任承担构想
——以跨部门法协同为视角

云南省昆明市西山区人民法院　杨　越

乡村生态环境司法保护的困境与路径
——基于大理两级法院的实践

云南省巍山彝族回族自治县人民法院　杨其云
武汉大学　马　闯

公检法适用认罪认罚从宽制度的实践困境与对策研究

云南省宜良县人民法院　李　婕

数字经济背景下民事权益司法保护问题研究
——以消费者权益保护为视角

云南省永平县人民法院　段思宇
云南省永平县人民法院　陈新美
云南省永平县人民法院　杨诗韵

数字经济背景下网络虚拟财产的民法保护研究

云南省禄丰县人民法院　王　颖

热点案件中的网络舆论极化及司法回应策略
——以张某某案为例

云南省普洱市中级人民法院　罗俊宇

行政机关败诉案例司法治理功能的检视与优化

西藏自治区高级人民法院　吉靳力
北京市朝阳区人民法院　陈　洁
北京市朝阳区人民法院　张　帆

社会主义核心价值观引领　法院文化治理的实践探赜与路径优化
——以全国法院339件法院文化作品为实证考察

西藏自治区高级人民法院　卓　玛
北京市丰台区人民法院　郭俊宝
北京市丰台区人民法院　周　悦

论“法拍房”不交付下买受人权利实现程序

陕西省高级人民法院　闫　涛
北京市朝阳区人民法院　柴　松
陕西省高级人民法院　刘　杰

行政非诉准予执行裁定的复议探究

陕西省周至县人民法院　崔吟楠

民事不动产执行程序中“先税后证”的思辨

——以S省B市不动产执行拍卖案为例

西北政法大学　凤建军

陕西省咸阳市中级人民法院　刘宏刚

陕西省咸阳市中级人民法院　郭　菲

执行追加出资瑕疵股东与破产追缴出资的“一次性解决”

——以《民法典》537条的适用为切入口

陕西省高级人民法院　周晓雯

陕西法学会　梁诗瑶

“双重困境”下司法评价的理念重塑与机制建构

陕西省西安市鄠邑区人民法院　石　萌

宽严适度：财产保全损害赔偿责任归责原则的适用方法

——以注意义务具体化为进路

陕西省榆林市榆阳区人民法院　施　政

适用金融监管规章判断合同效力的路径及边界

——以防范化解系统性金融风险为导向

甘肃省高级人民法院　冯玉晶

北京市高级人民法院　陈旭云

行政赔偿案件提级管辖规则的审视与完善

——以实质性化解行政争议为视角

甘肃省高级人民法院　吴卫华

北京市通州区人民法院　毕安迪

北京市通州区人民法院　张　璐

行政案件“上诉率高、申诉率高”问题研究

——以近十年H省法院行政审判数据为蓝本研析

甘肃省高级人民法院　耿翠萍

甘肃省天水市中级人民法院　杨江龙

于无声处听惊雷：个人破产制度中国建构

甘肃省金昌市中级人民法院　宋园莉

社会治理体系和审判能力现代化背景下电信网络犯罪司法治理研究

——基于西部L市新型网络违法犯罪裁判文书的考察

甘肃省兰州市中级人民法院　白会东

甘肃省兰州市中级人民法院　李雯青

“被允许的垄断”：横向垄断协议豁免制度适用规则探析
——以“驾校联营”案为切入点
甘肃省张掖市中级人民法院　焦　飞
论行政案件法官办案量权重体系测算
兰州铁路运输法院　王治山
论我国府院联动化解行政争议的功能比较与优势互补
兰州铁路运输中级法院　李德福
历史的沉淀及其人格的养成
——法院文化建设内容要素选择提炼之价值遵循
兰州铁路运输中级法院　巩　雪
论行政诉讼判项“执行不能”规制构建
兰州铁路运输中级法院　李旭艳
从“同案同判”理想到法律适用统一实践路径
宁夏回族自治区银川市兴庆区人民法院　戴岩松
福建省武平县人民法院　李金玲
福建省龙岩市中级人民法院　林　渊
行政争议诉前调解机制研究
宁夏回族自治区银川市中级人民法院　李剑锋
“自诉主导、公诉兜底”模式下拒执罪线索审查标准与移送程序之再检视
——兼论执行部门支持自诉的路径与限度
新疆维吾尔自治区高级人民法院　徐智超
北京市第三中级人民法院　姜昕君
北京市第三中级人民法院　屈露露
论过罚相当原则在行政非诉执行中的司法适用
新疆维吾尔自治区呼图壁县人民法院　范志伟
新疆维吾尔自治区呼图壁县人民法院　王　鑫
危险驾驶罪的实务考察与制度完善
——从宽严相济的角度谈危险驾驶罪之重构
新疆维吾尔自治区英吉沙县人民法院　田同庆
检视、厘清与修正：养老机构侵权适用安全保障义务的反思
——以裁判文书为视角
新疆生产建设兵团第十二师中级人民法院　宋建华
浅论公有公共设施致害国家赔偿责任
新疆生产建设兵团昭苏垦区人民法院　马　哲

生成式人工智能创作物的作品认定和权利归属

福建江夏学院　钟三宇

福建江夏学院　方　宇

共情式司法在个案正义实现中的适用与限度

——以法感情的三个维度融合为视角

宁波大学　金　耀

华东政法大学　谷昔伟

数字经济下平台责任侵权责任认定

——以免费的网络服务提供者为例

清华大学法学院　李卓凡

数据安全案件中行刑双向衔接的理性思辨与程序构建

中共中央党校（国家行政学院）　王逍静

华北电力大学　代光胜

小微企业重整计划强制批准的制度构建

——以小微企业出资人权益保留为前提

中国人民大学　王玲芳

度与量的博弈：大数据时代侵害公民个人信息的民事审判路径研究

——基于隐私风险评估机制视角

中国政法大学　王　谦

中国政法大学　曹巧峤

情势变更原则在商标行政诉讼中的适用规则重构研究

——以商标行政授权确权案件为切入点

中国政法大学　韩乔亚

中国政法大学　赵　楠

刑事涉案财物处置中案外人财产权利保护实践困境及纾解

——以既判力相对性为基础重塑刑事案外人异议之诉程序

中共中央党校（国家行政学院）　徐　欣

附二：

全国法院第三十五届学术讨论会“组织工作先进奖”“组织工作先进个人”名单

一、组织工作先进奖

（一）高级人民法院

北京市高级人民法院
江苏省高级人民法院
四川省高级人民法院
湖南省高级人民法院
广东省高级人民法院
江西省高级人民法院
山东省高级人民法院
上海市高级人民法院
广西壮族自治区高级人民法院
重庆市高级人民法院
安徽省高级人民法院
黑龙江省高级人民法院

（二）中级人民法院

河南省平顶山市中级人民法院
北京市第二中级人民法院
重庆市第一中级人民法院
湖南省怀化市中级人民法院
湖南省株洲市中级人民法院

北京市第四中级人民法院
天津市第三中级人民法院
江苏省南通市中级人民法院
江西省抚州市中级人民法院
广东省广州市中级人民法院
湖北省襄阳市中级人民法院

（三）基层人民法院

广西壮族自治区柳州市柳南区人民法院
北京市东城区人民法院
上海市闵行区人民法院
北京市海淀区人民法院
北京市大兴区人民法院
上海市浦东新区人民法院
浙江省宁波市鄞州区人民法院
福建省厦门市思明区人民法院
湖南省长沙市开福区人民法院
广东省广州市南沙区人民法院
广东省珠海市香洲区人民法院
江苏省丰县人民法院
江苏省靖江市人民法院
江西省宁都县人民法院
山东省临沭县人民法院
上海市宝山区人民法院
上海市奉贤区人民法院
四川省阆中市人民法院

二、组织工作先进个人

北京市高级人民法院　李春华
江苏省高级人民法院　赵凌峰
四川省高级人民法院　李照彬

湖南省高级人民法院　童飞霜
广东省高级人民法院　罗　海
江西省高级人民法院　沈　娜
山东省高级人民法院　李　宁
上海市高级人民法院　李瑞霞
广西壮族自治区高级人民法院　蔡林冬
重庆市高级人民法院　薛海明
安徽省高级人民法院　李　莉
黑龙江省高级人民法院　郑晓明